行政案件
跨区划管辖改革的
探索与实践丛书

行政审判
前沿问题探讨

主　编：程　琥
副主编：陈良刚　石东弘　武　楠　张勤缘
编　辑：程　曼　李晓飞

中国法制出版社
CHINA LEGAL PUBLISHING HOUSE

探索设立跨行政区划的人民法院和人民检察院。随着社会主义市场经济深入发展和行政诉讼出现，跨行政区划乃至跨境案件越来越多，涉案金额越来越大，导致法院所在地有关部门和领导越来越关注案件处理，甚至利用职权和关系插手案件处理，造成相关诉讼出现“主客场”现象，不利于平等保护外地当事人合法权益、保障法院独立审判、监督政府依法行政、维护法律公正实施。

全会决定提出，探索设立跨行政区划的人民法院和人民检察院。这有利于排除对审判工作和检察工作的干扰、保障法院和检察院依法独立公正行使审判权和检察权，有利于构建普通案件在行政区划法院审理、特殊案件在跨行政区划法院审理的诉讼格局。

——摘自习近平《关于〈中共中央关于全面推进依法治国若干重大问题的决定〉的说明》

前　言

全面深化司法改革，是党中央作出的重大战略部署，是全面深化改革、全面依法治国的重要组成部分。党的十八大以来，以习近平同志为核心的党中央高度重视司法改革，就司法改革作出一系列重要部署。2014 年年底，根据党中央的统一部署和最高人民法院的部署要求，北京市第四中级人民法院（以下简称北京四中院）、上海市第三中级人民法院（以下简称上海三中院）依托铁路中级法院相继成立，成为首批跨行政区划的试点法院。北京、上海两地跨行政区划法院成立后，初步构建起了“普通案件在行政区划法院审理、特殊案件在跨行政区划法院审理”的诉讼格局。北京四中院自挂牌履职以来，根据党中央的要求，按照市委和最高人民法院的统一部署，在市高级人民法院的具体指导下，积极探索行政案件跨区划集中管辖改革，通过集中管辖以区政府为被告的一审案件，探索出具有首都特色的管辖制度和丰富的改革经验，取得了突破性进展。总体而言，北京四中院行政案件跨区划管辖改革呈现出以下几个特点：

一是坚持推动改革顶层设计和基层探索实践相结合。行政案件管辖适用“原告就被告”的管辖原则，根据《行政诉讼法》的规定，行政案件由最初作出行政行为的行政机关所在地人民法院管辖。由于基层法院审理以当地行政机关为被告的行政案件时，容易受到地方保护和行政干预的影响，造成行政诉讼出现“主客场”现象，并进而导致行政诉讼“立案难”“审理难”“执行难”的问题发生。为改变被告行政机关所在地法院管辖行政案件易受干预的局面，人民法院积极开展提级管辖、异地交叉管辖、相对集中管辖等多种形式的管辖制度改革。2008 年 1 月，最高人民法院出台了《关于行政案件管辖若干问题的规定》（现已失效），充分吸收了“提级管辖”和“异地交叉管辖”的成功经验，大大缓解了立案难的状况，促进了裁判标准的统一，保证了人民法院的公正审判。2013 年 11 月，党的十八届三中全会通过的《中共中央关于全面深化改革若干重大问题的决定》提出：“探索建立与行政区划适当分离的司法管辖制度，保证国家法律统一正确实施。”“探索建立与行政区划适当分离的司法管辖制度”是党中央关于司法管辖制度改革的最初构想。2014 年 10 月，党的十八届四中全会通过的《中共中央关于全面推进依法治国若干重大问题的决定》进一步提出："探索设立跨行政区划的人民法院和人民检察院，办理跨地区案件。"由此，党中央以全会决定提出探索设立跨行政区划人民法院的改革部署。根据党中央的改革精神，2014 年 11 月 1 日，第十二届全国人大常委会第十一次会议审议通过了修改后的《行政诉讼法》，其第十八条第二款规定："经最高人民法院批准，高级人民法院可以根据审判工作的实际情况，确定若干人民法院跨行政区域管辖行政案件。"这一规定为行政案件跨区划集中管辖改革提供了充分的法律基础。根据党的十八届三中、四中全会部署，中央全面深化改革领导小组第七次会议于 2014 年 12 月 2 日审议通过《设立跨行政区划人民法院、人民检察院试点方案》，着手部署开展跨行政区划法院的筹建工作，在上海铁路运输中级法院加挂上海市第三中级人民法院牌子，在北京铁路运输中级法院加挂北京市第四中级人民法院牌子，作为跨行政区划法院的先行试点。2014 年 12 月 28 日，上海三中院正式挂牌成立；2014 年 12 月 30 日，北京四中院正式挂牌成立，迈出了我国跨行政区划司法体制改革坚实的第一步，两家法院共同肩负起为我国跨行政区划法院建设提供可复制、可推广经验的重任。2015 年 6 月，最高人民法院印发《关于人民法院跨行政区域集中管辖行政案件的指导意见》（法发〔2015〕8 号）明确规定："已经设立跨行政区划人民法院的北京、上海，可以逐步将行政案件向跨行政区划法院及两地铁路运输基层法院集中。"北京四中院立足跨区划法院功能定位，不断优化行政案件管辖格局。自建院以来集中管辖以北京市区政府为被告的第一审行政案件。经最高人民法院指定，自 2017 年 10 月 26 日起管辖审理天津铁路运输法院审理的环境保护行政案件上诉案件，标志着北京四中院依托跨区划法院职能定位服务保障京津冀协同发展战略，在"跨"字上迈出更加坚实的一步。随着 2018 年 9 月北京互联网法院成立，北京四中院管辖涉互联网行政案件的上诉案件。截至目前，北京四中院案件管辖改革不断深化，行政审判格局持续优化，行政案件已经形成以北京各区政府为被告的一审行政案件、天津环保行政案件的上诉案件、涉互联网行政案件的上诉案件共同组成的行政案件管辖格局，审级相对完整，初步建立起"普通案件在行政区划法院审理，特殊案件在跨行政区划法院审理的诉讼格局"。

二是坚持一体化落实各项改革部署和破解行政审判难题相结合。牢牢把握跨区划法院改革总体部署，深入推进司法体制综合配套改革，从夯基垒台到立柱架梁，稳步搭建跨区划法院发展框架，不断深化司法改革向纵深推进；推行专业化审判，组建"一审一助一书"的"1+1+1"新型审判团队 11 个，做到"繁案精审、简案快审”，行政法官办理一审行政案件从建院前年均50件上升至改革后年均200余件，法定审限内结案率100%。充分发挥行政法官专业会议作用，近5年来共召开行政法官会议150余次，就一系列重大疑难复杂法律问题展开研讨，统一裁判尺度。充分发挥跨区划法院行政审判职能作用，针对长期以来困扰行政审判的立案难、审理难、执行难问题，以改革思维破除影响司法公正和制约司法公信的障碍。自挂牌履职以来，北京四中院率先实行立案登记制，严格按照相关法律和司法解释规定的受案范围和法定程序受理各类行政案件，依法保护当事人的诉权，积极引导诉讼群众依法理性解决行政争议，行政案件立案率从建院前的不足三分之一上升至90%以上。2015年，北京四中院共受理以区县政府为被告的一审行政案件1397件，占受理案件总数的73.8%。是2014年全北京市法院受理同类行政案件总数216件的6.5倍，占2015年北京全市各中级人民法院受理一审行政案件（不包括北京知识产权法院受理的知识产权行政案件）总数的54.27%。2016年，受理一审行政案件2893件，比2015年又增长了107.09%，达到2014年同类案件总数的13.4倍；2017年，受理一审行政案件1722件，同比下降40.5%；2018年，受理一审行政案件1686件，同比下降2.1%；2019年，受理一审行政案件1749件，同比上升3.7%。此外，为进一步方便当事人行使诉权，积极采取各种司法为民、便民、利民措施，率先在北京建立首家驻院法律援助工作站，引入执业律师等第三方力量合力化解行政争议，当事人满意度达98.6%。依托智慧法院建设，不断完善行政案件登记立案程序，简化立案环节，创新立案方式，努力为群众提供便捷高效的诉讼服务。同时，及时公开立案程序，推行权利告知、风险提示、诉讼引导等措施，方便人民群众依法顺利行使诉权，将保护人民群众合法权益贯穿行政诉讼全过程。通过严格司法审查，不断加大对行政机关依法行政的监督力度，对于违法或者明显不当的行政行为判决撤销、确认违法或无效、变更或重新作出行政行为；对于行政主体行政不作为，依法判决其履行法定职责或确认违法，有效维护人民群众合法权益，有力促进行政机关依法行政，推动法治政府建设。在审结的一审行政案件中，2015年判决行政机关败诉案件，占全部实体判决案件的25.24%；2016年判决行政机关败诉案件，占全部实体判决案件的14.3%；2017年判决行政机关败诉案，占全部实体判决案件的17.6%；2018年判决行政机关败诉案，占全部实体判决案件的11.4%；2019年判决行政机关败诉案，占一审全部实体判决案件的12.6%。这些数据说明，通过严格司法监督倒逼政府依法行政，政府依法办事意识和水平明显提升，跨区划法院在监督依法行政、防止权力滥用、促进法治政府建设等方面发挥着重要作用。行政审判涉及人民群众生产、生活的方方面面，对于依法落实国家保障和改善民生政策具有重要意义。长期以来，诸如劳动和社会保障、教育、卫生、城建、公安、环保等涉民生案件在法院受理的行政案件中的占比一直很高。通过依法稳妥审理一大批涉民生的棚户区改造房屋征收补偿、征地拆迁案件，将服务保障民生贯穿于审判的整个环节。在严格司法审查基础上，摒弃就案办案、机械办案思维，将行政争议实质性解决贯穿于审判全过程，近5年来释法说理达5万余人次，有超过10%的案件通过协调和解方式解决，人民群众在行政审判中的获得感、幸福感、安全感明显增强，人民群众依法理性维护自身合法权益意识明显增强，出现了“三降一升”，即实现行政案件上诉率、改判发回率、申诉率下降，服判息诉率上升的良好发展势头。实践已经证明，跨区划法院在保护行政相对人合法权益、促进行政争议实质性化解、推动法治政府建设方面显示出越来越突出的作用和成效。

三是坚持创造可复制、可推广的机制制度和树立良好品牌形象相结合。北京四中院牢牢把握中央批准设立跨区划法院的改革初衷，在“跨”字上做文章，在“特”字上下功夫，创造可复制、可推广的机制制度，树立司法改革良好的品牌形象。北京四中院挂牌履职以来行政审判取得显著进步，积累了宝贵经验。主要包括以下经验和体会：（1）把党对法院工作的绝对领导作为行政审判工作始终沿着正确方向前进的根本政治保证。坚定正确政治方向，坚定不移地贯彻执行党的路线方针政策，对于行政审判工作中的重大问题、重大部署、重大审判活动以及有重大影响的案件审理，要及时请示报告，积极争取党委领导、人大监督、政府的支持配合以及社会各界的理解支持。（2）把服务党和国家工作全局作为行政审判工作的指导思想。自觉将行政审判置于党和国家中心工作和经济社会发展全局中去思考、去谋划，防止出现就案办案、就法论法、案结事不了的现象，努力实现办案的法律效果、政治效果和社会效果的有机统一。主动将行政审判融入党和国家工作大局，为首都经济社会发展提供有力司法服务和保障。围绕“放管服”改革，依法妥善审理涉及政府职能调整、简政放权等方面的新类型案件；围绕乡村振兴、乡村治理，依法稳妥审理涉及要求政府履行监督职责、村务公开等行政案件；围绕加强产权保护，依法妥善审理涉及企业房屋征收和土地腾退案件；围绕生态环境保护，依法稳妥审理环境资源保护行政案件；围绕城市管理，依法稳妥审理涉小区停车管理行政案件；围绕文化引领，依法妥善审理涉及非物质文化遗产名录行政案件；围绕公共资源供给，依法稳妥处理涉教育、医疗、食品、药品监管等行政案件，及时回应人民群众在教育、医疗等方面的司法需求；围绕“疏解整治促提升”专项行动、轨道交通建设、城市副中心建设、北京冬奥会筹办等重点工作，充分发挥审判职能，注重处理好保障公民个人权益和维护公共利益的关系，为相关工作顺利推进作出积极贡献。（3）把公正与效率作为行政审判工作的生命线。让人民群众在每一个司法案件中感受到公平正义，是司法工作的崇高目标。行政诉讼当事人，一方是处于相对弱势的行政相对人，另一方是处于相对强势的行政机关，人民群众对司法公正的期待更为迫切，行政审判工作更要千方百计地维护司法公正。设立跨行政区划人民法院的初心和使命是消除重大案件审理中的诉讼“主客场”现象，破除地方保护和行政干预，切实维护司法公正和社会公平正义。在强调司法公正的同时，也要注意提高审判效率，为当事人提供及时的、便捷的司法救济，确保人民群众的合法权益得到及时实现。只有坚持公正与效率相结合，行政审判工作才能赢得当事人和社会的依赖与尊重，司法的公信力和权威才能真正建立。（4）把正确处理监督和支持的关系作为全面发挥行政审判职能的重要原则。行政审判不仅要加强对行政行为的监督、纠正违法行政行为、依法维护广大人民群众的合法权益，还要依法支持合法行政行为、支持行政机关依法行政，维护正常的行政管理秩序。（5）把改革创新作为推动行政审判工作向前发展的不竭动力。推动行政审判工作向前发展，必须主动适应新情况、新问题，积极推进思想理念和工作实践创新。加强对行政审判新难问题的调查研究，及时总结成功做法和经验，加强顶层设计，适时试点推广。（6）把建设一支革命化、正规化、专业化、职业化的过硬法官队伍作为确保行政审判事业持续发展的重要基础。全面实现行政审判体系和审判能力现代化，圆满完成各项行政审判工作任务，归根到底，要靠行政法官队伍整体素质能力的提高。注重实战、实效，切实提升行政法官专业化水平。（7）把营造良好司法环境作为行政审判健康发展的必要条件。作为执行同一法律法规、追求同一法治目标的国家机关，行政与司法具有协调一致、取得共识的前提和基础，应当相互理解和良好合作，积极构建行政与司法良性互动机制。连续4年对社会公开发布行政审判年度报告和典型案例，并创造性地为16区政府发布司法审查报告及建议书，发挥个性化“法治体检表”作用，司法建议回函率100%；持续推进行政机关负责人出庭应诉，负责人出庭应诉的案件数量不断增多，实现行政机关工作人员出庭率100%，16区政府负责人出庭率100%，彻底改变“告官不见官”的局面，“关键少数”以上率下、带动区域整体法治水平提升的作用得到进一步发挥；积极参与各区政府常务会议会前讲法工作，选派资深行政法官向各区政府常务会议通报涉诉情况并以案释法，实现16区政府常务会议会前讲法全覆盖；被上级机关确定为北京市依法行政教育基地，充分利用行政案件数量较多、类型较为丰富、社会关注度较高等特点，着力将行政案件庭审打造成全民共享的法治公开课，充分发挥“审理一案、教育一片”效果，有超过6000多名省部级、厅局级领导干部、行政执法人员到法院旁听案件；2017年12月14日，司法部、全国普法办会同最高人民法院组织落实普法责任制部际联席会议成员，来院旁听一场行政案件庭审，并以落实“谁执法、谁普法”责任制、推动领导干部尊法学法守法用法为主题，现场召开座谈会，100余位部级和局处级干部在院共上法治宣传教育课；获得各类奖项100余个，荣获第四届“中国法治政府奖”、两次获得全国检法系统“十佳新媒体案例奖”，中央电视台晚间新闻、中央和本市主要新闻媒体广泛宣传报道北京四中院行政审判工作，北京四中院行政审判的标杆和品牌效应正在逐步形成。

面对全面深化改革进程中的种种困难，面对新时代人民法院行政审判工作的一系列深刻变化，人民法院跨区划法院改革取得了开创性的历史成就。[①] 实践证明，探索设立跨行政区划法院的司法改革方向是正确的，成效也是突出的。北京四中院自挂牌履职以来，一体化落实各项改革部署，在司法管辖制度改革、司法能动作用发挥、司法环境优化及司法队伍建设方面取得了积极成效，为全国范围内的跨区划法院改革和司法体制改革积累了可复制、可借鉴的经验。但不可否认的是，跨区划法院的设置及管辖是一项有中国特色的司法制度，作为一项新生事物缺乏既有的经验可供遵循，尽管自挂牌履职以来取得了较为突出的成效，但直辖市作为跨区划法院试点还存在一定的局限性，案件管辖的原则和标准也有待进一步明确完善，对其发展定位、组织体系、管辖范围、审理机制等基本问题的认识和解决也需要进一步突破。[②] 以北京四中院为例，当前困扰和制约跨区划法院行政审判职能充分发挥的主要矛盾和问题有：（1）设立跨区划法院的法律依据尚不明确。专门法院在《宪法》和《人民法院组织法》中有充分的宪法法律依据，但法律对跨区划法院的规定不够清晰明确，跨区划法院的法律性质是专门法院还是地方法院并不明确，跨区划法院与地方法院、专门法院之间的关系没有捋顺。（2）跨区划法院案件管辖范围不够清晰。案件管辖标准与跨区划法院的职能定位不一致，案件管辖不完整，集中不到位，实践中跨区划法院案件管辖范围

---

① 最高人民法院行政审判庭：《行政诉讼跨区划管辖改革实践与探索》，人民法院出版社2018年版，第3页。

② 最高人民法院行政审判庭：《行政诉讼跨区划管辖改革实践与探索》，人民法院出版社2018年版，第182页。

与地方法院管辖范围切割不够明确，易受地方保护、行政干预、具有专门化审判特点未被充分考虑，一些应由跨区划法院管辖的特殊案件，如重大环境保护、食品药品安全行政案件以及符合标准的重大行政案件均尚未纳入管辖范围。（3）跨区划法院与行政案件跨区域集中管辖改革结合不够紧密，通过跨区划法院改革实现行政审判体制改革的目标尚待推进。应当说，在地方法院内部实现行政案件跨区域集中管辖虽然取得一定效果，但是地方法院审理行政案件容易受到地方保护和行政干预的顽疾是难以根除的。行政案件跨区域集中管辖改革是行政审判体制改革的初级阶段，属于过渡性制度安排，不能替代跨行政区划法院改革。[①] 当前需要尽快推动设立跨行政区划法院，将地方法院跨区域集中管辖行政案件向跨行政区划法院转移，否则前期行政案件集中管辖改革成果将面临前功尽弃的危险。（4）跨区划法院综合配套改革亟待加强。跨区法院与行政区划法院在功能定位、整体布局、组织体系、机构设置、案件管辖等方面不同，跨区法院内设机构、法官选拔和任命、综合保障等方面应有其特殊性，当前与跨区法院职能发挥相适应的综合配套机制需要尽快建立起来。以行政法官队伍建设为例，目前行政审判骨干力量还不够稳定，行政法官队伍与跨区划法院建设发展还存在一定程度的不适应。对于行政案件跨区划集中管辖而言，最大的挑战莫过于案件实现集中，而行政法官却没有有序流动到跨区划法院或集中管辖法院。通过专业化的行政法官队伍建设，提升行政审判专业化水平，是未来行政审判应对挑战、健康发展的必然方向。

北京四中院自挂牌履职以来高度重视学习型法院建设，大兴学习和调查研究之风，承担并完成中国法学会、最高人民法院、司法部、北京市人大、北京市政府等中央和本市重大课题项目10余个，在调查研究中锻炼培养队伍，形成一批优质调研成果；充分运用北京教育研究资源聚集的优势，加强与多所高校合作，加快推进高层次行政审判人才培养，努力培养更多在全国叫得响、立得住的审判业务专家；认真总结审判经验，充分发挥法官会议在统一裁判尺度方面的重要作用，不断解决审判实践中的新问题。在北京四中院挂牌履职五周年之际，组织编辑出版《行政案件跨区划管辖改革的探索与实践丛书》（以下简称《丛书》），旨在全面展示北京四中院推动行政案件跨区划集中管辖改革，特别是跨区划法院改革的重大成果、先进经验。《丛书》围绕北京四中院行政审判实践中的新情况、新问题，选择一些在法律适用上具有典型意义、有指导作用的相关专题和典型案

---

① 程琥：《行政审判专门法院：行政诉讼体制改革的关键》，载《学习时报》2015年10月29日。

例，组织行政庭、立案庭的法官、法官助理就有关内容撰写稿件，编辑成书，在于以典型案例指导审判实践、统一裁判标准、促进依法行政、提升法治意识、锻炼培养队伍。这些来自审判一线的同事熟悉审判工作，也勤于思考，热爱学习，善于研究，感谢他们在繁忙的审判工作之余所作的理论探索和实务总结。《丛书》共包括《行政审判典型案例评析》《行政审判裁判要旨精粹》《行政审判前沿问题探讨》《行政审判实务问题解答》四卷。《行政审判典型案例评析》围绕北京四中院审结生效的裁判文书，挑选具有典型意义的案例，撰写案例评析；《行政审判裁判要旨精粹》从具有典型指导意义的裁判文书，总结归纳裁判要旨；《行政审判前沿问题探讨》围绕当前行政审判前沿实务问题进行调查研究、撰写实务论文；《行政审判实务问题解答》围绕当前行政审判实践中的疑难问题，采取一问一答形式，简答明了，便于理解把握。但是囿于知识储备和审判业务水平能力的限制，特别是一些新生力量加入后对行政审判学习培训还不够及时，以至于有的案例分析还不够深入，裁判要旨的提炼不够精准，调研报告和实务论文水准有待加强，特别是对于一些审判实务问题解答不够准确。当然，瑕不掩瑜，相信这套书的编辑出版，对于认真总结和全面回顾北京四中院作为全国首批跨区划法院开展行政审判工作，特别是北京市作为首善之区推动依法行政和法治政府建设所取得的各项成果，宣传普及行政执法与行政诉讼知识，提高行政执法和行政审判队伍素质，增强全民尊法学法守法用法的自觉性，大兴学习和调查研究之风都大有裨益。中国法制出版社为《丛书》付梓出版做了大量审校工作，在此一并致谢。衷心希望这种好的学习和调查研究风气能够继续保持和发扬下去，并深深植根于跨区划法院行政审判实践的沃土之中，成为一朵鲜艳的法学理论与审判实践相结合的奇葩，为深化依法治国实践，推动跨区划法院管辖改革，建设法治政府，推进依法行政作出应有的贡献。

编者

2020 年 1 月

目 录
Contents

第一章 审判方法

第二章 调研报告

第三章 专题研究

第一章 审判方法

1

行政诉讼庭前准备工作的开展方式和步骤

行政诉讼的庭前准备，主要是指人民法院在受理行政诉讼案件后至开庭审理前，为保障庭审活动顺利高效进行所开展的前期准备活动。英美法系和大陆法系国家目前的诉讼制度中都将庭前准备作为独立的审前准备程序，而我国仅在行政诉讼法及其司法解释中规定了庭前准备的部分相关内容。与英美法系、大陆法系国家相比，我国行政诉讼制度对庭前准备工作的相关规定还不够系统和完善，庭前准备阶段作为程序的独立价值并没有充分体现。审判实践中关于庭前准备工作的开展方式、具体内容，做法都不尽相同，多数法官未将庭前准备工作摆在应有的位置予以重视，存在认识误区。本文主要结合行政审判实践中的具体做法，就行政诉讼庭前准备工作开展的方式和步骤进行探讨和交流，以期在实践中不断完善和充实庭前准备工作，使其更好地发挥应有效果。

一、域外审前准备程序的相关介绍

大陆法系国家譬如德国将审前准备程序称为中间程序。《行政法院法》中对庭前准备程序的规定较为系统化，包括行政诉讼预审程序、预审程序中的裁决、诉状权利义务、法官职责、程序推进顺序等方面。

法国的行政诉讼审前程序称为预审程序，预审程序在行政诉讼中的地位最为重要，包括送达被告答辩、法院对事实的调查等内容，对当事人主要是指正式开庭审理前，由预审法官阅读材料、调查研究、查明案件事实和法律问题，使案件处于可以审判的状态。

英美法系在行政诉讼中采用当事人主义模式。在英国，审前程序主要包括提起司法审查、对司法审查申请的许可、诉状送达、诉答程序和证据开示等几个阶段。在英美法系国家，审前程序的作用主要是排除大量不需要进入正式庭审的案件，使其不经庭审而得以解决。在美国，审前程序由诉答程序、证据开示和审前会议三部分组成。审前程序的功能主要在于明晰争点，针对案件不同情况进行分流处理：符合法庭审理条件的案件进入诉讼程序，达不到法庭审理条件的案件宣告诉讼终结，或通过和解方式处理。

二、庭前准备程序的功能

从前面的论述可知，无论在英美法系国家还是大陆法系国家，审前程序的价值都在于为庭审活动做好事务性准备工作，总结争议焦点及固定证据等功能，以实现庭审的实质化，保障庭审活动的顺利进行。

笔者认为，我国行政诉讼的庭前准备也应实现以下功能：

1. 整理和固定争议焦点，为开庭审理明确方向，从而提高庭审的效率和效果。

民事诉讼对争议焦点的整理包括案件事实的争点，证据争点，当事人权利义务承担的争点，法律理由的争点。与民事诉讼不同，行政诉讼中双方当事人的争议焦点主要涉及行政行为的合法性问题。因此，在庭前准备中，争议焦点具体体现在行政机关是否作出被诉行政行为、该行政行为是否存在违法或不当的情形、行政行为是否侵害原告的权利、该行政行为是否侵害其他主体的利益等。在庭前通过对上述问题进行归纳整理，从而确定焦点问题。对当事人无争议的案件事实和证据，可以直接作为定案的依据，从而能够使庭审活动紧紧围绕案件争议焦点进行集中审理，充分辩论，提高庭审的质量与效率。

2. 便于复杂案件的集中审理，促进案件的繁简分流。

庭前准备工作通过对原被告诉辩主张和相关事实及证据的固定、整理，使承办法官准确把握案件基本案情和审理方向，对案件繁简程度及预期裁判结果能够作出明确的初步判断，20 世纪 70 年代以前，德、日等大陆法系国家曾探索将庭前准备程序和庭审程序合二为一，并在证据上奉行随时提出主义，弊端日益显露，无争议事实及证据无法固定，争议焦点无法厘清以致审判效率低下，司法成本加大，值得我国反思借鉴。通过庭前程序，使简易案件无须经过开庭就得到妥善解决，复杂案件避免分散式庭审和多次开庭，促进案件的繁简分流，节约司法资源。

3. 有利于对争议焦点的充分辩论，提高裁判文书的说理性，提高裁判文书的制作水平。

由于庭前准备程序法官通过认真审核诉讼材料，完成了对证据材料耗时耗力的整理，从而对争议焦点进行了明确，庭审活动得以围绕争议焦点展开，避免法官随意无目的的发问，减少当事人肆意宣泄情绪和当庭对质。

因此，良好和充分的庭前准备工作是回归庭审中心主义的应有之义和必然要求。此外，法官庭前阅卷的情况也可清晰记录于卷宗之中，庭审结束时法官心证可自然形成，在裁判文书的制作和说理阶段也较为轻松省时。裁判文书的说理部分可以围绕当事人诉争的焦点问题展开，有利于法官理顺裁判文书的写作思路，增强裁判文书的说理性和针对性。

4. 促进诉讼和解和诉讼调解，使纠纷化解在庭前。

庭前准备工作在行政审判中的突出作用之一在于为多元化解行政纠纷提供时间和机会。双方当事人在法官的引导下，通过证据交换和整理争议焦点，对可能出现的诉讼结果作出较为明确的预测，从而为诉讼的调解和当事人之间的和解创造良好的条件。因此庭前准备程序可以将部分纠纷化解在庭审之前，具有实质化解决纠纷的功能和作用。

三、庭前准备工作的模式选择

由于我国在诉讼传统上与大陆法系国家比较接近，一直以来，在庭前准备的模式选择上体现了较强的职权干预的特点。这种模式下的庭前准备程序，实质是法官主导整个庭前准备程序，这种做法直接导致当事人及其诉讼代理人基本不参与庭前准备活动，原被告双方的权利主体意识淡薄，在诉讼活动中的积极性和主动性不能充分发挥。另外，在我国行政诉讼的司法实践中，因为律师强制代理制度的欠缺，原被告诉讼能力不对等等现实状况，也需要积极发挥承办法官在庭前准备程序中的指挥、释明、调查作用。因此，妥善地整合当事人主义和职权主义两种模式的要素，推进庭前准备工作诉讼模式的科学化，使得依次错位的各程序功能回归本位，这是行政审判庭审方式改革中需要掌握的重要原则。

四、庭前准备工作的具体内容

（一）起诉条件的审查

根据《行政诉讼法》第四十九条的规定，提起诉讼应当符合四个条件，对不符合起诉条件的案件，人民法院已经立案的，应作出裁定驳回起诉的处理。对于以裁定方式结案的案件，大多数法官都是在庭审前的程序中予以解决。因此对起诉条件的审查是庭前准备工作的主要内容。

第一，对原被告资格的审查。行政诉讼的原告是被行政行为侵害合法权益的公民、法人或者其他组织。在庭前准备阶段应当审查原告是否提交了有效的身份证明材料及有效的联系方式，及原告与被诉行政行为存在利害关系的相关证明。行政诉讼的被告应当是作出行政行为的行政机关。起诉时原告提供的被告的名称信息应足以使被告与其他行政机关相区别。原告提交上述信息不准确的，人民法院应当进行指导和释明。

第二，对被诉行政行为及诉讼请求的初步审查。《最高人民法院关于适用〈中华人民共和国行政诉讼法〉的解释》（以下简称《行诉解释》）第六十八条对于“具体的诉讼请求”进行了明确，在庭前准备阶段，应当对原告提出的诉讼请求的基本形式是否符合上述规定进行审查，且该诉讼请求应当与原告提交的证明被诉行政行为存在的证据材料相对应。

第三，对是否属于行政诉讼受案范围及受诉法院管辖进行审查。根据行政诉讼法及司法解释的相关规定，原告提起行政诉讼，应当属于人民法院受案范围和受诉人民法院管辖。《行政诉讼法》第十二条、第十三条分别规定了人民法院可以受理的行政诉讼案件的具体类型及不属于人民法院受案范围的类型。

第四，对诉讼材料的审查。重点审查的内容包括：起诉状的书写是否规范；原告是否提交了符合相应数量的起诉状副本；原告是否提交了证据材料清单中所列明的全部证据材料；原告提交的身份证明材料是否符合要求；对于原告人数众多的案件，核对诉讼代表人的情况；委托代理手续是否符合法定要求；诉讼费用缴纳情况。在庭前准备阶段，如发现上述诉讼材料存在问题，需及时通知当事人进行补正。

（二）应诉答辩

根据《行政诉讼法》第六十七条第一款的规定，“人民法院应当在立案之日起五日内，将起诉状副本发送被告。被告应当在收到起诉状副本之日起十五日内向人民法院提交作出行政行为的证据和所依据的规范性文件，并提出答辩状。人民法院应当在收到答辩状之日起五日内，将答辩状副本发送原告”。这就要求被告应当在法定期限内进行书面答辩，并提交被诉行政行为作出的证据和依据，人民法院在收到原告起诉材料和被告答辩材料后，需在法定期限内向双方当事人互为送达。被告不提交答辩状，不影响人民法院审理，被告不提供或者无正当理由逾期提供证据，视为没有相应证据。

（三）证据交换及争议焦点问题的确定

根据《最高人民法院关于行政诉讼证据若干问题的规定》第七条第一款规定：“原告或者第三人应当在开庭审理前或者人民法院指定的交换证据之日提供证据。因正当事由申请延期提供证据的，经人民法院准许，可以在法庭调查中提供。逾期提供证据的，视为放弃举证权利。”第二十一条规定：“对于案情比较复杂或者证据数量较多的案件，人民法院可以组织当事人在开庭前向对方出示或者交换证据，并将交换证据的情况记录在卷。”通过证据交换，人民法院将双方有争议的证据和无争议的证据分别进行记录，其效力等同于庭审笔录。原被告双方在法庭组织的证据交换时，都不得对自己持有的证据进行保留，否则就要承担证据失权的法律后果。

为防止证据突袭和实现对争议焦点的集中审理，对双方在证据交换中共同认可的证据，庭审中不必再次进行质证，在证据交换中未提交的证据，在庭审中也不得提出，但有合法正当理由的除外。法官可以通过证据交换从而固定诉讼请求，确定案件的争议焦点、审理范围和审查重点，从而节省庭审时间。

（四）追加和通知必要的当事人参加诉讼

通过对当事人提交材料的审查，确定案件在开庭审理前是否需要追加相关当事人参与案件的庭审活动。追加当事人是指必须共同进行诉讼的当事人未参加诉讼的，由人民法院通知其参加诉讼，当事人也可以向人民法院申请追加。人民法院追加共同诉讼的当事人时，也应当通知案件中的其他当事人，应当追加被告而原告不同意追加的，应当通知其以第三人的身份参加诉讼。应当追加的原告，已明确表示放弃实体权利的，可不予追加；既不愿意参加诉讼，又不放弃实体权利的，应追加为第三人，其不参加诉讼，不影响案件的审理。

（五）庭前协调和诉讼和解

行政诉讼的本质功能在于通过诉讼程序有效地解决行政机关与行政相对人之间的矛盾纠纷。在诉讼中原被告双方能够达成谅解，从而消除和化解双方矛盾，更有利于行政诉讼“纠纷解决功能”的实现和发挥。由于在开庭审理程序前，双方当事人在法庭的主持下，已经对对方当事人提交的证据及案件争议焦点有所了解，对案件的最终处理结果也可作出合理预期，在这种情形下的协调和和解工作往往能够获得最佳的效果。庭前协调和诉讼和解工作的启动主体可以是法院依职权决定，也可以是依当事人的申请启动。依职权启动协调工作需经原被告双方当事人同意，且案件的类型必须符合可以协调处理的案件类型，具有协调的必要性。在启动协调程序前，法院已经对案件事实及被诉行为的合法性问题作出初步的判断，如果上述问题在庭前很难作出准确判断，则不宜开展协调工作。

（撰写人：吴薇）

2

行政诉讼一审案件审理程序把控

公正的案件审理程序对外彰显的是司法权威和诉讼正义，对内则是正确高效审理案件的保障。当事人对裁判结果是否公正的判断一定程度上取决于庭审正当程序是否得到贯彻和遵行。本文所指行政诉讼一审案件审理程序是在庭审中心主义视角下审理一审行政案件所进行的相关程序。如何把行政审判庭审方式的改革持续引向深入，不断契合行政诉讼审理特点，实现“公正与效率”的世纪主题，是当下行政审判法官应当认真思考的问题。

一、庭前准备程序

1. 证据交换

《最高人民法院关于行政诉讼证据若干问题的规定》（以下简称《证据规定》）第三十五条第二款规定：“当事人在庭前证据交换过程中没有争议并记录在卷的证据，经审判人员在庭审中说明后，可以作为认定案件事实的依据。”笔者认为，证据交换程序应视具体情况决定是否进行，如若一律在证据交换过程中进行质证，等于“开了一个小庭”。对于争议事项的法律关系清晰且证据总量不大的案件，尽量通过庭审出示证据。这样做既体现了效率原则，更有利于合议庭的全体成员对案件有整体的了解和判断。对于案情比较复杂或者证据较多的案件，可以组织当事人在答辩期届满后、开庭审理前进行证据交换。其目的在于固定案件争议焦点，使庭审更具针对性和有效性。证据交换应当在审判人员主持下进行，其间对于双方无争议的证据及事实，审判人员应当明示各方当事人并记录在案，将其作为法庭调查的一部分，不再重复质证，以符合“未经法庭质证的证据不能作为人民法院裁判的根据”的法律规定。而对于双方有争议的证据，依照《最高人民法院关于民事诉讼证据的若干规定》第五十七条第二款规定“按照需要证明的事实分类记录在卷，并记载异议的理由”，庭审时也无须重复质证。但应当提示当事人庭审时明确主张的事实。由于行政诉讼被告补充证据受到一定程度的限制，原告的举证基本不会因对抗证据的变化引发新的事实而发生较大变化，在双方均已经明确对方证据的情况下进行一次证据交换，即使原告针对被告抗辩内容有补充证据提交，也是能够及时出示的。对于当时无法提交的证据也可明确证据名称及证明目的，留待庭审时举证。至此，庭审前承办法官能够对案件的证据情况有一个总体把握，确定双方当事人争议的主要问题，进而进行庭前评议通报案件证据情况，研究确定争议焦点。在实践中，因庭审前“证据关门”较难实现，通过庭前证据交换可以尽量做到避免庭审时的“证据突袭”而影响审判效率。

2. 谈话

有针对性地就某些案件进行庭前谈话，了解原告的诉讼目的，从解决实际问题的角度出发做好协调化解工作，达到案件最佳处理效果。譬如在涉及公房承租人变更案件的审理中，该类案件大多因经济利益产生，部分发生于征收程序启动之前，故此当事人急于达成承租人变更之诉讼目的，但如何通过行政诉讼解决是个现实问题。请双方当事人到庭谈话，为其平等协商搭建平台，可以让被告将公房承租人变更的流程、需要申请人提交的材料、审查原则及原告的申请存在的问题向原告阐述清楚，有助于协调化解双方矛盾。《行诉解释》第六十九条第一款在列举了应当裁定驳回起诉的十种事由。同时，第三款规定：“人民法院经过阅卷、调查或者询问当事人，认为不需要开庭审理的，可以迳行裁定驳回起诉”，此种情况下，谈话就显得尤为重要，一方面固定适用“裁定”这一裁判方式的事实依据，另一方面向原告释明相关法律规定，使其息诉罢访。

二、开庭审理阶段

1. 核对当事人基本情况并告知诉讼权利

首先，当事人情况核实过程中多出现原告质疑行政首长为何不能出庭的问题。其一，法庭应当明确行政诉讼中被告行政机关应当积极落实《行政诉讼法》第三条第三款规定的负责人应当出庭应诉制度，并告知司法解释规定的行政机关负责人应当出庭应诉的情形，即“涉及重大公共利益、社会高度关注或者可能引发群体性事件等案件以及人民法院书面建议行政机关负责人出庭的案件”。同时，《行政诉讼法》第三条第三款规定，行政机关负责人不能出庭的，应当委托行政机关相应的工作人员出庭。根据该规定，法律并未规定行政机关负责人必须在每一起案件都要出庭应诉，行政机关负责人确有正当理由不能出庭时，可委托其工作人员出庭。其二，《行诉解释》第一百二十九条第三款、第四款规定“行政机关负责人有正当理由不能出庭应诉的，应当向人民法院提交情况说明，并加盖行政机关印章或者由该机关主要负责人签字认可。行政机关拒绝说明理由的，不发生阻止案件审理的效果，人民法院可以向监察机关、上一级行政机关提出司法建议”。根据司法解释的规定，对于行政机关负责人应当出庭应诉而未出庭应诉的，人民法院不可强制行政机关负责人到庭，也无须延期审理。对于行政机关提出的负责人不能出庭的理由，人民法院将记录在案。

其次，“告知合议庭组成人员”时可能出现当事人申请回避的问题，在明确当事人申请回避的人员和理由后，应在3日内以口头或者书面形式作出决定。对当事人提出的明显不属于法定回避事由的申请，法庭可依法当庭驳回。当事人申请审判人员回避的，根据《行政诉讼法》第五十五条的规定，审判人员的回避需要由院长决定。此时应当宣布暂时休庭，告知当事人合议庭将向院长汇报当事人提出的回避申请，由院长决定是否回避。同时明确休庭时间，并要求当事人准时到达法庭，否则原告将可能承担“按撤诉处理”的不利后果，被告将可能承担“缺席审判”的不利后果。

2. 法庭审查

进入法庭审查阶段，首先应固定原告的诉讼请求，法官对于不恰当的诉求应在明确当事人诉讼目的的前提下予以释明，并征求当事人意见。譬如，结合原告起诉的事实和理由，明确原告的诉讼目的是撤销某行政行为，而其诉求是确认某行政行为违法，要求行政机关按照其意愿作出新的行政行为。法官应释明确认违法的后果并不一定导致原行为失效或恢复到未作出的状态，而行政机关对其申请如何处理属于行政机关职权范围，并非司法判断的范畴，引导当事人变更诉讼请求为撤销某行政行为，要求行政机关依照其申请重新作出行政行为。《行诉解释》第九十四条、第九十五条将法官在某些特定情况下的释明义务进行了具体明确的规范。明确诉讼请求后再结合被告的答辩意见确定案件审查的焦点问题，而不能漫无目的地对行政行为发生全过程（包括背景情况）进行审查，或者事无巨细地对行政行为合法性构成要件所有方面均要求陈述。对于做过庭前证据交换的案件，可将已经产生的事实争点和证据争点加以明确，大多数案件应围绕诉求将案件的审查重点提示给当事人，以提高庭审质效。

法庭审查根据案件的不同情况可采质证辩论合一的方式，或是将质证与辩论分阶段进行。质辩合一方式的优势在于当事人可结合证据的质证同时就焦点问题发表辩论性意见，对于诉讼能力较弱的当事人而言，此种方式更容易全面地反映他们的主张；其缺陷在于非经法庭引导，当事人不会发表综合性意见，重点不突出。而将质证与辩论分阶段进行，通过质证、法庭审查、辩论可以更加清晰地把事实认定、法律适用的不同审查阶段体现出来，便于当事人归纳整理观点，不足之处是经常出现重复发表质辩意见、庭审拖沓冗长的问题。无论采取何种方式进行法庭审查，审查的核心都是法官组织当事人对证据的举证和质证，作为认定案件事实的关键环节，双方当事人提交证据越全面、质辩越充分，对案件事实还原度越高，法官越容易作出裁判。

举证过程是当事人对所举证据名称、内容和证明目的的说明。在此过程中比较难以把握的问题有两个：其一是当事人当庭提出调取证据申请；其二是申请证人出庭。对于第一个问题，法官可以要求当事人明确申请调取证据的内容、保存地点、证明目的及其不能获取的理由，并提交书面的调取证据申请，合议庭应当依据《最高人民法院关于行政诉讼证据若干问题的规定》第二十五条，对当事人的调取证据申请进行处理。“证人出庭作证”为法律所提倡，证人证言作为法定证据的一种常为法官认定事实所采，尤其在待证事实需要通过比较证据证明力大小作出判断的时候。但法律规定的证人证言实际上应为在庭审中证人陈述的其亲身感知的事实，并经当事人双方进行充分的质询。而庭外制作后递交法庭的书面证言，只有在证人确有困难不能出庭的情况下，经法院许可才可以提交。否则，证人证言不能单独作为定案的依据。《证据规定》第四十一条至第四十六条对证人出庭作证的义务、条件等予以明确，在审理具体案件时应予以遵循。

质证是对证据的真实性、合法性和关联性，以及证明力有无或大小的判断过程。法官通过组织当事人对证据进行质疑、说明与辩驳，解释证据能证明所证事实的理由，或驳斥所举证据在“三性”和证明力方面的欠缺，最终决定证据是否可以作为确定案件事实的依据。在质辩合一的案件庭审中，当事人质证意见分歧多集中在反映案件争点问题的证据上，一般情况下，对方会有对抗性的证据待出示，此时可进行交叉举证，不必拘泥于举证顺序，法官可进行有效引导，归纳出双方对某一证据或事实的争议焦点，让当事人围绕这个焦点发表意见。这样做，既可以使当事人通过集中的辩论充分阐述各自的观点，也有利于法官明了当事人的意见，准确居中裁判。

审查阶段分配当事人举证责任也对法官提出较高职业要求。实践中常会发生根据法律和司法解释也无法确定举证责任承担的情况，需要法官根据公平和诚实信用原则，综合当事人举证能力等因素确定举证责任。就某个待证事实是否发生举证责任转移，是否需要向另一方核实并要求进一步举证，在把握不准时应进行当庭合议，以充分发挥合议庭审理案件的功能，避免审判长独自作出结论。

行政审判对庭审质效的要求越高，对法官驾驭庭审能力的要求也越突出。由于行政审判开展的时间相对较短，加之其自身固有的广泛性、多样性和复杂性的特点，在审判实践中，特别是在庭审活动中尚未形成执业惯例和统一标准。法官在庭审中必须进行灵活应对，严格按照程序规定，发挥指挥、引导、释明作用，才能保障庭审的顺利进行，确保审判质效。

（撰写人：王斌）

3

行政诉讼中有关突发情况的应对

根据《民事诉讼法》《行政诉讼法》《中华人民共和国人民法院法庭规则》等相关规定，法官在法庭上遇到突发情况应当作出适法且恰当的应对。行政审判中常见的突发情况主要有以下几类：一是当事人当庭提出程序方面的问题；二是当事人未到庭、中途退庭或突发疾病；三是发生违反法庭纪律的违规违法行为。在行政审判司法实践中，一些法官在驾驭庭审的能力上仍有欠缺，对庭审中可能出现的问题准备不充分，如法官对当事人临时申请回避事宜不理不睬；当事人提出新的诉讼请求或提供新的证据的，审判长径行作出裁判。针对不遵守法庭纪律等突发情形，应急处理措施不够有力。

庭审中出现的突发情况在法庭规则和行政诉讼法中都有规定，所以审判人员应做到心中有数，明晰审判流程和思路。此外，开庭前宣布法庭纪律这一环节非常重要。宣布法庭纪律虽然与案件的实体处理没有必然联系，但却能为庭审的顺利进行营造一个庄严、肃穆、有序的环境，能够有效地避免或减少庭审中扰乱秩序行为的发生。避免庭审中出现法官和当事人之间，或当事人双方间发生激烈对抗及冲突，预防和源头化解至关重要，审判中发生的突发情况起初大多都有苗头，法官及时、严肃予以处理就可保障庭审正常进行。如若放任不管，就有可能导致当事人双方矛盾升级，突发性地出现冲击、哄闹法庭甚至对当事人及其亲友的暴力伤害行为，使小问题发展成为恶性事件，对司法权威造成巨大损害。对于影响较为恶劣的突发事件中的行为人，法官能直接使用的权力是警告、训诫和责令退出法庭（可由法警予以配合执行），严重违反法庭秩序的人员如要罚款或司法拘留需经院长批准后执行。

以下列举几种庭审突发情况的应对方法及法律依据：

一、当庭对对方当事人、代理人身份提出异议

针对这一问题，庭前的准备工作非常重要。法官在开庭前应当审查当事人提交的身份文件和委托手续，律师应当同时有律师事务所的函和当事人签字盖章的委托书；法律工作者应当有法律工作者证，并审查当事人一方是否位于其所在的辖区；公民代理应当具有社区、村委会、所在单位的推荐信，当事人近亲属做委托代理人

的应审查是否属于《行诉解释》第十四条规定的亲属关系。行政机关工作人员和行政机关负责人的出庭情况及相应说明。审查后在开庭时做到心中有数，就可以立刻判断当事人提出的异议是否符合法律规定，对于不符合规定的应当庭予以指出，并视提交材料情况决定是否允许其出庭应诉。

法律依据有：

1. **《中华人民共和国行政诉讼法》**

第一百零一条　人民法院审理行政案件，关于期间、送达、财产保全、开庭审理、调解、中止诉讼、终结诉讼、简易程序、执行等，以及人民检察院对行政案件受理、审理、裁判、执行的监督，本法没有规定的，适用《中华人民共和国民事诉讼法》的相关规定。

2. **《最高人民法院关于适用〈中华人民共和国民事诉讼法〉的解释》**

第八十五条　根据民事诉讼法第五十八条第二款第二项规定，与当事人有夫妻、直系血亲、三代以内旁系血亲、近姻亲关系以及其他有抚养、赡养关系的亲属，可以当事人近亲属的名义作为诉讼代理人。

第八十六条　根据民事诉讼法第五十八条第二款第二项规定，与当事人有合法劳动人事关系的职工，可以当事人工作人员的名义作为诉讼代理人。

第八十七条　根据民事诉讼法第五十八条第二款第三项规定，有关社会团体推荐公民担任诉讼代理人的，应当符合下列条件：

（一）社会团体属于依法登记设立或者依法免予登记设立的非营利性法人组织；

（二）被代理人属于该社会团体的成员，或者当事人一方住所地位于该社会团体的活动地域；

（三）代理事务属于该社会团体章程载明的业务范围；

（四）被推荐的公民是该社会团体的负责人或者与该社会团体有合法劳动人事关系的工作人员。

专利代理人经中华全国专利代理人协会推荐，可以在专利纠纷案件中担任诉讼代理人。

3. **《最高人民法院关于适用〈中华人民共和国行政诉讼法〉的解释》**

第十四条　行政诉讼法第二十五条第二款规定的“近亲属”，包括配偶、父母、子女、兄弟姐妹、祖父母、外祖父母、孙子女、外孙子女和其他具有扶养、赡养关系的亲属。

公民因被限制人身自由而不能提起诉讼的，其近亲属可以依其口头或者书面委托以该公民的名义提起诉讼。近亲属起诉时无法与被限制人身自由的公民取得联系，近亲属可以先行起诉，并在诉讼中补充提交委托证明。

第三十一条 当事人委托诉讼代理人，应当向人民法院提交由委托人签名或者盖章的授权委托书。委托书应当载明委托事项和具体权限。公民在特殊情况下无法书面委托的，也可以由他人代书，并由自己捺印等方式确认，人民法院应当核实并记录在卷；被诉行政机关或者其他有义务协助的机关拒绝人民法院向被限制人身自由的公民核实的，视为委托成立。当事人解除或者变更委托的，应当书面报告人民法院。

第三十二条 依照行政诉讼法第三十一条第二款第二项规定，与当事人有合法劳动人事关系的职工，可以当事人工作人员的名义作为诉讼代理人。以当事人的工作人员身份参加诉讼活动，应当提交以下证据之一加以证明：

（一）缴纳社会保险记录凭证；

（二）领取工资凭证；

（三）其他能够证明其为当事人工作人员身份的证据。

第三十三条 根据行政诉讼法第三十一条第二款第三项规定，有关社会团体推荐公民担任诉讼代理人的，应当符合下列条件：

（一）社会团体属于依法登记设立或者依法免予登记设立的非营利性法人组织；

（二）被代理人属于该社会团体的成员，或者当事人一方住所地位于该社会团体的活动地域；

（三）代理事务属于该社会团体章程载明的业务范围；

（四）被推荐的公民是该社会团体的负责人或者与该社会团体有合法劳动人事关系的工作人员。

专利代理人经中华全国专利代理人协会推荐，可以在专利行政案件中担任诉讼代理人。

二、当庭申请法官回避

当事人当庭申请法官回避的，首先询问当事人申请回避的对象和理由，让书记员记入笔录，然后休庭进行研究。根据法律规定，审判人员的回避由院长决定，其他人员的回避由审判长决定。为提高效率，可在休庭后将回避申请立即向院长汇报，由院长作出决定，决定不予准许回避的，以口头形式作出决定，记入笔录，继续开庭。准予回避的可在3日内以书面形式通知。如需要研究后才能决定是否回避的，应通知各方当事人暂时休庭，待回避决定作出后另行通知开庭时间。

法律依据有：

1.《中华人民共和国行政诉讼法》

第五十五条 当事人认为审判人员与本案有利害关系或者有其他关系可能影响

公正审判，有权申请审判人员回避。审判人员认为自己与本案有利害关系或者有其他关系，应当申请回避。

前两款规定，适用于书记员、翻译人员、鉴定人、勘验人。

院长担任审判长时的回避，由审判委员会决定；审判人员的回避，由院长决定；其他人员的回避，由审判长决定。当事人对决定不服的，可以申请复议一次。

2. **《最高人民法院关于适用〈中华人民共和国行政诉讼法〉的解释》**

第七十四条第三款 对当事人提出的回避申请，人民法院应当在三日内以口头或者书面形式作出决定。对当事人提出的明显不属于法定回避事由的申请，法院可以依法当庭驳回。

第七十四条第四款 申请人对驳回回避申请决定不服的，可以向作出决定的人民法院申请复议一次。复议期间，被申请回避的人员不停止参与本案的工作。对当事人的复议申请，人民法院应当在三日内作出复议决定，并通知复议申请人。

三、当庭申请不公开审理

对于涉及商业秘密、个人隐私的案件一方当事人申请不公开审理时，应提交书面申请，依据《行政诉讼法》第五十四条的规定进行审查后符合法律规定时应予以准许，向旁听人员宣布法律规定并劝离法庭。

四、当庭增加、变更诉讼请求

原告当庭提出新的或者变更原诉讼请求的，人民法院不予准许，但有正当理由的除外。同时需要征询对方当事人的意见，询问其是否需要留出新的举证期限。根据《最高人民法院关于适用〈中华人民共和国民事诉讼法〉的解释》第二百三十二条的规定，在案件受理后，法庭辩论结束前，原告增加诉讼请求，被告提出反诉，第三人提出与本案有关的诉讼请求，可以合并审理的，人民法院应当合并审理。

五、未经许可擅自离开座位、不听制止随意发言

对于在开庭过程中，擅自走动的当事人、旁听人员，法官应予批评教育，告知其应遵守法庭纪律，需举手示意经审判长许可后方能离席；对于随意发言者，应告知其服从审判人员的组织指挥按顺序发言，对不听制止、严重扰乱庭审秩序的，应予训诫或责令退出法庭。训诫、责令退出法庭由合议庭或独任审判员决定，训诫的内容、被责令退出法庭者的违法事实应当记入庭审笔录。

法律依据有：

1. **《中华人民共和国民事诉讼法》**

第一百一十条 诉讼参与人和其他人应当遵守法庭规则。

人民法院对违反法庭规则的人，可以予以训诫，责令退出法庭或者予以罚款、拘留。

人民法院对哄闹、冲击法庭，侮辱、诽谤、威胁、殴打审判人员，严重扰乱法庭秩序的人，依法追究刑事责任；情节较轻的，予以罚款、拘留。

2.《最高人民法院关于适用〈中华人民共和国民事诉讼法〉的解释》

第一百七十七条 训诫、责令退出法庭由合议庭或者独任审判员决定。训诫的内容、被责令退出法庭者的违法事实应当记入庭审笔录。

3.《中华人民共和国人民法院法庭规则》

第十九条 审判长或独任审判员对违反法庭纪律的人员应当予以警告；对不听警告的，予以训诫；对训诫无效的，责令其退出法庭；对拒不退出法庭的，指令司法警察将其强行带出法庭。

行为人违反本规则第十七条第一款第四项规定的，人民法院可以暂扣其使用的设备及存储介质，删除相关内容。

六、突发疾病影响庭审继续进行

在庭审过程中法官应注意观察，对于当事人表现出痛楚等不正常状态可以主动询问，以体现司法的人文关怀，可以采取暂时休庭的方法，如果确需送医治疗的应联系其亲友安排，另行排期开庭，紧急情况应立即拨打“120”救治，书记员应记录在案，并及时向院领导汇报。

七、未经许可中途退庭

对于中途退庭的当事人应及时、明确告知其退庭的法律后果，如原告无诉讼代理人又坚持退庭的，依照《行政诉讼法》第五十八条的规定可以宣布按自动撤诉处理或依法缺席审理，由书记员记录在案。如果被告未经法庭许可中途退庭的，可以缺席判决。

八、未经许可录音、录像、拍照

可以由法警配合暂扣行为人的录音、录像等设备器材，并责令其删除有关内容，拒不删除的可以采取必要手段强制删除。

法律依据有：

1.《中华人民共和国民事诉讼法》

第一百一十条 诉讼参与人和其他人应当遵守法庭规则。

人民法院对违反法庭规则的人，可以予以训诫，责令退出法庭或者予以罚款、拘留。

人民法院对哄闹、冲击法庭，侮辱、诽谤、威胁、殴打审判人员，严重扰乱法庭秩序的人，依法追究刑事责任；情节较轻的，予以罚款、拘留。

2.《最高人民法院关于适用〈中华人民共和国民事诉讼法〉的解释》

第一百七十六条　诉讼参与人或者其他人有下列行为之一的，人民法院可以适用民事诉讼法第一百一十条规定处理：

（一）未经准许进行录音、录像、摄影的；

（二）未经准许以移动通信等方式现场传播审判活动的；

（三）其他扰乱法庭秩序，妨害审判活动进行的。

有前款规定情形的，人民法院可以暂扣诉讼参与人或者其他人进行录音、录像、摄影、传播审判活动的器材，并责令其删除有关内容；拒不删除的，人民法院可以采取必要手段强制删除。

3.《中华人民共和国人民法院法庭规则》

第十七条　全体人员在庭审活动中应当服从审判长或独任审判员的指挥，尊重司法礼仪，遵守法庭纪律，不得实施下列行为：

（一）鼓掌、喧哗；

（二）吸烟、进食；

（三）拨打或接听电话；

（四）对庭审活动进行录音、录像、拍照或使用移动通信工具等传播庭审活动；

（五）其他危害法庭安全或妨害法庭秩序的行为。

检察人员、诉讼参与人发言或提问，应当经审判长或独任审判员许可。

旁听人员不得进入审判活动区，不得随意站立、走动，不得发言和提问。

媒体记者经许可实施第一款第四项规定的行为，应当在指定的时间及区域进行，不得影响或干扰庭审活动。

第十九条　审判长或独任审判员对违反法庭纪律的人员应当予以警告；对不听警告的，予以训诫；对训诫无效的，责令其退出法庭；对拒不退出法庭的，指令司法警察将其强行带出法庭。

行为人违反本规则第十七条第一款第四项规定的，人民法院可以暂扣其使用的设备及存储介质，删除相关内容。

九、陈述使用过激、攻击性语言

当事人在给法院提交的文书中有谩骂和人身攻击之词的，应告知其修改后提交；在庭审中使用过激、攻击性语言，法官应立即予以制止、批评教育，不听制止情节严重者应予以训诫，并由当事人反省自己的言行，写出书面检讨附卷留存。对于严重扰乱法庭秩序的人，予以罚款、拘留，情节严重者，依法追究刑事责任。

法律依据有：

1.**《中华人民共和国民事诉讼法》**

第一百一十条 诉讼参与人和其他人应当遵守法庭规则。

人民法院对违反法庭规则的人，可以予以训诫，责令退出法庭或者予以罚款、拘留。

人民法院对哄闹、冲击法庭，侮辱、诽谤、威胁、殴打审判人员，严重扰乱法庭秩序的人，依法追究刑事责任；情节较轻的，予以罚款、拘留。

2.**《最高人民法院关于适用〈中华人民共和国民事诉讼法〉的解释》**

第二百一十条 原告在起诉状中有谩骂和人身攻击之辞的，人民法院应当告知其修改后提起诉讼。

十、对对方提出的证据不予质证

有些当事人或委托代理人对于对方出示的证据，问其质证意见，均答不予质证，此时应要求其对于证据作出肯定（部分肯定）或否定（部分否定）的明确表态，告知其不作明确表态则视为对证据没有异议；并要求其对证据的合法性、客观性是否认可明确陈述意见，然后再对关联性陈述意见，如答不予认可，应让其当庭陈述理由。

法律依据有：

1.**《中华人民共和国民事诉讼法》**

第六十八条 证据应当在法庭上出示，并由当事人互相质证。对涉及国家秘密、商业秘密和个人隐私的证据应当保密，需要在法庭出示的，不得在公开开庭时出示。

2.**《最高人民法院关于适用〈中华人民共和国民事诉讼法〉的解释》**

第一百零三条 证据应当在法庭上出示，由当事人互相质证。未经当事人质证的证据，不得作为认定案件事实的根据。

当事人在审理前的准备阶段认可的证据，经审判人员在庭审中说明后，视为质证过的证据。

涉及国家秘密、商业秘密、个人隐私或者法律规定应当保密的证据，不得公开质证。

第一百零四条 人民法院应当组织当事人围绕证据的真实性、合法性以及与待证事实的关联性进行质证，并针对证据有无证明力和证明力大小进行说明和辩论。

能够反映案件真实情况、与待证事实相关联、来源和形式符合法律规定的证据，应当作为认定案件事实的根据。

3.《最高人民法院关于行政诉讼证据若干问题的规定》

第三十五条　证据应当在法庭上出示，并经庭审质证。未经庭审质证的证据，不能作为定案的依据。

当事人在庭前证据交换过程中没有争议并记录在卷的证据，经审判人员在庭审中说明后，可以作为认定案件事实的依据。

第三十八条　当事人申请人民法院调取的证据，由申请调取证据的当事人在庭审中出示，并由当事人质证。

人民法院依职权调取的证据，由法庭出示，并可就调取该证据的情况进行说明，听取当事人意见。

第三十九条　当事人应当围绕证据的关联性、合法性和真实性，针对证据有无证明效力以及证明效力大小，进行质证。

经法庭准许，当事人及其代理人可以就证据问题相互发问，也可以向证人、鉴定人或者勘验人发问。

当事人及其代理人相互发问，或者向证人、鉴定人、勘验人发问时，发问的内容应当与案件事实有关联，不得采用引诱、威胁、侮辱等语言或者方式。

十一、一方对证人提问，证人拒绝回答

证人认为一方对其提问不当拒绝回答问题，此时应由法官进行判断，该问题是否恰当并且有助于查明案件事实，随后明确表态证人是否应予以回答，如认为有必要，法官可以就此问题向证人提问。

法律依据有：

1.《中华人民共和国民事诉讼法》

第七十三条　经人民法院通知，证人应当出庭作证。有下列情形之一的，经人民法院许可，可以通过书面证言、视听传输技术或者视听资料等方式作证：

（一）因健康原因不能出庭的；

（二）因路途遥远，交通不便不能出庭的；

（三）因自然灾害等不可抗力不能出庭的；

（四）其他有正当理由不能出庭的。

2.《最高人民法院关于适用〈中华人民共和国行政诉讼法〉的解释》

第四十条　人民法院在证人出庭作证前应当告知其如实作证的义务以及作伪证的法律后果。

证人因履行出庭作证义务而支出的交通、住宿、就餐等必要费用以及误工损失，由败诉一方当事人承担。

十二、当庭提出调取证据、申请证人出庭

开庭过程中，当事人一方临时提出调取证据申请或者申请证人出庭作证的，如果是申请的证人与本案审查的事实没有直接联系，或者通过现有证据可以认定相关事实，已经能比较全面地反映案件事实的，对该申请不予许可，人民法院应经审查后作出是否准许的决定。

法律依据有：

《最高人民法院关于行政诉讼证据若干问题的规定》

第二十四条 当事人申请人民法院调取证据的，应当在举证期限内提交调取证据申请书。

调取证据申请书应当写明下列内容：

（一）证据持有人的姓名或者名称、住址等基本情况；

（二）拟调取证据的内容；

（三）申请调取证据的原因及其要证明的案件事实。

第二十五条 人民法院对当事人调取证据的申请，经审查符合调取证据条件的，应当及时决定调取；不符合调取证据条件的，应当向当事人或者其诉讼代理人送达通知书，说明不准许调取的理由。当事人及其诉讼代理人可以在收到通知书之日起三日内向受理申请的人民法院书面申请复议一次。人民法院应当在收到复议申请之日起五日内作出答复。

人民法院根据当事人申请，经调取未能取得相应证据的，应当告知申请人并说明原因。

（撰写人：向绪武）

4

开展行政案件协调和解工作的方法

《行政诉讼法》第六十条第一款规定“人民法院审理行政案件，不适用调解。但是，行政赔偿、补偿以及行政机关行使法律、法规规定的自由裁量权的案件可以调解”。这是法律规定的行政诉讼不适用调解的原则以及可以适用调解的例外情形，但在行政审判实践中，法官不仅在法律规定的行政机关享有自由裁量权的范畴内进行调解工作，在具体案件审判过程中，也进行了以化解矛盾、解决实质性争议为目的的和解工作。这种和解工作不是以调解书的形式结案，而是在双方当事人达成和解后，由原告向法院提出撤诉申请，以撤诉的方式结案。但实质性化解行政争议、切实解决人民群众的实际问题也是行政诉讼欲达到的重要目的之一。做好实质性化解工作，提高化解的水平，是法官在行政审判工作中的追求。

一、加深对实质性化解行政争议工作重要性的认识，切实树立司法为民的意识

做好实质性化解行政争议工作，首先要认识到该项工作的重要性。在审判实践中，由于行政审判不适用调解的原则理念已经深入法官的思维方式中，加之实质性化解行政争议工作需要法官付出艰辛的努力、做出大量的工作，最终还不一定能达到预期的结果，这使得法官们往往积极性不高，不重视实质性化解行政争议工作，当化解工作遇到一定困难时就放弃，这是导致实质性化解行政争议工作成功率不高的原因之一。行政诉讼案件的特点之一是司法权不能介入行政权的范畴，即使行政机关败诉，法院往往也不能对原告希望解决的实质性问题直接进行裁决。而行政机关在败诉后，不切实解决实质问题的情形也时常发生。例如，在某公房承租人变更案件审理过程中，原公房承租人死亡后，共同居住人之一向房管部门提出变更公房使用权申请，房管部门第一次以未取得其他共居人同意为由拒绝变更，经过审理，法院认定房管部门未经调查，拒绝变更的理由不成立，判决被告重新作出答复。但房管部门执行法院判决时仅仅将户籍人口罗列后，在未确定符合条件的共居人的情形下，又以其他共居人不同意变更为由拒绝变更，原告诉讼后，法院再次判决重新答复。这一方面导致行政审判程序的空转，浪费了大量的司法资源；另一方面行政诉讼的原告大多为普通的人民群众，由于他们缺乏相应的法律知识，诉讼能力较差，加之解决问题的心情急迫，在行政诉讼中往往希望法院解决他们的实际问题。对于原告而言，行政诉讼是解决实际问题的手段而非目的，一旦达不到解决问题的目的，即使胜诉也会对法院判决不服，如果败诉则更易使得旧有矛盾激化。而实质性化解行政争议则可以避免这种情况的发生，通过化解工作，既能满足人民群众解决实质性问题的愿望，又能为行政机关彻底解决社会矛盾、减轻行政机关的负担、树立行政机关良好的社会形象，同时也可以节约大量的司法资源，缓解审判压力。因此实质性化解行政争议工作是行政审判中的一项重要工作，必须予以重视。

加强对实质性化解行政争议工作重要性的认识，在思想上就要树立司法为民的意识，不断提高自己的职业道德水准。只有把人民群众的利益放在心上，才可能急当事人所急、想当事人所想，才能换位思考、理解人民群众的困难，才能将简单地就案判案转换为通过审判实质性解决当事人实际问题，进而化解行政争议。

二、加强法律知识的学习，不断丰富审判经验

做好实质性化解行政争议工作，需要法官具有深厚的法律功底和丰富的实践经验，这是做好实质性化解行政争议工作的前提和基础。审理行政案件，法官首要的就是查清事实，正确适用法律，得出明确的结论。只有法官对于案件做到心中有数，知晓双方的争议焦点，弄清双方的目的所在，才能有针对性地去做化解争议的工作，才能让当事人认识到自己的问题所在，才能在当事人心中树立法官的权威形象，进而为化解争议的工作打下良好的基础。做好上述工作，需要法官具有深厚的法律功底和丰富的实践经验，由于行政案件的与日俱增，法官工作日益繁忙，这就需要法官在业余时间中拿出一定时间和精力学习法律知识、提高司法理念，同时不断总结审判经验，将每一件案件的特点和存在的问题记录下来，将理论与实践结合，这样才能辨法析理，纠正当事人不切实际的想法，在案件处理时占据主导地位。此外，化解工作还需要法官具有一定的社会阅历。社会阅历越多，了解的知识面就越广，社会经验就越丰富，化解工作的思路就会变宽。而且丰富的社会知识使得法官有能力从不同的角度去做化解工作，可以提高与当事人的亲和度，当事人也更容易接受法官的化解争议工作，这样案件化解争议工作就会更迅速、有效，成功率也会更高。

三、坚持实质性化解行政争议工作的自愿合法原则

《行政诉讼法》第六十条第二款规定“调解应当遵循自愿、合法原则，不得损害国家利益、社会公共利益和他人合法权益”。这要求法官在做化解行政争议工作时，必须遵循自愿与合法原则。首先，法官在实质性化解行政争议工作的作用是促成当事人达成合意以切实解决实质性问题，但合意必须以双方当事人的自愿为前提，因此法官在诉讼中参加调解应遵循当事人自愿原则，只有双方当事人明示同意通过和解解决纠纷后，法官才能主持和解。但行政诉讼中对于当事人是否达成协议以及达成何种协议，法官不能预先设定，法官的和解工作只能限于对当事人进行引导、沟通、建议，以期达到实质性化解行政争议的目的。此外，法官在化解争议的过程中不能偏离公正的立场，不能采用压制一方的语言和行动。否则有违居中裁判的原则，还会给一方当事人带来司法不公的印象，一旦化解工作不成，会使一方当事人对今后裁判的公正性产生怀疑。其次，化解工作不得损害国家利益、社会公共利益和他人合法权益。如果出现了这种可能性，法官必须放弃化解工作，明确告知当事人原因，不能因为急于化解而损害其他合法利益。

四、把握化解方法，讲究和解艺术

如果说前三项是实质性化解行政争议工作的基础和前提，那么把握化解方法、

讲究和解艺术就是实质性化解行政争议工作的关键。

首先，要以极大的耐心用心倾听当事人的诉求，疏导当事人的情绪。按照中国社会的传统，打官司不是一件值得炫耀的事情，民告官更是不得已而为之，原告往往是不得已才选择提起行政诉讼，加之社会上一些负面的宣传，导致原告对行政机关甚至法院的对立情绪都很大，但既然选择诉讼，原告就对法院抱有一定程度的希望，希望其诉求能得到法院的支持。因此要想取得原告的信任，法官首先要做一个倾听者，耐心听取原告的诉说，这其中也许包括词不达意和语无伦次的表述，甚至是长期积怨的发泄。耐心地倾听会疏散原告的怨气，安抚原告的情绪，营造缓和的气氛，同时使原告建立起对法官的亲近、信赖心理，为下一步开展化解工作奠定基础。

其次，确定案件的起因，明确争议背后的实质性问题。为了化解争议，法官不能简单地就案论案，而是要找出引起行政诉讼的原因，确定原告真正想解决的问题。例如，在一起行政复议案件办理过程中，原告是对公安机关对其采取强制措施不服申请行政复议，但原告想解决的实质性问题是其开设的网吧被断电的问题，正是由于该问题得不到解决，原告才进行拉横幅的活动。此案的实质性问题尚算明确，还有些案件中，原告出于某种考虑不愿直截了当地说明产生实质性问题的真实原因。这就需要法官运用谈话技巧，确定问题及其成因。如果不能明确案件背后的实质性问题，就不能有的放矢地开展化解工作。

再次，预判处理结果、辨法析理，打消当事人不切实际的想法，促使当事人和解。行政诉讼有其特殊性，行政法律法规又多而繁杂，许多行政案件的产生，都是原告不理解行政诉讼，对相关行政法律法规的错误理解造成的。因此，向双方当事人释明法律，消除其认识上的误区，在行政和解工作中非常重要。只有当事人正确理解相关法律问题后，才能对案件的审理结果产生合理预断，才有接受和解方案的可能，实质性化解行政争议工作才能顺利进行。例如，在一起变更公房承租人案件中，行政机关以自己实践中的做法而非法定理由驳回了原告的公房承租人变更申请。审理中，法官向双方当事人分别解释法律规定、将双方对法律的认识统一到正确的轨道上来，再指出行政机关存在的问题，敦促行政机关提出和解方案，从而为实质性化解行政争议工作的开展创造有利的条件。在化解工作开始前还需注重收集已生效行政案件的判例，尤其是高级人民法院和最高人民法院的判例——先前的判例有时比法官的言语更有说服力，起到的作用更大。很多当事人在了解判例后，都会改变对行政诉讼的预期，从而为法官进行实质性化解行政争议工作铺平道路。

复次，实质性化解行政争议工作必须注重行政机关的作用，取得其支持。行政机关不仅是行政案件中的被告，也是作出具体行政行为的执法机关，更是实质性解决行政争议问题的促进者、决定者和执行者，所以必须注重发挥行政机关的能动性，促使其在案外开展工作，其强大的行政执行力会使实质性解决行政争议工作事半功倍。作为法官，可以从以下几点开展工作：第一，指明行政机关存在的问题，使行政机关产生实质性化解争议的动力。案件审理中，如行政机关在行政行为中存在问题，应当明确指出其违反了相关法律法规的规定，而实质性解决问题可以彻底化解矛盾，也避免了行政机关败诉的可能性。如果不存在问题，也需告知其应进一步提高行政执法能力，从化解社会矛盾的角度出发进行实质性化解工作，避免事态进一步恶化、矛盾进一步加深。第二，对行政机关进行督促，加快实质性化解争议工作的进展。作为审判机关，法院不应过多介入行政权的自由行使，亦无直接干预行政机关的权利，但法院可以通过辨法析理，促进与行政机关的沟通，促使行政机关更积极、更主动地进行实质性化解行政争议工作。而且为了实质性化解争议，法官可以考虑将案件“停一停、放一放”，在案件暂停期间加大对行政机关的说服力度，促使行政机关加快、增强实质性化解工作的进度、强度，以取得良好的工作效果。第三，在行政机关怠于开展实质性化解行政争议工作时，通过与其上级机关沟通，促使行政机关开展工作。

此外，在合法的前提下使用多种方法，不拘一格、耐心细致地进行实质性化解工作。实质性化解行政争议工作的目的就是彻底解决问题，为达到这个目标，不能机械地、简单地进行化解工作，而是需要拓宽思路，采用不同的手段，多渠道地开展工作。一是与当事人多沟通，通过沟通，让原告将不满情绪发泄出来，进而安抚其心、化解矛盾，通过沟通，了解行政机关的真实想法，弄清解决问题的困难所在。二是注重与诉讼代理人的沟通，取得其支持。原告的代理人一般或为亲属，或为律师，被告的代理人除却工作人员外，一般都是律师，这些代理人都是原、被告信任的人，尤其是律师，具有专业的法律知识，在案件的处理上易与法官产生趋同观点，说服代理人，进而由代理人去做当事人的工作，调解成功的可能性就大为提高。三是寻求行政机关党委、政府领导及相应职能机关的支持。行政机关党委、政府领导考虑问题的视角与具体工作人员有很大不同，其职务决定了其拥有较大的行政决定权，寻求他们的支持会对实质性化解行政争议工作的开展产生很大的作用，这在一些涉及社会影响较大的案件中尤为适用。实践中，具体解决实质性问题的往往不一定是被告，而是其他行政机关或职能部门，他们的想法和行动力在很大程度上决定了实质性化解工作能否顺利进行，所以在化解工作中，可以通过被告积极与他们沟通，取得他们的支持。四是把控好实质性化解行政争议工作的时间及化解方案。由于当事人之间的矛盾，做好实质性化解行政争议工作通常需要较长的时间，而且随着时间的推移，当事人的心理也会发生变化，实际问题有可能得到解决，矛盾有可能得到化解，所以法官不能因审限问题而急于结案。但行政案件的审理是有期限的，这就要求把控好化解时间和审理期限的关系，既不能为了审限急于结案，也不能一味地做化解工作而违反法定期限规定。这种情况下，一般可以分两步走，一边按照审理程序谈话、开庭，另一边化解工作也同步进行，以求取得最好的结果。对于化解方案，应以实际出发，不拘一格，只要不违反法律法规的规定且能达到化解矛盾的结果，均应予以支持。

最后，发挥团队协作，争取领导支持。实质性化解行政争议工作仅靠法官个人的力量是不行的，必须发挥审判团队的作用，法官助理与书记员是法官的助手，对于案件非常熟悉，当事人提交证据、反映问题、开庭记录等都要通过他们进行，他们与当事人之间的顺利沟通会创造一个良好的氛围，也会在一定程度上改变当事人的心理，打消当事人一些不切实际的想法，为实质性化解行政争议创造条件。特别是在化解工作遇到困难、陷入僵局时，集合团队力量、集思广益，往往会找到更佳的方案，有利于化解纠纷。因此，有必要发挥法官助理与书记员的能动性，使他们积极主动地参与到实质性化解行政争议工作中来。争取行政机关负责同志或上级领导的支持在实质性化解行政争议工作中尤为重要，法官的能力是有限的，而化解工作需要调动包括行政机关在内的更多力量的支持，而这些沟通、协调往往需要政府领导者的支持，在很多情况下，领导的支持对于实质性化解行政争议工作会起到决定性的作用。

总之，实质性化解行政争议可以达到较好的社会效果，但在实践中遇到的困难也很多，这需要法官坚持司法为民的理念，秉持公心，凭借扎实的法学理论功底和丰富的审判实践经验，运用各种方法，不拘一格，耐心细致地进行工作，才能彻底解决行政纠纷，化解社会矛盾。

（撰写人：阎炜）

5

行政诉讼举证责任分配和证明标准的具体把握

所谓举证责任，在一般意义上包括两方面含义，即行为意义上的举证责任和结果意义上的举证责任，前者是指当事人对于诉讼中所主张的案件事实，应当提供证据加以证明的责任，包括主观的举证责任、推进责任、主张责任；后者包括客观的举证责任、说服责任，即在诉讼结束之时，如果案件事实仍处于真伪不明的状态，应当由该当事人承担败诉或不利的诉讼后果的责任。

我国的行政诉讼关于举证责任的法律规定还是比较完善的，行政诉讼证据方面的制度主要是由《行政诉讼法》《行诉解释》《证据规定》等法律或司法解释组成的。

一、举证责任分配规则

（一）举证责任分配规则的释义

1. 一般行政诉讼举证责任分配规则

一般行政诉讼举证责任分配规则明确了原被告双方的举证责任，根据《行政诉讼法》第三十四条第一款的规定："被告对作出的行政行为负有举证责任，应当提供作出该行政行为的证据和所依据的规范性文件。"第三十七条规定："原告可以提供证明行政行为违法的证据。原告提供的证据不成立的，不免除被告的举证责任。"

2. 不作为行政诉讼的举证责任分配规则

行政主体不作为也是行政主体做出的行政行为的一种，这是一种特殊表现形式的行政行为，是一种消极的行政行为。在起诉被告不作为的行政诉讼中，各方当事人举证责任的分配按照法律规定如下：

第一，原告负举证责任的范围。首先，原告要证明不作为行为所造成的损害与被告的不作为行为之间存在着法律上的利害关系的事实根据。其次，原告一方当事人应该证明原告一方曾向被告提出了申请的事实。但是，除非属于根据《行政诉讼法》第三十八条第一款规定，有下列情形之一的，可以免除原告相应的举证责任：一是被告应当依职权主动履行法定职责的；二是原告因正当理由不能提供证据的。

第二，被告负举证责任的范围。首先，对原告起诉已超过法定期限负举证责任。原因主要在于：一是因为一个完整的具体行政行为应当包括诉讼权利或有效起诉期限的告知情况，因为它是行政机关应该履行的主要法定义务。二是因为起诉期限存在的复杂性、多样性。其次，对不作为行为的合法性负举证责任。这主要是符合行政诉讼被告对被诉具体行政行为的合法性承担举证责任的一般原理的体现。这主要也是因为行政不作为其实也是行政机关所作出的一种消极的具体行政行为，被告如果不能提供相应的事实证据和法律依据来证明其不作为行为的合法性，则会当然地承担败诉的法律后果。

3. 行政赔偿、补偿诉讼的举证责任分配规则

这里说的行政赔偿、补偿诉讼其实是行政法上的一种侵权诉讼。侵权诉讼就要

对损害事实和侵权行为与损害事实之间的因果关系提供相应的证据加以证明。

第一，原告应当对被诉行政机关的行政行为所造成的相应损害事实提供相对应的证据加以举证证明。根据《行政诉讼法》第三十八条第二款和《证据规定》第五条规定，在行政赔偿诉讼中，行政诉讼中的原告应当对其被诉的具体行政行为所造成的主要损害的事实提供相应的证据。

第二，行政诉讼中的被告在行政赔偿案件中应承担的举证证明的责任。根据《行政诉讼法》第三十八条第二款规定，因被告的原因导致原告无法举证的，由被告承担举证责任。《最高人民法院关于审理行政赔偿案件若干问题的规定》第三十二条就有相关的具体的规定："原告在行政赔偿诉讼中对自己的主张承担举证责任。被告有权提供不予赔偿或者减少赔偿数额方面的证据。"因此，被告应当就其主张等问题承担举证责任。

（二）举证责任分配规则存在的问题及完善建议

1. 对原告举证责任存在的认识误区

被告的证明责任于《行政诉讼法》第三十四条进行了明确规定，因此在行政诉讼中，通常情况下，应该由被告一方对其所作出的行政行为是否合法承担举证责任，当然这包括具体行政行为事实本身和它作出所依据的规范性文件这两方面。于是原告提出其主张，由被告承担举证责任，这就是行政诉讼举证责任分配的一般原则。但并不能认为行政诉讼就当然地免除了原告一方的举证责任。我国审判实务活动以及社会大众的普遍意识，却常常陷入上述所提到的原告一方不承担主张责任、推进责任的误区。陷入上述误区的人，常常就是因为对举证责任的理解产生了偏差。

《行政诉讼法》第三十八条和《证据规定》第四条、第五条就对行政诉讼中的原告一方的举证责任进行了明确的规定，它同时也明确了行政诉讼中原告一方对提起行政诉讼以及在行政不作为诉讼、行政赔偿诉讼中所应该承担的提供证据证明的责任。同时原告应当对诉讼过程中被告所提出的证据进行相应的举证反驳，以获得胜诉，原告一方举出相应的证据支持自己一方的诉请，提供充分证据证明己方观点不仅关系到原告一方自身的利益，也影响行政诉讼的效率。

2. 原告证明责任的范围

从我国的审判实践活动情况来看，《证据规定》对原告的证明责任规定较为原则，有时不能适应行政诉讼案件的多样化发展趋势以及行政主体履行行政管理职能方式变化的现实情况，同时也造成了审判实务过程中举证责任分配方面的混乱。因此在"行政诉讼被告负举证责任"一般原则下，这里也有相当的必要对行政诉讼中原告一方的证明责任进行梳理。大致归为如下几个方面：

（1）原告一方当事人起诉要符合法定的起诉条件，我国《证据规定》第四条第一款明确规定："公民、法人或者其他组织向人民法院起诉时，应当提供其符合起诉条件的相应的证据材料。"当然这种提供证据材料进行证明的证明责任与客观性的举证责任不同，属于"初步证明责任"，其主要目的与价值在于证明行政行为的存在，和行政机关的行政行为与诉讼提起人存在利害关系等，以及原告的诉讼主体地位。我们之所以要明确原告一方的这种证明责任，主要是因为要保障行政诉讼的效率，维护行政诉讼秩序，防止相对人滥用诉讼权利。在举证责任的分配上就是要求其责任的分担要合理合法，应给予原告一定的证明责任，来维护原告方的利益，这样也给予其相应的诉讼权利，可以使原告一方在各种救济途径和方式中作出适合自己的选择，让自己的利益最大化。同时也给予了其相应的诉讼权利，可以保障诉讼权利的正当行使，同时避免行政机关把大量的资源放在应诉的举证责任上。

（2）原告一方对被诉具体行政行为的合法性承担提供反驳性证据的推进责任。在司法审判实践活动中，大多数的行政机关为确保不败诉，一般情况下都不会把不利于自己、对其认定事实起相反证明效力的证据部分或全部地提交给人民法院，而且行政机关所作出的具体行政行为一般都具有一定证据加以支持，因此很多案件从表面上看，涉诉行政行为所认定的事实清楚、证据充分、程序合法，而实践中有些行政相对人可能会片面地理解"行政诉讼案件由被告负举证责任"原则的内容，导致在行政诉讼中因消极举证而败诉。所以法院也要加大力度来引导原告，提示原告一方对被诉具体行政行为的合法性承担提供反驳证据的推进责任。诉讼中，原告一方承担的是一种推进责任，被告一方当事人承担的是一种说服责任。被告不能提供证明其具体行政行为的合法性的证据就得承担败诉的风险。我们可进一步发挥司法解释的作用，将举证责任划分为推进责任和说服责任，明确原告一方应当对其主张承担推进责任，被告根据我国行政诉讼的举证责任的一般原则规定对被诉行政行为合法性承担说服责任。同时，对于某些特殊的情况，特定事实，如果根据举证责任分配的一般规则无法明确诉讼双方的举证责任的归属时，法官就可以综合案件的具体情况，由有举证能力的一方或有明显优势的一方承担证明责任。

3. 行政诉讼第三人的举证责任

在司法实践中，由于第三人在行政诉讼中有不同倾向性意见，如果不考虑诉讼第三人的区别和举证责任的适用，显然不合理。具体体现如下：如果第三人举证是对原告有利的，我们就应该按照原告的举证责任范围和原则来认定；如果第三人举证是对被告有利的，则对其所举证据的认定就应该参照对被告举证的认定规则。而对于第三类事实关系第三人，因为其在行政诉讼中的作用与证人的地位是相似的，参与行政诉讼的目的是证明与行政诉讼案件事实密切相关的既成事实。所以，当该既成事实的成立对被告行政行为违法有利时，就应该适用原告举证认定的相关规则，而当该事实的成立对证明被诉行政机关作出的行政行为合法有利时，则就应该适用于被告举证认定的相关规则。

二、行政诉讼证明标准

（一）行政诉讼证明标准的分类

行政诉讼证明标准是指按照《行政诉讼法》的相关规定，无论是行政机关还是行政相对人，只要是承担举证证明责任的人提供证据对案件事实进行证明，所需要达到的证明程度的问题。它是人民法院审查行政案件的客观事实。我国在司法实践活动中采取的是“案件事实清楚，证据确实充分”的标准，行政诉讼案件的审理，无论我们怎样追求事实之真，它都是一个我们希望的以法律之真趋近于客观事实之真的过程，法官在具体的行政诉讼案件审理中应该多方面地考察案件的性质、对双方当事人权益的影响，行政行为的类型等因素来具体确定认定案件事实的证明标准。

具体到行政诉讼的证明标准，因行政诉讼的特殊性质和行政诉讼类型的不同，其与刑事诉讼、民事诉讼证明标准存在着极大的不同，行政诉讼旨在解决行使国家公共权力的行政机关和行政相对人之间的矛盾冲突。同时行政诉讼案件类型的多样性，决定了行政诉讼证明标准并不应该是一个统一适用的标准，而是根据行政行为的种类、行政案件的性质及对当事人权益影响的大小等因素具体考量的多元化证明标准。

我国的行政诉讼由民事诉讼引申而来。行政诉讼案件的证明标准应当介于刑事诉讼和民事诉讼之间。行政诉讼案件要求具备实质性证据，证明标准达到清楚的、准确的、真实的、令人信服的标准。

在我国，通常认为，一般类型的行政诉讼案件都适用高度盖然性这种证据证明标准。这是因为在此类案件中，行政行为对相对人权利的影响程度在民事、刑事案件之间。因此，我们应适用介于二者程度之间的证明标准。高度盖然性标准是指在行政诉讼中，法官采用证明效力具有明显优势的一方行政诉讼当事人提供的证据，并据以认定案件事实的行政诉讼证据证明标准。一般认为，行政诉讼中高度盖然性标准应符合以下两个方面的要求：第一，在行政诉讼中的当事人双方提供的证据相比较来看，一方行政诉讼当事人提供的证据具有比另一方当事人明显的证据证明优势。也就是说在一般行政案件中，被告一方提供证据的证明力往往要明显大于原告方一方当事人。所以，这里所讲的“明显优势”是一个可以量化的标准，需要法官在审理案件的时候，依据法律的规定，把行政诉讼当事人提供的证据按照证明力的大小、案件的性质、对双方当事人利益的影响大小等因素进行综合的比较分析。第二，这里所讲的这种“优势”必须使法官在内心达到确信明显优势方所主张的案件事实确实存在的程度。

（二）现行法律对证明标准的规定较为抽象

在我国，现行刑事诉讼法、民事诉讼法、行政诉讼法这三大诉讼法没有对证明标准作出明确的规定，只是要求“案件事实清楚，证据确实充分”，刑事诉讼、民事诉讼、行政诉讼都做了如此规定。“客观事实”的证据证明标准是一种近乎完美的证据证明标准，作为我国司法活动追求的理想目标这是无可非议的，要求每名法官在法律适用中尽量接近客观真实，但以“客观真实”作为一种证明标准是不切实际的，是审判活动难以达到的，这一证明标准也不符合诉讼本身的规律。首先，在行政诉讼中要认识的事实是过去的事实，时间不能倒流，不能时时把法律事实回归到客观事实，想要完全认识案件事实真相，这是不可能的。其次，在行政诉讼中，对事实的认识还要受到各种主观因素的影响，这当然包括当事人举证能力、法官认识水平，在同样的客观现象面前，由于主观因素不同，导致对客观反映的不同即把法律事实还原到客观事实的程度就不同。最后，行政诉讼活动除要追求实体公正外，还要兼顾行政诉讼效率和效益等方面，案件裁判者不可能为了追求案件真实而无休止地耗费大量的时间和精力，因此，要达到绝对客观真实是不现实的，同时司法实践也表明不同法院或者法官在理解证据是否充分时，没有形成统一标准，导致了一定程度上判断标准的不统一和不确定。

三、非法证据排除规则

（一）非法证据的释义

对于“非法证据”的含义，一般有狭义和广义之分。狭义的非法证据是指通过非法的途径和手段取得的证据；广义的非法证据是指不符合法定来源和形式的或者违反诉讼程序取得的证据资料。

（二）非法证据排除规则的内容

《证据规定》第五十七条规定：“下列证据材料不能作为定案依据：（一）严重违反法定程序收集的证据材料；（二）以偷拍、偷录、窃听等手段获取侵害他人合法权益的证据材料；（三）以利诱、欺诈、胁迫、暴力等不正当手段获取的证据材料；（四）当事人无正当事由超出举证期限提供的证据材料；（五）在中华人民共和国领域以外或者在中华人民共和国香港特别行政区、澳门特别行政区和台湾地区形成的未办理法定证明手续的证据材料；（六）当事人无正当理由拒不提供原件、原物，又无其他证据印证，且对方当事人不予认可的证据的复制件或者复制品；

（七）被当事人或者他人进行技术处理而无法辨明真伪的证据材料；（八）不能正确表达意志的证人提供的证言；（九）不具备合法性和真实性的其他证据材料。”《证据规定》第五十八条规定：“以违反法律禁止性规定或者侵犯他人合法权益的方法取得的证据，不能作为认定案件事实的依据”，上述规定已经对行政诉讼中不能作为定案的证据进行了全面详尽的规定，从有利于规范行政诉讼程序过程当中的取得证据的行为，维护实体正义。

四、结语

综上所述，我国行政诉讼举证责任的分配规则考虑了多方面因素并且结合了我国现实国情。现今，我国所建立起的举证责任分配原则不单单是为了更好地平衡行政诉讼中的原告和被告的关系，也意味着让被告一方当事人对行政行为合法性承担举证责任。现在，我国所建立的行政诉讼上的举证责任分配规则不是像一些学者认为的一味采用行政诉讼中的“被告承担举证责任”的证明责任倒置规则。恰恰相反，它正是“谁主张，谁举证”的行政诉讼举证责任的一般规则的体现，因为，此时，行政诉讼上的被告一方的举证责任恰恰是一种积极的证明责任。同时，之所以要科学设定被告一方当事人即行政机关的举证期限，不断地完善被告补证规则，这就不单单关系到行政诉讼的目的的实现，同时它也是实现我国行政诉讼程序公正公平与高效和保障司法审判的公正与效率的重要举措。

（撰写人：邢军）

6

新型审判团队中合议庭职责及分工的把握

合议庭作为法院的基本审判组织，肩负着保证法院公正司法的神圣职责。合议庭评议连接庭审与裁判，是作出裁判的必经程序，具有彰显司法民主、强化裁判事实客观性、保障法律准确适用、监督制约审判权依法行使的功能。

2002 年《最高人民法院关于人民法院合议庭工作的若干规定》以及 2010 年《最高人民法院关于进一步加强合议庭职责的若干规定》规定了评议主体、评议客体、程序规则等内容，对于实现合议庭评议机制的功能发挥了积极作用。

一、合议庭成员的具体构成

根据身份的差异，合议庭成员可以划分为四种角色：审判长、承办法官、普通法官和人民陪审员。在逐步实施的司法改革过程中，法院在体制机制方面改革幅度较大，明确了以合议庭为中心，配备法官助理、书记员等审判辅助人员的工作模式。通常情况下审判长和承办法官由同一法官担任，仅在某些特定案件中，由庭长或者院长参加合议庭并担任审判长职务。根据《最高人民法院关于人民法院合议庭工作的若干规定》第四条规定："合议庭的审判活动由审判长主持，全体成员平等参与案件的审理、评议、裁判，共同对案件认定事实和适用法律负责。"由此可以看出，合议庭负责制实际上是合议庭成员共同负责制。它有两个要素：一是平等参与，即合议庭全体成员平等参与案件的审判活动；二是共同负责，即合议庭全体成员对案件的事实认定和法律适用承担责任。

审判长为单纯的审判职务而非行政职务，定位于合议庭范围之内，其角色应当是合议庭的召集人、审判活动的组织者和主持者以及审判活动的平等参与者。也就是说，在对案件诉讼进程的控制、审判活动的协调、庭审与评议的组织等审判活动的程序性管理上，审判长享有组织、主持、协调和指挥的权力；在对案件的实体审理、评议和裁判上，审判长与其他成员享有平等的参与权和决策权。

承办法官，也称主审法官、案件承办人，是为了提高办案效率而在合议庭内部承担召集、调查等具体事务的人员，其职责为：一是与其他成员平等地参与案件的审理、评议和裁判等审判活动；二是负责处理办案过程中产生的某些具体事务，主要包括保管案卷材料、调查收集证据、委托鉴定或审计、组织庭外调解、制作法律文书等。需要注意的是，承办人在处理这些具体事务时，身份相当于合议庭的"代理人"，其只能在委托权限范围内以合议庭的名义行事，要接受其他成员的监督并做好通报工作，行为后果由合议庭承担。

与审判长和承办法官相比，普通法官的角色定位就是平等地参与案件的审判并与其他成员共同对案件承担责任。

"人民陪审员"是各级人民法院根据办案需要吸收和选聘从而参与案件审判的社会人员。根据《全国人民代表大会常务委员会关于完善人民陪审员制度的决定》，陪审员与法官行使同样的权力，共同审理和裁判案件。因此在合议庭里面，其应该和普通法官的角色定位相同，其具有的职责包括：（1）审阅陪审案件的材料；（2）参与案件调查；（3）参加庭审；（4）参与调解；（5）参加案件评议。

二、合议庭参与案件审理的方式

1. 庭前阶段

在司法改革前，由于承办法官在掌握案件信息方面处于垄断地位，其他成员对庭前工作敷衍塞责现象较为普遍，在庭前阶段需着力建立两个机制。

（1）建立独立阅卷制度

该制度的实行能够为各成员在庭审中充分掌握决策信息提供制度性保障，主要解决因实行承办法官制度而带来的各成员对案件相关信息掌握不对等的问题。其操作机制为：合议庭全体成员在开庭审理前，分别就已形成的所有证据材料及诉讼材料进行独立的审阅，各自提前了解案件的争议焦点，梳理相关问题，做到带着问题参加庭审，以获得与案件审判相关的有效信息。阅卷时间原则上应在答辩期届满后至开庭前。如果需要进行庭前证据交换的，应在交换证据之后。

（2）建立两次提纲制度

该制度设立目的在于调动各成员的参与积极性以发扬集体智慧，并事先确定好分工以利于庭审活动顺利进行。其操作模式为：首先由各成员在独立阅卷的基础上列出各自提纲，然后在审判长主持下将各成员的提纲综合为一份共同提纲，并处理好分工关系。

2. 庭审阶段

为防止“合而不议、陪而不审”的情况出现，在庭审阶段首先是按照预先制定的提纲进行，其次是要处理好审判长主持庭审与其他成员参与庭审的关系。按照规定，主持庭审活动是审判长的法定职责，但“主持”并不等同于“包揽”。一般而言，与案件审理没有实质影响的程序性事项，可以由审判长单独作出。对于与案件审理有实质影响的事项，特别是一些需要作出裁定或决定的事项，则需要合议庭合议。如证据认证、管辖权异议裁定、先予执行裁定、诉讼终结裁定、撤诉裁定、回避决定、拘传决定等，都属于合议的范畴，审判长要在征求其他成员的意见后按照少数服从多数的原则作出决定。

3. 评议阶段

为保障各成员畅所欲言，充分发表各自观点，评议需在平等且自由的环境中进行。

（1）完善发言顺序限定制度

为了避免受到其他成员职务、资历等方面的潜在影响，发言先后顺序可以按照职务从无到有、从低到高或资历由浅至深的顺序依次发言。在发言后各自针对其他成员的不同意见进行反驳或进一步阐述自己的观点，形成多数或一致意见后进入下一主题，再次重复上述过程，直至评议结束。

（2）建立一次表决制度

即合议庭对每个评议事项的表决只能进行一次，在此基础上依照少数服从多数的原则得出裁判结论。这样可以确保评议过程与表决结果之间的实质联系，避免“议”“决”分离。由于在对评议事项表决以前，各成员已充分陈述了自己的理由和意见，相互之间也进行了意见的互换和交流以及观点的反驳和修正，达到了充分讨论和集思广益的民主效果。因此在最后对评议事项进行表决时，只能进行一次，以避免成员之间为取得一致意见而相互妥协和让步。

三、合议庭成员责任的承担

1. 合议庭成员个人责任的承担模式

对外而言，各成员的行为是以合议庭的名义表现出来的，但对内而言，合议庭决议需要以个人责任的形式表现出来，不然“共同负责”将等于“无人负责”。因此建立共同负责制度的关键就是要建立一个合议庭成员个人责任模式，将两者衔接起来。责任承担模式有两方面体现：一是“谁职责，谁负责”，即属于谁的职责范围，出了问题就由谁负责；二是“谁导致，谁负责”，即问题因谁而起即由谁负责。

2. 完善合议庭工作考核机制

建立专门考核档案，对法官参加合议庭情况单独考核。具体模式可以考虑采用综合打分制，再细化为一些具体打分标准，可以包括阅卷的认真度、庭审的积极性、发言的充分与否、表决意见的正确与否等综合因素。在考核过程中要注重体现各成员在审理过程中的责任、贡献大小及付出劳动的差别，从而调动其工作积极性。

3. 完善合议庭工作监督机制

责任机制和考核机制的落实需要建立健全监督机制。在司法改革进程中，各法院都设立了审判监督部门，可以通过旁听案件、观看庭审视频资料、检查合议庭评议笔录和庭审笔录等方式来进行。根据合议庭规定，院长、庭长也可通过审阅合议庭评议笔录和对判决书进行核稿的方式进行监督，发现不当之处可以要求合议庭复议。此外，要完善合议庭内部的自我监督机制，可以制作一个合议庭情况评价表，在成员内部循环封闭式打分，之后将表格统一交给审判监督部门以作参考。

（撰写人：邢军）

7

裁判文书的撰写要求和方法

裁判文书的撰写是审判过程的结语，其制作优劣也直接反映了法官的办案质量和司法能力。撰写的文书不仅要体现整个案件的审理过程，更要用大众能够理解和接受的“法言法语”深入浅出地解析，一篇好的裁判文书应该是通俗易懂、说理透彻的议论文，能够将比较专业的法理问题采用法律术语解释给读者，做到说理有力有节，以对当事人纠纷作出基本评判，从而发挥调整、规范社会行为的作用。

2014 年《行政诉讼法》修改后，为确保其贯彻实施，推进行政审判规范化建设，进一步规范和完善行政诉讼文书制作，最高人民法院制定了《行政诉讼文书样式（试行)》，明确了裁判文书的基本样式和基本要素，内容较为详尽。这也充分证明了裁判文书撰写在行政诉讼中起到相当重要的作用。

裁判文书的开头和结尾，是文章不可缺少的组成部分。裁判文书的首尾自有其程式化特点，一般首部包括：制作机关、文书名称、文书编号三项，尾部包括：签署、日期、用印以及附项等项目。由于格式中对开头和结尾均已严格固定，体现出鲜明的程式化特点，在此不多加叙述。

裁判文书的主体部分由事实、理由、结果三大板块组成，在结构上三者表现为平列或递进关系，判决书在写作的过程中需要清晰划分板块和段落，各板块间为并列关系，每个段落可以依照空间变幻顺序，时间顺序，或构成要件不同组成等进行叙述。段落间不要求具体的过渡文字，但需要通过清晰的逻辑轨迹衔接呼应。也就是说，裁判文书的段落层次既强调板块并列，又要求每个段落层次间形成内在联系。

裁判文书中“事实部分”的写作，更加突出以审判为中心的特点，通过对被诉行政行为、当事人诉辩意见、举证质证意见的表述，进而阐述法庭认证依据并归纳审理查明的案件事实。重视庭前证据交换和准备程序，明确案件的争议焦点，庭审过程中对此焦点问题予以提示，对裁判文书制作能够紧密围绕争议问题详略得当地阐述各方意见，并进行事实认定具有至关重要的意义。该部分对证据的认证是法官结合当事人的质证意见，根据证据规则对证据的证明力作出判断，某一证据的真实性、与案件的关联性、来源的合法性应当一一予以说明，采信与不采信的理由即由此产生。对于采信的证据要明确其证明事项。以达到阅读者在内心可自行梳理出下文中认定的事实的程度。证据的认证也是论理的一部分，许多当事人对判决不满往往在于“为什么我的证据法院都不采信，而对方的证据法院都认可呢?”因此，只要认证充分，就可以消除当事人这种证据偏袒的想法，接下来的事实认定就显得水到渠成了。事实的表述应该是清晰的，没有歧义的，且与案件的争议焦点紧密相连。除此之外的事实认定既显得没有必要，又会使当事人产生理解上的误差，甚至可能成为日后其他案件审理的障碍。事实部分的表述是理由部分的铺垫，只有先写好事实部分，才能先竖好靶子，让“理由”有的放矢。

行政裁判文书的“理由部分”是行政裁判文书的重心，当事人是否理解甚至接受法院的裁判，关键就在于此。因而裁判的理由部分必须写好。论理部分法律法规的援引显得尤为重要，从行政审判的特点看，行政审判是对行政行为的合法性进行审查。国家基于保护行政相对人的合法权益，确保行政管理的合法性和有效性，将行政行为纳入审判权的监督和审查范围之内。但这是一种有限的审查，仅是对行政行为的合法性进行审查，即对行政行为的事实、程序、法律适用和是否具有作出行政行为的职权依据进行审查。而行政机关在事实、程序和适用法律上是否合法，是否有管理权，必须以法律、法规和规章为基础，因而裁判文书中必须将适用的法律、法规、规章和司法解释予以援引，才能做到“以法律为准绳”。由于行政管理领域的广泛性，行政法律、法规和规章大量存在。当事人无法全部知晓，因而如果不引用法规、规章的原文，很容易让当事人摸不清审判结果的由来。我国行政审判所适用的一般性法律规范有《行政诉讼法》《行政复议法》和《行诉解释》等。这些规范条文具有针对性，能清楚地阐明裁判结果的由来。因此，在新的裁判文书样式上，判决书的尾部增加了附录，要求法官根据案件的不同需要，将判决书中的有关内容载入该部分，以供当事人全面了解有关法律规定的内容。

“判理部分”可首先援引所适用的法律、法规和规章，然后简洁概括主要事实，推导结论，由此形成“三段论”推理形式。譬如，在最高人民法院公布的征收拆迁十大典型案例中，何刚诉淮安市淮阴区人民政府房屋征收补偿决定案的判理即为此种形式：“本案争议焦点为被诉房屋征收补偿决定是否侵害了何刚的补偿方式选择权。根据《国有土地上房屋征收与补偿条例》（以下简称《征补条例》）第二十一条第一款规定，被征收人可以选择货币补偿，也可以选择产权调换。通过对本案证据的分析，可以认定何刚选择的补偿方式为产权调换，但被诉补偿决定确定的是货币补偿方式，侵害了何刚的补偿选择权。”据此，法院作出撤销被诉补偿决定的判决。判理在确定案件争议焦点的前提下，有针对性地援引了相关法律规定，之后概括相关法律事实，最后得出结论。大部分案件如此写作即可清晰明了。

另外有一些案件的判理是需要法官以其法学基础理论结合某些专门领域形成的行政惯例作出合理判断形成的。譬如，2016 年最高人民法院行政审判十大典型案例中，广州德发房产建设有限公司诉广州市地方税务局第一稽查局税务处理决定案是涉及税收行政专门领域，也是最高人民法院提审改判的第一起税务行政案件。该案涉及对税务部门纳税额核定权的合法性判定。文书中说理部分阐述了作出裁判的理由："1. 不违反法律原则和精神的行政惯例应当予以尊重。广州税稽一局在查处涉嫌税务违法行为时，依据税收征管法第三十五条规定核定纳税义务人的应纳税额是其职权的内在要求和必要延伸，符合税务稽查的业务特点和执法规律，符合《国家税务总局关于稽查局职责问题的通知》关于税务局和稽查局的职权范围划分的精神，不构成超越职权。2. 税务机关确定应纳税额时，应当尊重市场行为形成的市场价格；其基于国家税收利益的考虑否定拍卖价格作为计税价格时，行使税收征管法第三十五条第一款第六项应纳税额核定权时，应当受到严格限制。纳税义务人以拍卖不动产的拍卖价格作为计税依据依法纳税后，在该拍卖行为未被有权机关依法认定为无效或者认定存在违反拍卖法的行为并影响拍卖价格的情况下，税务机关原则上不能根据税收征管法第三十五条第一款第六项的规定行使应纳税额核定权，但如果拍卖行为中存在影响充分竞价的因素导致拍卖价格过低，如本案中的一人竞拍时，税务机关基于国家税收利益的考虑，有权行使应纳税额核定权。3. 没有法律、法规和规章的规定，行政机关不得作出影响行政相对人合法权益或者增加行政相对人义务的决定。税务机关根据税收征管法第三十五条第一款第六项的规定行使应纳税额核定权，应当受到税收征管法第五十二条关于追缴税款和滞纳金的条件和期限的限制；因不能归责于纳税义务人的原因时，新确定的应纳税额，缴纳义务应当自核定之日发生，征收该应纳税额确定之前的税收滞纳金没有法律依据。"裁判结论要在确保适用法律正确的前提下，同时兼顾社会效果，讲明立法背景和目的，与社会的主流价值相契合，弘扬新时代核心价值观。例如，在上述税务行政案例中，判理部分首先对行政机关的职权依据予以认定，明确职权依据的法律、法规规定，尤其在请求行政机关履行相应职责的案件中显得尤为重要。因为此类案件，原告一般会认为被告有责而未履行或未依法履行。之后判理通过司法确认的方式，认可省级以下税务局及其税务稽查局在具体执法过程中形成的不违反法律原则和精神且符合具体执法规律和特点的惯例，并就应纳税核定权行使依据税收征管法的规定，进行的权力的合理性限缩，既保障国家利益不受损，也防止税收权力的"任性"。体现法院在促进依法行政方面的司法能动性，厘清特定税收专业领域行政机关职权和市场主体自治的界限，以充分发挥法院裁判规范社会行为的作用。

（撰写人：王斌）

8

行政案件审理的法律适用方法

一、“适用法律、法规错误”的主要情形

狭义的适用法律、法规错误是指行政机关在作出具体行政行为时有法律法规可以依据，但是适用错误。例如，应该适用甲法律而适用了乙法律，应该适用法律、法规的某一条款而适用了另一条款。这两种情况常与事实不清或定性错误相联系。又如，适用了已废除的法律、法规，适用了尚未生效的法律法规，以及应该适用新法而适用了旧法，应该适用特别法而适用了一般法，等等。这些都是适用法律、法规错误。广义的适用法律、法规错误，还应包括，适用了违法的规章或其他行政机关制定的具有普遍约束力的决定、命令的一般规范性文件，机关在没有任何法律、法规、规章或行政规范性文件为依据的情况下，自作主张、主观随意地作出具体行政行为，可以认为是适用法律法规错误。

（一）关于审查依据的问题

根据《行政诉讼法》第六十三条的规定，人民法院审理行政案件，以法律、行政法规、地方性法规以及自治条例、单行条例为依据，参照规章。因此，行政诉讼的审查依据分为三个层次：一是依据法律、行政法规、地方性法规及自治条例和单行条例。二是参照规章，根据宪法和地方组织法，规章分为部门规章和地方政府规章。“参照规章”是由我国的政府体制决定的。因为我国实行人民代表大会制度，行政机关和人民法院都向同级人大及常委会负责，并受其监督。行政诉讼的目的之一是监督行政机关依法行政，规章是行政管理活动的继续，如果法院审理案件以规章作为依据，则意味着行政权力延伸到审判活动中，不符合行政机关和审判机关之间的合理分工原则。因此，“参照规章”，既不是无条件地适用规章，也不是一律拒绝适用规章，只能参酌、鉴别之后决定适用与否。① 三是参考规范性文件。由于行政管理范围非常广泛，行政机关需要制定相关规范性文件落实法律、法规、规章的

① 王汉斌在《关于〈中华人民共和国行政诉讼法（草案）〉说明》中指出：“对符合法律、行政法规的规章，法院要参照审查，对不符合法律、行政法规原则的规章，法院可以灵活处理。”

具体要求，有针对性地解决行政管理中的实际问题。实际上，规范性文件在行政管理过程中，发挥了巨大的作用。在审判过程中，需要引起高度重视。对于规章以下的规范性文件，只要与法律、法规及规章的规定一致，法院应当承认其效力，在审判过程中，可以参考。另外，没有规章制定权限的行政机关制定的规范性文件，与法律、法规及规章不相抵触的，在不同层级间的规范性文件不一致时，原则上适用高层级的文件。

（二）适用法律条文的审查

只有在确定具体行政行为适用的法律、法规及规章的条文后，才能判断被诉具体行政行为适用的法律、法规是否正确。

1. 适用法律规范的形式和内容

具体行政行为适用的法律、法规，在形式上必须写明依据的法律、法规及规章的名称和具体条文，在一个条文中，有多款或多项的，应当写明具体的款或项。在内容上，一般应当写明对被处理行政相对人行为的性质或者事项的性质的法条（定性条款）和涉及处理结果的法条（处理条款）。

2. 具体行政行为适用法条

在审判实践中，一般认为被诉行政行为中引用的法条，也就是行政处罚决定书、处理决定书、通知书等法律文书中载明的具体法条，或在宣告行政行为时宣读的具体法条，认定为被诉具体行政行为所适用的法条。被告在具体行政行为中没有引用，在法庭答辩中所引用的法条不能认定为被诉具体行政行为适用的法条。

理由在于：第一，法律、法规要求行政机关在具体行政行为中写明所适用的法条。例如：《行政处罚法》第三十九条规定，行政处罚决定书应当载明行政处罚的种类和依据。第二，行政诉讼的事实是有关被诉具体行政行为合法问题的事实。包括：具体行政行为认定的事实、适用法律、法规及规章的事实、执法程序的事实，因此被诉具体行政行为适用法律、法规及规章的事实在制作处罚决定书时就应当存在。第三，根据行政诉讼举证规则，被告承担举证责任，被告向法庭提供的证据应当包括其作出具体行政行为认定事实、适用法律条文、执法主体资格和行政执法程序等有关合法性的证据。

另外，对于在具体行政行为中没有引用法条，被告在法庭上用来说明其适用法律正确的具体条文，虽然不能作为被诉具体行政行为适用的法条，对于能够证明其适用法律、法规正确的，应当依此确定被诉行为适用法律、法规正确。

3. 判断被诉行为适用法律时应当注意的问题

一是被诉法律文书引用法条不全面，但相关附件中载明依据法条或者向行政相对人宣告处理决定时，宣读了相关法条的，应认定为适用了该法条。

二是仅写明法律、法规的名称，没有写明具体条、款、项、目，或者连法律、法规的名称也没有写，同时被告在法庭上举不出证据证明其所适用的具体法条的，因无法判断其究竟依据哪一条具体款项作出的处理，应当认定为没有适用法条。

三是引用的法条中有数款或者数项，每款或每项都是有关定性或具体处理的规定。未引用具体的款或者项，应认定该具体行政行为没有适用定性或者处理的款、项。但在该具体行政行为作出的理由部分叙述了被处理行为或者事项的性质或者应当受到什么处理，与其适用的法条中的某款或某项相对应的，应当认定其适用了相对应的款或项。

（三）适用法律规范是否有效

1. 时间效力

时间效力是指法律规范的生效和失效的时间问题。“法律规范的生效”有两种情况，一是公布之日起立即生效，如《征补条例》第三十五条中的“本条例自公布之日起施行”；二是发布后经过一定的期限开始施行。例如，《政府信息公开条例》第三十八条中的“本条例自 2019 年 5 月 15 日起施行”。“法律规范的失效”有四种情况：一是新的法律规范明文宣布原有法律废止。如上述《征补条例》第三十五条规定随新条例生效，“《城市房屋拆迁管理条例》同时废止”。二是立法机关决定批准公布失效的法律规范目录。如《征补条例》施行后，××市政府集中废止《××市城市房屋拆迁管理办法》等 2 项规章和 5 项规范性文件。三是新的法律规范公布后，旧的法律规范与新的法律规范（包括同位法、下位法）相抵触的部分，自行失效。例如，《最高人民法院关于审理政府信息公开行政案件若干问题的规定》第十三条“最高人民法院以前所作的司法解释及规范性文件，凡与本规定不一致的，按本规定执行”。四是新的法律实施后，原有的法规、规章与新法律中的某些部分不符合的，在新的法律实施一段时间后废止。例如：《行政处罚法》第六十四条“本法自 1996 年 10 月 1 日起施行。本法公布前制定的法规和规章关于行政处罚的规定与本法不符合的，应当自本法公布之日起，依照本法规定予以修订，在 1997 年 12 月 31 日前修订完毕。”根据该条规定，在该法公布前制定的法规和规章关于行政处罚设立的规定与该法不符合的，失效日期在其修订后失去效力或在 1997 年 12 月 31 日后失去效力。

溯及力，即法律、法规对溯及既往的法律效力。我国现行法律、法规绝大部分不具有溯及力，一般对涉及历史问题处理的法律规范均规定了具有溯及力。如《集体企业国有资产产权界定暂行办法》（1994 年）第三条，“本办法适用于注册为集体所有制性质的各种城镇集体企业（含合作社）资产的产权界定”。发布以前和以后集体企业形成资产的性质如何界定的问题，均应适用该办法。

审查被诉行政行为适用法律规范的时间效力时，一是要查清被诉具体行政行为所适用的法律规范生效时间和失效时间及有无溯及力；二是要查清被诉具体行政行为所处理的行为或事项的时间，如果被处理的行为或事项发生在适用的法律规范具有法律效力的期间，那么，被诉行为所适用的法律规范具有时间效力，反之则不具有时间效力。此外，还需注意以下问题：

（1）被处理事项和被诉行为适用法律均在新法生效之前，应适用旧法；（2）被处理事项和被诉行为适用法律均在新法生效之后，应适用新法；（3）被处理事项在新法生效之前，行政处理在新法生效之后，除了法律、法规明确规定该法具有溯及力以外，有关实体问题原则上适用旧法，有关程序问题应适用新法的规定。例外的情况包括：

一是对行政处罚适用从旧兼从轻的原则，即新法规定是违法行为，旧法不认为是违法行为的，应适用旧法。旧法规定属于违法行为，新法规定不属于违法行为的，应适用新法。新法、旧法的规定都属于违法行为，适用规定处罚较轻的法律。

二是法律、法规中有关程序的规定。程序性规定并没有规定相对人的实体权益，仅仅是规定了行政机关和法院的工作程序，按照“新的程序法律规范生效后必须遵守”的原则，应适用新的规定。

三是行政许可行为应当适用新法。因为法律规范所设立的行政许可条件是为了维护社会秩序，保护公共利益。当新的法律规范改变条件，都是基于情势变化。为了维护社会正常秩序，保护公共利益，故应当适用新法。

2. 空间效力

空间效力是指法律规范在哪些地域范围内发生效力。作为主权国家，根据宪法和有关法律的规定，法律和行政法规及部门规章，在全国领域内适用。但有两种例外，一是针对发生在特殊范围的行为和特别地区的特别问题进行管理所制定的专门法律、法规。这些法律、法规只能在特殊领域内有效。《公共场所卫生管理条例》（1987 年）第二条，对适用的公共场所的范围作了明确规定。又如，国务院批准的《××市新技术产业开发区实验区暂行条例》，只能适用于××市有关新技术产业开发问题。另外，根据宪法及其他有关法律的规定，地方性法规、自治条例和单行条例及地方政府规章适用于本行政区域或民族自治地方发生的行政案件。

3. 人和事的效力

“人的效力”是指法律规范适用于什么样的人。这里的人包括自然人、法人和其他组织。就每一部单行法和行政法规来讲，其调整范围不同，有的适用于所有人，有的只适用于某一部分特定人。如《食品卫生法》（已失效）只适用于食品的生产经营者，对其他人不能适用。又如，《土地管理法》第七十八条第一款“农村村民未经批准或者采取欺骗手段骗取批准，非法占用土地建住宅的，由县级以上人民政府农业农村主管部门责令退还非法占用的土地，限期拆除在非法占用的土地上新建的房屋。”其适用对象是农村村民，不能适用其他人。“事的效力”是指法律规范对特定的事项所发生的效力。例如，《医疗事故处理条例》只适用于医疗事故，而不适用于铁路、公路等其他事故。

4. 法律效力

（1）与宪法、法律相抵触的法规的适用。行政法规和地方性法规不得与宪法、法律相抵触。如果发现有抵触的情况，根据《立法法》第五章的有关规定，报请有关机关决定。

（2）具体行政行为所适用的规章是否合法。主要是规章是否超越行政管理权限范围，是否超越法律规定的范围和幅度，内容上与法律和行政法规是否抵触。

在判断规章是否与上位法相抵触时，应当分析规章规定的内容是否符合上位法的立法原意及目的，通过综合分析才能得出判断。不能机械地理解上位法的某一条文，不能简单地将规章规定的内容与上位法规定的不一致，都认定为抵触。特别是上位法规定不明确的问题，规章进行了细化规定的，应当从上位法的目的和公共利益这两个方面进行考察，如果规章内容符合上位法的立法目的和公共利益，不能认为与上位法抵触。

（四）适用法律、法规错误的表现形式

适用法律、法规错误，指行政机关作出的具体行政行为在适用实体法律规范方面，适用了不应当适用的法律规范，或者没有适用应当适用的法律规范。这里的法律规范限于适用实体法律规范的错误，不包括违反程序法规定的情形。

1. 适用法律、法规性质错误。通俗讲是应当适用甲法，却适用了乙法。即应当适用调整被处理行为或者事项的法律、法规却没有适用，而是适用了不能调整被处理行为或者事项的法律、法规。

2. 适用法律、法规条文错误。一是适用定性条款错误。例如，本应适用《治安管理处罚法》第四十三条第一款，认定为“殴打他人”的性质，但却适用了第二十六条的规定，认定为“结伙斗殴”，导致处罚标准不同。二是适用处理性条款错误。例如，环保处罚中，某企业造成环境中度污染，但未造成重大损失的情形，就不能适用已经造成重大经济损失的规定。

3. 适用没有效力的法律规范。是指具体行政行为适用的实体法律规范，尚未生效或者已经失效。

4. 未适用应当适用的法条。是指具体行政行为未适用有关对被处理行为或者事项定性或处理的法律、法规及规章的条文。包括以下三种情况：

一是根本没有援引任何法律、法规及规章或者只引用了法律、法规及规章的名称，没有引用具体条文。法律、法规、规章是通过每一个具体条文来规定各种行为、事项的性质，对不同情节、情况的行为、事项应如何处理。行政机关的具体行政行为没有引用或者没有引用到具体条文，说明其应当适用的条文没有适用，属于适用法律、法规错误。例如：政府信息公开案件答复中，行政机关作出的《政府信息告知书》或者《政府信息不存在告知书》没有援引法律依据的，应视为适用法律错误。注意：对于没有引用法律、法规，但引用了规章的条文，不属于未适用法条的情形。

二是只引用了有关定性或者定性和处理的原则条文，没有引用应该适用的有关处理规定条文。例如，博物馆举办文化活动门票收入 25 万元，税务机关依据《营业税暂行条例》有关规定，通知博物馆纳税，但是根据《营业税暂行条例》（已失效）其他条款规定，博物馆举办文化活动的门票收入免征营业税，税务机关未适用免征条款的规定，即属于适用法律、法规错误。

但是，被诉具体行政行为适用有关定性和处理的原则条文，未引用具体条文，其处理结果符合具体条文的规定，不属于未适用应当适用的法条的错误。例如，海关认定某公司进口空调配件申报不实，依据《海关法》有关“申报不实”的规定予以处罚，但是没有引用《海关法行政处罚实施细则》的细化规定，该处罚规定不属于适用法律、法规错误。

三是只适用有关处理的条款。例如，某卫生行政机关认定个体户销售了禁止销售的食品，依据《食品安全法》第八十五条的规定，没收违法所得，并处以罚款。《食品安全法》第二十八条对禁止生产经营的食品共有十一项，究竟该行政决定适用哪一项不清楚，故应当认定为适用法律、法规错误。

5. 没有适用法条中必须适用的内容。指引用法律、法规的条文正确，但没有适用该条中规定的必须适用的内容，而适用了不应适用或者选择适用的内容。

（撰写人：向绪武）

9

裁判文书校核工作需要重点把握问题

裁判文书校核工作作为审判工作中十分细微的环节，却是不容忽视的重要一环，但实践中每一份合格裁判文书的产生，都离不开文书的校核工作，如果轻视裁判文书校核工作，可能会出现较低级的错误，带来很大的负面效应，有损司法权威。

一、裁判文书的概念及作用

人民法院裁判文书是法院在案件审理终结后，依据案件事实和法律规定，对诉讼当事人之间争议的实体和程序问题所作出的具有法律效力的书面结论。裁判文书的种类包括判决书、裁定书、调解书、决定书。裁判文书的内容记载了法官审理案件的过程、裁判理由、法律依据和裁判结果，也为诉讼当事人明确了应享有的权利和应负担的义务。目前，全国各级人民法院的裁判文书基本参照《法院诉讼文书格式样式》以及《最高人民法院关于裁判文书引用法律、法规等规范性法律文件的规定》的标准进行制作。此外，部分地区法院根据地方特点对文书具体样式进行细化规定。例如，北京市高级人民法院印发了《北京市高级法院关于制作裁判文书有关技术要求的规定》《北京市高级法院关于制作裁判文书有关内容要求的规定》。这些指导性文件规定了裁判文书的样式、表述规范，是法官制作裁判文书时必须遵循的重要依据。

作为表述裁判内容的书面法律语言形式，裁判文书的法律价值主要体现在以下几点。首先，裁判文书具有解释与阐述法律的作用。裁判文书乃是法官对当事人所触发的法律的解释和说明，在一定意义上，当事人所触发的法律条文可以更好地帮助人们理解法律，并且运用法律保护自身的合法权益。我国法律条文在一定意义上都是用汉字加以书写描述的，且每一条法律明文都有其法理基础，如若不加以解释说明，将造成不确定的概念具体化的恶性结果。尤其是当法律条文中出现，法条与法条之间相冲突，或者相竞合的情形时，法官更需要对法律规定加以阐述说明。其次，裁判文书对法律具有宣传作用，可促进法律知识的传播。由于裁判文书可以将案件中的当事人所触犯的法律清楚地描述出来，具有形象性和直观性的特点，可以帮助人们清晰地理解触犯法律的后果，了解法律的知识，感受到法律的威严与庄重，从而强化对自身行为合法性的预判，对于促进社会整体法治意识的形成有重要作用。

二、裁判文书校核的意义

一份好的裁判文书不仅体现了法官的法律专业素养、文字功底水平，更展现了法院的司法能力和形象。一份高质量的裁判文书应当能够清楚地反映出案件的审理过程，能够准确归纳事实的争议焦点，能够正确阐释法律规定的内涵，从而起到定分止争、案结事了的作用。这需要法官具备较高的法律业务水平和语言文字表达能力，特别是对双方诉辩意见的提炼概括、事实和证据的分析认证、裁判理由的说理阐述。而一份错字连篇、表述不规范、认定事实或者引用法条错误的裁判文书则会严重影响司法形象和司法公信力。如何确保裁判文书的质量一直是法院和法官们需要重视的问题。因此，加强对裁判文书的校验则成了人民法院业务工作中的重要环节之一。

三、裁判文书校核的实践经验

行政裁判文书的内容主要包括八个要素。(1) 文书首部。包括名称、案号。在校核中要与案卷中的案件信息表对照，确保文书不混淆。(2) 诉讼当事人的自然信息。包括原告、被告的姓名、性别、民族、出生年月日、职业和住址，代理人身份，其中律师与公民代理的表述各有不同。在校验中要与当事人身份证复印件上的信息核实，委托信息要与授权委托书、律师事务所函、派出所或者社区出具的证明函核实。(3) 诉讼时间及参与人。包括立案时间、出庭应诉时间及参与人。(4) 诉辩意见。包括原告起诉的事实与理由、诉求、证据以及被告的答辩理由、证据。在校验中要与原告起诉状、被告的答辩状进行核实，如果起诉状语句不通、表述重复或内容赘述，可以进行概括总结，但要保证概括的内容全而准，符合当事人的原意。原告、被告证据在校验中要与证据目录、谈话或庭审笔录进行一一核对，如遇拿不准的则需要查看庭审录像进行核对，证据的采纳要做到凡证必论。(5) 本院查明的事实及证据。在校核中要与证据内容核对，特别要注意日期、数字、金额。(6) 裁判理由、法律条文援引。在校验中要确保对案件事实的叙述角度准确，是否一一回应了诉辩意见，逻辑是否严谨，援引的法条要与法条出处的原文进行核实。(7) 裁判结果的表述。需要校验裁判结论是否正确，告知权利义务、诉费负担方以及金额，确保当事人知晓上诉权、时限及诉讼费用金额。(8) 校验合议庭成员署名的职务、姓名是否正确，法院印章端正明晰。

根据以上校验内容，裁判文书可以分为初级校核、中级校核和高级校核三个层次。实践中，通常由法官助理或者书记员把需要校核的文书打印出来，用铅笔在纸版文书上进行勾画校核。初级校核的重点是文书的格式规范，包括字体、字号、有无错别字、标点符号的用法、数字的用法、计量单位的用法是否妥当，以及对当事人的自然情况、起诉状和证据等固定信息进行勾画校对。初级校核应确保文章无错别字、标点符号和数值准确。当事人的自然信息以及证据内容无漏写、错写的情况。中级校核是对文书内容的词语搭配、句式结构进行校验。用词是否准确、是否合乎规范、前后是否统一、数量词和虚词的区分使用、法言法语是否妥当等。中级校核应确保语句叙述清楚、语序适当、文理通顺。高级校核是校核文书过程中法官对审判活动的表述是否明确、清楚、具体，裁判理由是否符合逻辑，法律条文是否援引正确。为确保裁判文书的质量，文书的核对也应按照层次经过三次核对：书记员进行初级校核、法官助理进行中级校核、法官进行高级校核。在实践中，还可以采用二人对核法，即书记员念，法官助理看，有时就会发现默读发现不了的错误。经过三次校核后的文书，统一由一人在电脑上做文书修改，避免出现多版本文书导致混淆的情况。

此外，及时总结经验也是提高裁判文书校核水平的重要方法。每个人都有一定的写作习惯，通过校核大量的裁判文书，将裁判文书易出现错误的地方及时总结，会对以后的裁判文书校核工作提供宝贵的经验。同时将这些错误点提供给裁判文书的撰写者，会起到提示作用，在今后的写作中减少出现错误的几率。

四、裁判文书校核的建议

提高裁判文书的质量首先要提高法官制作裁判文书的能力。比如，可以对法官进行语言学、修辞学、逻辑学等方面的综合知识培训来训练文字表达能力。以避免裁判文书出现文字错误、标点符号错误、数字运用错误等低级错误。同时，要组织法官学习新的法律、法规及司法解释，提高适用法律的水平，正确适用法律。其次要加强对裁判文书改革的指导。加强裁判文书的说理部分，适用简易程序审理的简单案件，说理部分可以简写；适用普通程序审理的案件，事实部分要表述清楚，说理部分要注意针对当事人的诉讼请求，详细叙述当事人举证、质证和法院认证的情况。同时，对证据的采信与否也要分析、说明。再次要加强裁判文书的审核，建立裁判文书把关制度，定期对裁判文书进行评查，及时发现问题，认真整改，不断提高裁判文书质量。最后，加大裁判文书公开的范围，充分利用法院系统自办的审判公开栏、报纸、刊物等张贴和登载裁判文书，分清优秀的、一般的和不合格的等级，不仅是广泛接受社会各界监督的需要，也是法官进行比较、学习的需要，对提高裁判文书的整体制作水平有极大的促进作用。目前，裁判文书上网已经成为法院推进阳光司法，促进司法公开、公正，提高司法公信力的重要措施。文书的公开性与透明度，可以增强法官们在制作文书时的责任心，这种受到广泛社会公众监督的情形也有助于促进文书质量提升。

每一篇裁判文书是司法公正的载体和法院面向社会展示法官专业能力的平台。公正司法，一心为民不能仅仅停留在口号上，要把我们办的每一起案件通过公正的审判，在裁判文书中体现出来。现今社会里，当事人的文化素质参差不齐，法律的普及也很不够，法律理解能力普遍偏低，所以，在书写法律文书的时候就不能写的像是调研文章，而应该是大多数老百姓都能读懂的普通读本。法官在公正办案的同时，要写出浅显易懂、说理充分、人文亲善的裁判文书，这样，才能使群众感觉到法律的便利、实用，才会使人们尊重法律、信任法律，才能体现法律以人为本的精神。文书质量的好坏关乎法院的形象和口碑，制作和校对文书都要严格遵守技术格式规范和内容规范公正。文书校核工作的细节涉及小到标点符号的用法，大到法言法语的准确运用、案件事实的描述，一旦出现遗漏和差错都将影响判决书的效力，也会损害法院的司法公信力，需要司法工作者引起高度重视。

（撰写人：阎炜）

10

判后答疑工作的具体要求和方法

一、判后答疑工作的产生和意义

判后答疑工作，最初是在涉诉信访实践工作中慢慢总结出来的经验做法。通过对人民法院涉诉信访案件的分析显示，案件判决结果确实存在错误的只占极少数，当事人无理取闹的也属极少数，绝大部分属于当事人对案件处理结果所依据的法律规定不了解或不理解，或者当事人对存在审理瑕疵却不足以被改判的案件有意见、有疑问，如果耐心对当事人说明法官作出判决的事实依据和法律依据，很大程度上会打消他们对判决结果的疑惑和质疑。而最初负责审判的法官只负责办案，不管接访息访。负责信访接访的法官又完全不了解案件事实和审理过程，在这种情况下进行接待，听取当事人对案件的意见和诉求，释明效果往往不理想，成功率低，并容易导致重复信访、“缠诉缠访”。

基于以上原因，我们认识到，单靠接待部门的法官进行信访接待处理，只是治标之策，必须强化案件审判法官的矛盾化解意识，将判后答疑工作与处理初访工作有机结合起来，把问题解决在萌芽状态，才能从源头上减少、预防涉诉信访。在这种背景下，一些法院开始试行由案件承办法官和立案法官共同接待，由承办法官对案件进行判后答疑，较大程度上取得了“定分止争、案结事了”的效果。这些法院的实践证明，法官判后答疑制度不仅可以增强承办法官对涉诉信访的预防意识，还可以大大提高初访的接谈息诉率，且为立案法官接待当事人的续访奠定了基础，有利于提高司法公信力，及时化解矛盾，维护社会稳定，是从源头上治理涉诉信访的有效方法。

2015 年 2 月 1 日召开的“全国法院立案审判工作座谈会”上，最高人民法院改革了群众初次来访接待处理办法，推行法官判后答疑制度，即案件宣判后，当事人对裁判有异议、疑问来访的，由原承办法官对裁判有关程序适用、证据认定、裁判理由等向当事人解释、说明；当事人申诉、申请再审的，由原承办法官与立案法官共同进行接访。推行法官判后答疑制度的目的，是帮助当事人正确、全面理解法院生效裁判的公正性、合法性，促使其服判息诉，自觉履行生效裁判文书所确定的义务，从根本上减少不必要的“缠诉”和上访，提高信访的初访接待成功率，从源头上预防涉诉信访，防止产生“重复访”“越级访”“老户访”，防止矛盾激化，更好地化解社会矛盾，实现法律效果与社会效果的统一，努力实现“案结、事了、人和”的目标。

二、判后答疑工作的原则和内容

最高人民法院推行判后答疑制度后，各地法院都制定了判后答疑工作规范，使法官判后答疑工作有章可循。虽然该项制度是在涉诉信访工作实践中探索建立的，但其建立的目的是息诉服判，从源头上预防涉诉信访，所以判后答疑并不应局限于信访接待，而是应该在判决作出后即可启动，判后答疑的内容也不必局限于法律条文，而应该针对当事人的文化特点和接受方式进行解答和释明。笔者认为判后答疑工作具体应遵循下列原则和内容：

1. 释疑工作的主动性原则。判后答疑工作虽然源于涉诉信访阶段的经验总结，但不应只局限于涉诉信访阶段。承办法官应在案件宣判后，即时询问当事人对裁判是否有疑问。如果当事人对结果有质疑，承办法官应当融合法理、事理、情理和伦理，全方位对法律条文、裁判理由和裁判结果进行释明，力求使当事人理解和接受裁判，如果当事人情绪比较激动，可以综合运用辩证推理、价值判断、利益衡量、心理疏导等方法进行释疑，帮助当事人正确理解和接受裁判内容，力求第一时间服判息诉。

2. 释疑工作的全面性原则。判后答疑要围绕裁判中的争议焦点问题，对裁判结果的合法性和正当性进行阐释。答疑语言要深入浅出，情理交融，做好当事人的心理疏导；答疑内容不仅限于裁判文书的结果，而且可以进一步补充判决理由，更为具体、通俗地使当事人易于理解信服，以进一步增强生效裁判的说服力，力求做到辨法析理、胜败皆服，使当事人息诉服判，履行裁判义务，真正做到案结事了。解答时，一定要注意与裁判理由、裁判结果的有机统一，不得与裁判理由和裁判结果相矛盾。法官判后释疑的范围适用于法院受理并裁决的各类诉讼案件，以及当事人对申诉复查、再审、执行过程中就实体或程序问题提出的异议和疑问。

3. 释疑工作的规范性原则。法官释疑的形式，多以当面口头形式为主，根据具体情况，也可以采取电话、传真、网络、书面释疑等方式进行。如当事人对未生效判决要求释明的，应由承办法官负责接待释明，如当事人对生效裁判初次到法院来访申诉的，信访接待人员应通知案件承办法官和承办部门负责共同对当事人进行裁判释疑。在判后释疑中，应有两人以上参加，在接待室或审判庭进行，应当做好相关记录，记录应当载明当事人基本情况、来访时间、疑问要点、矛盾焦点、接待法官、释疑内容和当事人信访情况等主要内容，并有答疑法官、被答疑人、记录人的签名，答疑记录应存档备查。

4. 释疑工作的目的性原则。判后答疑是法官裁判后的一项后续性工作，是主审法官的一项重要职责，建立判后答疑制度的目的是案结事了、息诉罢访，所以主审法官和接待法官都必须高度重视。判后答疑应当在注意保守审判秘密的原则上，合法、合理、文明地对当事人提出的各种疑问做耐心细致的解答，不得态度生硬、方法简单、敷衍应付，要通过答疑息访而不是“激访”。各院可以通过制度规定，法官无正当理由拒不释疑，或者在释疑过程严重不负责任，导致矛盾激化，引发重大信访事件或者造成不良社会影响的，要进行处理。对重大、疑难案件，各级法院的院长、庭长与合议庭其他成员也有义务参与判后释疑。

三、如何提高判后答疑工作的能力和效果

判后答疑工作是审判工作的延续和补充，做好裁判的释明工作，对当事人息诉罢访、案结事了有重要的意义。而提高法官判后答疑的工作能力，对达到判后答疑的实际效果尤为重要。

一是加强法官办案能力，筑牢判后答疑的工作基石。通过业务学习制度、法官会议制度、案件研讨制度以及开展法官论坛等多种形式，提高审判法官驾驭庭审、采用证据、适用法律以及裁判说理等多方面的能力；通过加强法官作风建设、职业道德规范化建设等多种活动，加强法官职业修养，不断促进审判行为规范化，促进法官以精湛的业务知识、规范的审判操作规程和文明的司法礼仪来保障案件公正，筑牢判后答疑工作的基石。

二是加强审判程序管理，增强当事人对案件程序的认同度。加强流程管理，明确各个试点的完成时限，坚决杜绝立案、送达、审判环节的程序瑕疵和迟延行为；严格裁判文书校对，主审法官、合议庭成员、法官助理、书记员层层把关，努力确保裁判文书合法、有理、有据，把每一起案件办成经得起考验的精品案和铁案；法官对案件要保持超然态度，与当事人保持同等距离，居中裁判，公平分配陈述及辩论时间，消除当事人的“合理怀疑”。减少当事人判后对审判程序的质疑，增强判后答疑工作中当事人的程序认同。

三是加强案件诉调对接，减少案件进行判后答疑的比例。加强诉讼引导，推进诉调对接，引导当事人更加自觉自愿地选择诉讼以外的方式解决纠纷。坚持纠纷多元化解，充分发挥社会联动作用，借助各种调解力量、采取多种调解手段，在查明事实的基础上，帮助双方当事人分清过错程度和应负责任，注重找准双方当事人利益平衡点，合理引导，使双方当事人从调解中互惠互利，达到“双赢”，有效提高群众对裁判结果的认同度，减少上诉，减轻群众诉累。

四是加强法律宣传力度，提升判后答疑的工作效果。及时掌握当事人和相关群众对裁判结果的认识、理解情况，对当事人进行耐心、细致的疏导，确保“胜败皆明”。牢固树立“以当事人为本”的理念，通过法律释明、判后答疑等工作来弥补当事人法律知识的欠缺和表达能力的局限，降低当事人对案件结果的不合理预期，促进裁判的公正，增强裁判的可接受性。注重提高裁判文书质量，在释法、析理上下功夫，以公正、明晰的裁判彰显司法公正和裁判权威。

（撰写人：孙永欣）

11

行政速裁案件的审理方法

近年来，随着司法改革的深入发展，法院收案大幅增长，诉讼压力逐年增大。行政诉讼法颁布 30 年来，“民告官”的理念日益深入人心，人民群众的法治观念和维权意识逐步加强，行政诉讼案件数量上升的趋势十分明显。2014 年修改的《行政诉讼法》实施后行政案件收案数量大幅上升、法官面临巨大的工作压力，为更好地应对新形势下行政案件井喷式增长的现实状况，缓解行政审判“案多人少”的压力，构建行政诉讼速裁机制是必然选择。为不断探索、总结，积极建立新颖、具体、可操作性强的审判机制，丰富和发展审判规则，支持、配合法治建设的全面推进，北京市第四中级人民法院行政审判庭于2016年制定了《关于推动繁简分流 设置速裁程序的规定（试行）》并实际运行，取得了相应的工作经验。

一、审理行政速裁案件的依据

为全面贯彻党的十八届四中全会精神，落实新行政诉讼法有关规定，改革案件审理模式，推广繁简分流，实现简案快审，繁案精审，减轻当事人的诉讼负担，《行政诉讼法》《国家赔偿法》《最高人民法院关于行政诉讼应诉若干问题的通知》及相关司法解释成为办理行政速裁案件的依据。

二、办理行政速裁案件的工作经验

（一）审判组织

行政审判庭原定设立案件速裁小组，由四名主审法官、八名法官助理和两名书记员组成。行政审判庭主审法官、法官助理、书记员轮流担任案件速裁小组成员，原则上每年轮换一次。对立案庭登记立案后移送行政审判庭的所有一审行政案件和申请行政赔偿案件，速裁小组承担大要案筛查和案件速裁等工作职能。虽然受客观因素制约，实际上未能成立速裁小组，但行政审判庭将办理行政速裁案件的组织原则、工作方法落实到每个审判团队中，由各审判团队负责具体实施。

1. 主审法官工作职责：全面负责大要案筛查和案件速裁工作；组织法庭调查询问；依法决定审判过程中的相关程序性事项，避免案件审理过程中的程序瑕疵并依法作出裁判；制作裁判文书或者指导法官助理起草裁判文书、审核及签发裁判文书；指导法官助理、书记员工作。可以委托法官助理对案件进行初步审查。

2. 法官助理工作职责：照法定时限送达起诉状副本、答辩状、追加第三人材料、证据材料等；接受主审法官委托对案件进行初步审查，并提出初步处理建议；联系、传唤当事人到庭接受调查、询问；参加法庭调查询问，查明当事人身份、宣布诉讼权利义务，提请主审法官发问等辅助性调查；辅助主审法官行使一定的调解权、释明权；制作并送达合议庭组成人员告知书、调取证据决定、申请回避决定等程序性法律文书；列席合议庭评议，向合议庭汇报案件相关情况，可以提出对案件的见解；辅助主审法官起草、校核裁判文书；裁判文书的排版、印刷；送达法律文书，负责案件报结、公开裁判文书等工作；完成调研、信息撰写、宣传等其他工作；其他应由法官助理完成的工作职责。

3. 书记员工作职责：负责法庭谈话前准备的事务性工作；检查谈话时诉讼参

与人的出庭情况，宣布法庭纪律；法庭调查询问、合议笔录的记录；负责整理卷宗、归档、卷宗移转等；完成法官交办的其他事务性工作。

（二）审理程序

1. 行政审判庭建立大要案筛查机制。收到立案庭移送的一审行政案件材料后，经主审法官筛查发现涉及国家重大政策调整、历史遗留问题、群体性纠纷、可能产生较大范围不稳定因素等各类重大敏感案件的，应在立案之日起 5 日内及时向庭长、主管院长或上级法院请示汇报，做好信息报送、风险评估和提示工作。对内勤分案至审判团队的所有一审行政案件和申请行政赔偿案件，由法官助理按照法定时限送达起诉状副本、答辩状、证据材料等。

2. 主审法官应于收到立案庭移送的一审行政案件材料之日起 45 日内进行案件的程序性事项审查，承担下述职能：

（1）审查是否存在《行诉解释》第六十九条规定的裁定驳回起诉的情形；

（2）审查当事人提出的管辖权异议；

（3）审查原告在案件进入实体审理前提出的撤诉申请是否符合法律规定；

（4）审查是否需要追加第三人、共同被告等程序事务；

（5）审查案件是否具有进行调解、协调的可能性并进行相关工作；

（6）案件进入实体审理之前的其他程序事宜。

3. 主审法官通过阅卷、调查和询问当事人的方式对案件进行程序性事项审查。案件承办法官审查后，应与其他主审法官组成合议庭进行合议并作出以下处理：

（1）存在《行诉解释》第六十九条规定的裁定驳回起诉的情形的，依法裁定驳回原告起诉；

（2）当事人提出管辖权异议的，决定是否准予移送管辖并出具裁定；

（3）原告在案件进入实体审理前提出撤诉申请的，决定是否准予撤诉并出具裁定；

（4）不存在上述所列情形，进入实体审理。

（三）裁判方式

1. 适用速裁程序审理的案件应当及时制作裁判文书并送达当事人，裁判文书重点记载争议的事实和理由、裁判理由及依据，应简明扼要。试行表格填充式裁判文书，填写当事人双方的姓名及其基本情况、双方争议的内容、裁判理由和依据以及裁判结果等，加盖法院印章。

2. 裁判文书应直接送达当事人，经当事人申请并经合议庭准许的可采用邮寄方式送达。建立共享文件平台，将速裁案件裁判文书及类型化案件的审判要点公布至平台，统一裁判尺度和法律适用标准。在速裁程序案件办理过程中，遇需明确裁判标准、统一裁判尺度等特殊情况的，主审法官可以申请召开法官会议，对法官会议的结论性意见经合议庭评议后确定是否执行。

三、进一步发挥行政速裁功能的措施

为进一步发挥行政速裁功能，我们认为在实践中可以采取以下措施：

1. 接收案件材料后，主审法官应第一时间确定案件是否适用速裁程序审理，确定后及时告知法官助理，启动速裁程序。

2. 法官助理在收到被告提交的答辩状及证据材料后，立即告知主审法官，以便主审法官在第一时间进行审查。

3. 主审法官审查被告提交的答辩状及证据材料后，经复核确认适用速裁程序审理，同时确认需与当事人进行谈话的，及时指定谈话时间，并指导法官助理在向当事人邮寄送达答辩状及证据材料的同时一并发送传票，尽量缩短审理时间。

4. 主审法官在与当事人谈话前应在详尽掌握案情的基础上制订完备的谈话提纲，并对当事人可能提出的问题提前得出结论、对可能出现的情况及早作出应对。尽可能一次将案情查清，避免因遗漏线索、未能全面掌握案情不得已二次接触当事人，人为导致审理时间非正常延长。

5. 审查中发现原告有提出撤诉申请线索，经释明原告有可能撤回起诉或同意移送的，应首先通过电话与当事人沟通；沟通成功的即时约定谈话时间，并提前制作相应的法律文书；谈话后当庭送达法律文书，并完成后续报结工作，做到当天谈话当天结案，有效缩短审理时间。

6. 审查中发现案件存在调解、协调的可能性的，应及时通过电话与当事人沟通，在接触当事人之前就开始做协调化解工作，并给予双方一定时间；协调成功后即时约定谈话时间，并提前制作相应的法律文书；谈话后当庭送达法律文书，并完成后续报结工作，做到当天谈话当天结案，有效缩短审理时间。

（撰写人：张立鹏）

12

新型审判团队中法官助理和书记员的作用发挥

北京市第四中级人民法院作为整建制改革试点法院，在成立之初就按照中央司法体制改革的要求，进行了全新的人员配置和机构设置，落实了法官、司法辅助人员和司法行政人员三类人员的分类管理，组建了“1名主审法官+1名法官助理+1名书记员”的“1+1+1”审判团队。法官、法官助理、书记员三者共同构成履行法官审判职能的主体，法官是履行审判职能的主导，法官助理和书记员是辅助法官完成审判工作的重要助手。

法官助理制度的首次提出是在最高人民法院《人民法院第二个五年改革纲要》中，最高人民法院在《人民法院第四个五年改革纲要》中再次明确：推动法院人员分类管理制度改革，建立符合职业特点的法官单独职务序列，健全法官助理、书记员等审判辅助人员管理制度。法官助理的职业定位是承担协助法官从事审判辅助性、程序性、事务性工作的审判辅助职责。法官助理与法官之间是辅助的关系，从审判职能上看，法官助理是法官的助手，对案件没有独立的决定权和裁判权；从审判机制的管理上看，法官助理是联系法官和书记员的纽带，且具有相对独立性。设立法官助理的职位，将法官从事无巨细的事务性、程序性工作中解脱出来，集中精力审案判案，有利于优化整合司法资源，科学构建审判结构，提高司法审判质效，使法官“更像法官”。

法官助理角色的加入，打破了在“一审一书”的审判团队模式下审判员和书记员之间明确的职责范围界限，成为团队中的桥梁和纽带，在整个团队运作过程中既要跟法官学习案件审理技巧、审判思路的养成等审判性工作，又要与书记员沟通协调案件的事务性工作，包括卷宗的整理，笔录的制作等。所以在司法实践中，法官助理与书记员之间的职责划分出现了一些模糊地带，如庭前准备阶段的工作如何具体分工、开庭审理中法庭纪律的宣读是否应由法官助理完成、文书的校对是否仅为书记员的工作职责等，各个审判团队的做法都不尽一致。

在新型的审判团队中，要达到“1+1+1”的审判运行模式的设置初衷和团队优势，最大限度地发挥法官助理和书记员的团队作用，法官与法官助理、法官与书记员的职责分工与定位尤为关键。在法官助理和书记员的具体职责划分的问题上，笔者认为应该坚持以下几个工作原则：

一是坚持质量与效率并重的原则，促进法官助理和书记员共同为审判工作服务。作为法院的审判团队，我们的初心和使命就是“努力让人民群众在每一个司法案件中感受到公平正义”，落实到日常工作中的每一件案件中，就是要最大限度地促进和保障司法公正和效率。法官、法官助理和书记员“1＋1＋1”的团队配置，是为了优化配置司法人力资源，从而更好地提高审判工作的质量和效率。具体的职能分工须建立基本的框架性原则，以提高案件质效为目标，即核心的审判工作，譬如认定事实、适用法律、作出裁判，由法官亲自完成或者作出决断；主要集中于诉讼程序、有关法官负责核心审判工作的需要法律专业知识的辅助审判工作，由法官助理负责；较为简单的审判事务性辅助工作由书记员负责；针对具体的交叉事项分配则由团队的法官、法官助理和书记员商谈后作出相对固定的安排。这样既能遵循原则，又能根据团队特点予以调整。

二是坚持灵活性与均衡性相统一的原则，最大限度发挥各自优势的原则。法官、法官助理和书记员的工作职责有专门的规范予以规定，但审判流程毕竟不同于工厂流水线，审理案件的全部工作中，既有较机械化的订卷归档工作，又有能动性较强的调查、调解工作。案件审理的过程不是刻板的，案件审理过程中随时可能发生各种事件。如果完全按照绝对统一的标准来要求每一个审判团队，不仅会限制法官助理和书记员的工作，还可能会出现“这不是我的职责，这是你的职责”这样的意识，从而造成因缺乏配合而导致的工作衔接不顺。并且，要在一个审判团队中绝对厘清成员各自的职责范围是不客观也是不现实的，职责的相互交叉和职责范围的模糊地带客观存在。所以在审判团队的职责分工上，尤其是法官在分配法官助理和书记员的具体工作任务时，要考虑到法官助理和书记员的年龄、工作年限、特点和个人能力等问题，具有相对的灵活性。如果书记员入职时间较短或能力较弱，法官助理也可以适当承担应当由书记员完成的工作；如果书记员工作年限较长、工作能力较强，书记员也可以从事部分法官助理应当完成的工作。但法官要充分关注法官助理和书记员的工作量，不能因为一方过弱而过分加重另一方的职责，这样既不利于审判工作的规范化、专业化和精细化的管理，也不利于法官助理和书记员的成长，更不利于团队的长期稳定和团结。

三是坚持培养与发展并重的原则，有效地推进法官队伍的职业化进程。法官助理大多是法律专业毕业的学生，法学理论基础较好，经过扎实的法学培训，是未来法官的储备力量。法官应当注重对法官助理的培养，为法官助理将来晋升为法官做好基础性的准备工作。法官助理制度的健康良性发展，可以真正为精英型职业法官的选任提供充足而坚定的人才储备，使勤奋、敬业、敏捷、多思的法官助理可以在平凡的工作中脱颖而出，最终走向审判岗位。当然，从行政审判的特点来说，除在开庭审理过程中和法律文书的草拟过程中，法官助理应当发挥应有的职能外，笔者认为加强法官助理在行政诉讼的庭前准备工作中的职能作用可以为法官助理设定一个准确的职业定位和施展职业技能的广阔空间。行政案件的庭前准备工作，主要是指人民法院在受理行政诉讼案件后至开庭审理前，所进行的起诉状发送前的初步审查、原告资格的初步审查、被告准确性的初步审查、代理人资格和权限的审查、诉讼材料的收取和审查、证据材料的收取和审查，起诉期限的初步审查、受案范围的初步审查等。其中也包括庭前证据交换程序的主持和庭前协调化解工作的主持等。但是是否意味着每一名法官助理都具备独立完成上述工作的能力，笔者认为目前还不能做到，尤其是对新入职的法官助理而言，能够独立从事上述工作的难度还是非常大的。对新入职的法官助理，除应当加强自身审判业务技能的学习外，法官应当发挥传帮带的作用、有审判工作经验的书记员也应当在工作中予以辅助。

审判团队内部若要配合好，最关键的是每个成员都要树立高度的责任意识和大局观念，要有不计较得失的奉献精神，强调协作配合。审判活动在规范规定的职责范围内开展是原则，在此基础上做到你中有我，我中有你，相互帮助，互有补台，才能更好地保证案件的公正审判。

（撰写人：孙永欣）

第二章 调研报告

1

关于审理国有土地上房屋征收与补偿案件有关问题的调研报告

《国有土地上房屋征收与补偿条例》（以下简称《征补条例》）于2011年1月21日颁布实施，与同时废止的《城市房屋拆迁管理条例》（以下简称《拆迁条例》）相比，《征补条例》更加规范了国有土地上房屋征收与补偿工作的程序，保障了被征收人的合法权益。随着社会经济的发展，A市房屋征收与补偿工作面临着新的情况和新的问题。为研究解决国有土地上房屋征收与补偿工作中亟待解决的问题，为经济社会发展提供有力的司法保障。课题组结合《征补条例》实施后6年中的部分案件数据，梳理具有普遍性的问题并提出对策建议，供决策参考。

一、房屋征收与补偿案件审理的基本情况

1. 案件受理情况。以A市为例，截至2017年12月31日，A市法院共受理起诉撤销征收决定的一审行政案件349件。受理起诉撤销补偿决定案件160件。另外，被征收人起诉区政府超越职权拆除被征收房屋的案件有28件。

对比6年来的数据，总体上看，随着A市城市化建设的加速发展，被征收人的法律意识越来越强，倾向于通过提起行政诉讼维护自身合法权益，起诉征收补偿决定类案件逐年增加。

2. 案件审理结果。在上述349件征收决定案件中，经审理判决驳回原告诉讼请求的有106件，约占案件总数的30.37%，其中有1件案件高院二审改判确认征收决定违法。以裁定方式结案的有243件，约占案件总数的69.63%；分别是：裁定准予原告主动撤诉的22件，约占案件总数的6.30%；裁定驳回起诉的有221件，约占案件总数的63.32%。在某市实行集中管辖前，征收补偿决定类案件由中级法

院受理后移送到征收项目所在地基层法院审理。在上述160件补偿决定案件中，判决撤销被诉补偿决定的有12件，败诉率7.50%。其中2016年撤销补偿决定7件，2017年撤销补偿决定4件，总体呈上升趋势。另外，在征收补偿程序中，A市区政府被判败诉并承担赔偿责任的有28件。

3. 案件主要特点。（1）案件数量上升幅度较快，类型较为单一。《征补条例》的制定引起了全社会的高度关注，相比《拆迁条例》在立法理念和程序规范上都有了实质的改变。政府在消化老的城市房屋拆迁项目的同时，对开展征收补偿较为谨慎。在2012年以前征收补偿类案件较少，2013年以后，随着城市化建设的推进，国有土地上房屋征收项目有所增加，征收补偿类案件数量逐步上升。2015年至2017年，随着A市棚户区改造和旧城区改建的提速，因征收补偿引发的矛盾大幅上升，涉诉案件也成倍增加。2017年A市有40余个项目启动征收前期工作，发布了房屋征收暂停公告，可以预见征收补偿类案件在2017年会有大幅度上升，矛盾纠纷也会更为突出。从案件类型上来看，《征补条例》施行后，A市法院审理的征收补偿行政案件，主要是房屋征收决定、房屋补偿决定。有一部分案件针对区政府在征收程序中的强制拆除行为提出起诉，个别案件针对征收补偿中的程序环节，如征收补偿安置方案等提出起诉，总体上类型较为单一。

（2）矛盾纠纷化解难，保障重点建设任务重。对A市的棚户区改造、旧城区改建、轨道交通项目等重点工程。这些工程时间紧、任务重，加之房屋征收行政案件往往争议大、敏感性强。中级法院承担征收程序中的房屋征收决定、补偿决定案件的审理，基层法院需要承担非诉行政强制执行案件的审查，审判压力较大，保障重点工程项目的任务非常繁重。由于房屋征收补偿直接涉及被征收人的切身利益，普遍反映矛盾纠纷协调化解难。

（3）涉及利益关系复杂，司法审查存在诸多难题。多数征收类案件涉及A市重点工程建设，由于项目周期较长、涉及范围广、利益冲突大，案件进入诉讼时征地搬迁早已既成事实，事后监督往往于事无补。相较前几年A市法院此类案件的审理情况，2016年判决撤销征收补偿决定的案件大幅增加，主要是个别项目的前期征收工作不规范。例如：有的征收决定未严格遵循《征补条例》的程序规定，相应的信息公开不到位；有的补偿决定未充分保障被征收人的补偿选择权，产权调换房屋不到位和缺乏未经登记建筑物认定程序；有的项目暂停期间过分延长、各项会议纪要和社会稳定风险评估报告走形式等。另外，对于征收补偿类案件的执行问题，区县政府组织实施“裁执分离”模式在具体操作中如何把握和运用，还需要进一步明确。综上，从征收补偿类案件的审判情况来看，如何实现法律效果和社会效果的有机统一，的确考验司法实践的智慧。

要、项目经过社会风险评估的报告；有的区政府提供的建设用地规划许可证与法院调取的同份规划许可证内容不一致，用地范围、代征绿地数均不同。由于区政府提交证据不规范，不但法院审理认定案件事实难，需多次开庭并依职权调取相关证据，还给当事人形成了“官官相护”的印象，对人民法院裁判的公正产生怀疑，服判息诉难。

（五）需完善司法与行政衔接，进一步加快审理周期

一方面行政机关期待尽快结案推动征收程序进程，另一方面案件审理虽然在审限内结案，但与尽量提高征收效率和降低征收成本，以维护公共利益的内在要求还

……相应的规范性文件，对全面推行“阳光征收”，严格遵循《征补条例》“九个步骤，五个公开”程序发挥了重要作用。但是，有的项目信息公开还需要进一步提升①。A 市范围内还没有形成统一的征收补偿规范审核机制，司法审判与行政管理的衔接也不尽完善，沟通交流仅仅限于案件审理中的个别问题。一些带有普遍性和倾向性的问题还不能及时反馈到 A 市并形成规范指引，一些简单的问题在各区之间，不同的项目之间反复存在。

（六）需研究征收疑难法律问题，进一步统一裁判尺度

房屋征收与补偿较之过去城市房屋拆迁发生了重大变化，实施过程中新的疑难问题层出不穷。例如，关于暂停公告的延期问题，《征补条例》第十六条规定了一年的期限，《A 市旧城区改建房屋征收实施意见》规范性议论规定可以限期一年。被征收人签订《征收安置补偿协议》后不履行协议影响征收进度的，行政机关如何处理的问题。最高人民法院于 2012 年 4 月 10 日发布《关于办理申请人民法院强制执行国有土地上房屋征收补偿决定案件若干问题的规定》，就法院裁定准予执行后政府组织实施的予以规定，实践中如何推进“裁执分离”的实现和司法与行政的衔接问题。另外，对被征收房屋所有权转移的时点、房屋承租人的原告资格、未经登记建设的认定程序等在司法实践中存在争议的问题，需要大力加强疑难法律问题的调查研究，进一步统一裁判标准，发挥好司法审查的职能作用。

三、稳妥审理房屋征收与补偿案件的对策建议

当前 A 市国有土地上房屋征收与补偿是城市治理的重要环节，故准确理解和正

① 例如，课题组在市建委网站上收集征收决定及征收安置补偿方案等信息，发现有的项目信息公开程序需进一步规范，存在附件查找困难的问题。

确适用《征补条例》，分析存在的突出问题，研究应对措施显得非常必要和迫切。

（一）正确认识服务大局与司法公正的关系，依法审理征收补偿案件

《征补条例》实施后开展的征收项目，直接涉及社会公共利益，有的还涉及国家利益和重大社会公共利益，是否能够顺利推进直接涉及首都经济社会又好又快发展。当前，我市开展的征收项目基本上属于棚户区改造的旧城区改建项目，这些项目对于改善居民的居住条件具有非常重要的作用。人民法院审理相应案件应当坚持能动司法，切实履行保障重点工程、重点项目顺利推进的司法职能。但是服务大局、提高司法效率，并非必须以牺牲司法公正为代价，相反应以坚守司法公正、切实保障被征收人合法权益为前提。只有通过加大司法监督力度，才能进一步推进法治政府建设。尤其是在涉及强制执行的案件中，应当严格司法程序，加强司法审查，充分考虑被征收人的实际情况和需求，多做纠纷化解工作，防止激化矛盾。

（二）准确把握实体正义与程序正义标准，实质保障被征收人合法权益

《征补条例》实施的主要亮点在于对征收程序中的决策民主和程序正当提出了明确的要求。审判实践表明在房屋征收和补偿程序中，绝大多数问题和矛盾的产生都始于征收补偿程序环节不规范、安置补偿不合理或者逾期未实现安置。因此，人民法院审理房屋征收补偿案件中，要在抓住补偿是否公平、合理和及时这一核心问题的同时，结合《征补条例》的立法精神，高度重视征收补偿程序的功能价值，认识到程序控制既是被征收人实体权益的重要保障，也是加强征收补偿行政行为的监督，赢得被征收人信任和社会公信的重要方式。一是要加强公共利益审查，通过项目的国民经济和社会发展规划、土地利用总体规划、城乡规划和专项规划，保障性安居工程建设、旧城区改建，应当纳入市、县级国民经济和社会发展年度计划，即“四规划一计划”审核项目是否符合公共利益的要求，处理好《征补条例》实施前历史遗留项目的后续处理。二是要督促严格落实好《征补条例》“九个步骤、五个公开”的征收程序，细化公开内容、明确公开途径，将“阳光征收”以制度形式固化，切实将公众参与、过程公开、程序正当等原则和制度落到实处，从源头上预防和减少行政争议，维护被征收人的合法权益。

（三）加强司法与行政的良性互动，推动征收补偿制度规范化建设

充分发挥市建委对A市征收拆迁工作业务指导的职能作用，进一步完善司法与行政的良性互动机制，共同促进重大项目房屋征收补偿工作顺利推进。一是建立全市范围内征收与补偿工作的信息沟通机制，统筹考虑A市征收补偿工作的规范化建设，统一征收补偿各类文书范本，进一步完善征收补偿程序环节。在沟通交流和工作衔接中，房屋征收部门在项目实施中可以就重点、难点问题听取法院意见，法院可以就项目实施存在的风险和隐患提供合理化建议。二是推动全市征收补偿政策的

完善。《征补条例》只是征收与补偿工作的程序规范，具体落实需要各地通过规范性文件予以规定。城市发展的定位与征收补偿的政策密切关联。被征收人安置、项目建设资金统筹、棚户区改造与旧城区改造政策衔接等均需要站在A市的高度进行考虑。例如，《A市旧城区改建房屋征收实施意见》虽然对征收前期手续进行了简化处理，表面上加快了征收前期程序，但征收后期推进难度大，也不一定契合A市所有征收项目。再如，该文件规定的预签约制度表面上征求居民意见，实际操作中形式重于内容。对于一些暂时还达不到启动征收比例的项目，选择在补偿安置政策上进行妥协，最终各项成本转嫁给土地储备，不利于城市建设的长远发展。三是解决好历史遗留项目的处理。对于存在历史遗留问题等困难的重大项目，建议市政

（四）建立市场化安置补偿机制，引导被征收人依法维护自身权益

一是建立城区征收项目统筹联动机制。市建委通过中心城区房屋征收标准价沟通协调、专家提前论证及备案管理，促进同区域同时段房屋征收项目标准价总体平衡，相邻区域房屋征收项目标准价有效衔接，推动房屋征收工作有序开展；通过专题协调，一线驻遣、全程跟踪等，靠前指导推进房屋征收工作；通过经验交流、政策解读、范例推荐等，强化市区经验共享，难题共商，工作规范，推动重点工程实施。二是争取在市一级统筹征收补偿政策，房屋产权调换安置系数应当体现市场化公平补偿要求，真正让被征收人在项目建设中有明显获得感，支持征收工作。征收补偿方案征求意见时，房屋征收部门应当充分听取被征收人意见，对于暂时不满足征收条件的，可以参考其他省市的成熟经验暂时搁置征收工作。对于符合条件已经启动征收程序的，要多部门联动提高征收效率。不得采取暴力、威胁或者违反规定中断供水、供热、供气、供电和道路通行等非法方式迫使被征收人搬迁。作出的补偿决定要明确产权调换对应的安置房源的地点和面积，充分保障好被征收人的补偿选择权，引导其依法维权。另外，要考虑社会保障与征收补偿安置的衔接。对于应当通过社会保障解决的相关问题，建议不宜纳入征收补偿程序。

（五）妥善处理充分协调与依法裁判的关系，力争在源头减少和化解争议

一是要协调化解矛盾与依法裁判相结合，努力实现行政纠纷实质解决。"老百姓到医院看病，希望药到病除；老百姓到法院诉讼，讲究案结事了。行政审判如果不能实质解决行政争议，就不可能得到人民群众的真正认同，就不会得到人民群众的信任。"由于我国正处于社会转型期、矛盾凸显期和案件多发期等特殊时期的原

因，发挥好行政审判的职能作用，促进行政争议实质性解决具有非常重要的现实意义。在办案过程中，对于案件可以协议化解的，在不损害国家利益、公共利益和第三人合法权益的前提下，依法开展矛盾协调化解工作，让被征收人真切感受到棚户区改造项目是惠及人民群众的民生工程和民心工程，争取被征收人的支持和配合，防止出现“案结事不了”“官了民不了”的问题。二是要通过依法裁判树立规则，通过裁判明确社会行为规则，衡量社会价值判断，形成社会规范和行为指引，实现规则之治。力求实现个案止争的同时，发挥好“定分”的作用，做到裁判一案、规范一事和引导一片，实现了法律效果和社会效果的统一。

（六）要进一步重视征收补偿的应诉工作，提升行政应诉的水平和能力

针对行政机关工作人员应诉不规范的问题，行政机关主要领导要提高思想认识，充实行政应诉工作力量，合理安排工作人员，积极发挥政府法律顾问和公职律师在应诉准备、庭审参与中的作用，确保行政应诉工作力量与工作任务相适应。加强征收补偿业务培训，准确理解和适用相关法律、法规。进一步规范征收工作的程序事项，规范相关材料的审批和制作。培养程序意识、证据意识，通过积极开展集中培训、旁听案件庭审等形式多样的活动，熟悉庭审规则，注重证据的运用，提升应诉工作人员的庭前准备工作和庭审应对能力，避免诉讼中处于被动局面，努力维护政府良好形象。

（撰写人：向绪武、李世邦）

2

制度设计与制度实践：论行政诉讼申诉复查机制的完善

——基于A市高级人民法院1794件行政申诉复查结案数据的探讨

引言：

为了提升“以两审终审制为原则，以审判监督程序为补充”的信心，申诉复查程序已经成为现行诉讼制度不可或缺的组成部分。[illegible]“上诉率高、申诉率高，实体裁判率低、被告败诉率低、发回重审和改判率低、原告服判息诉率

低”的“二高四低”[①] 现象，似乎使其审级结构上下内外都挤满了寻求“救济”的司法“难民”。[②] 最高人民法院为此于2012年召开全国会议，部署行政案件申诉复查和再审分工改革。笔者发现，行政诉讼申诉复查是极受关注而又有待深入探究。被关注是因为它对解决行政申诉复查再审分工混乱、司法裁判政出多门和司法标准不统一的问题发挥了积极作用，而有待深入探究则是欠缺对该制度运行的实证探讨和反思。梳理A市高级人民法院近3年行政申诉复查1794件案件的结案数据，笔者发现有的已经背离制度设计初衷，出现监督失灵和程序空转现象。为此，本文旨在探究行政申诉复查程序存在的主要问题并提出制度完善路径，以期为构建高效的行政申诉复查机制抛砖引玉。

一、制度预设：申诉复查分工制度之审视

（一）关于申诉复查分工的回顾

面对行政案件申诉上访率高、服判息诉率低的客观实际，改革行政案件申诉复查机制已势在必行。最高人民法院在2010年对全国31个省市三级人民法院调查显示，作为申请再审的前置程序，行政案件的申诉复查和再审分工并不统一，有的由立案庭负责复查，有的由行政庭和申诉审查庭负责，呈现出无序状态，严重影响和制约了行政申诉和再审案件的审判质量。并产生了司法标准不统一、当事人服判息诉难、法官难以达成共识和不利于法院各部门工作任务平衡的问题。为了提高行政审判的质效，减少法院内部部门间的扯皮，最高人民法院进行了改革。[③] 下发通知要求自2013年1月1日起，当事人向上一级人民法院申诉和申请再审的，行政案件申诉复查和再审统一由行政审判庭负责。裁定不予受理案件的申诉复查和再审由立案庭负责，向生效裁判法院申诉或再审的由审判监督庭负责。[④]

（二）关于申诉复查分工的措施

就贯彻落实复查分工而言，A市高级人民法院根据通知要求迅速制定实施意见，细化立案庭和行政审判庭对申诉复查案件的分工，构建了行政申诉“二次复查”机制，即当事人可以向作出生效裁判的人民法院提出申诉。向作出发生法律效力行政裁判的人民法院提出申诉被驳回的，可以向上一级人民法院提出申诉。当事

---

① 最高人民法院于2012年9月6日召开“着力解决行政审判突出问题，积极回应人民群众司法需求”视频会议，最高人民法院沈德咏副院长讲话材料。

② 参见傅郁林：《审级制度的建构原理——从民事程序视角的比较分析》，载《中国社会科学》2002年第4期。

③ 《最高人民法院关于行政案件申诉复查和再审工作分工的通知》（法发〔2012〕18号）。

④ 郭修江：《统一申诉再审分工，提高服判息诉率——对行政案件申诉再审分工通知的解读》，载《行政执法与行政审判》总第56集。

人直接向上一级人民法院提出申诉的，可以将申诉材料移送原审人民法院审查处理。但我们看到，虽然通知明确了申诉复查的分工，但没有就阅卷复查、提起再审、再审改判和发回重审的标准予以细化。故在贯彻落实通知的过程中，各级法院的实践效果如何有待进一步考察。

二、制度运行：申诉复查分工运行之考察

“一国的法律制度好比像一部结构复杂的机器，对这一部机器性能的了解，你决不能只看说明书，而必须通过实际的操作。”[①] 按照通知的要求开展申诉复查，是加强对下指导、统一裁判标准并促使当事人服判息诉的重要制度，但实践效果并不明显。

（一）数据统计情况

目前 A 市高级人民法院的民商事案件申诉复查主要由高院申诉审查庭负责。A 市各中级法院行政庭作出的二审案件由其审判监督庭进行第一次复查，市高级人民法院行政庭进行第二次复查；市高级人民法院行政庭二审案件则由该院审判监督庭进行复查，部分案件由最高人民法院再次进行复查。以 A 市高级人民法院为例，对分工改革之前的数据笔者无从考证，分析 2013 年之后的数据，3 年来共审结此类案件 1794 件，2013 年和 2014 年通过复查程序启动再审的比率为零，2015 年有 5 案进入再审程序，占全部复查案件的 0.52%。（详见表 2－1、图 2－1）

表 2－1 A 市 2013～2015 年行政申诉案件统计表

年份	申诉结案		启动再审	再审比率	最高申诉登记	申诉登记全国排名
	高院行政庭	高院监督庭				
2013	243	148	0	0%	1007	1
2014	254	200	0	0%	约 920	不详
2015	770	179	5	0.52%	1161	1

① ［美］博登海默：《法理学——法律哲学与法律方法》，邓正来译，中国政法大学出版社 2001 年版，第 221 页。

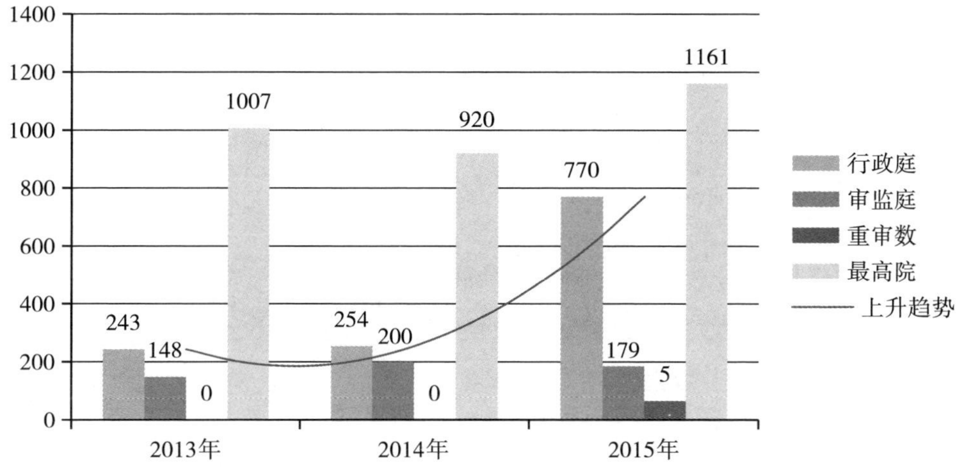

图2－1　2013～2015 年申诉复查案件示意图

从近3年结案数据来看，2013年A市法院行政案件一审结案6964件，上诉率56.14%，申诉率16.70%；2014年A市法院行政案件一审结案10390件，上诉率55.91%，申诉率13.19%；2015年A市法院行政案件一审结案18381件，上诉率35.82%，申诉率7.32%。① 统计显示上诉率和申诉率均有降低，但结合笔者所在法院跨区划管辖情况，2015年行政案件上诉率更是达到71.38%，绝对数量呈现上升趋势。（详见图2－2）

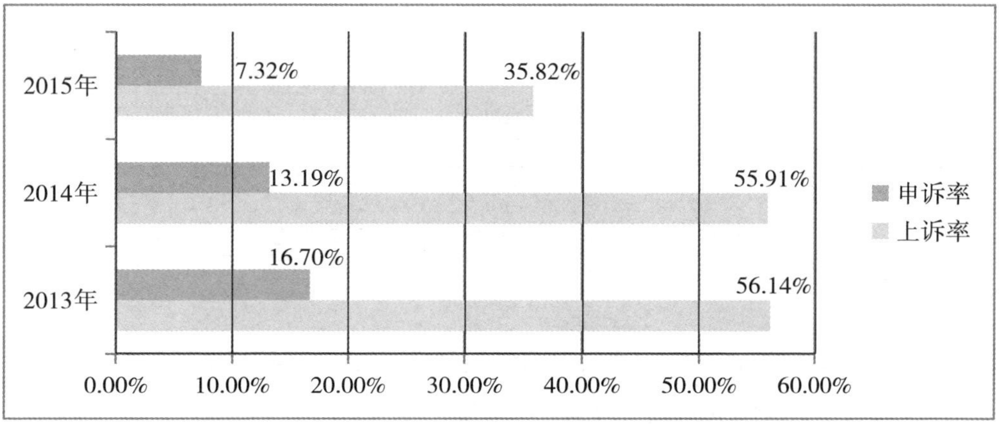

图2－2　2013—2015 年上诉申诉对比示意图

①　数据来源于2013～2015年度全国法院行政案件有关情况的通报，A市审判管理数据，结案数包括部分知识产权行政案件。

同比观察A市高级人民法院近3年来其他案件的申诉复查数据，以2015年为例，申诉审查庭部分民商事案件的申诉率约1.43%，再审率约4.87%。整体而言，行政案件的申诉率是民商事案件的5.12倍，而民商事案件的再审率却是行政案件的9.37倍，呈明显倒置情形。(见表2-2、图2-3)① 结合通知精神分析，行政案件普遍存在的“二高四低”现象已反映出当前行政审判与社会需求的差距，行政诉讼“案结事不了”的问题比较突出。

表2-2 A市2013~2015年平均申诉复查结案统计表

年份	总体申诉复查结案	决定再审	再审率	行政复查结案	再审数	再审率
2013	4844	378	7.80%	391	0	0
2014	7483	448	5.98%	454	0	0
2015	8635	421	4.87%	949	5	0.52%

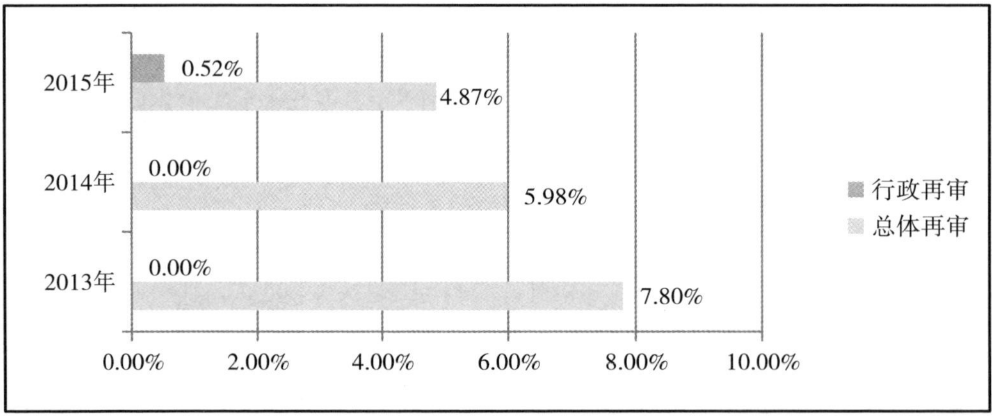

图2-3 2013~2015年申诉复查对比示意图

（二）实际运行效果

由于行政管理领域宽泛且部门法庞杂，需较长时间的业务训练和经验积累才能适应审判要求。例如，A市的行政案件结案量虽然在全国排名前列，但案件分布很不均衡。有的法院人均结案十几件，有的法院则人均结案几百件，存在承办法官的业务水平参差不齐、二审裁判标准不统一的问题。从2014年修订的《行政诉讼法》

① 数据来源于A市高级人民法院司法统计信息（其中2015年数据因包含A市知识产权行政案件，仅部分体现出A市行政案件的现状），同期A市法院民商事案件申诉率约1.43%，再审率约4.87%。

确立的立案登记、附带民事诉讼、复议双被告和规范性文件审查等制度运行来看，审级监督行政化表现较为突出，一审法院遇到问题普遍请示汇报已常态化，在降低发改率的同时也造就了二审终审“徒有虚名”的实际。从理论上分析，申诉复查为统一A市裁判标准提供了基础，而恰恰最能发现问题的审理方式却呈现“零重审”的情形。这表明了行政申诉案件归口管理虽然能够加强对下指导、减少法院内部扯皮和平衡部门工作量，但申诉复查案件的零重审率则体现了上级法院的监督机制和同级法院的审判监督功能异化失灵的问题。

三、制度思辨：申诉复查分工困境之反思

进行申诉复查分工的根本目的在于增强实效来解决纠纷。应然状态下的申诉复查是“有案必立、有错必纠”，就A市而言已经实现了“有案必立”。但实现“有错必纠”则取决于高级法院职能作用、申诉复查功能定位等机制问题。

（一）司法国情下的高级法院职能

现行法院管辖与行政区划高度重合以及法院人财物皆受制于同级政府，基于服务地方经济发展大局的职能定位，呈现出司法地方化的国情。在四级二审终审制的格局中，高级人民法院既是辖区内司法权威代表，又是最高人民法院司法政策“落地”和地方司法诉求的代言人，同时也承受着辖区内审判监督和信访考核等诸多压力。例如，A市高级人民法院，虽然规模相对有限，但发挥司法指导的作用较为明显。该院自2012年1月至2014年7月就行政审判下发了102件正式公文[①]。如果计入其他通过案件汇报或其他个别化的对下指导的情况，更是全方位、立体化地展示出其影响力。在全体法院对外保持良好整体性的同时也形成了一定程度的依附关系。同时该院复查结案量也实现了“飞跃”，从2014年的254件上升到2015年的770件，升幅达303.14%，已经成为事实上的复查再审法院。高级人民法院既是纠纷解决的法院，也是统一裁判标准的监督法院，更是维护司法权威和依法纠错的高层次法院。面对不断攀升的复查需求，可以说司法实践与制度预设南辕北辙。

（二）上级法院监督指导功能的泛化

审级设置意味着上级法院应当通过上诉审或再审的维持、改判和发回重审表达裁判标准。由于审级监督没有发挥出制度设计应有的职能，反而由“非案件因素或其他监督指导途径”替代。如个案请示汇报、制定解答和指导意见等。其中以个案请示最为典型，成为减轻基层法院困难的得力举措得以普遍应用。据统计近3年来A市高级人民法院听取下级法院各类请示汇报的案件逐年上升，仅2013年就达200

---

① 李洋：《从法制统一到法治格局构建：高级法院审判指导权的多重功能分析——以行政审判为视角》，载《中国审判理论研究会行政审判理论专业委员会2014年年会论文集》，第303页。

件以上。此举虽然达到降低发改率考核之目的，但导致审级监督虚置，不能发挥下级法院的积极性和创造性[①]。请示虽然解决了个案问题，但对统一裁判标准，尤其是统一中级法院辖区之间的裁判标准作用并不明显，反而使上下级法院之间的监督指导关系脱离了正常轨道。

（三）申诉复查分工的功能定位

面对呈蔓延之势的“二高四低”现象，形成了问题倒逼申诉复查改革的无奈之举。从通知的执行情况来看，无疑解决了“由谁审”，对减少法院内部部门间的扯皮，平衡部门工作量发挥了积极作用。但审理机构无序只是引发申诉的问题之一，由于配套机制“怎么审”，如阅卷复查、提起再审、再审改判和发回重审的标准以及裁判标准统一等问题均没有细化，从而成为影响改革质效的新难题。如果这些问题都留待各申诉复查法院自行探索，出现“零重审”并不意外。面对一轮又一轮的申诉复查而不能形成权威结论，仿佛不是将涉诉信访导入法治化的轨道，反而是将本属于司法裁决的问题向信访化倾斜。

（四）申诉案件的审理模式

再审制度实质上是肯定并维护既有审级制度前提下的一种“补救”程序，旨在“程序正义”的前提下尽可能降低错案概率。申诉复查作为再审的前置“程序”，应在服务于审级制度的前提下有据可依。当前办理申诉复查案件的主要内容包括：1. 审查方式。案件审查方式一般会听取当事人的意见，由承办法官根据案情需要，裁量采取书面审查、双方谈话或者听证程序。2. 程序规范。目前参照审前程序进行，存在申诉复查与再审部分程序重复以及随意性的问题。3. 再审标准。（1）“确有错误”。这是法律规定的标准，反映了“实事求是，有错必纠”[②] 的立法指导思想。因为该标准宽泛而难以掌握，宜作为启动重审的原则性标准。（2）“可能有错误”。“可能”的标准给予承办法官裁量空间，仍然属于模糊的标准。（3）“法定事由”。通过法律明确规定再审事由的形式，即《行政诉讼法》第九十一条规定的八类情形。由于行政案件启动再审程序不仅涉及与行政机关的关系，更是涉及法院内部和上下级法院之间的工作关系。现实表明不是“无限制”的再审影响到司法裁判权威，而是没有适宜的机制引导和激励复查法官积极启动再审程序。考虑到结案压力、烦琐的调卷程序[③]或者了解情况的难为情，基于“自然纠错”机制的设计难以

---

① 向绪武：《关于构建行政诉讼三审终审制的研究——以2013年A市法院行政申诉案件为参考》，载《中国审判理论研究会行政审判理论专业委员会2014年年会论文集》，第251页。

② 尹红、苏荣：《法院主动启动再审违背诉讼原则》，载《法官论坛集》2003年第1期。

③ 由于申诉复查调卷没有统一规范，实践中多由承办人之间协调，随意性大已对复查工作产生不良影响。

持续。

(五) 办案效率的考核指标

“有审判就应当有审判管理”[①]，基于对审判权的监督和制约设置了各项考核指标，其中发改率和审理期限又与复查案件密切关联。发改率的设置本为要求一审法院慎重裁判，实践中却成为再审的强大阻力。审理期限也要求承办法官尽快结案，对申诉案件质效评估尚不可能做到逐一分辨和精确的数字描述。但是，当案件越来越多，承办法官办案超过一定数量时，其监督的意愿和能力显然受到影响。[②] 相当数量的申诉案件，都经过几级法院反复复查，甚至经过多次再审，上下级法院之间、同一法院之间的裁判结果变动，裁判理由的不断变化，严重损害了司法权威[③]。以笔者切身经历，申诉复查的阻力和花费的精力比一审要大得多，仅调卷就要费一番功夫。履行了程序却未必能保证质量，“多一事不如少一事”，一切都按预设流转，耗费如此多的司法资源如推磨般从此程序到彼程序，事实造就的“程序空转”显然不是改革目标。

四、制度完善：激活申诉复查分工效能之路径

各级法院在地方法治格局中的地位是司法权运行机制的深层机理。改革实践表明只有根植于本国深厚土壤的变革才具有真正的生命力，申诉复查制度改革必须立足于现行司法国情予以完善。

(一) 申诉复查程序实质性三审制的探索

完善审级制度，一审重在解决事实认定和法律适用，二审重在解决事实法律争议，再审重在解决依法纠错、维护裁判权威，党的十八届四中全会已经为审级制度改革明确了方向。审判监督程序作为二审终审制不足的弥补，理论上终审裁判之后仍有多种途径纠正“错误”。以笔者知晓的A市有关数据，多年来进入再审程序的行政案件非常有限。即使是分工后的2013年和2014年，复查近500案而无一再审即为实证。虽然申诉立案应收尽收，实质上发挥了三审之名而未实现三审之效。原因在于申诉复查并非独立审判程序，它仅仅是再审的前置程序而已，而提起再审、再审改判和发回重审的标准不明确[④]。特别是案件最终能否启动再审，与人大代表、政协委员提案或上级领导督办有很大的关联，无形中形成了申诉特权。统计数据展

---

① 最高人民法院办公厅：《大法官论审判管理》，法律出版社2011年版，序言部分。

② A市高级法院2013～2015年法官人均结案量分别约为60件、90件、150件。

③ 李广宇、王振宇、梁凤云：《〈行政诉讼法〉修改应关注的十大问题》，载《行政执法与行政审判》总第53期。

④ 郭修江：《〈统一申诉再审分工，提高服判息诉率〉——对行政案件申诉再审分工通知的解读》，载《行政执法与行政审判》第56期。

示了“睡美人条款”与高申诉上访率之间的巨大反差，完善现有行政案件申诉复查程序是破解行政诉讼“审理难”的重要突破口。

（二）立足于省级复查终局的制度设计

如果无视省级辖区在我国政治结构中的地位，仅以严格审级监督理论来考察高级法院无异于脱离现实。高级人民法院不仅仅是审级意义上的上诉法院和再审法院，基于政治构架也不可能放弃司法行政管理职责，在司法体制改革人财物由省级统管之后可能会更加明显。受制于省级人大、党委和政府的高级人民法院，在整体抗干扰能力上相比基层法院有所提升，但基于自身利益考量之下的指导必然有选择性。基层法院在获得高级人民法院指导的同时，也间接绑架了区域范围内其他法院的裁判标准，看似增强了司法统一性，实则削弱了其他中基层法院的主体性。故只有抑制和弱化高级法院个案指导，才能为审级监督归位创造条件。就实证考察而言，A市高级人民法院规定基层法院启动先予执行必须报高院批准效果非常明显，现已经杜绝了未批先予执行的乱象。由于辖区内大部分案件二审终局，如果说复查分工前高级人民法院行政庭的个案指导尚可理解，那么复查分工后无疑为统一辖区内裁判标准提供了制度基础，通过强化审级监督实现省级区域裁判标准的统一具有现实可行性。

（三）复查程序的诉讼化改造具体路径

实务界已经充分认识到二审制的弊端，党的十八届四中全会也有完善审级制度的决定，有专家主张构建有限三审终审制①。由于审级制度涉及一国基本的司法制度，改革必将经历长期探讨②。基于现实考虑，将行政申诉复查程序改造为实质上的三审程序或许更为可行。

1. 省级高院申诉复查可设置为审判程序。行政执法涉及全省范围执法标准的统一，而二审终审显然不能实现这一目标。通过申诉复查审判程序的改造，在省级辖区统一裁判标准和行政执法标准。制度设计应当足以纠正下级法院裁判错误而又不至于使终审法院不堪重负。以A市高级人民法院为例，对现有法官资源作适当调配即可满足复查程序改造的需求。剔除串案和反复诉讼案件的因素，即使按2015年770案再预留150%的空间，也不过只占A市申诉案件的13.37%③，况且我们也没有理由认为在裁判标准更加公正和统一的情形下案件量会大幅上升。在审级制度

① 黄祥青：《不加强理论研究，司法改革拉不了地气》，来源于2016年5月2日微信号“法影斑斓”刊载信息。

② 参见向绪武：《关于构建行政诉讼三审终审制的研究——以2013年A市法院行政申诉案件为参考》，载《中国审判理论研究会行政审判理论专业委员会2014年年会论文集》，第251页。

③ 2015年A市民事类申诉案件8635件，高院复查5635件，其中申诉审查庭复查4278件。

重构后，高级法院行政庭主要通过二审、申诉复查和再审程序对 A 市行政案件进行监督。更为重要的是充当拦截普通案件涌向最高人民法院的分洪闸，不至于让最高司法机关陷入忙于具体办案而无暇顾及审判指导的尴尬境地。

2. 最高人民法院申诉复查可设置有限审判程序。根据现有的审级设置，中级人民法院审理的一审案件可由最高人民法院进行复查。随着立案登记制的实施，各地中级人民法院立案量急剧攀升。以笔者所在法院为例，2015 年审结跨区划管辖的一审案件达 975 件，较 2014 年上升了 352%①，其中上诉率更是达到 71.38%。为此，笔者预测仅就 A 市申诉复查而言，2016 年最高人民法院复查登记要远远超过 2015 年的 1161 件（见表 2-3、图 2-4）。要看到即使跨区管辖仍然难以化解行政纠纷的现实，面对全国其他省市的复查需求，数以万计的案件涌向最高司法机关将是不可承受之重。

表 2-3 A 市 2016 年行政案件申诉登记预测

年 份	中院一审	高院二审	最高院申诉登记	说 明
2013	743	364	1007	1. 2016 年数据截至 5 月 31 日；2. 2014 年申诉登记不详，按比例推算约 920 件；3. 申诉登记略少于高院二审和中院一审结案之和
2014	655	512	920	
2015	1915	693	1161	
2016 年 1~5 月	691	681	2000 左右	

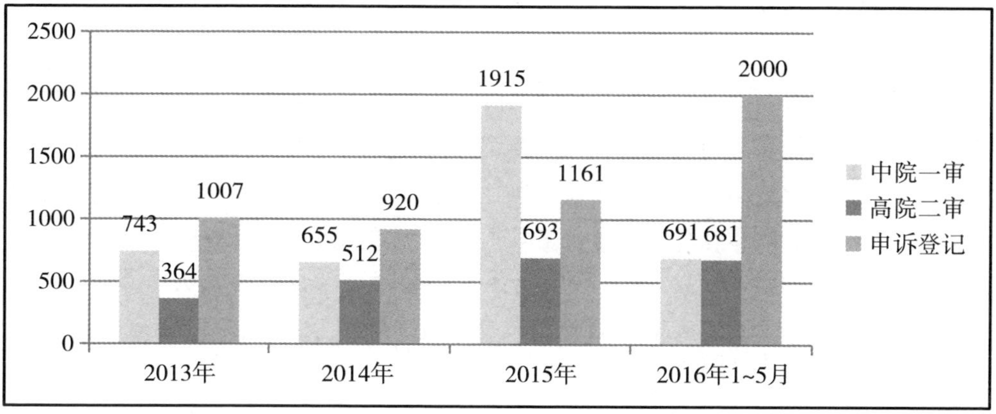

图 2-4 A 市 2016 年申诉复查登记预测

① 本统计数据仅统计进入审判程序的案件，未统计立案庭径行裁定不予受理的案件。

唯有改变申诉复查格局，构建省级申诉复查终局机制才是可行路径。由于审判资源的有限性，实行申诉复查的审判程序并非所有类型的案件都可以申诉到最高人民法院，即使对上诉第三审进行限制也是世界多国的通例。进入最高人民法院再次复查的案件，应当是涉及重大社会利益、具有重大社会影响和重大法律适用难题的案件，且有必要通过该案的复查在全国范围内统一法律适用时，才可能因复查而进入再审程序。

（四）完善统一的申诉复查配套程序制度

1. 复查范围。理想化的上诉审应当是前审程序的继续并重点在于法律适用审查。由于现行诉讼制度并未严格区分事实和法律问题，无论是上诉还是申诉均作全面审查。多年来的实践表明，绝大部分案件都集中于事实纷争。由于事实容易随时空改变，对事实的审查好比试图把原始的笔迹仅仅描摹得清楚一些，在多次描摹之下的清晰，往往伴随难以复原的失真。基于事实不宜反复刻画的基本特性，我们在审级制度上有必要建立尽量尊重原始真实性的裁判规则①。除非有新的证据证明事实确有错误，申诉复查发回改判应当提出处理意见，并秉持十分审慎的态度和确凿无疑的理据，非严重程序问题能够治愈且可以查清的都不宜重审，要将复查的重点放在统一法律适用而非“有错必发”。如此则利于高级人民法院的职能转向以审判监督为重心，更多体现法律规则和原则的指导职能。

2. 裁判文书。裁判文书是社会各界和法官最为关心的问题，对于如何撰写裁判文书可谓见仁见智，但结论大多要求论理充分。② 笔者认为仅强调裁判文书论理是不全面的，一审查清基本事实并记载于裁判文书同样重要。查阅最高人民法院申诉复查案件的裁判文书，我们发现本应在一审或者二审查清的相关事实却需要等到最高人民法院复查才能厘清，对于各级法院功能发挥而言显然有本末倒置之嫌。以笔者的高级、中级法院审判经验，只有就案件事实要点的恰当记载，才有利于减轻二审以及复查程序的事实审查，更为上级法院书面审创造了条件。前审裁判文书对案件事实环节的省略，往往意味着上诉审或复查程序的承办人另起炉灶再次审查而效率低下。总之，只有厘清问题，将事实和论理均记载于裁判文书才是对当事人应有的回应。这一点查阅最高人民法院行政庭相关申诉案件文书就可以得出结论③，

---

① 李广宇、王振宇、梁凤云：《〈行政诉讼法〉修改应关注的十大问题》，载《行政执法与行政审判》总第53期。

② 截至2016年5月20日《中国法律知识资源总库》输入“裁判文书”信息，共搜索到1028条信息。

③ 例如，最高人民法院行政庭裁判文书：(2014) 行提字第23号（合议庭成员：郭修江、耿宝建、沈小平）；(2015) 行监字第1272号（合议庭成员：虞政平、苏戈、郭修江）等裁判文书。

也只有切实回应了当事人的诉求和解答其疑惑，才有可能实现“案结事了”。

3. 类型化处理。“案多人少”是当前各级法院普遍反映的问题，行政诉讼法修改后收案件量也是急剧攀升①。有的法院将“繁简分流”作为缓解人多案少的“灵丹妙药”加以宣传。据笔者了解，这项多年前源于A市某基层法院的民商事办案经验该院已不再推广，其实效也有争议。对占比不到民商事案件5%的行政诉讼而言，其推广的价值有待考究。②“老百姓到医院看病，希望药到病除；老百姓到法院诉讼，讲究案结事了。行政审判如果不能实质解决行政争议，就不可能得到人民群众的真正认同，就不会得到人民群众的信任。”③基于行政诉讼“民告官”的特殊性，面对天然弱势的原告一方，简易程序的实效还有待实践验证。④结合司法体制改革和法官员额制，笔者认为行政诉讼简单案件的类型化处理是可以尝试的思路之一，即对于某一类简单的案件进行论证说理后作为裁判模板，相同案件的论证可以直接借鉴采用⑤。

4. 律师代理。近年来申诉复查和诉讼程序中公民代理现象比较突出。据笔者所在单位统计，行政案件的原告委托律师代理诉讼的比率仅有33.42%，公民代理甚至个人亲自出庭参加诉讼占到66.58%。普遍反映出部分代理人的法律素养普遍不高，滥用代理手段，对审判工作普遍存在不信任感，以闹庭上访扰乱法院司法秩序和原告服判息诉难的问题。为确保实现庭审的法律效果，有必要在申诉复查案件中引入强制律师代理制度和法律援助制度。

结　语

党的十八届四中全会关于完善审级制度的决定特别指出“再审重在解决依法纠错、维护裁判权威”。由于行政案件申诉复查制度不完善，“矫正”前审裁判的难度要远远大于二审程序。有的案件虽复查程序终结但问题仍然存在，当事人被迫再次寻求其他救济途径。高申诉率、上访率表明现行复查制度低效甚至失灵的困境，面对行政案件申诉上访有增无减的趋势，结合审判管理各项考核制度，我们有理由相信裁判者已穷尽现行措施予以应对。基于解决“二高四低”的改革实践是对制度预设的真实回应，难堪的数据在一定程度上展示了行政诉讼程序空转、公正与效率

---

① 2015年A市全年行政案件一审收案9868件，比2014年上升了103%。

② 2015年A市民事案件结案372045件，行政案件包括部分知识产权行政案件18381件，是民事案件的4.94%。

③ 江必新：《标本兼治推进行政审判健康发展》，2011年最高人民法院副院长江必新在全国法院行政审判工作座谈会上的讲话。

④ 从行政诉讼简易程序适用率来看，2015年笔者所在法院适用率在10%以内。

⑤ 这方面已经有法院进行探索，参见最高人民法院2015年第11期公报中陆红霞诉南通市发展和改革委员会信息公开系列案的处理。

皆输的格局。基于行政诉讼的特点，假定对于民事诉讼或者刑事诉讼再恰当的制度，也不应成为重构行政诉讼申诉复查程序的障碍。

（撰写人：向绪武）

3

关于A市行政程序立法专题调研报告

——以A市法院行政程序违法案件为样本

引言：

随着法治政府建设的不断推进，党的十八大、十八届三中、四中全会提出“全面推进依法治国”的要求。法治的实现过程主要是程序化的体现，没有程序则法治的理念和法治的方式将无法转化为法治现实。行政程序不仅可以对政府权力进行有效的制约，防止权力的恣意和滥用。也可因相对人的参与而保障结果的合理性，进一步提高行政行为的质效。随着我国法治体系的不断完善，行政程序越来越受到重视和关注，在一些重要的行政管理领域，如《行政强制法》《城乡规划法》《行政复议法》《行政处罚法》《行政许可法》《政府信息公开条例》等均对行政程序作了相关规定，表明传统的行政执法“重实体、经程序”的意识已发生了重大转变。为了解行政执法程序的实际运行状况，准确把握行政执法程序中存在的疑难问题，本文重点以行政诉讼司法判决作为参考展开调研，主要分析了A市行政程序司法审查有关情况，并就行政案件司法建议及各项会议反映出的行政决策相关问题有所涉及，以期为A市行政程序立法研究提供新的素材。

一、数据统计的基本情况

（一）数据统计要素

1. 裁判文书

本调研报告以A市判决行政机关败诉的2365份一审行政案件裁判文书作为样本，获取行政执法过程中程序违法的基本情况和类型等相关信息，以了解行政执法程序违法的相关状况。在统计裁判文书的过程中，共构建了各区县败诉情况、诉讼案由、程序违法、违法内容等10余项内容作为统计要素，基本涵盖了裁判文书中记载和能反映出的相关行政机关因程序违法而被法院判决败诉的信息。其中各区县败诉情况，主要是统计近5年来所有判决行政机关败诉案件数据，程序违法的数量及比率。案由情况统计了政府信息公开、行政强制、行政复议、颁证登记类、档案管理、工商行政管理、行政裁决、行政不作为、房屋登记、治安处罚等比较常见的案件，败诉较少的案由归入其他类型统计。程序违法的具体表现，主要是统计了超过法定期限、送达程序违法、未履行强制程序、程序倒置、程序拖延、未告知回复、未保障行政相对人的陈述申辩权、行政不作为等统计内容，数量较少的程序违法归入其他类型。另外，说明理由是行政程序的重要组成部分，但目前司法实践中一般将说明理由列入实体审查内容而不作为程序违法处理，故统计数据未将说明理由列入统计项目。

2. 司法建议

司法审查过程中，还有大量的行政案件属于程序违法的情形，法院综合考虑到相关因素未判决行政机关败诉，在判决驳回原告诉讼请求后通过司法建议的形式指出行政执法中存在的问题。另外，因 A 市重点工程、重大项目和重要活动的行政管理需要，存在大量的以行政决策作为执法依据的案件。这部分案件有的没有进入诉讼程序，有的进入诉讼程序后亦未能得到支持。此类情形在本次统计中作为参考要素一并予以体现。

（二）数据统计和分析

1. 案件数量

2011～2015 年 A 市法院判决行政机关败诉的一审行政案件有 2365 件，其中因程序违法被判决败诉的有 765 件，占全部败诉案件的 32.35%。行政败诉案件涉及 A 市各区县。（详见表 2－4、图 2－5）

表 2－4 2011～2015 年行政机关败诉案件统计表

序号	时 间	行政机关败诉	程序违法	比 率
1	2011 年	294	96	32.66%
2	2012 年	320	86	26.88%
3	2013 年	390	134	34.36%
4	2014 年	578	188	32.53%
5	2015 年	783	261	33.34%
合 计		2365	765	32.35%

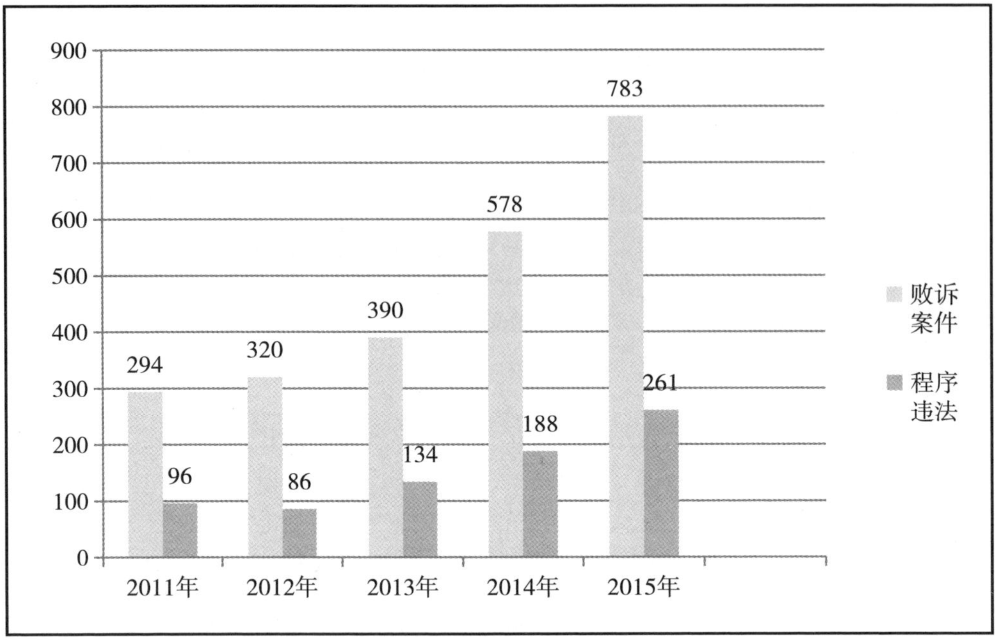

图 2-5　程序违法案件示意图

2. 案件类型

2011～2015 年涉及程序违法的败诉案件主要有：行政强制（拆除违法建设）、不履行职责、政府信息公开、行政复议、行政许可以及其他共 6 类，共 655 件，占此类案件总数的 85.62%。其中数量位居前三的分别是：行政强制 288 件，占比约 38%；不履行职责 149 件，占比约 20%；政府信息公开 122 件，占比约 16%。（详见表 2-5、图 2-6）

表 2-5　2011～2015 年各辖区行政机关败诉案件统计表

序号	类型	数 量	程序违法	比率	备注
1	行政强制	348	288	82.76%	拆除违法建设及行政赔偿
2	不履行职责	276	149	53.99%	包括各类履行职责诉讼
3	政府信息公开	681	122	17.91%	
4	行政复议	103	37	35.92%	
5	其　他	271	33	12.18%	
6	行政许可	46	26	56.52%	包括颁发相关许可证
7	治安处罚	38	23	60.53%	治安管理因素引发

续表

序号	类型	数 量	程序违法	比率	备注
8	土地管理	42	23	54.76%	集体、国有土地颁证等
9	房屋登记	234	17	7.26%	
10	行政裁决	62	17	27.42%	
11	工商管理	116	10	8.62%	包含工商行政处罚
12	食药监管	18	10	55.56%	
13	其他处罚	7	3	42.86%	
14	婚姻登记	9	3	33.33%	
15	公房管理	17	2	11.76%	直管公房变更承租人
16	税务管理	3	2	66.67%	税务稽查、处罚
17	档案管理	94	0	0.00%	档案保管及行政赔偿
合计		2365	765		

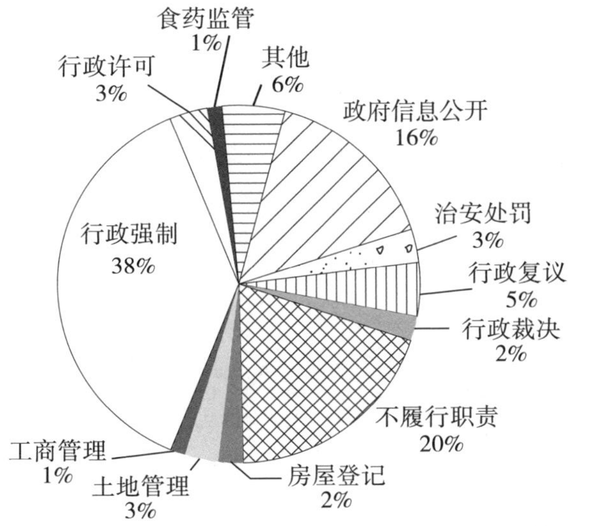

图 2－6　案件类型比例图

3. 违法内容

从程序违法的具体表现形式来看，主要分为以下几种情况，一是行政强制程序违法，在行政强制类案件中，行政机关未履行强制执行的前置程序，或者在法定诉讼期间实施强制行为的有 242 件，占全部败诉案件的 31.63%；二是超过法定期限，包括行政处罚、行政许可、信息公开、行政复议以及行政不作为类案件超过法定期限的有218件，占全部案件的28.50%；三是送达程序违法，法律文书的送达方式及期限不符合法律规定有81件，占全部案件的10.59%；四是未保障参与权利，在行政程序中未依法保障当事人及利害关系人陈述申辩权利的52件，占全部案件的6.80%；五是被告在行政诉讼中不提交证据等情形的49件，占全部案件的6.41%；六是告知补正程序不合法，在行政程序中要求当事人告知补正程序不符合规定的38件，占全部案件的4.97%；七是行政程序拖延，行政机关不依法回复当事人的30件，占全部案件的3.92%；八是行政程序倒置，行政机关行政“先裁决后取证”的有23件，占全部案件的3.01%；九是文书形式不规范，法律文书的文字和形式不符合规定的20件，占全部案件的2.61%；十是不调查和移送，对于当事人申请和举报，不调查处理和依法移送的12件，占全部案件的1.57%。（详见表2－6）

表2－6　2011～2015年程序违法案件内容统计表

序号	类　型	数 量	比率	程序违法情况简要说明
1	超法定期限	218	28.50%	行政处罚、信息公开、行政复议、不履行职责等超法定期限
2	送达程序	81	10.59%	送达方式、期限不符合规定
3	不履行强制程序	242	31.63%	拆除违法建设未履行前置程序或在复议诉讼期限实施拆除
4	行政程序倒置	23	3.01%	行政程序颠倒，先裁决后取证
5	行政程序拖延	30	3.92%	各项举报、申请等不回复
6	未保障参与权利	52	6.80%	行政程序中未通知当事人或利害关系人参加行政程序
7	法律文书	20	2.61%	法律文书文字、形式不符合规定
8	告知补正	38	4.97%	行政申请告知补正程序违法
9	未调查、移送	12	1.57%	未进行基本的形式审查、未移送有关机关处理
10	其　他	49	6.41%	被告诉讼中不提交证据；行政程序中未要求原告更正即作出行政行为
合　计		765		

4. 其他类型

为全面反映A市行政执法情况，我们参考了2010～2013年4年期间A市行政案件司法建议的统计分析。① 其中 2010～2012 年，A 市法院共发送行政案件司法建议 217 篇，行政行为程序存在问题的有 94 件，占行政司法建议的 45.60%（详见表 2－7）。2013 年 A 市法院共发送行政案件司法建议 69 篇，行政行为程序不规范的 45 件，占行政司法建议的 67.16%（详见表 2－8）。司法建议所反映的问题一方面是对行政执法提出的建议，另一方面反映了在房屋征收、拆迁安置、绿化隔离带建设、环境整治、村民腾退安置、生态文明和城乡环境建设专项整治、重点村建设及重大工程项目过程中反映出的带有倾向性的问题。例如，有的区县在房屋征收拆迁过程中的“一指没”现象。

表 2－7　2010～2012 年司法建议反映问题统计

项　目	程序规范	证据依据	事实认定	法律适用	文书规范	应诉准备	其　他
数　量	94	43	37	35	28	28	14
比　率	45.60%	20.90%	18%	16.99%	13.59%	13.59%	6.80%

（附注：有的具体行政行为同时存在以上多种问题）

表 2－8　2013 年司法建议反映问题统计

项　目	程序规范	事实认定	证据依据	法律适用	工作规范	应诉准备	其　他
数　量	45	21	20	10	8	7	4
比　率	67.16%	31.34%	29.85%	14.93%	11.94%	10.45%	5.97%

（附注：有的具体行政行为同时存在以上多种问题）

二、行政程序违法案件的司法审查

（一）程序违法案件的基本特点

1. 程序违法或不规范的案件量上升幅度较快。统计数据显示近 5 年来判决行政机关败诉的案件逐步上升，从 2011 年的 294 件上升到 2015 年的 783 件，5 年期间以 21.61% 的速率上升了约 2.66 倍。其中，因行政程序违法的案件量从 2011 年的 96 件上升到 2015 年的 261 件，同比上升约 2.72 倍，年均增长率 22.16% 以上。一方面反映出行政诉讼案件量的整体增加，法院对行政机关的监督力度不断提高；另一方面也反映出行政机关对同一类的案件重复败诉的问题，说明行政机关的执法水平和执法能力以及依法行政的意识还有进一步提高的空间。可以预见，随着司法体制改革和立案登记制的不断推进，行政案件量会大幅度增加，行政败诉案件也会相

① 2010～2013 年 A 市行政案件司法建议统计，2013 年 A 市行政案件司法建议统计。

应增加，A 市各行政机关应采取有效措施提高执法质效，不断推进法治政府建设和依法行政工作。

2. 程序违法案件涉及的行政管理领域比较广泛。从统计的情况来看，行政程序违法涉及的案由主要有：政府信息公开、行政处罚、行政复议、行政许可、行政裁决、行政强制、房屋登记、工商管理、不履行职责等 10 类。涉及的行政管理领域涵盖了公安、工商、税务、城管、国土、规划、卫生、食药、民政、社会保障 10 个部门，领域非常广泛。其中，涉及政府信息公开、拆除违法建设和履行法定职责三类程序违法案件数量大幅上升，反映了当前社会管理中的热点和难点问题。

3. 程序违法案件涉及区域和案件类型比较集中。从区域分布来看，城乡接合部的行政执法程序不规范的情况明显高于城区和郊区，土地管理类案件中涉及 A 区的案件中程序违法比例又高于其他区县。从案件类型来看，因行政程序违法的案件主要与城建和国土资源密切相关，由此派生出的拆除违法建设、政府信息公开和不履行法定职责三类案件，占到程序违法类案件的 74% 以上。尤其是拆除违法建设案件中违反法定程序的现象比较普遍。行政许可、治安处罚等案件的数量虽然不多，但程序违法的比率超过 50% 。另外，行政复议程序违法的问题也不容忽视，有的案件原行政行为矛盾还没有化解又产生了新的复议纠纷，表明行政复议在解决行政争议、化解社会矛盾“第一道防线”的职能作用还需要进一步提升。

4. “重实体、轻程序”仍较为明显影响行政执法。统计数据表明，因程序违法被法院判决败诉的比率，约占全部败诉案件的三分之一。近年来，在 A 市法院审结的行政诉讼案件中，行政机关一审败诉率为 12% 左右。司法实践中大量行政案件的执法程序存在瑕疵，法院基于各种因素综合考虑后，未对其合法性作出否定性评价，而是通过司法建议等形式提示行政机关予以研究处理①，另外还有一些表面涉及 A 市政策，实质为行政管理的案件没有进入司法程序。虽然从数据上看程序违法败诉的案件在全部行政案件中占比不算高，但整体上行政程序意识和规范意识不容乐观，有的单位就同一类型的行政执法重复违反程序，有些案件反映出普遍程序意识淡薄的倾向。2014 年修订后的《行政诉讼法》对行政程序的监督力度进一步提高，对程序的要求更加趋向严格，其败诉案件量在司法程序中会逐步体现。

5. 社会矛盾高发领域的司法监督力度有待取得进展。与案件涉及的行政管理领域类同，被诉行为的种类也非常集中，其中城建国土资源类案件占比较大。原因是国土资源和城建类行政管理涉及的土地征收补偿、行政确认、行政登记和行政许可数量较多且与当事人利益密切相关，故诉讼案件发生的概率也较高。但是，我们

① A 市高级人民法院 2010 ~ 2014 年行政案件司法建议调研情况。

发现5年来很少有集体土地征收拆迁、国有土地征收与补偿、行政规划类、大型工程项目和行政决定类的败诉案件，即使有几件撤销补偿决定的案件也可以忽略而不具有参考意义。似乎与我们在推进城市化的过程中，各级领导高度强调并为社会所关注的，且经常为各大媒体所报道的因征地拆迁行为引发群体性事件的表象不相适应。[①] 从中反映出在有的征收拆迁补偿等涉及群众重大利益的案件中司法监督缺位的问题。

6. 涉及行政机关重大决策领域的程序监督尚存空白。行政机关决策的主要形式有两种，一是制定规章和规范性文件等抽象性行政行为，二是各级政府常务会议的决策。在抽象行政行为制定过程中已有基本程序可以遵循，有的还需要履行听证和征求公众意见程序。而各级政府存在的大量重大决策，在行政管理中发挥着重要作用，却基本上还没有外部的监督和程序上的约束机制，行政自由裁量权还缺少必要的制约，具体工作往往取决于主要领导的想法和意志。由于决策程序不规范和程序违法的责任不明确，一些未经合法性审查和具有“地方特色”的政策虽然在短时间内取得了效果，但对区域经济发展和社会稳定的长远影响不容乐观。虽然当前还没有因行政决策违法直接进入司法程序的案件，但由此派生和引发的大量矛盾纠纷则层出不穷。因此，对重大行政决策领域的程序监督显然尤为重要，需要引起各方的高度重视。

（二）程序违法主要问题分析

1. 行政执法程序存在的主要问题

前述统计数据表明，违反法定程序情形主要是超过法定期限、违反行政强制程序、违反送达程序以及未保障利害关系人的参与权等类型，本文将重点对上述案件所反映的问题进行分析：

统计显示因违反行政强制程序被法院判决败诉的案件有242件，占全部败诉案件的31.63%，是行政行为违法的主要原因。主要体现在：

一是行政执法程序倒置。根据《行政强制法》有关规定，拆除违法建设前应当作出限期拆除通知、书面催告、强制拆除决定和实施拆除四个环节，有的行政机关违反“先调查后裁决”的基本程序要求，通常先以限期拆除通知书的方式对违法建设进行定性，再对违法建设人进行调查询问，补制询问笔录，补充规划部门的相关证明文件，有的调查询问笔录和现场勘验笔录等证据只有村基层组织负责人签字或

---

① 这类现象从某种程度上也说明，对于房屋征收和城市规划类案件，很难导入司法程序进行解决，即使进入了司法程序，按目前法院的功能定位也不能从实质上解决问题。最终还是依靠政府，法院做协调工作也许是最好的解决方案。

者事后补签，不符合法定程序要求。二是不制作财物清单。根据《A市禁止违法建设若干规定》第十七条的规定，在实施强制拆除前，行政机关应当通知当事人清理有关物品，当事人拒不清理的，应当制作财物清单并由当事人签字确认。当事人不签字的，可以由违法建设所在地居民委员会、村民委员会确认。实施强制拆除的行政机关应当将财物运送到指定场所，交还当事人，当事人拒绝接收的，依法办理提存。实施强制拆除应当制作笔录并摄制录像。实践中，相关执法部门强制拆除过程中不制作财物清单、摄制录像、办理提存等相关程序。对违法建设内包括室内物品一律拆除，不但激化了矛盾，还面临败诉并承担行政赔偿责任的风险。对此类案件的司法处理许多是确认违法，但不赔偿。形成了法院不但未能就行政机关的执法行为进行监督和制约，反而为不合法的行政行为“背书”，导致将大量矛盾纠纷引向法院，损害司法公信力。

2. 行政决策程序所反映的问题

直接或者间接涉及征地拆迁、村民腾退安置引发的案件数量较多，反映的各类问题均与行政机关重大行政决策密切相关。这类案件虽然矛盾对抗激烈，但真正进入诉讼程序的并不多，即使进入诉讼程序得到法院支持的也很少。

（1）关于征地拆迁政策。就拆迁项目来看，一般分为土地一级开发、工业园区建设、高教园区建设、回迁房、旧村改造以及商品房开发等，另外还有重大工程项目建设如道路工程和轨道交通建设等。在这些项目的实施过程中，有的存在程序不规范的问题。一是房屋拆迁与集体土地征收不配套。根据相关规定，集体土地上房屋拆迁的本质是征地过程中的地上附着物补偿，房屋拆迁应当在征地的框架内进行。但在实施过程中，审批机关根据有关政策，如A市住建委《关于加快办理1000亿元土地储备开发等重大项目拆迁审批手续的通知》第四条的规定，建设单位可以提交国土部门出具的建设项目用地预审意见作为用地批准文件办理拆迁手续，而征地批复则可省略。虽然上述规定的适用范围明确限定为1000亿元土地储备开发等重大项目，在取得征地批复前可先行颁发拆迁许可证实施拆迁活动。但由于上述规范性文件对用地批准文件作扩大解释降低了征地拆迁的门槛，在缺乏外部监督程序的情况下，难免产生“顺风车”项目。二是规划批准门槛被不当降低。依据有关规定，用地单位申请核发房屋拆迁许可证，需提交建设用地规划许可证。而A市住房和城乡建设委员会下发的《关于核发城乡结合部50个重点村拆迁许可有关问题的批复》（以下简称239号批复）指出，办理拆迁许可证时所依据的规划批准文件，是指规划行政部门核发的能够明确规划用地的位置、范围、性质和规模等事项的文件，可以是建设用地规划许可证，也可以是规划行政主管部门核发的规划条件或规划意见函复等形式的规划批准文件。但规划条件或规划意见函复等并非行政许可，239 号批复进一步降低了规划的批准门槛。综上，行政机关通过行政决策出台的规范性文件，省略了应当履行的法定程序，降低了行政许可的标准。客观上刺激拆迁项目数量增长，并伴随着拆迁程序不规范、补偿标准不到位等现象，大大激发了征地拆迁类行政纠纷。另外，审判实践中我们还发现不排除在 2011 年《国有土地上房屋征收与补偿条例》出台前，有个别行政机关“突击”发证许可的问题。

（2）关于拆迁腾退安置。因“重点村整治”“环境整治”“棚户区改造”和“绿化隔离带”建设需要，目前各区在土地储备整理过程中，逐渐在农村地区开展村民自治形式的腾退安置，即以村集体组织为单位，通过村民自治的方式进行房屋拆迁。村民签订腾退安置协议后，将房屋交与村集体拆除，如果达不成协议的，就有可能被村集体组织“帮助拆除”。这类拆迁腾退安置有的是通过乡人民代表大会通过的拆迁腾退安置办法进行安置，有的是通过村集体出台的安置办法进行安置，其财政资金和组织实施均由区政府统筹安排。从当前反映的情况来看，拆迁腾退安置有逐步扩大趋势，基本上代替了集体土地征收拆迁程序。即腾退安置完毕后再办理集体土地征收，进行土地一级开发（土地储备项目），然后招标拍挂上市交易。

总体上，无论是“重点村整治”“环境整治”“棚户区改造”“绿化隔离带”建设，还是“绿色通道”项目或者村民自愿腾退安置等，这些项目都是政府行政决策并直接参与的结果，最为明显的是简化法律规定的各项程序，短期效果立竿见影，极大地提高了行政效率，但同时也产生了大量的矛盾纠纷。在某些方面，既不利于培养行政机关及其工作人员的程序意识和提振社会经济参与主体对法律的尊重，也不利于增强人民群众对规则的信任。

三、A 市行政程序立法的必要性和可行性分析

在“全面推进依法治国”和“加快建设社会主义法治国家”的背景下，行政权力必须在法治的范围内并通过法定的方式运行，这既是民主原则的基本内涵，也是依法治国的基本要求。法治的实现过程依赖于程序，没有程序就没有法制。结合我国 2020 年实现“法治政府基本建成”的目标，推动 A 市行政程序立法具有非常现实的必要性和紧迫性。

（一）推动 A 市行政程序立法的必要性

1. “法治政府基本建成”的工作目标需要行政程序立法。国务院在 2004 年《全面推进依法行政实施纲要》（以下简称《依法行政实施纲要》）明确提出把建设法治政府作为工作目标。党的十八大报告明确指出要“推进依法行政，切实做到严格规范公正文明执法”，到 2020 年实现“法治政府基本建成”的目标。党的十八届三中全会更是提出“坚持依法治国、依法执政、依法行政共同推进，坚持法治国家、法治政府、法治社会一体建设”的要求。行政程序的价值在于限制行政权的恣意行使，维护行政相对人的合法权益，同时规范行政秩序，提高行政效率。政府实施社会管理者，必须严格依靠既定的规则，即为所有参与者设立法定行为程序。它既规范政府行为的方式、步骤和政府干预市场的程度，也规定了行政相对人的程序权利和救济手段的措施，同时使行政救济与司法救济相衔接，使行政相对人的实体权利和程序权利落到实处。行政程序作为规范行政行为，保障行政相对人程序权利的重要法律制度，对促进社会主义市场经济体制的发展，维护良好的市场经济秩序具有重要的作用。加强行政程序立法，可减少行政权在运行中表现出的随意性，防止行政权的不当行使。前述统计表明，A 市遵守行政程序的现状不容乐观，严重制约了现行程序规范应有的作用。到 2020 年实现“法治政府基本建成”的目标仅剩很短时间，如没有完善的行政程序立法，则难以说实现了“法治政府基本建成”的目标。因此，制定和完善行政程序立法具有现实的紧迫性和必要性。

2. 建设法治政府需要加强程序立法。党的十八大报告明确指出要“推进依法行政，切实做到严格规范公正文明执法”。行政程序是规范行政主体行使行政权力、实施行政活动过程中所遵循的步骤、方式、时限和顺序的重要制度，在提升行政机关运用法治思维和法治方式规范执法，化解矛盾纠纷具有重要的意义。对处理好公正与效率的关系，防止个别行政机关在特殊情况下以提高行政效率为由违法行政，或者以侵害相对人合法权益为代价片面追求行政目标具有不可替代的作用。党中央制定的《建立健全惩治和预防腐败体系 2013—2017 年工作规划》明确提出，强化权力运行制约和监督，加强法律监督，支持人大及其常委会依法加强对“一府两院”的监督和法律实施情况的监督，保证审判机关依法独立公正开展行政审判活动。行政程序作为规范行政执法、提高行政效率的保障，需要将其放到推进法治政府建设和反腐倡廉建设的战略位置予以考虑。当前，首都经济社会发展迈入新阶段，涉及深化改革、推动发展、化解矛盾和维护稳定等方方面面，需要运用法治思维和法治方式予以谋划和决策。因此，加强法治城市的制度构建，提高运用法治思维和法治方式认识问题、解决问题的能力也是建设首善之区的重要抓手。

3. 辐射京津冀一体化协同发展战略需要行政程序立法。2015 年 4 月中央政治局召开会议，审议通过《京津冀协同发展规划纲要》，确立京津冀一体化协同发展战略。可以说推进京津冀一体化建设对法治建设提出了更高的要求，需要运用法治思维和方式保证区域一体化快速发展。首先，京津冀三地发展定位目标明确、资源禀赋优势明显，但承载压力巨大，无相关区域规划性立法，现行法治观念及组织保障与一体化发展的要求差距较大。根据相关法律规定，京津冀以及较大城市政府均有一定的立法权，但现行立法主要局限于规范单一行政区域内的行政管理秩序，甚少涉及区域经济协作发展，缺乏区域法治建设组织保障系统，联动执法作用亟待进一步发挥。其次，京津冀三地经济发展产业体系完备、引擎作用明显，但发展方式不同、发展阶段不同，且至今尚未摆脱行政区经济各求发展的旧有模式，缺乏有效的区际利益协调机制，尤其缺乏统一的地区性环境保护、食品市场监管规则，法治配套协调机制有待进一步深化。最后，京津冀三地区域内法治建设程度存在不平衡，执法标准不统一的问题。上述问题是推进京津冀一体化过程中对法治的新要求，而当前行政程序立法的空白不能适应京津冀一体化协同发展战略，更不能适应现代化城市管理的需求。

4. 行政执法的实践需要尽快构建统一的行政程序立法。前述统计数据表明，当前我市行政程序违法的现象比较突出，由于程序违法影响到事实认定，引发了大量的行政纠纷。目前还没有统一的行政程序规定，各单行法规定的行政程序有的存在衔接不一致的问题，有的还存在无法可依的情形，如我市的重大行政决策程序，不能适应法治政府建设的要求。从司法监督的角度来看，需要尽快构建统一的行政程序立法。一是加强行政程序立法是提升行政程序法治权威和公信力的需要。推进统一规范的行政程序法律制度，注重把握行政程序主体、重大行政决策程序、规范性文件制定程序、行政执法程序、特别行为程序、监督和责任追究等程序性要求，将行政活动全部纳入行政程序法治轨道，切实提高运用行政程序法治思维和法治方式认识问题、解决问题的能力。行政机关要强化程序意识，确定自由裁量权标准，细化执法流程，明确执法环节和步骤，保障程序公正，做到处理违法行为的手段和措施适当适度，尽力避免或者减少对当事人权益的损害。二是加强行政程序立法是提高行政机关执法质量和效率的需要。统计分析表明，近年来行政诉讼案件收案量和行政败诉案件数量均大幅上升，程序违法的案件占败诉案件的三分之一左右。随着公民法治意识的提高和行政管理领域越来越广泛，社会治理给行政执法和行政审判均带来了新的挑战。程序违法案件在个别领域比较集中且反复出现，“重实体、轻程序”仍然较为明显，另外，对在社会矛盾高发领域和行政决策领域的监督均需要给予进一步的规制。如果行政机关因程序问题屡屡败诉，必将给政府机关的行政管理造成被动，进而损伤政府的公信力和人民群众对法治政府建设的信心。根据《依法行政实施纲要》，2010 年《国务院关于加强法治政府建设的意见》精神，严格按程序执法是对行政机关的基本要求。司法实践也为程序立法奠定了理论基础和技术支持，推动 A 市的行政程序立法将成为必然趋势。

（二）推动 A 市行政程序立法的可行性

1. 中央鼓励地方探索实践行政程序法治建设。《依法行政实施纲要》对完善行政程序法律制度、完善重大行政决策程序制度、完善行政执法程序等方面提出明确要求。各地方、各部门要抓紧制定《依法行政实施纲要》的配套落实措施，全面贯彻落实部署要求，确保《依法行政实施纲要》得到全面正确执行，形成有利于全面建设法治政府、规范行政程序的制度环境。

2. A市已经具备制定行政程序条例的基本条件。一是行政程序立法的法律基础已经基本具备。从司法实践来看，行政处罚、行政强制和行政许可等对主要的行政执法程序均有规定，但此类行政行为在全部行政行为中的比例并不高，大部分的行政行为以行政决定、行政命令的形式体现。也就是说，我们绝大多数行政行为没有统一的法律规范。所以要进一步完善法律体系的话，首先应当完善行政程序立法。[①]同时，公民参与社会管理和监督的程序参与意识需要行政程序立法。前述统计数据表明，目前行政执法人员存在的程序意识淡薄，"重实体、轻程序"以及有法不依，行政不作为，甚至有的还存在野蛮执法和暴力执法等问题，都与行政权力缺乏行政程序规范有直接关系。就A市的情况来看，经过近30年的行政法制建设，行政权力及其行使过程的"程序合法性"意识正在逐步增强。在制度规范层面上，规范性文件、行政听证、行政公开等行政程序具有较高的普及率，推动本市行政程序立法的法律基础已基本具备。二是行政程序立法的现实基础也已经具备。当前A市城市基础建设已经基本完成，行政机关依法行政的意识和城市管理水平走在全国前列。为了进一步推进行政管理体制改革和政府职能转变，出台行政程序法律规范约束政府行为可谓恰逢其时。例如，近年来在城市基础设施的建设当中引入的特许经营制度，通过招投标的方式来确定双方的权利义务关系的行政协议就是一种管理方式的创新，在此过程中双方体的合作互动关系就体现了行政程序。另外，从进一步规范科学民主的决策机制来看，前述统计表明因决策程序不规范而引发了大量的纠纷。按照《依法行政实施纲要》的要求，建立科学的决策机制，在公共决策当中处理好各种利益关系也需要行政程序。总之，依法约束和规范政府行为，建设法治政府和服务政府，强烈呼唤行政程序立法，也必将成为提升A市依法行政水平的重要课题之一。

（三）程序违法重点领域的制度完善问题

行政执法和司法实践表明法律的制定必须与其所处的背景相契合，并且积极回应现实的要求。如果违反制度、不遵守法律规定成为一种普遍现象，则应审视制度设计的科学性。就规范行政程序而言，必须考虑到行政效能的需要。

1. 要完善拆除违法建设的程序。为统筹推进首都城乡生态一体化建设，2013

---

① 江必新：《行政程序立法刻不容缓》，载《光明日报》2015年11月30日。

年A市开展了生态文明和城乡环境建设专项活动，即开展拆除违法建设的专项整治。由于违法建设的形成与存在有着复杂的社会历史原因，其治理工作是一项复杂长期的任务。现行的治理模式形成以“程序违法促拆违”的导向，降低了行政机关的公信力。究其原因，一方面是实践的需要，另一方面也与法律规范的可适用性有关。针对新增违法建设“建设快、拆除难”的特点，构建依法高效的拆除违法建设制度才是唯一出路。需要在现有法律制度框架下不断加强地方立法探索，规范行政执法行为，遏制违法建设快速增长的势头，以维护正常的城乡规划建设秩序。首先，加强拆除违法建设的地方立法。根据《行政强制法》和《城乡规划法》的规定，拆除违法建设程序中存在催告、强制执行决定、县级以上地方人民政府的责成以及强制执行行为四个阶段，且各阶段均可能涉诉。其中，在作出强制拆除决定前还需要听取陈述申辩的程序。根据《行政强制法》第四十四条的规定，需要等待相对人在复议和起诉期限届满后才能实施强制拆除行为。故产生了违法建设“建设一个月，拆除需要几年”的现象，违法建设的产生速度远远快于拆除速度，并且等到违法建设已经形成再拆除也会大大增加阻力，影响行政效能。面临巨大的经济利益，“守法成本高、违法成本低”的问题在违法建设领域反映特别明显。为了确保拆违行为的高效率，行政即时强制是可以尝试的措施之一。我国目前对于行政即时强制的程序条件规定尚无形成完整的体系，A市可以借鉴外省市的经验，考虑将拆除新增违法建设的即时强制问题列入地方性立法计划，明确拆除违法建设即时强制的范围和程序。其次，严格违法建设的认定程序。遵循“先调查，后裁决”的原则，在行政程序中应全面收集违法建设主体、位置、面积、规划许可手续等与案件事实有关的证据材料，在全面客观分析的基础上作出认定。尤其在实施强制拆除行为时，应当依照《A市禁止违法建设若干规定》第十七条的规定进行公告、告知、通知、制作财物清单、制作笔录、摄制录像等程序，以全面、客观和完整反映整个执法过程，避免在行政赔偿诉讼中因举证不能而承担败诉后果。

2. 发挥行政复议的职能作用。行政复议是上级行政机关对下级行政机关层级监督的一种重要法律制度，实行全面审查原则且复议程序简捷方便，对相对人的救济更为全面，具有便捷高效的特点，需要充分发挥好行政复议的职能作用。第一，畅通行政复议的渠道。针对相对人的行政复议申请，无论是行政行为还是事实行为，都应当纳入行政复议的受案范围。当前人民法院的立案工作由审查制向立案登记制的转变，作为行政机关内部救济程序的行政复议程序更应当畅通受理渠道，依法办理复议案件，回应当事人的复议请求。要充分发挥好行政机关层级监督优势，切实化解行政争议。不能简单地“一推了事”，转移矛盾。第二，依法开展行政复议工作。不断推进行政复议程序的规范化建设，健全行政复议制度的评价考核机制，从管理制度上预防和减少行政复议程序违法情形。要进一步规范行政复议的程序，依法维护行政相对人的合法权益，避免因行政复议程序不规范而产生新的纠纷，更应避免将法院从维护公平正义的“最后一道防线”变为化解矛盾纠纷的第一线。

四、推进 A 市行政程序立法的路径选择

行政程序法治属于法治政府建设的基础性、源头性工作，对法治政府建设的影响极为深远，因此应当加快推进行政程序法治建设步伐。总体上要认定总结行政程序的执法实践，充分借鉴吸收理论研究成果和外省市在行政程序立法方面的有益经验，高度重视普通民众对依法行政的要求和呼声，广泛征求各方面的意见，推动 A 市行政程序立法工作。

（一）外省市程序立法的实践经验

制定《行政程序法》是法治国家的基本做法，让行政权在行政程序下运行于法有据。我国长期以来有重实体、轻程序的传统，因此在我们推进法治政府建设中，更应当高度重视制定《行政程序法》。同时，在条件成熟的地方，也可制定地方《行政程序规定》。在 2008 年湖南省政府率先在全国制定发布《湖南省行政程序规定》后，越来越多的地方政府制定了地方行政程序规章、文件，并且在行政程序的某些规定上有了一定的突破。如 2012 年 1 月 1 日实施的《山东省行政程序规定》是继《湖南省行政程序规定》施行 3 年之后出台的我国第二部省级政府规章。特别是《山东省行政程序规定》为提高行政效能所做的制度改革创新实现了新的突破。另外，还有黑龙江、吉林、河北、河南、山西、湖北、四川等省，以及汕头、石家庄、乌鲁木齐、济南、宜春、南昌、延安、新余等市制定了本地的行政程序条例和规定等，对规范行政机关依法行政起到了重要的作用。可以说，各地在行政程序立法方面的实践和创新为 A 市行政程序立法积累了可以借鉴的实践经验和理论基础，A 市可以积极探索在全国率先制定《行政程序条例》。

（二）行政诉讼司法审查的推动

严格司法审查标准倒逼行政程序适用的主动性和自觉性。《行政诉讼法》明确规定，行政行为程序轻微违法，但对原告权利不产生实际影响的，人民法院判决确认违法，但不撤销行政行为。从该规定实施看，今后人民法院针对行政程序可以补正的一些情形，不影响实体决定的正确性，如告知送达不规范、超过法定期限作出决定，不再以程序瑕疵作出驳回原告诉讼请求的判决，而应当判决行政机关败诉。通过对行政程序轻微违法的败诉裁判，可以倒逼行政机关更加重视行政程序运用的完整性、准确性和规范性。随着司法体制改革和立案登记制的不断推进，司法对行政监督的力度和范围会不断加大，对 A 市各行政机关应采取有效措施确保执法质效提出了更高要求。推动 A 市的行政程序立法工作，保障行政行为于法有据、有法可依，是加强法治政府建设和促进依法行政的必然选择。

（三）程序制度设计应考虑的问题

行政行为具有各自的程序要求，权利保障和提高行政效率会因侧重不同而产生不同的法律效果。理想的程序设计是既要重视对权力的控制和对公民权益的保护，又要提高行政管理效率和保障行政管理的顺利进行。因此，行政程序的设计应力求简单、迅速并赋予行政机关执法的主动权，并有针对性地实现程序制度的“多样化”，区别正式程序和简易程序以实现繁简分流，在涉及公民重大权益的保障程序上则可以考虑尽量行政程序司法化，以实现权利保障与行政效率之间的平衡。应尽量避免程序过于理想化设计而产生“普遍违法”现象，如《行政强制法》有关程序性的规定。另外，在程序的设计过程中，应当重视行政机关说明理由程序。说明理由就是要求行政机关在作出行政决定时，就事实问题和法律问题慎重考虑后作出决定，避免行政决定的恣意，减少行政决定的错误概率。并使行政相对人了解行政机关作出决定的动机和执法目的，取得相对人的信服而自觉履行行政决定，减少不必要的争议。

展望

有权利必有救济。在我们研究程序违法，讨论程序性权利时，更不能回避程序权利的救济问题。因此，制定《行政程序法》已成为社会各界的共同呼声，其立法研究和学术讨论近年来从未停止。关于行政程序法的立法状况，应松年教授和王敬波教授在《程序的时代——基于我国现行法律规范体系的分析》一文中已有详细的分析。目前《行政处罚法》《行政许可法》《行政复议法》以及《依法行政实施纲要》《国务院关于加强市县政府依法行政的决定》和国务院办公厅《关于推行行政执法责任制的若干意见》等法律规范对行政程序的立法起到重要促进作用。总体上规范性文件、行政听证、行政公开、责任追究等行政程序在全国具有相当高的普及率，制定统一的行政程序法已经具备相当充分的现实法律基础。中国正在从传统上“重实体、轻程序”的国家走进“程序时代”。①

（执笔人：向绪武）

① 应松年、王敬波：《程序的时代——基于我国现行法律规范体系的分析》，载中国法学会行政法学研究会 2009 年年会论文集《行政程序的法治化》，第 16 页。

4

行政诉讼类型化转型中明示拒绝行为审理规则的重构

——以新《行政诉讼法》实施后某直辖市300件行政诉讼案件为样本的考察①

行政明示拒绝行为司法审查的标准与规则在我国审判实践中素有争议，时至今日，审查技术仍难谓成熟，裁判标准的统一亦不容乐观。甚至，在一些诸如循环诉讼、权利保护不足、救济不充分等老生常谈的问题上，依然未见实质性突破。修订后的行政诉讼法及其司法解释虽在文本层面对明示拒绝行为的案件种类和判决类型归属提供了更为明确的指引，但审判实践中的种种问题似乎未见明显改观。文本表达与司法实践的差异势必促成深刻的反思与检讨，而修法及司法解释制定中所折射出的行政诉讼类型化转型这一趋势则为进一步的思考提供了更为宽广的理论背景。

一、行政诉讼类型化转型与履行之诉的确立

（一）行政诉讼类型化转型

毋庸置疑，2014年修订前的《行政诉讼法》是以撤销之诉为中心，以对行政行为合法性审查为标准展开的，并无类型化置喙的余地。即使司法实践中出现了若干新类型的行政诉讼，也只是零散地、成碎片化地分布于审判经验之中，而无从登堂入室，使法律文本为其提供起码的诉讼规则。此后，最高人民法院一直通过制定司法解释，发布指导性、典型性案例等形式，不遗余力，试图逐步建立起可供实践操作的诉讼类型化审理规则。新修订的《行政诉讼法》以诉讼末端判决方式层面类型化的设计，使这部法律较之于修订前在诉讼类型上初具规模。而相比于新法对诉讼类型化不甚明朗的态度，司法解释再次勇于担当，使行政诉讼类型化趋势从新法的“幕后”走向“台前”。有学者评价“诉讼类型化是新法司法解释所力推的一项制度，整部司法解释都浸润着浓郁的类型化情节”②，并不为过。事实上，即便是

---

① 此处的“新《行政诉讼法》”指2014年修改后的《行政诉讼法》，本文所称的“新法司法解释”为已失效的《最高人民法院关于适用〈中华人民共和国行政诉讼法〉若干问题的解释》，现行规定请参见《行诉解释》，《行诉解释》延续了关于“类型化”的规定。

② 章志远：《行政诉讼类型化时代的开启》，载《中国审判》第10期。

新法司法解释的主要制定者，对此亦毫无讳言，坦陈："新司法解释第三条对于具体诉讼请求的明确，就是强调诉讼的类型化。"① 的确，根据当事人的诉讼请求划分诉讼类型，适用于不同的审理规则，并形成相对应的判决方式，是最为科学的分类标准，能够体现对当事人诉权的切实尊重和有效保障，从而促进行政争议的实质性化解。本文将上述行政诉讼类型在我国制度文本中发展变化的过程称为类型化转型，言其转型，一来强调此一转变方兴未艾，尚在途中；二来亦为明确未来发展的坚定方向。目下，行政诉讼类型化建设正处于新旧交替的变革时刻，破茧的关键尚在于通过司法实践有意识的探索与积累。

（二）履行之诉的确立②

《行政诉讼法》修订前，如果说还存在一种不同于撤销之诉的审理规则，那一定是当时所谓的行政不作为之诉或履行法定职责之诉。这种朴素的类型化起源于其与撤销之诉间的巨大差异，撤销之诉的诉讼规则几乎完全无法适用于行政行为不存在的行政不作为案件。伴随着给付行政、服务行政的兴起，审判实践中，行政不作为案件的比重日渐呈现扩张趋势，此类案件中所呈现的争议问题也层出不穷，这些问题困扰司法实务界多年，直至新法修订，新法司法解释出台，尚有定论。新法及司法解释不仅确立了义务之诉与给付之诉，更兼将明示拒绝行为纳入其中，从而形成一个较为完备的履行诉讼类型体系。首先，在受案范围层面，新《行政诉讼法》第十二条规定的"申请行政许可，行政机关拒绝或者在法定期限内不予答复""申请行政机关履行保护人身权、财产权等合法权益的法定职责，行政机关拒绝履行或者不予答复""认为行政机关没有依法支付抚恤金、最低生活保障待遇或者社会保险待遇"等案件，均可归于履行诉讼类型之中；其次，诉讼请求层面，新法司法解释第二条中"请求判决行政机关履行法定职责或者给付义务"一项，作为履行诉讼类型得以确立的明显标志；最后，判决方式层面，新法第七十二条、第七十三条及司法解释第二十二条、第二十三条分别明确了履行诉讼的判决方式并加以细化。不难发现，新法及其司法解释在履行诉讼的类型化构建上，付出了相当的精力，从而使履行诉讼得以摆脱传统中狭隘的行政不作为案件类型，逐步发展成为足以与撤销诉讼比肩的一大诉讼类型。

（三）明示拒绝行为纳入履行诉讼范畴

明示拒绝行为作为履行之诉，至少在修法后的文本表达层面已无争议，对此，

---

① 李广宇：《新行政诉讼法司法解释读本》，法律出版社 2015 年版，第 28 页。

② 本文未采大陆法系学说通行的义务之诉与一般给付之诉的上位概念——给付之诉，而是沿用我国司法实践中通行的履行之诉的概念，内容涵盖新法规定的义务之诉与给付之诉。

司法解释依然功不可没。事实上，《行政诉讼法》2014 年修订前后对于明示拒绝行为归属的表述并无明显变化。在受案范围部分，同样将“拒绝履行”与“不予答复”相提并论；在判决部分，旧法甚至更为清晰地表明两种情形：“被告不履行或者拖延履行法定职责的，判决其在一定期限内履行。”然而，理论上对于明示拒绝行为诉讼类型归属的争论却从未止歇，司法实践中对于此类案件的审理与裁判方式更是丰富多彩。为进一步澄清误区，新法司法解释第二十二条、第二十三条明确规定了拒绝行为适用履行的判决方式，从而将新法中有关明示拒绝行为在受案范围部分的表述有机勾连起来，形成一个前后呼应的整体，准确界定了该行为的诉讼归属，这也与大陆法系主要国家、地区诉讼类型中义务之诉项下“否定决定之诉”“拒绝申请之诉”同出一源，体现了先进立法经验的交流与共享。但文本中清晰的表达并不必然意味着实践中标准的统一，真实的状况还有待于近距离的实证考察。

二、明示拒绝行为司法审查的实践考察

（一）新法实施前的状况

《行政诉讼法》2014 年修订前，明示拒绝行为的诉讼类型归属是在行政作为与不作为的区分这一语境下展开的。审判实践中通常的一个判断标准是，行政机关如果没有在法定期限内作出具有终结行政程序意义的决定，就构成行政不作为。以此标准考察，明示拒绝行为显然是被排除于行政不作为之外的。法院往往将明示拒绝行为作为具体行政行为审查，适用撤销重做或驳回诉讼请求的判决方式，但也存在不同的意见。

（二）新法实施一年来的状况

本文随机选取新法实施后一年来某直辖市各级法院审理的 300 件明示拒绝行为类行政一审判决案件作为考察样本，涵盖行政复议不予受理、不予认定工伤、拒绝变更公房承租人、不予查处违法建设、不予治安处罚、拒绝颁发房产证、拒绝公开政府信息等领域，考察的对象以判决书为主，也涉及案件卷宗中的起诉书、谈话笔录、庭审笔录等材料，考察的内容主要集中于原告的诉讼请求、法院的审理模式和判决方式三个方面。

1. 诉讼请求

样本显示，对于明示拒绝行为，原告提出的诉讼请求包括以下几种类型：一是请求撤销该明示拒绝行为或确认该行为违法，并要求被告履行特定的作为义务。如请求撤销政府信息答复告知书，同时要求判令被告公开原告申请的政府信息，提出此类诉求的案件有 132 件，占样本总数的 44%。二是请求撤销该明示拒绝行为或确认该行为违法，并要求被告重新作出答复或重新作出处理，如请求撤销行政复议不

予受理决定，并对原告申请重新作出处理。提出此类诉求的案件有 117 件，占样本总数的 39%。三是仅请求撤销该明示拒绝行为或确认该行为违法。提出此类诉求的案件有 46 件，占样本总数的 15%。四是直接要求被告履行特定的作为义务，并未诉请撤销明示拒绝行为，提出此类诉求的案件仅有 5 件，约占样本总数的 2%。

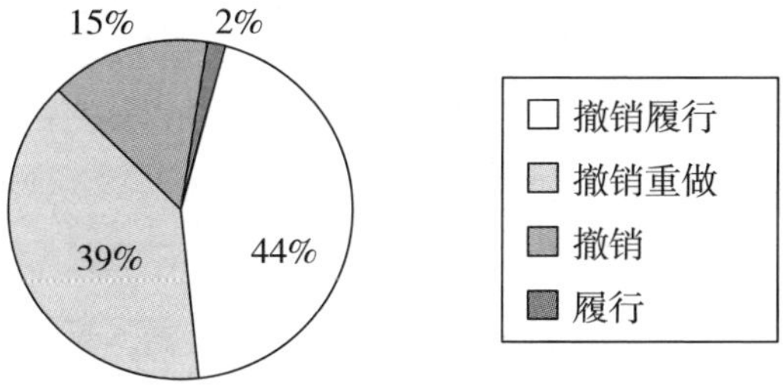

图 2－7 诉讼请求类型示意图

通过对案件卷宗中原告的起诉状，立案庭、行政庭的谈话笔录，庭审笔录及判决书中原告诉称部分的考察，在原告诉讼请求方面有一个值得关注的现象，就是在有迹可循的范围内，一部分原告的诉讼请求是经过法院释明后更改过的。在样本中，至少有 21 件案件原告在起诉之初仅提出直接要求被告履行特定的作为义务的诉讼请求，撤销明示拒绝行为的诉求是经过立案庭或审判庭法官释明后，在起诉书或谈话笔录或庭审笔录中增加的；另有 13 件案件原告经释明后，删除了要求被告履行特定作为义务的诉讼请求，更改为重新作出处理的诉求或仅保留撤销明示拒绝行为的诉求。

经由上述考察并结合实践经验不难发现，对于明示拒绝行为的起诉，有的诉讼请求是需要经过法院释明后更改的。然而，这种更改并非基于诉讼请求不明确或旨在查明原告真实的诉讼意图，帮助其选择适当的诉种，而是尽量使诉求调整以对应某种判决类型，如撤销重做。对于直接提出要求被告履行特定作为义务的诉求，一般不被允许，而被要求增加撤销明示拒绝行为一项，除非原告坚持不更改诉求。这样看，样本显示的对于明示拒绝行为原告提出的诉讼请求也许并不能完全反映原告真实的诉讼目的。

2. 审理模式

样本显示，292 件案件是按照审查明示拒绝行为合法性的审理模式进行审理的，即围绕明示拒绝行为作出的职权、认定事实及证据、适用法律、程序等几个方面内容进行审查，占样本总数的 97.3%；另外 8 件案件法官在审查明示拒绝行为合法性的同时，对原告履责请求是否成立进行了较为详细的审查，审查内容包括被告是否具有相应的法定职责，原告申请是否符合法定条件，被告对职责的履行是否具有行政裁量权等方面，占样本总数的2.7%。

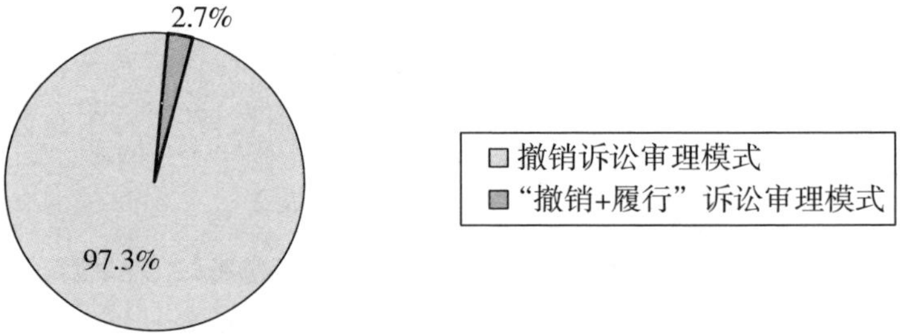

图2-8 审理模式类型示意图

上述考察表明，对于明示拒绝行为类案件，法官通常按照行政行为合法性的审查模式进行审理，即按照撤销之诉的审理规则进行审理。对于原告要求履责的诉讼请求并不十分关注，只有个别案件对原告的履责请求进行了较为细致的审查。

3. 判决方式

样本显示，300件案件无一例外在判决说理部分对明示拒绝行为的合法性作出了认定。被告败诉的48件案件中，判决主文均对明示拒绝行为予以撤销，即使原告没有提出此项诉讼请求的案件也不例外。对于原告要求被告履行特定作为义务的诉求予以支持的仅有2件，其余均判决撤销重做，而对特定履责请求未予支持的理由如出一辙，均系“尚需被告进一步调查、裁量”。判决驳回原告诉讼请求的252件案件中，驳回理由为明示拒绝行为不违反法律规定的161件，驳回理由为原告提出的请求不符合法定条件的14件，其余77件两种判决理由兼而有之。

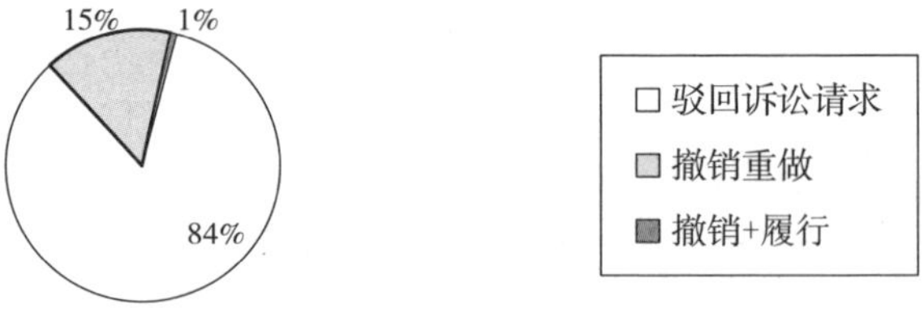

图2-9 判决方式类型示意图

从诉判关系角度考察，样本中大多数案件能够实现诉判一致，但此种诉判一致更多的是一种形式上的一致，而非判决结果切实回应原告起诉的真实意图。在被告败诉的案件中，有些案件履责条件明显符合，如行政复议的受理条件，但法院对此却未予深入审查，而仅以“尚需被告进一步调查、裁量”判决撤销重做；有些案件原告明显不符合申请条件，但因明示拒绝行为理由有误，也被判决撤销重做。

(三) 问题及成因分析

实证考察的结果显示，较之于2014年修订的《行政诉讼法》实施前，明示拒绝行为的司法审查状况并未见明显改观。尽管法律文本将明示拒绝行为明确定位于义务之诉和给付之诉项下，并主要适用于履行判决。但实践状况与文本表达存在着不小的差距，主要表现在：其一，通过对诉讼请求的规制形成表象上的诉判一致，而非通过释明权的行使更利于保障原告的诉讼权利；其二，通过对撤销重做判决的泛化适用遮蔽了原告的实质诉求，司法审查的重心由被告是否应当履行特定的义务不恰当地转化为明示拒绝行为的合法性；其三，借助于“尚需被告调查或裁量”的判决理由，回避对履行条件是否满足的深入探究，而以司法权与行政权间存在“楚河汉界”为由，“化繁为简”，导致循环诉讼现象的出现。

如果说，在新《行政诉讼法》及其司法解释实施前，对于明示拒绝行为司法审查的标准尚存争议，长期存在上述问题尚情有可原，为何新法实施后一年有余，司法实践依然我行我素，未见改观呢？笔者认为，个中缘由主要在于：新法尤其是新司法解释致力于诉讼类型化的构建，但其并非一项制度、一个条文更新调整那样简单，而是涉及体系的构建与类型化思维的养成。长期以来，我国法官深受行政行为合法性审查、撤销诉讼中心主义、行政诉讼是客观诉讼等观念的影响，漠视原告诉讼请求，对于诉讼类型化理论在审判实践中的自觉运用更是阙如。新法及司法解释实施后，法律文本中虽然隐含了类型化的思路，但毕竟缺乏具体细致的强制性规则给予明确指引，按照目下的审判思路对待明示拒绝行为，并不能算是违法。正是上述因素的存在，造成大多行政法官对行政诉讼类型化思维的集体无意识，而偏好撤销重做的判决处理方式。

三、明示拒绝行为适用履行之诉的适当性

（一）理论基础

明示拒绝行为在法律文本中的皈依并不足以说明其适用履行之诉的正当性，尚需在理论层面予以证成。适当的诉讼类型的选择始于对原告诉求或诉讼标的的准确把握。明示拒绝行为虽然具备行政作为的基本样态，但本质上并不是行政行为，而是更接近于事实行为。从原告实质诉求的角度考察，该行为与行政程序意义上的消极不为在效果上并无不同，没有对既存的法律关系产生任何影响，未发生变更、消灭或创设法律关系的效果，亦即行政机关未行使形成权。而原告起诉从根本上看针对的也不是否定决定本身，而是要求履行某一种给付义务。① 相应地，法院的审理重点也应当围绕原告要求履行特定义务理由是否充分，被告履行条件是否具备等问题展开，而不能仅仅拘泥于明示拒绝行为的合法性审查。如果相对人希望通过诉讼

---

① ［德］弗里德赫尔穆·胡芬：《行政诉讼法》，莫光华译，刘飞校，法律出版社2003年版，第283页。

排除一个包含于行政行为中的负担，恢复到行为没有做出前的状态，其无疑应当选择撤销之诉，以消除既有行为的效力。原告对于明示拒绝行为提起诉讼，显然不是要单纯地否定该行为的效力，而是借撤销该行为获得被该行为拒绝的给付，选择撤销之诉必定是不恰当的。而审判实践中，以行为形式和判决方式来确定诉讼种类，并进而对原告诉求加以规训，无异于倒果为因。

（二）明示拒绝行为适用撤销之诉的问题

对于明示拒绝行为，法院若以撤销之诉的方式审理，势必脱离原告实质诉求，专注于明示拒绝行为之合法性。即使明示拒绝行为违法，但不排除拒绝行为结果正确，原告履行之诉请不能成立的情形存在。由于撤销之诉的审理方式对履行请求的忽视，原告最终得到的很可能是几经撤销重做后的一个内容与结论均合法的明示拒绝行为，于其自身的诉讼利益无补。不如在首次诉讼中，直截了当地通过履行之诉明确原告的实质诉求能否获得支持。再者，撤销重做的判决方式难以明确重新作出何种具体内容的行为，给行政机关预留了较大的自主空间，原告最终能否得到实质救济完全取决于行政机关的进一步反应，不免陷于“撤销—重做—拒绝—诉讼”的不良循环。

（三）撤销判决应作为明示拒绝行为司法审查的辅助判决方式

的确，明示拒绝行为的存在使撤销判决的适用有所依凭，然而，却不应喧宾夺主。撤销重做的判决方式在某种程度上对于明示拒绝行为诉讼类型的归属起到了一定的误导作用。毋庸置疑，撤销判决之于撤销之诉，消除负担行为的效力，无异于珠联璧合。而撤销重做判决通常而言却不适用于撤销之诉，因为对于违法的负担行为，撤销即意味着救济的充分性，责令重做反而是画蛇添足。撤销重做判决恰恰在履行之诉中找到了用武之地，履行判决之前，明示拒绝行为需要借力其撤销；裁判时机尚不成熟时，需要借力其作出中间判决。即便如此，也不应否定此种判决方式在履行之诉中的附属地位。明示拒绝行为的撤销毕竟是履行之诉的附属环节，而原告履行请求能否成立才是履行之诉审查的核心内容。我国既往的司法实践中，因明示拒绝行为对应撤销重做判决，便将其作为撤销之诉，并着重审理明示拒绝行为之合法性，显然是犯了逻辑上的错误。

四、明示拒绝行为审理规则的重构

（一）起诉规则

对于明示拒绝行为的起诉规则包括受案范围、管辖、当事人资格、诉讼请求、起诉期限等几个方面，其中，原告资格与诉讼请求对于类型化视角下的明示拒绝行为较为关键，有进一步探讨的必要。

1. 原告资格

与私法上权利义务一般总处于并存和对应状态不同，公法并非旨在谋求个人利益之满足，而主要在于实现公共利益之保护。公法规范虽规定行政机关一定的义务，但并不能据此认为个人对其有公法上的权利，私人对行政机关并不享有概括的、一般的公权力发动请求权或行政介入请求权。只有在公法规范并非单纯以维护公益为目的，而兼有保护私人利益之意旨的情形下，个人才能获得公法上的权利，从而具备向行政机关请求具体作为、不作为或容忍的法律资格，并于权利受到侵害时，可以请求司法救济。反之，如果公法规范并不具有保护个人利益的目的，个人虽可因行政机关公法义务的履行而获得某种利益，但此种利益并非法律所保障，而仅系公共利益的反射，在法律上不具有公法请求权，也不能请求司法救济。显然，公法权利或受法律保护之利益的存在是获得对明示拒绝行为诉权的前提要件。不具有受法律保护的利益，虽通过举报获得针对个人的否定性答复，从而具备答复相对人的地位，也不能因此获得诉权，因为被诉答复对其权利义务并不产生实质影响。

2. 诉讼请求

对明示拒绝行为提起的诉讼，法院应当充分尊重原告的诉讼请求，并通过释明权的行使，尽力探求原告诉讼的真实意图，以助其实现诉讼目的，而非随意对原告诉求加以规制。毕竟，原告的诉讼请求，决定着诉讼类型、审理方向和判决内容。对于诉讼请求问题，审判实践中呈现着较为凌乱的局面。一方面，我国受行政诉讼是客观诉讼的观念影响颇深，并不重视原告的诉讼请求；另一方面，诉讼当事人的诉讼能力、法律知识水平参差不齐，诉讼请求并不规范。通过行使释明权，指引原告根据自身诉讼利益与目的明确和规范诉讼请求固然重要，准确定位诉讼请求的实际范畴则更为迫切。在德国法上，所谓诉讼请求，就是原告通过诉讼究竟想获得什么。[①] 法院审理行政案件不得超越或遗漏诉讼请求，但不受诉讼请求表述的限制。法院不仅可以通过释明，要求原告提供准确、无歧义的诉讼目标，甚至可以在综合分析原告在诉讼中所提出的全部主张和理由的基础上查明其真实的诉讼请求并予以确定，只要请求可以查明且原告没有有意地排除。如此定位诉讼请求，对于规范诉讼类型的适用，最大限度实现“诉判一致”具有重要意义，值得借鉴。

（二）实体审理规则

1. 审查行政主体是否负有行政作为义务

行政作为义务通常来源于法律、法规规定，也可源自行政行为本身。例如：行

① 龙非：《“受诉讼请求约束”原则的可鉴之处——解读德国〈行政法院法〉第八十八条》，载《新疆社科论坛》2012 年第 1 期。

政机关制定的规范性文件、行政合同的约定、行政承诺、先行行为、行政复议决定以及对具体行政行为的执行等。对于后者，法院有必要附带审查作为义务来源的行政行为自身的合法性及有效性，如果设定作为义务的行政行为存在违法、无效或明显不当的情形，则不应认定行政主体负有行政作为义务。

2. 审查行政作为义务的履行条件是否已经具备

行政机关虽负有行政作为义务，但若作为义务的履行条件尚不具备，不作为的现实状态并不构成违法，或者说，行政机关没有履行当事人期待的作为义务是有正当理由的。行政作为义务的具体化是义务履行的一个基础性条件，只有在个案设定的具体情境中，才能够形成可以实际履行的特定化义务内容。行政作为义务履行的另一个基础性条件是不存在客观上的阻却因素。不可抗力是最具正当性的履行阻却因素，行政不能作为并不具有违法性与可归责性。由于具有特定内容的作为义务的形成对于具体情境的要求极为严格，因此，仅泛泛讨论作为义务的一般履行条件并不充分，有必要采取类型化的方式，探讨不同情境下特定作为义务的履行条件，以最大限度关照审判实践中多样化的形态。

（1）许可满足型

许可满足型案件大体对应的是应申请行政行为的明示拒绝，如行政机关拒绝行政许可申请等情形。该类案件的履行条件较为明确：一是合法的申请。申请的瑕疵，如申请超期、内容不明确、错列申请人、被申请机关有误、行政机关未收到等，都可能导致此类案件的履行条件不充分。二是法定许可的条件符合。法律、法规对于许可、登记等行为均规定了较为明确的条件，而且行政机关通常不具有裁量余地，如果符合法定条件，就应当履行特定的职责。

（2）危险防止型

危险防止型案件通常是指行政机关对于存在于自然界或社会上之危险及第三者行为所生之危险，未能适当行使规制或取缔权限致生损害的情形。[①] 此类案件法律往往赋予行政机关针对具体情形作出相应处置的裁量余地，如判定拒绝行为构成不履行特定义务违法，需具备裁量余地压缩向作为义务转化的具体条件，如被侵害的法益重大、危险的迫切性、对危险的发生具有预见的可能性、防止损害结果发生的可能性、行政权发动的期待可能性等[②]。行政裁量收缩的适用条件较为严格，只有在特定的情形下，才能压缩裁量空间，推导出行政机关行政法上的义务。

---

① 王和雄：《论行政不作为之权利保护》，三民书局股份有限公司 1994 年版，第 279 页。

② 参见王和雄：《论行政不作为之权利保护》，三民书局股份有限公司 1994 年版，第 280 ~ 300 页。

（3）举报查处型

举报查处型案件介于许可满足型与危险防止型之间，在审判实践中有不小的存在空间。其表现形式通常是举报人认为与自身相关的权益遭受违法行为的侵害，要求相关行政机关立案查处，而行政机关认为违法事实不存在，并以此为由答复举报人的情形。例如，劳动违法行为的举报、要求拆除违法建设的举报、要求工商处罚的举报、非法占地的举报等。与危险防止型案件类似，举报查处型对应的是依职权行政行为，其作为义务的履行不以申请为要件，但相关人的举报却是行政机关知悉违法行为可能存在的必要途径。此类案件中涉及的法益并不要求十分重大，不利影响的消除也不必然非常迫切，但被举报行为存在违法性，行政机关依法应当作出处理则是查处义务的履行条件。

3. 审查行政主体是否未履行或未充分履行特定作为义务

行政主体未履行或未充分履行行政作为义务的形态，并不仅仅体现在标志着行政程序完结的最终实体决定作出环节。行政作为义务在行政过程中表现为一种义务系列，分散于一个完整行政程序的不同阶段：首先是立案或受理前的程序启动审查义务；其次是受理后到作出最终决定前的程序性义务，主要包括调查取证、告知权利、听取陈述、申辩、采取强制措施等；再次是作出正式决定阶段的义务；最后是执行阶段的义务。[①] 当然，这些义务的履行并不都是可以单独分离出来通过履行之诉予以保障的。比如，受理后到决定前程序性义务缺失的问题通常以程序违法的撤销之诉规制。但有些独立性较强的阶段性义务，如受理、行政决定的执行，如果存在未履行或未充分履行的明示拒绝情形，有必要通过履行之诉寻求救济。

（三）裁判规则

履行判决在适用中最为关键的问题就是法院应当如何确定行政机关履行职责的内容，既恪守司法与行政两权合理的界限，又能有效保护当事人合法权益。有必要在尊重当事人诉讼请求的基础上，细化履行判决对于行政事务介入的不同强度，从而建立起相应的裁判标准。

一般认为，履行判决通过以下两种面目呈现：一是答复判决，即判令行政机关限期作出答复或处理。至于履行的具体内容，不做指定。其适用于行政机关具有裁量权或事实有待于进一步查清的情形。二是实体性履行判决，如判令行政机关限期履行查处职责、对申请受理、作出工伤认定结论、颁发证照等。其适用于裁判时机成熟的情形，即案件事实已经明确，原告申请的是羁束行为，无裁量余地或裁量已

---

① 参见陈骏业：《不履行、拖延履行法定职责的一种学理阐释》，载《法商研究》2004 年第 2 期。

缩减为零。[①] 关于案件事实明确性的判断，应当首先确定行政作为义务所对应的法定要件事实，如果该事实在审理过程中业已查明，则法院可以以此为基础进行实体性履行判决。如果该事实尚未达到明确程度，法院可以根据自身权限通过调取证据主动查明未尽事实，以促使裁判时机成熟。但若案件事实的查清非法院权限能力所及，而有赖于行政机关的进一步调查，或事关其他行政机关的意见或专业性判断，那么，法院还不能在判决中明确履行的具体内容。此外，还要考虑尊重行政机关对于事实问题的首次判断权，如果行政机关通过不予受理等方式拒绝启动行政程序，那么其势必尚未对实体问题行使首次判断权，故法院虽可在条件成熟时判令行政机关受理申请，启动行政程序，却不宜主动介入审查实体问题，并在自行调查的基础上直接判令作出实体决定内容。[②] 关于裁量问题的判断，不仅要通过分析法律规范发现裁量存在的空间，还需根据具体的情境考察裁量收缩、转化为作为义务的情形。一般而言，应申请行政行为或授益行政行为，法律通常都规定了较为明确的履行条件，条件符合，行政机关就应履行相应的给付义务，较少有裁量存在的余地。而在依职权行政行为，法律通常都赋予行政机关较大的裁量空间，以应付突发多变的个案情形。因此，判断是否存在作为义务就必须深入具体的个案情境，通过法律规定、公众期待、行政执法能力、客观条件等相关因素的综合考量，最终对判决中能否明确具体的履行内容作出合乎个案实情的准确判断。

（撰写人：霍振宇、钱佳）

5

涉"信访"类行政案件的现状考察与规则重构

——以B市法院行政审判为样本的分析

内容提要：

涉"信访"类行政案件不管是从总量、增长量、比例还是类型来看，都是不容小觑的一个"新类型"案件和"新问题"。区别于普通行政案件，多以实质履责之

① 参见［德］弗里德赫尔穆·胡芬：《行政诉讼法》，莫光华译，刘飞校，法律出版社2003年版，第443～447页。

② 参见刘井玉：《论履行法定职责判决的改革和完善》，载贺荣主编：《行政执法与行政审判实务——行政裁决与行政不作为》，人民法院出版社2005年版，第445～447页。

诉为表现形态、多与土地房屋等重大财产利益相关、多涉及疑难复杂历史遗留问题且多以裁定方式结案“四多”特点鲜明，同时在审理中存在审理思路“差异化”、诉讼程序“空转化”以及司法审查“简单化”的“三化”乱象。

究其原因，主要是由于立法和实践中信访概念使用上的混乱与交错、立案登记制改革前期不规范、不完善、司法审查由形式化向实质化转向引发的过渡期混乱以及相关立法上的不足造成的。

面对这种困境，笔者认为应该采用“三步法”重构该类案件的审理规则：第一步，准确把握该类案件的实质诉讼标的和类型；第二步，正确判断该类案件的可诉性；第三步，精准选择该类案件的裁判方式。

党的十八大以来，作为中央部署全面深化改革若干重大问题中的重要一环，涉诉信访问题被纳入司法体制改革的整体设计中，开启了新一轮的改革。不过，法院面临的信访难题并非传统的涉诉信访如此简单。随着立案登记制改革的推进以及受案范围的扩大，大量的行政机关处理信访请求而产生的行政争议进入行政诉讼中来，形成诉讼与信访另外一个层面上的交织，成为行政诉讼中的“新”类型案件和法院面临的“新”信访难题。目前法院在审理涉“信访”类行政案件①时存在什么问题？原因是什么？又如何改进？本文就以 B 市法院行政审判为样本，剖析该“新”类型案件的审理现状，探究其中的原因，并提出有针对性的改进建议，以期对该类案件的审理有所裨益。

一、实践观察：涉“信访”类行政案件的审理情况分析

（一）全景扫描：不容小觑的“新”类型案件

为全面展示法院面临的涉“信访”类行政案件的审理情况，笔者以“信访”作为关键词对 B 市法院 2010～2017 年的裁判文书进行全文检索。由于全文中出现“信访”二字的案件不一定全为涉“信访”类行政案件，因此得到的数据仅用于概括性地反映该类案件在行政诉讼中的大致体量和发展趋势。

1. 涉“信访”类行政案件总量逐年上升

2010～2017 年，B 市法院共有 4303 件一审行政裁判文书涉及“信访”。从增量看，2010～2013 年增减幅度较小，始终保持不足 100 件的低量；2014 年案件出现小幅的增长；从 2015 年开始，案件数量呈现大幅增长的趋势，截至 2016 年年底，已增至 1451 件；2017 年案件增速放缓，保持平稳（参见图 2－10）。

---

① 涉“信访”类行政案件在本文中特指行政相对人针对行政机关依据《信访条例》作出的信访登记、受理、交办、转送、答复、复查、复核、训诫以及公开信访信息、接访、信访终结、信访行政复议等行为以及相应的不作为提起的行政诉讼案件。

2. 涉“信访”类行政案件比例持续扩大

从占全年行政案件的比例看，2014 年以前总体较为平稳，占比均在 2% 以下；2015 ~2016 年，比例逐年迅速攀升，增至全年行政案件总量的 8% 以上；2017 年增势放缓，但仍呈现平稳上升趋势，已占全年行政案件的近 9%（参见图 2 - 10）。

图 2 - 10　B 市法院含“信访”关键词的一审行政案件情况①

3. 案件涉“信访”因素的表现更为多样

行政相对人起诉的标的包括《信访条例》中明确规定的信访登记、受理（信访不予受理告知、信访不再受理告知）、交办、转送、答复、复查、复核意见、训诫等行为，还有相应的不作为；同时还包括信访终结告知、暴力接访行为、信访行政复议行为、信访信息公开以及行政机关依据信访答复意见作出的新的行政行为等。可以说，该类案件涉“信访”因素表现更为多样，有必要进行类型化分析。

（二）特点概括：涉“信访”类行政案件的“四多”现象

1. 多以实质履责之诉为表现形态

从诉讼类型化角度看，由于信访处理行为是行政机关依据信访人的申请作出的行为，并非行政机关依职权主动作出的行为。同时在实际的信访工作中，支持信访人信访请求的情况较为少见，多为拒绝性答复。因此，涉“信访”类行政案件中原告的真实诉讼目的多为诉请行政机关履行法定职责，很大程度上以实质履责之诉为表现形态。法院对于部分纳入受案范围的案件也会按照履责之诉的审理思路对行政机关是否负有诉请的法定职责进行审查，将其归入履责类案件中。

① 数据来源：B 市法院内网系统。下文数据均来源于此，不再赘述。

2. 多与土地、房屋等重大财产利益相关

以 B 市 S 法院为例，该院 2017 年共审结一审行政案件 1535 件，涉“信访”类案件 158 件。其中，涉及土地房屋征收拆迁 111 件，占比达 70. 3%；另有 13 件涉及违法建筑拆除、公房管理、土地权属争议等事项。可以说本质上涉及土地房屋等重大财产利益的涉“信访”类案件占比达 80. 8%。

3. 多涉及疑难复杂历史遗留问题

涉“信访”类案件进入行政诉讼中，本身多已经过行政机关的多道处理程序，有较长的处理周期，而先前的政策规定早已变化，问题处理的现实环境更改。此外，原本的争议每经过一次处理，就有新增的矛盾“攀附”其上，导致信访问题愈加复杂，成为较难解决的疑难复杂历史遗留问题。以 B 市 S 法院为例，该院受理的涉“信访”类案件中，有相当一部分属于 20 世纪 90 年代或者 21 世纪初征收拆迁项目遗留的问题，甚至还有改革开放前“私产”问题等，处理难度大。

4. 多以裁定方式结案

从结案情况看，涉“信访”类案件的实体审理率在 2010～2014 年呈现不断上升的趋势，甚至在 2014 年达到 80% 的高位；2015 年后直线下降，截至 2017 年 9 月，该类案件的实体审理率低至 18%。法院多“化繁就简”“一裁了之”，进行实体审理的案例较少，判决行政机关败诉的案件更是凤毛麟角（参见图 2－11）。

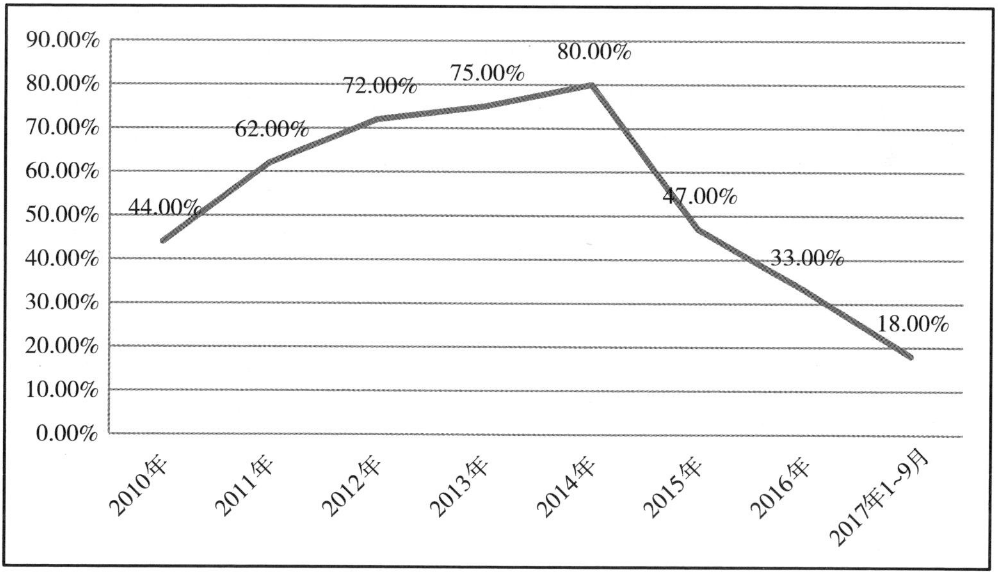

图 2－11 涉“信访”类行政案件实体审理率

（三）问题透析：涉“信访”类案件审理中“三化”乱象

1. 审理思路“差异化”，真实诉讼目的不明

比如，对于占绝大多数的诉信访拒绝类答复案件，部分法院以原告的诉讼请求确定案件的审理思路，未把握原告的真实诉讼目的，导致针对同类案件，有的采用撤销之诉，有的采用履责之诉。采用撤销之诉的案件，部分将信访拒绝类答复特殊化，直接以其不具有可诉性排除出受案范围；部分未将其特殊化，作为一般行为否认可诉性；部分将其纳入实体审查范围，判决驳回原告诉讼请求或者判决撤销被诉行为（其中一部分另判决行政机关重新作出处理）。而采用履责之诉的案件，多数未将其进行特殊化，而对行政机关是否负有具体法定职责进行审查，判决驳回原告诉讼请求或者判决被告履行法定职责（其中一部分一并撤销拒绝类答复），导致案件审理结果出现差异。

2. 诉讼程序“空转化”，诉访交织严重

一是法院一般不介入行政信访工作领域，实体审理率较低，多是程序性空转或者体内循环，实质化解行政争议的案件少。二是该类案件多为经过行政机关信访反复处理的历史遗留问题，原本的信访思维进入行政诉讼中，造成了行政诉讼服判息诉率低，缠诉滥诉多。三是该类案件中原告多利用诉讼谋取诉外利益，提起诉讼的真实目的不在于解决本诉问题，而是出于施压或者博取关注。由此导致该类案件争议实质化解的比例较低，行政诉讼“空心化”“空转化”“信访化”的特点鲜明，在一定程度上更加激化了信访人与行政机关的矛盾，甚至将矛头指向法院系统，引发行政涉诉信访。至此形成“涉访诉讼”“涉诉信访”以及行政诉讼“信访化”这三个层面上的诉访交织问题（参见图2－12）。

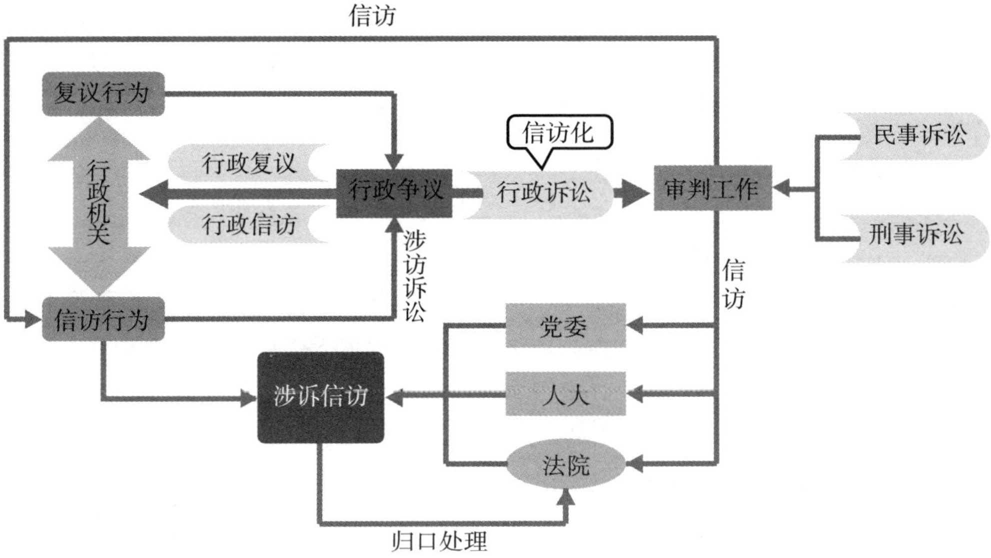

图 2－12　法院面临的三个层面的“信访”难题

3. 司法审查“简单化”，审判职能发挥不充分

通过对 B 市法院 2016 年至 2017 年 9 月涉“信访”类行政案件的结案文书进行逐案分析发现，原告向行政机关提交的以下申请，行政机关都可能通过信访渠道依据《信访条例》进行处理：

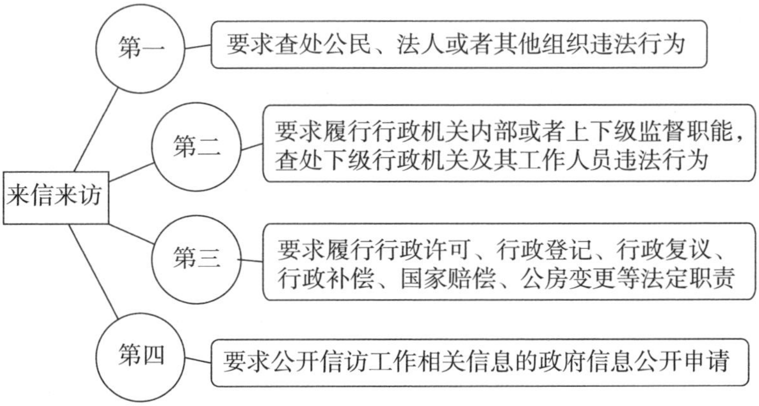

图 2－13　行政机关可能依据《信访条例》处理的群众来信来访

其中，第一项、第三项和第四项明显属于行政机关履行法定职责的范畴，应该导入法定的行政程序办理，并给予相对人充分的救济权利，不应依据《信访条例》进行办理，行政机关本身存在规避司法审查的嫌疑。而部分案件审理过程中法院未

充分发挥审判职能，存在“简单化”的倾向，“化繁就简”“一裁了之”，只要涉及信访，就不对案件事实和法律适用进行深入分析，以信访不属于受案范围为由直接裁定驳回原告起诉，导致诉访循环严重。

二、审理“三化”问题的逻辑

（一）“自说自话”：立法和实践中信访概念使用上的混乱与交错

对于信访的概念，不管是现行法的规定还是信访实践，都是从广义和狭义两个层面上进行理解和使用的。不得不说，立法上和实践中这种概念使用上的混乱和交错，一方面使得对信访性质、功能的认识和法治化改造无法在统一的语境和含义下进行，自说自话产生分歧；另一方面也给个别行政机关利用信访拒绝履行法定职责，逃避司法审查提供“有利之机”。

1. 广义视角——作为渠道意义的信访

所谓信访，是人民来信来访的简称。① 从信访实践看，行政机关的信访处理行为，大都是在来信来访的渠道意义上使用信访，将其作为笼统性反映问题的渠道。在这种意义上使用的信访，从本质上来说，只是反映民意和行使权利的一种形式、渠道和手段，其与通过网络、报纸、电视等方式表达民意诉求并无二致。② 后续对于信访如何处理，还需要具体分析请求内容，进行分类办理，导入法定的实体处理程序。因此，通过信访渠道进入的民愿诉求与其他渠道进入的民愿诉求一旦经过程序上的审查进入实体处理，再无本质差别，同时在实体权利救济上也并无二致。也就是说，在渠道意义上来说，信访并非诉讼、复议之外的具有独立性的权利救济途径，其呈现什么样的面貌或者说引发什么样的处理行为，最终实现什么样的功能，是由其内容决定的。在这种意义上使用的信访，不应予以特殊化。

2. 狭义视角——作为剩余事项的“信访事项”

在行政信访领域，《信访条例》中严格意义上的信访事项针对的是无法纳入诉讼、仲裁、行政复议等一般法定途径解决的对公权力机关及其工作人员的职务行为提起的投诉请求，典型的如相对人对行政机关制定的规范性文件不服。③ 与上文中所论述的广义“信访”的概念并不相同，并非一种渠道、通道意义上的信访，特指本身无法纳入法定途径解决的剩余事项，是法规本身并没有保障信访人所请求权益意图的事项。只有上述请求才能作为信访事项，依据《信访条例》的规定进行登

① 王天林：《中国信访救济与司法最终解决原则的冲突——以涉诉信访为中心》，载《学术月刊》2010 年第 10 期。

② 参见林华：《信访性质的溯源性追问》，载《中国政法大学学报》2011 年第 6 期。

③ 刘国乾在其《行政信访处理纠纷的预设模式检讨》一文中有详细梳理。参见刘国乾：《行政信访处理纠纷的预设模式检讨》，载《法学研究》2014 年第 4 期。

记、受理、转送和办理，作出信访答复，并适用复查、复核三级终局制度。

（二）是利还是弊：立案登记制改革前期不规范引发的“信访”类案件增多

2015 年立案登记制改革效果明显，但是大量已经作为信访事项依据《信访条例》处理的历史遗留问题和争议重新涌入行政诉讼中来，导致法院涉“信访”类案件在 2015 年以后有所增加，引发第一个层面的信访问题。其中不乏原本应该给予救济而因为司法不作为或者乱作为产生的权利救济漏洞；同时因为对立案登记制理解和适用上的错误，还有大量不符合受理条件的案件进入行政诉讼领域，使得法院裁定驳回原告起诉的比例大大增加，形成行政案件数量大幅增长的情况下，涉“信访”类案件的实体审理率不断下降的趋势。行政诉讼发挥作用的空间和范围并没有实质性的扩展，反而导致行政诉讼程序空转现象明显，引起群众对司法公正性、权威性的质疑，行政案件信访率高、服判息诉率低的问题日益突出，引发另一个层面上的信访问题。

（三）暂时的混乱：司法审查由形式化向实质化的过渡

目前，司法审查正在由形式化向实质化转向，诉讼类型化的理念逐渐确立。特别是在履责之诉中，对行政机关履行法定职责的司法监督力度不断加大，更加关注实质而非形式。不管诉讼请求的表述方式如何，都要挖掘案件的实质诉讼标的，即原告的真实诉讼目的，以此来确定案件类型。因此，对于行政机关以书面或口头等方式，明确表示其拒绝履行原告请求的职责，行政机关虽在形式上有所作为，而这些行为本身也可以作为撤销之诉的标的，具有可撤销性。但是从实质上考察，其表达了拒绝履行职责的意思表示，是一种作为型的履责之诉。甚至对于一些支持原告请求的答复，如果原告认为其请求并未得到完全的满足，行政机关并未充分履行法定职责，其仍然可以提起履责之诉，行政机关作出的支持型答复在原告眼中也是实质上的拒绝性答复。

而实务中这种转向并未彻底完成，实质履责之诉和诉讼类型化的理念还未在行政审判中得到完全的贯彻，因此过渡时期“鱼龙混杂”特征表现明显，导致部分作为型履责之诉被作为撤销之诉进行审理，进而对原告的诉讼请求、案件标的范围、证明责任以及裁判方式等产生不利影响，法律适用不统一。特别是对于多以实质履责之诉为表现形式涉“信访”类案件，以撤销之诉替代履责之诉，审理思路“差异化”的问题表现更为突出。

（四）“清晰”与“模糊”：信访处理行为可诉性在立法上的漏洞

1. 最高人民法院批复排除可诉性

《行政诉讼法》并未将涉“信访”诉讼作为一种独立的案件类型明确其可诉性，只是最高人民法院通过批复形式将信访处理行为排除出行政诉讼受案范围。但是，审判实务中对信访处理行为进行实体审查的个案却表明各类程序性的信访处理行为和实体性的信访处理行为并非当然或者绝对不具有可诉性。

2. 最高人民法院公报案例修正观点

最高人民法院在其后公布的指导性案例——杨一民诉成都市政府其他行政纠纷案①中进一步修正和完善了自己在信访处理行为可诉性问题上的观点，并非将信访处理行为作为一类特殊的行为直接一概排除出受案范围，而是通过将信访答复界定为行政机关针对当事人不服行政行为的申诉作出的重复处理行为，并未对当事人的权利义务产生新的法律效果，将其排除出受案范围。从本质上说并非信访答复不可诉，而是重复处理行为不可诉。

3. 《行诉解释》相关规定的理解和适用亟待明确

最新颁布的《最高人民法院关于适用〈中华人民共和国行政诉讼法〉的解释》（以下简称《行诉解释》）第一条第二款第九项规定对信访处理行为的可诉性问题作出了进一步清晰明确的回答。鉴于司法解释是对人民法院在审判过程中具体应用法律问题所作的解释，以法律规范为前提。因此，信访处理行为不具有可诉性并非因为其是针对信访事项作出的处理行为而不可诉，从本质上来说，是因为其本身不属于行政诉讼法规定的行政诉讼受案范围。

第一，该条规定明确了“信访事项”这一前提。信访事项针对的是公权力机关及其人员的职务行为，本质上是信访人要求行政机关履行内部监督或者层级监督职责，对相对人的合法权益不产生直接影响，本身即不符合行政诉讼法关于受案范围的规定。

第二，作为剩余事项，信访事项无法纳入诉讼、仲裁以及行政复议等法定途径解决，或是实质上涉及有限资源和利益的分配、调整，具有“多中心任务”特征的抽象决策或具体决定，或是要求行政机关积极作为、落实抽象法律或政策目标，②本身即不属于行政诉讼受案范围。因此对于信访事项的处理也当然地无法纳入上述途径处理，否则会导致不可诉行为借信访进入行政诉讼中。

第三，《信访条例》虽然设计了独立的程序处理信访事项，但是并未承诺或者赋予信访人任何实体救济权利。因此，行政机关不管作出或者不作出信访处理行为，都对信访人的权利义务不产生实际影响。即便信访人因此而获得利益，也并非信访处理行为本身所造成的权利义务变更，而是根据政策性调整所带来的反射利益。

---

① 《最高人民法院公报》2007 年第 10 期，“杨一民诉成都市政府其他行政纠纷案”，四川省高级人民法院审结二审判决。

② 刘国乾：《行政信访处理纠纷的预设模式检讨》，载《法学研究》2014 年第 4 期。

因此，笔者认为，行政机关依据《信访条例》针对信访事项作出的各种处理行为，包括登记、受理、交办、转送、答复、复查、复核意见以及相应的纯粹不作为等都不具有可诉性。但是《行诉解释》未明确信访答复的可诉性，也未提及不作为案件中信访人要求行政机关履行信访职责的可诉性，是故意为之还是未予关照？此外，在诉讼类型化观念不断确立的现在，涉“信访”类案件多以实质履责之诉为表现形式，并不应涉及对行政机关程序性信访处理行为及各类信访答复、复查、复核意见可诉性的判断，因此该条的适用范围和条件需要明确。

三、“三步法”：涉“信访”类行政案件的审理规则重构

（一）统一思路——准确把握涉“信访”类案件的类型

从诉讼类型化角度考虑，在把握案件实质诉讼标的和原告真实诉讼目的的基础上确定案件类型是进行案件审理的前提。涉“信访”类案件审理也是如此，不具有特殊性。

1. 履责之诉适用于信访人针对行政机关的拒绝性答复和纯粹不作为提起的诉讼

不应简单地以原告诉讼请求表述方式判断案件实质诉讼标的，也不应以被告是否作出一定的行为来确定诉讼类型。只要是原告的合法权益无法通过否认被告作出的答复或者行为合法性的方式得到救济和修复，被告还需要作出特定的行为，则应当适用履责之诉。因此，信访人针对下列各类拒绝性答复和不作为提起诉讼，不管其诉讼请求的表述如何，都应归入实质履责之诉（参见图 2－14）。

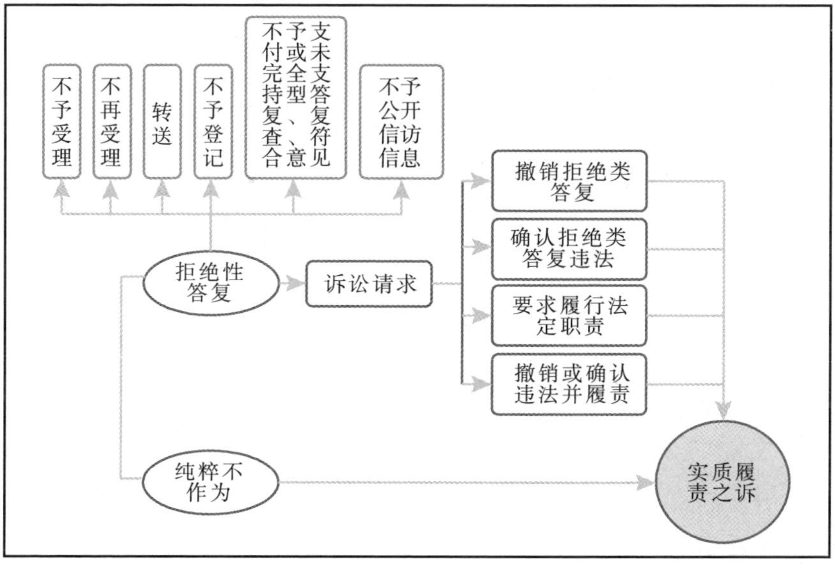

图 2－14 实质履责之诉的适用范围

2. 撤销之诉适用于信访人针对信访训诫、“暴力接访”以及第三人针对支持型信访答复、复查、复核意见提起的诉讼

撤销之诉中，原告的利益通过撤销被诉行政行为就能得到修复，即被诉行政行为对其来说是损益性质的行为。因此，行政机关作出的信访答复、复查、复核意见等，如果给信访人之外的第三人的合法权益造成损害，则可以由第三人提起撤销之诉。此外，信访训诫等行为是行政机关对信访行为本身的处理，并非根据信访人的信访请求作出的行为，因此撤销之诉还适用于信访人针对上述行为提起的诉讼，以修复其减损的权益。

（二）理顺入口——正确判断涉“信访”类案件的可诉性

履责之诉与撤销之诉在受案范围、起诉期限、原告主体资格等起诉条件审查上都存在较大差别，不过法院裁判标准不统一问题主要涉及受案范围问题。履责之诉对受案范围的审查主要在于原告诉请法院判决被告履行的法定职责是否属于被告在行政管理中应当履行且对公民、法人或者其他组织合法权益产生实际影响的职责，并非被告作出的各类答复或者行为的可诉性，其属于撤销之诉应当予以审查的受案范围问题。因此，对于多以履责之诉为表现形式的涉“信访”类案件来说，法院在审查受案范围时，应当将该类案件去特殊化，抛开各种程序性信访处理行为以及信访答复、复查、复核意见等，作为普通的履责类案件，以原告申请被告履行的职责为标的进行受案范围的审查。而少数以撤销之诉为表现形式的涉“信访”类案件，则以被诉的信访处理行为或者信访答复、复查、复核意见为诉讼标的进行受案范围的审查。

鉴于这种受案范围审查上的差别，履责之诉并不涉及撤销之诉中各类行为及答复可诉性的判断，其可诉性问题在履责之诉中可能表现为原告主体资格等问题。由此，实务中很多情况下以撤销之诉替代履责之诉而产生的程序性信访处理行为或者信访答复、复查、复核意见可诉性问题可以说是一个“伪命题”，理论上的探索和立法中的明确可以说作了很多“无用功”。该问题适用范围很狭窄，笔者认为只有下述三种情况：

1. 原告诉请法院判决被告履行的是狭义的信访职责

根据前文所述，一般有作为渠道意义的信访与作为法定渠道排除管辖的剩余事项意义上的“信访事项”。“信访事项”区别于“履责事项”，行政机关应当依据《信访条例》规定的程序进行受理、转送，并适用答复、复查、复核三级终局制，履行信访职责。而对于“履责事项”，行政机关不能适用《信访条例》，应当依照履责的程序进行处理。因此，判断原告向被告提出的请求是否属于信访事项，要求履行的是否为狭义的信访职责成为审查的重点。如果来信来访中的请求属于“信访

事项”，则其本质上要求行政机关履行的为信访职责。根据前文所述，并不具有可诉性。

第一，《信访条例》第十四条第一款正面规定了信访事项可以针对的对象和范围，只能是对于下列五类组织、人员的职务行为（参见图 2－15）。

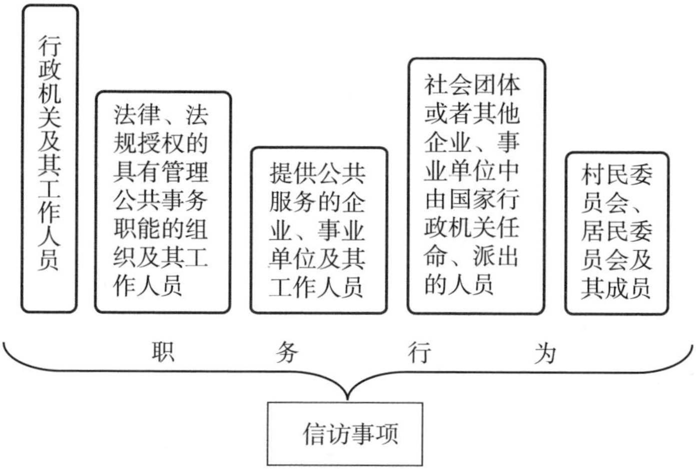

图 2－15　信访事项的范围

第二，上述机关或组织作出的职务行为中有相当大一部分可以纳入行政诉讼、行政复议等法定救济渠道。对于针对该类职务行为的来信来访，本质上并非信访事项，要求行政机关履行的也并非信访职责。

第三，对于非针对五类组织和人员的职务行为的群众来信来访，如要求查处公民、法人或者其他组织违法行为，相对人要依照法定的行政程序提交申请，行政机关要遵循分类办理的原则，对相对人的请求进行初步甄别，将属于行政机关法定职责范围内的事项作为履责事项处理，将可以导入其他法定行政程序处理的事项导入相应的程序处理。因此本质上都不属于信访事项的范畴，也并非要求行政机关履行信访职责。

2. 信访人之外的第三人认为行政机关作出的支持型信访答复、复查、复核意见损害其合法权益提起行政诉讼

根据上文所述，信访人之外的第三人认为行政机关作出的支持型信访答复、复查、复核意见损害其合法权益提起的诉讼属于撤销之诉，需要依据撤销之诉的审理思路，以上述答复、意见为诉讼标的，对其可诉性进行判断。本质上，严格意义上的信访答复、复查、复核意见都不具有可诉性。但是，在行政机关实际的信访工作中，作为笼统性的群众反映问题的渠道，入口非常宽，是在渠道意义上使用信访。

行政机关的信访处理行为法治化程度不够，广泛存在信访程序和其他法定行政程序混同和信访事项与履责事项不分的问题。特别是信访事项是信访人直接针对公权力机关及其人员的职务行为提出的，本质上不会直接涉及信访人之外的第三人行政法上的权利义务关系。因此，如果信访人之外的第三人以信访答复、复查、复核意见损害其合法权益，影响了其行政法上的权利义务关系提起行政诉讼，则人民法院更要抛开诉讼标的所用名称进行细致审查，判断被诉信访答复、复查、复核意见是否是行政机关依据《信访条例》针对信访事项作出的对信访人权利义务不产生实际影响的行为，不可一概排除其可诉性。在审查时，可以考虑以下几点：第一，信访人提出的申请是信访事项还是履责事项；第二，信访答复、复查、复核决定作出的依据是《信访条例》还是其他行政法律规范；第三，信访答复、复查、复核意见是否对信访人或者之外的第三人的权利义务产生了实际影响。如果行政机关以信访之名作出的信访答复、复查、复核意见，实质上是适用行政法律规范，履行行政管理职能作出的行为，并对相对人或者利害关系人的权利义务产生了影响，则属于可诉的行政行为。

3. 信访人不服行政机关针对其信访行为本身作出的信访训诫、暴力接访等行为

根据前文所述，信访人针对行政机关作出的信访训诫等行为可以提起撤销之诉，此时人民法院要对信访训诫等行为的可诉性予以认定。一是从本质上来说，训诫是通过行政法规设定的类似于警告的行政处罚，针对的是信访行为本身，并非依据《信访条例》对信访事项作出的处理，因此区别于行政机关针对信访事项作出的信访答复、复查、复核意见等行为，其具有可诉性。二是如果存在“暴力接访”行为，其本质上属于行政机关及其工作人员行使职权过程中对信访人造成损害的事实行为，其也是行政机关针对信访行为本身作出的处理行为，也属于可诉的行政行为。

（三）畅通出口——精准选择涉“信访”类案件裁判方式

1. 不予立案裁定与驳回原告起诉裁定

裁定不予受理或者裁定驳回原告起诉最终的法律效果一样。但是，对于不符合受理条件的案件，如果在立案阶段就能作出准确的判断，则会很好地防止“程序空转”。对于涉“信访”类案件，“程序空转”现象较为明显，加强立案阶段对于起诉条件的审查，在能够准确判断不符合起诉条件时不予立案很有必要。此外在保证裁判结果正确的基础上，人民法院在审理过程中特别需要注意不予受理和裁驳理由的选择，在坚持实质履责之诉和诉讼类型化观念的前提下，准确把握案件裁判理由，统一法律适用标准。

2. 撤销判决与课予义务判决

对属于履责之诉的涉“信访”类案件，经过实体审查后发现行政机关确实存在不履行法定职责的情形，应当作出课予义务判决（包括履行判决和答复判决）。如果行政机关曾针对当事人的申请作出了包括信访不予受理告知、信访答复、复查、复核意见等各类书面答复，该答复在法院认定行政机关是否充分适当履责时已经进行审查，并对其合法性进行了判断。从明晰法律关系的状态考虑，法院在作出课予义务判决时应一并判决撤销答复，不以原告的诉讼请求明确表述为前提。

对于属于撤销之诉的涉“信访”类案件，经过实体审查后发现行政机关作出的信访答复、复查、复核意见、信访训诫行为不具有合法性，则应当作出撤销判决，同时根据案件情况，还可以一并判决被告重新作出行政行为。

3. 履行判决与答复判决

从一定程度上说，作出课予义务判决的同时一并撤销答复与判决撤销答复的同时一并判决被告重新作出行政行为在结果上有相似性。

但履责之诉的审查重点是行政机关是否应当按照原告的申请履行法定职责，人民法院有权超出原告诉讼理由以及各类答复或者行为的范围审查原告请求能否成立，直接判决被告履行原告请求的法定职责，实质解决行政争议，而非撤销之诉仅以诉讼标的为范围，对其合法性进行审查，有可能偏离行政争议的实质。

因此，充分考虑涉“信访”类行政案件多涉及土地房屋等重大财产利益和疑难复杂历史遗留问题的特点，应以实质化解行政争议为首要目标，不能拘束于“行政机关首次判断权”，应当理顺行政争议的历史来源，灵活运用行政审判权，依据《行诉解释》第九十一条的规定，在审理中对原告请求被告履行法定职责的理由是否成立，被告是否违法拒绝履行或者无正当理由逾期不答复，被告是否尽到必要合理的注意义务保证行政目的的实现等事实问题和法律问题进行全面的审查。可以依据《行政诉讼法》第七十二条的规定，直接判决被告在一定期限内依法履行原告请求的法定职责。在尚需被告调查或者裁量的，也应当尽可能明确案件的事实关系和法律关系，助力判决被告针对原告的请求重新作出处理时，行政争议能够一次性解决，防止诉讼程序空转。

（撰写人：周孟伟）

6

履责类行政诉讼案件的审理规则与裁判标准

——以某直辖市1242份二审行政裁判为样本的调研分析

内容提要：

履责类行政诉讼案件中审理规则不明确、裁判标准不统一等问题较为突出，在一定程度上制约了行政审判健康可持续发展。本文从实质履责之诉的角度以2016年某直辖市高级人民法院和中级人民法院作出的二审行政裁判为样本对该类案件进行了实证观察和理论研究，发现该类案件存在诸多特点，譬如案件总量多、比重大、上升快；涉诉行政机关分布广泛，且向授权组织延伸；所涉行政管理领域广泛，民生指向和城建指向明显；要求履行的职责集中于传统类型，并向新的类型辐射；裁定驳回比例偏高，实体判决率较低；司法审查从形式化向实质化转向的特点鲜明；等等。同时，该类案件审理中存在一些问题，譬如裁判标准不统一，审理规范化亟待加强；审理思路不一致，过渡期色彩鲜明；案由确定不规范，实质履责之诉体现不充分等。在实证分析的基础上，笔者以司法审查由形式审查向实质审查转向基本趋势为前提，以统一司法审查标准、促进行政审判规范化为目标，就履责类行政诉讼案件中被告是否收到原告的履责申请、原告有无诉讼主体资格、履责事项是否属于受案范围、原告起诉时机是否适当、被告是否具有相应法定职责、被告未履责是否具有正当理由以及裁判方式如何选择等问题展开了分析。

履责类行政诉讼案件一直以来都是行政诉讼中一种重要的案件类型，在新行政诉讼法实施的背景下，行政审判涉及的领域不断拓展，行政诉讼类型化理念逐步确立，行政审判思路也在发生深刻变化，履责类行政诉讼案件审理规则不明确、裁判标准不统一等问题较为突出。本文以2016年某直辖市高级人民法院和4个中级人民法院作出的二审行政裁判为样本，对履责类行政诉讼案件的裁判情况进行了较为全面的统计分析，旨在梳理实践难题、把握实践特点、预测实践走向，继而明确该类案件的审理规则和裁判标准，以促进行政审判之规范化。

一、对履责类行政诉讼案件的统计分析

履责类行政诉讼案件是指公民、法人或者其他组织请求行政机关履行特定的行政职责或义务，行政机关拒绝履行（口头或书面）或者不予答复的诉讼类型。因

此，履责类行政诉讼案件有两种类型，其中不予答复是一种在形式和实质上都不作为的情形。在形式上，行政机关并未对行政相对人作出任何有意思表示的行为；在实质上，行政机关没有作出任何具有法律约束力的行政行为。[①] 而拒绝履行在形式上存在一个口头或者书面的答复，传达行政机关拒绝履行相应职责的意思表示，是一个否定性的行政行为，得为撤销诉讼之标的。[②] 不过，这种拒绝履行的作为又与实质撤销之诉标的的作为有很大区别，行政相对人的权益无法通过撤销之诉得到直接的救济，还需要行政机关履行特定的职责，在这个意义上，拒绝履行引发的诉讼是实质意义上的履责之诉。本文就从实质履责之诉的角度，对 2016 年某直辖市高级人民法院和 4 个中级人民法院作出的二审行政裁判进行了逐案梳理和统计分析，发现履责类行政诉讼案件存在以下特点。

（一）案件基础情况

1. 履责类行政诉讼案件总量多、比重大、上升快

据笔者收集的裁判文书，2016 年某直辖市高级人民法院和 4 个中级人民法院共审结二审行政案件 5126 件（不包含原告撤回上诉的 106 件以及知识产权行政案件），其中履责类行政诉讼案件 1242 件（不包含不履行信息公开法定职责的案件），占全部二审案件的 24.2%，比例相对较高，[③] 并随着新行政诉讼法实施和立案登记制改革的推进呈现快速上涨的趋势。可见，履责类行政诉讼案件总量较多，在行政诉讼中分量较重，行政机关履行法定职责的合法性成为司法审查监督的重点和难点。

2. 涉诉行政主体较为丰富，由行政机关向授权组织延伸

履责类案件涉诉行政主体的类型较为丰富，覆盖面较为广泛，具有一定程度的分散性，并呈现不断扩展的趋势。既包括乡镇政府、街道办事处、区政府、市政府，又包括市、区政府的工作部门及其所属的机构，还包括法律、法规、规章授权的组织，如村民委员会、居民委员会、高等院校、公立医院、行业协会等。

3. 各类行政主体涉诉案件数量分布高度不均

涉诉行政主体在分散的基础上相对集中，其中位居前六位的包括：各级公安管理部门；各区人民政府；各级规划和国土资源管理部门；各级住房和城乡建设管理部门；各级劳动和社会保障管理部门（包含各级人力资源和社会保障局以及社会保险基金管理中心）；乡镇政府和街道办事处。

---

① 江必新、梁凤云：《行政诉讼法理论与实务》（第三版），法律出版社 2017 年版，第 267 页。

② 江必新、梁凤云：《行政诉讼法理论与实务》（第三版），法律出版社 2017 年版，第 267 页。

③ 由于信息公开类案件作为一种单独的案件类型，数量较大且具有特殊性，因此本文在进行统计分析时，将信息公开类案件排除出履责类案件之外。如果加上信息公开类案件，比例将超过 50%。

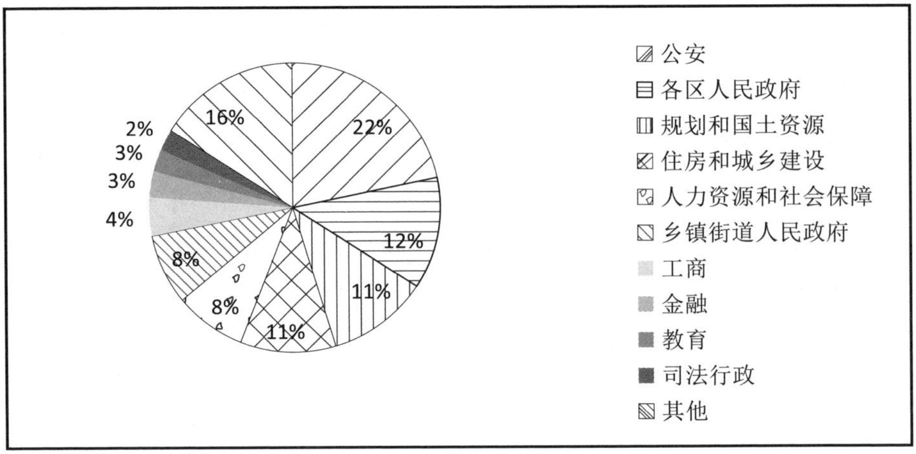

图 2 – 16　涉诉行政机关分布

值得注意的是，区县政府的职能具有综合性，具体的管理职责大都由其所属的工作部门承担。然而，在履责类案件中，区政府涉诉案件数量位居第二，在一定程度上既反映出矛盾纠纷基层化解的渠道不够通畅、效果不够理想，也反映出公民、法人和其他社会组织提起履责之诉的针对性、有效性有待加强。

（二）案件所涉类型和领域

1. 涉及的行政管理领域广泛，民生指向、城建指向明显

履责类案件涉及的行政管理领域较为丰富，既包含公安、资源、城乡建设、工商等各个传统行政管理领域，也在金融监管、环境保护、科技管理、信息电信等新兴领域有所涉及。据统计分析，居前五位的为下列行政管理领域（见表 2 – 9）。

一是涉及城乡建设行政管理的案件有 337 件，占比达 27.1%。主要是因土地房屋征收拆迁腾退引发的要求行政补偿、查处违法拆迁和查处违法建设等案件。

二是涉及公安行政管理的案件有 274 件，占比 22.1%。不仅包括要求公安机关履行治安管理、消防管理、道路交通管理、户籍管理等传统行政职责的案件，也包括要求公安机关进行刑事侦查、警务督察的案件，还有部分公民、法人或其他组织因土地房屋征收、拆迁或腾退，违法建设的强制拆除以及民事纠纷等向公安机关报警，要求公安机关履行保护其人身权、财产权法定职责的案件。

三是涉及资源行政管理的案件有 130 件，占比 10.5%。包括土地行政管理、林业行政管理以及能源行政管理，其中土地行政管理占绝大多数，达 123 件。

四是涉及劳动和社会保障行政管理领域的案件有 117 件，占比 9.4%。主要涉及人力资源和社会保障部门的退休审批、工伤认定以及退休金、养老金给付等。

五是涉及乡镇政府和街道办事处的案件有 95 件，占比 7.6%。主要涉及集体土

地权属争议、村务公开、群众自治组织管理等。

表 2－9　履责类案件所处的行政管理领域统计

涉及领域	城乡建设	公安	资源	劳动社保	乡政府
案件数量	337 件	274 件	130 件	117 件	95 件
所占比例	27.1%	22.1%	10.5%	9.4%	7.6%

上述领域的案件总占比达 76.7%，该领域行政机关与人民群众的距离近、承担与群众切身利益相关的职能多，多与行政相对人的重大财产权利和人身权利密切相关。同时，因土地房屋征收拆迁腾退引发的案件占比较大，事关城乡建设和经济社会发展。可见，履责类案件具有明显的民生指向和城建指向，处理效果的好坏关系重大。

2. 要求履行的职责集中于传统类型，并向新类型辐射

公民、法人或者其他组织诉行政机关不履行的特定行政职责或义务较为丰富多样，涵盖了行政处罚、行政强制、行政裁决、行政确认、行政登记、行政许可、行政复议、行政监督、行政合同、行政奖励、行政补偿、行政救助、行政协助等多种行政管理职责。其中，公民、法人或者其他组织请求行政机关履行特定行政职责或义务的重点在于行政监督、行政复议、处理报警这三个领域，比例均达到 10%；要求行政机关履行行政登记、行政补偿、行政许可、行政确认、行政给付的数量居中，在 3% ~5% 之间，基本上都集中在行政机关的传统行政职责领域。此外，另有 60 余个申请事项属于要求行政机关履行其他行政职责或义务，占比 4.8%。比如，要求教育管理部门或教育机构履行招生入学、学籍管理、学位授予等职责，要求行政机关审查修改规范性文件，要求行政机关准予其进行档案信息查询等。

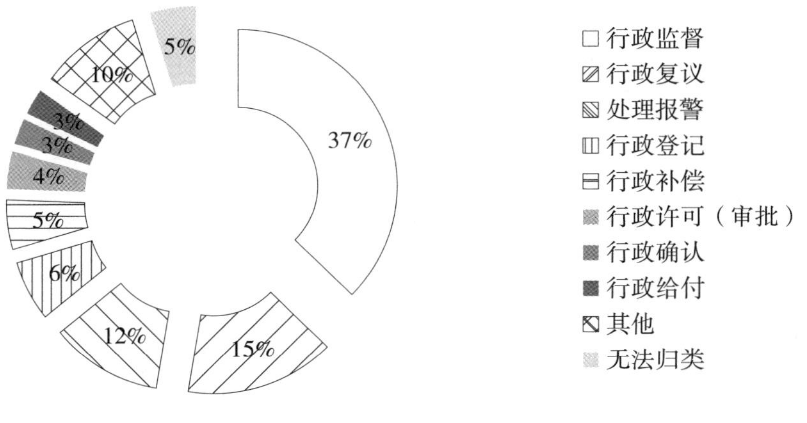

图 2－17　要求履行的法定职责类型

（三）案件裁判结果

1. 实体判决率不高，以乡镇街道、区政府为被告的案件尤为突出

在笔者考察的1242件履责类二审行政案件中，一审裁定驳回原告起诉的有789件，占全部案件的63.5%；判决驳回原告诉讼请求的有407件，占全部案件的32.8%；判决全部撤销或部分撤销行政行为，并责令行政机关重新作出处理的有23件，占比1.9%；判决行政机关履行法定职责的有15件，占比1.2%[①]；判决确认不履行法定职责违法的有8件，占比0.6%。实体判决率为36.6%，行政机关一审败诉率为3.7%。

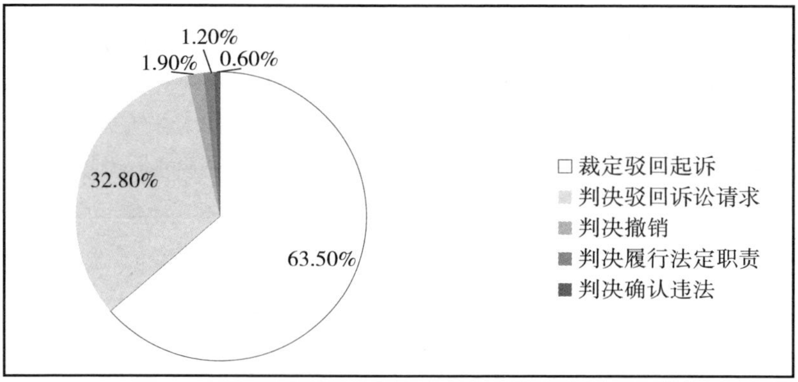

图2-18 一审裁判方式

按行政机关类别分析，公安机关、规划和国土资源管理部门、住房和城乡建设管理部门涉诉量居前三位。其中公安、规划和国土资源管理部门的实体判决率与平均实体判决率基本持平，住房和城乡建设部门的实体判决率稍低。按行政机关级别分析，乡镇政府、街道办事处和区政府涉诉案件的实体判决率较低，均不足25%，而市政府单独作被告的案件多为针对行政复议不予受理决定或驳回行政复议申请决定的案件，实体判决率较高。

表2-10 不同类型行政机关涉诉案件裁判情况

行政机关	公安	规划和国土资源	住房和城乡建设	乡镇街道	区政府	市政府
涉诉总量	267	137	135	105	158	23
裁定驳回量	166	86	93	81	121	4

① 为尊重行政机关的首次判断权，多数判决被告针对原告的请求作出调查处理或者重新进行调查处理，而非直接判令行政机关履行原告请求的法定职责。

续表

行政机关	公安	规划和国土资源	住房和城乡建设	乡镇街道	区政府	市政府
实体审理量	101	51	42	24	37	19
实体审理率	37.8%	37.2%	31.1%	23.8%	23.4%	82.6%

2. 司法审查从形式化向实质化转向的特点鲜明

相较于前些年，人民法院对履责类案件的审理更多地体现出实质主义的司法立场。一是对行政机关的法定职责作更加宽泛的理解，不仅包括法律、法规、规章规定被告应当履行的职责，也包括行政机关在不违反法律、法规、规章规定的前提下通过规范性文件、行政协议、行政承诺等设定或形成的职责，还包括附随于行政机关的现行行为而产生的保护行政相对人合法权益的职责等。二是在行政主体具有法定职责的情况下，不仅审查行政主体针对行政相对人的申请是否作出了答复，还审查该答复是否正确、合法，其作为义务是否真正履行或者充分履行。三是对起诉条件的审查也更加侧重实质而非形式。例如，被告没有法定职责的，原告虽是行政程序的启动者但与履责事项没有实体性利害关系的，原告基于同一事实和理由反复申请履责的，法院更多采取裁定而非判决的方式处理。

二、履责类行政诉讼案件审理中的主要问题

（一）裁判标准不统一，审理规范化亟待加强

履责类行政诉讼案件裁判标准不统一的情况较为明显，特别是对于某些情况下是应当裁定驳回原告起诉还是应当判决驳回原告诉讼请求仍有争议，在原告不符合起诉条件时，法院裁定驳回原告起诉的理由和法律适用也多种多样。例如，在法院认定行政机关不负有法定职责时，存在如下几种裁判方式：一是适用《行政诉讼法》第四十九条第三项的规定（有的兼采或者单独采用《最高人民法院关于适用〈中华人民共和国行政诉讼法〉若干问题的解释》（以下简称《适用解释》）第三条第一项的规定，以原告起诉被告履行法定职责没有事实根据为由裁定驳回原告起诉；二是适用《适用解释》第三条第十项的规定，以不符合其他起诉条件为由裁定驳回原告起诉；三是适用《行政诉讼法》第四十九条第四项的规定，以被告并无该项行政职责，原告起诉并非人民法院受案范围为由裁定驳回原告起诉；四是适用《行政诉讼法》第六十九条的规定，经过实体审查后以原告的诉讼请求没有事实根据和法律依据为由判决驳回原告诉讼请求。诸如此类裁判标准不统一的现象还有不

少，亟待通过审理规则的明确予以规范[①]。

(二) 审理思路不一致，过渡期色彩鲜明

尽管对履责类案件的审理越来越多地体现实质主义的司法立场，但在笔者看来，这一转型仍在进行之中。尤其是对于明示拒绝行为，部分案件按照履责之诉的审理思路进行审理，但部分案件依然按照撤销之诉的审理思路进行审理，在起诉条件、审查标准、裁判方式等方面产生差异。例如，有的案件以被告并无法定职责或者已经履行法定职责，原告起诉被告不履行法定职责没有事实根据和法律依据为由，判决驳回原告的诉讼请求；有的案件对涉诉的拒绝性答复进行合法性审查，认定所作拒绝性答复认定事实清楚、适用法律正确，并无不当，判决驳回原告的诉讼请求；有的案件兼采两种思路，将拒绝性答复与行政机关是否履行职责作为两个具有关联性的诉讼标的进行审查，认定行政机关已经就其申请履行了法定职责，涉诉的拒绝性答复并无不当，判决驳回原告的诉讼请求；还有个别案件将行政机关是否履行职责与最终的拒绝性答复作为两个独立的诉讼标的，以行政机关已就原告的履责申请作出处理答复为由驳回原告诉讼请求，对拒绝性答复的合法性要求另案处理。

(三) 案由确定不规范，实质履责之诉的意识不足

从履责类案件看，裁判文书中载明的案由较为复杂多样，形式上很不统一。归纳起来，对案由的表述包括以下几种：第一，部分案件严格依照《最高人民法院关于规范行政案件案由的通知》（以下简称《通知》）中不作为类案件案由的构成要素和确定方法的规定，以“诉某行政机关不履行某一特定行政职责或义务”作为案由，如“诉某公安局不履行行政复议法定职责”；第二，部分案件在依照《通知》所规定的不作为类案件案由的同时进行简化，省略原告认为行政机关没有履行的特定行政职责或义务，仅以“诉某行政机关履行法定职责”“诉某行政机关不（拒绝）履行法定职责”“要求某行政机关履行法定职责”作为案由；第三，部分案件中由于存在行政机关作出的书面拒绝性答复，裁判文书中的案由就直接以该拒绝性答复的名称作为案由，以“诉（不服）某行政机关作出的答复”形式载明，如“诉某区人力资源和社会保障局《不予认定工伤决定书》”；第四，少量案件依照《通知》有关作为类案件案由构成要素和确定方法的规定，以“行政管理范围＋具体行政行为”为结构确定案由，如“税务行政复议”“劳动保障行政监察”等，个

① 《行诉解释》已于2018年2月8日施行，其中第九十三条第二款规定，人民法院经审理认为原告所请求履行的法定职责或者给付义务明显不属于行政机关权限范围的，可以裁定驳回起诉。这一规定的出台对于统一履责类案件的裁判标准有所助益，但仍需进一步加强。

别案件仅以行政管理范围作为案由，如“土地行政管理”；第五，部分案件并未依照《通知》规定的案由确定方式，而直接以“诉某行政机关不作为”“因某行政机关不作为”作为案由。此外，还有部分案件根据原告的诉讼请求确定案由，以要求确认某行为或者答复违法或者撤销某行为或者答复作为案由。

可见，履责类案件案由的确定和表述在实践中尚不规范，特别是部分案件采用作为类案件案由的构成要素和确定方法或者直接以拒绝性答复、原告的诉讼请求作为案由，存在与撤销之诉相混淆的潜在风险。在笔者考察的1242份二审行政裁判中，行政机关未就行政相对人的申请作出答复的案件有487件，占39.2%，该类案件裁判文书中所载案由基本可以归为不作为类案件案由，但仍有个别案件采用作为类案件案由的方式表述；而行政机关就行政相对人的申请作出口头或书面答复的有755件，占60.8%，该类案件多数以拒绝性答复作为案由或按照作为类案件确定案由，依照《通知》中规定的不作为类案件确定案由的仅为少数。

三、履责类行政诉讼案件的审理规则和裁判标准

履责类案件审理中经常遇到以下问题：一是被告是否收到了原告的履责申请；二是原告提出的履责事项是否属于行政诉讼受案范围；三是原告是否与履责事项具有利害关系；四是原告提起履责之诉的时机是否适当；五是被告是否具有原告要求履行的法定职责；六是被告履行职责是否存在阻却事由；七是如何选择裁判方式。

（一）对履责申请的审查

在依申请履责的情况下，提起履责之诉的前提条件是被告已收到原告提出的履责申请。如果根据法律及司法解释所规定的举证责任分配规则，人民法院无法认定或推定被告收到了原告提出的履责申请的，应以原告提起履责之诉不具有事实依据为由裁定驳回起诉。从实践案例看，履责申请一般应当符合以下要求：

1. 申请履责的途径和方式应当适当

第一，原告在另一行政程序中表达出来的认为行政主体未履行职责的意见，或者将履责申请作为另一行政程序的书证提交的，不能认定为独立的履责申请。例如，刘某针对区住建委作出的拆迁裁决向市住建委申请行政复议，在复议申请书中陈述了其认为拆迁人、评估公司等单位违法拆迁、评估的事实和理由，要求依法追究相关人员责任。市住建委作出复议决定，撤销了区住建委作出的裁决书，并告知刘某其提出的要求追究相关人员责任的复议请求不属于市建委职权范围。后刘某诉至法院，请求判令市住建委依法履行对某房地产公司违法拆迁、评估公司出具虚假评估报告等违法行为的监管职责。又如，王某向某人民政府申请行政复议，请求撤销国土资源管理部门的信息公开答复，并将一份政府信息公开申请书作为书证提

交。后，王某诉至法院，请求判令某人民政府履行政府信息公开职责。

第二，公民、法人或者其他组织通过专门的信访途径反映情况、提出要求，一般不视为提起履责之诉应当具备的适格的履责申请。但对于公民、法人或者其他组织向具有法定职责的行政机关提出的明确具体的履责请求，行政机关作为信访事项处理的，不影响公民、法人或者其他组织基于该申请提起履责之诉。例如，李某写信向某区区长张某反映以下问题：其系 1989 年之前招工转居民的，未享受单位分房，相关文件规定安置人员不包括 1989 年之前转非人员，导致其无房居住；其自 1995 年上访至今未能解决，希望区长帮助解决这个历史遗留问题，给其一个合理满意的答复。后李某基于该信件提起履责之诉，请求区政府履行房屋安置职责。

第三，原告提出履责申请的途径明显不适当，以至于行政机关无法合理注意到履责申请的，不能视为原告提出了履责申请。例如，某电器商场和某家电公司通过某行政机关官网的“政府信息公开专栏”提交了反映某集团公司超登记范围从事经营活动的投诉材料，后提起诉讼要求判令该行政机关履行法定职责，吊销某集团公司的企业集团登记证。

第四，向党的部门邮寄的申请材料，没有证据证明转至相关行政机关的，不能视为向行政机关提出了履责申请。例如，李某邮寄政府信息公开申请表，邮单上所写收件人为某市委书记郭某某。李某提起诉讼要求判令市政府对其信息公开申请予以书面答复。实践中，一些履责申请的邮件以行政机关的领导或工作人员为收件人，如果通过注明收件人所在单位、邮寄地址属于行政机关住所地、邮件内容等表明邮件属于公务性质而非私人性质，且邮件内容表明是向行政机关提出的，应当视为向行政机关提出了履责申请。此外，即使申请材料存在一定瑕疵，但足以表明是向行政机关提出的履责申请，亦应当认定原告提出了履责申请。

2. 履责申请的内容应明确具体

向行政机关提出的履责请求不明确，行政机关难以根据该请求确定具体履责事项的，不应视为适格的履责申请。例如，陈某向区人力社保局信访部门提交了一份首行内容为“区社保局信访办：朋友们好”的书面材料，反映其未享受基本养老保险和基本医疗保险的情况。人力社保局作出书面回复，对陈某未能享受养老保险待遇的原因作出解释。陈某诉至法院，请求判令区人力社保局针对其上述书面申请履行核准基本养老保险待遇的法定职责。

实践中有时会遇到如下问题：申请人提出的履责申请内容不明确，行政机关通知申请人限期补正，申请人未按要求补正的，行政机关是否有义务另行作出答复处理？笔者认为，人民法院应当着重审查以下方面：一是审查相关法律规范是否规定了申请人不按要求补正的法律后果。例如，《政府信息公开条例》第三十条规定，申请人无正当理由逾期不补正的，视为放弃申请，行政机关不再处理该政府信息公开申请。二是审查行政机关要求申请人补正是否适当，即是否确需补正。如果申请人提出的履责申请明确具体，而行政机关误以为不明确而要求补正，并基于申请人未按要求补正而未履行法定职责，则显然不具有合法性。三是审查申请人是否明示或默示接受了视为放弃申请的处理。例如，尽管《行政复议法实施条例》第二十九条规定申请人无正当理由逾期不补正的可视为放弃行政复议申请，但如果申请人接到补正告知后通过书面或当面口头反映的方式表示其申请材料齐全、表述清楚的，即对补正告知存在异议的，行政复议机关不应再视为申请人放弃了行政复议申请，而有义务基于现有材料依法作出相应的行政复议决定。实践中，有的复议申请人接到补正告知后，再次提交原来已经提交的申请材料，或者提交其他材料。此时，无论申请人补充提交的材料能否真正达到补正效果，只要申请人没有明确表示同意放弃复议申请，则复议机关仍需要对复议申请作出相应的处理决定。复议机关以补正不符合要求等为由视为申请人放弃复议申请而不作出相应处理的，应认定为不履行法定职责。

3. 原告应证明行政机关已实际收到其提出的履责申请

根据法律及司法解释的规定，原告应当提供证据证明其向被告提出过申请，但原告因被告受理申请的登记制度不完备等正当事由不能提供相关证据材料并能够作出合理说明的除外。实践中，原告多以邮件方式提出申请，行政机关答辩未收到申请材料的案件时有出现。此种情况下，应当依据行政诉讼证据规则准确认定相关事实。例如，原告提交的邮单查询记录仅记载邮件已被签收，但未注明邮件签收单位及具体签收人员信息，又缺乏其他证据佐证的，一般不能证明邮件已实际到达被告。又如，原告有证据证明申请材料已由行政机关签收，邮单上虽未证明内件品名，但原告能够作出合理说明，且行政机关不能提供相反证据的，应推定原告主张的内件品名成立。再如，原告提供了提出申请的证据，但被告通过收件登记等证据足以证明申请未实际到达被告的，应认定被告未收到原告的申请。此外，有的案件中，根据法律规定，提出履责申请应当符合特定的前置程序或期限要求，而原告无法证明已在特定期限或经过特定前置程序提出申请的，也未被认定为适格的履责申请。

4. 无须原告提出申请的情形

第一，行政机关应当依职权主动履行作为义务且该作为义务已经具体化的。司法活动以个案为基础，对行政不作为的司法认定难以在抽象的、宏观的层面展开。例如，《人民警察法》规定，人民警察的任务是维护国家安全，维护社会治安秩序，保护公民的人身安全、人身自由和合法财产，保护公共财产，预防、制止和惩治违法犯罪活动。该条规定的职责显然只是人民警察和公安机关对国家和社会所承担的一般职责。如果某市民仅以本市公安机关未履行好职责导致治安形势恶化为由提起诉讼，对其主张就不宜通过诉讼进行评价，法院实际上也缺乏必要的评价能力和可供操作的具体标准。对于依职权的行政行为，在判断行政机关是否负有特定的作为义务时，一方面要看相关法律规范所预设的启动职权的事实要件是否具备，如根据《人民警察法》第二十一条的规定中“公民人身、财产安全受到侵犯或者处于其他危难情形”即为人民警察立即救助的事实要件；另一方面也要看行政机关主观状态，例如如果公安机关对于“公民人身、财产安全受到侵犯或者处于其他危难情形”的客观状况根本不知晓，当然也就无从履行“立即实施救助”的法定职责。相反，如果行政机关的作为义务已经具体化，则应依法履行法定职责。

第二，依申请的行政行为中，他人已通过提出申请启动了行政程序，且被告已将原告列为行政程序当事人的。例如，甲与乙发生土地权属争议，甲向被告提出土地权属争议处理申请。被告受理后向乙送达答辩通知书，要求乙提交答辩状及证据材料，随后还组织包括乙在内的当事人参加协调会。被告还要求土地争议各方在行政程序未完毕的情况下不得改变土地现状。乙应被告要求提交了答辩状和证据材料，但被告受理后在长达几年的期间内始终未作出确权决定。乙以被告不履责为由诉至法院，请求被告限期作出确权决定。被告辩称乙并未提出确权申请，不具有起诉资格。法院判决被告限期对土地权属争议作出处理决定。

第三，对于依申请履行职责的情形，原告应当证明其本人在行政程序中提出了履责申请；但如果行政机关在行政程序中已认可他人以原告名义提出申请的，可不受这一限制。例如，公房租赁案件中，甲申请将承租人变更为乙（甲乙为近亲属关系），公房管理机构接收申请而未要求必须以乙的名义提出申请，此时可视为乙提出了履责申请。

5. 申请材料须经下级机关初审的情形

法律、法规、规章要求先向下级行政机关或管理公共事务的组织提出申请，经审核同意后再由上级行政机关作出处理的，以上级行政机关收到下级行政机关或组织报送的材料作为认定其收到履责申请的标准。实践中，有时当事人直接将申请材料提交给上级机关，上级机关有义务将材料转交给负有接收职责的下级机关或组织，或者告知申请人向下级机关或组织提出。上级机关接到申请后未转交或告知，亦未作出处理的，是否构成不履行法定职责，尚存在一定争议。

（二）对原告诉讼主体资格的审查

提出履责申请的公民、法人或者其他组织并不当然具有提起履责之诉的原告资格。对起诉人是否具有原告资格的判断，要通过审查申请人与履责事项是否具有利害关系等加以判断。在此过程中，法院往往需要在事实与法律之间往返顾盼。从实践中的案例看，履责类案件中利害关系的认定往往需要满足以下条件：

1. 一般应当是直接的利害关系。例如，原告范某向住建部递交处罚申请书，请求处罚某设计公司非法转包及使用盗版软件设计的违法行为，并要求注销该公司设计证书。后范某提起履责之诉。诉讼中，范某表示其系该设计公司的前员工，在负责相关项目的过程中发现该设计公司存在非法转包及使用盗版软件问题，其因无法取得该企业的违法证据致使10余万元工资无法追回，该设计公司的违法行为直接侵害了其合法权益。法院经审理认为，范某系被举报人某设计公司的前员工，其举报反映的该设计公司非法转包及使用盗版软件等问题，侵害的并非作为公司内部工作人员的范某的合法权益，并未直接影响范某主张的合法权益，范某不具有提起本案履责诉讼的请求权基础，其不因向住建部提出了查处请求就自然获得本案的原告主体资格。

2. 一般应当是个别化的利害关系。例如，村民董某诉请判令镇政府履行对本村违法建设查处职责。董某述称的利害关系是：其系举报的违法建设所在村的农民，就违法建设所在地的使用具有公平竞争权；同时，其原来在违法建设所在地搭建有棚子，后被违法建设的建设人拆除，导致其流离失所。法院经审理认为，董某所称其原在涉案违法建设所在地搭建的棚子无合法审批手续，且其也没有宅基地与违法建设所在地相邻。董某无证据证明其就涉案违法建设所在地具有除作为村集体成员之外的其他权利，故其与涉案违法建设的查处不具有利害关系。

3. 一般应当是现实的利害关系。例如，原告诉请判决规划行政主管部门查处某房地产公司未取得规划许可证而在其所在的村违法建设回迁房屋的行为。原告主张其虽尚未签订拆迁补偿安置协议认购该回迁房，但今后要安置到该回迁房，从相邻权和安全角度，其有权要求规划行政主管部门查处该违法建设行为。法院经审理认为，原告提交的证据不足以证明其与所举报事项存在利害关系，裁定驳回其起诉。

4. 属于法律规范旨在保护的利益。例如，朱某诉请法院判决教育部处理某大学博士张某学位论文作假事件，撤销张某的博士学位。法院经审理认为，根据《高等教育法》的规定，对于通过博士学位课程考试和论文答辩，成绩合格，学业水平达到国家规定的学位标准及相关规定的研究生等人员，授予博士学位。朱某主张的高级职称聘任、行政职务聘任、专业课题申请、招收研究生等方面存在公平竞争关系等所涉利益，并非学位授予单位授予博士学位时应考量、保护的利益。故朱某与其要求教育部履行查处、撤销职责，不具有利害关系，裁定驳回原告的起诉。

（三）对履责事项是否属于受案范围的审查

原告诉请法院判决被告履行的法定职责应当属于被告在行政管理中应当履行且对公民、法人或者其他组织的合法权益产生实际影响的职责。原告诉请法院判令被告履行的职责不属于行政职责，或者被告是否履行原告要求其履行的职责对公民、法人或者其他组织的合法权益不产生实际影响的，人民法院应当以原告的诉请事项不属于人民法院行政诉讼受案范围为由裁定驳回起诉。从案例看，以下情形被人民法院认定为不属于行政诉讼受案范围：一是要求行政机关履行制定、修改、废止规范性文件的职责。二是要求行政机关履行内部监督和管理职责。三是要求行政机关作出属于中间性、阶段性等不成熟行政行为的职责。四是要求履行行政复议决定或行政裁判直接确定的作为义务。五是要求行政机关作为平等主体应当履行的义务或其他非行政职责。六是要求履行信访职责。七是要求履行保护政治权利的职责。八是明显不具有正当理由反复申请履责。九是要求行政机关履行与其订立行政协议的职责。十是要求履行政府信息公开职责为名进行咨询、信访或者举报，以及要求公共企事业单位公开的信息并不属于其在提供社会公共服务中制作、获取的信息等非政府信息。十一是要求公安机关履行的职责实际上属于刑事司法职责的。

（四）对原告起诉时机的审查

一种情形是原告提起履责之诉时被告的履责期限尚未届满。公民、法人或者其他组织应当在行政机关的履责期限届满后提起行政诉讼。行政机关的履责期限包括初始履责期限和依法延期或扣除补正、征求意见等所用期限后的期限。初始履责期限尚未届满就提起履责之诉的，应当裁定驳回起诉。此种情况下，基于原告所称的申请时间，结合法律规定的履责期限，法院即可判断起诉时机是否已经成熟。反之，如果涉及延长期限、扣除期限等问题，需要结合行政机关提交的延期、扣除的证据判断是否还在履责期限内。同时，延长期限和扣除期限也存在违法问题，如果经审查不符合延期、扣除条件，或者未经法定程序办理，则还涉及程序违法的认定，构成拖延履责，因此需要法院进行相对深入的审查。如果原告起诉时行政机关的初始履责期限已经届满，诉讼中被告提交延长期限或扣除期限等相关材料能够表明其尚在履责期限内且符合法律规定的，人民法院是应当裁定驳回起诉还是判决驳回诉讼请求，实践中存在不同看法。笔者认为此种情形下以判决驳回诉讼请求为宜。

另一种情形是原告超过法定起诉期限提起履责之诉。履责类案件起诉期限的确定因起算时点、履责期限以及纯粹不作为、拒绝性答复等因素的影响而有所不同。一是纯粹不作为之诉的起诉期限。相对人申请行政机关履行法定职责，行政机关在接到申请之日起两个月内不予答复的，起诉期限自履责期限届满后起算，期限为6

个月，不适用1年的起诉期限。二是紧急状态下请求行政机关履行法定职责的起诉期限。紧急状态下请求行政机关履行法定职责，行政机关不履行的，原告提起诉讼不受行政机关履行期限限制。三是拒绝性答复之诉的起诉期限。行政机关对相对人的履责申请作出答复，相对人不服提起诉讼的，应当按照撤销之诉计算起诉期限，即从知道或应当知道该答复内容之日起计算，期限为6个月，未告知诉权和诉期的，适用1年的起诉期限。四是依职权履责之诉的起诉期限。笔者认为，依职权履责之诉应当以当事人知道或应当知道行政机关不履行法定职责侵害其合法权益之日起算，起诉期限为6个月。五是行政机关只作出中间性答复（如要去补正、对客观情况的描述等）但并无实质性结论的情形，仍以法定履责期限届满之日起6个月作为起诉期限，但行政机关如果在告知中载明了其履责的期限且该期限届满之日晚于法定履责期限届满之日的，以告知的履责期限届满之日为准。

不管是起诉时机不成熟还是超过法定期限起诉，都涉及对行政机关法定履责期限的把握。2014年修改后的《行政诉讼法》将法定履责期限从60日改为2个月，将另行规定履责期限的法律规范限定于法律和法规，不再包括规章及以下规范性文件。实践中，如果规章或规范性文件规定的履责期限超过2个月，即使规章或规范性文件规定的履责期限尚未届满，但新行政诉讼法规定的2个月期限已经届满，则起诉时机一般应认为已经成熟。如果规章或规范性文件规定的履责期限短于2个月，起诉时该履责期限已经届满，但尚未满2个月的，一般也应当认为起诉时机已经成熟，且应以规章或规范性文件规定的更短期限作为行政程序合法性的评判标准。

（五）对被告是否具有相应法定职责的审查

原告诉请法院判决被告履行的职责应当属于被告的法定职责，认定行政机关是否具有法定职责需要注意以下几个方面：

1. 法定职责的来源

其一，行政职责既可以来源于法律、法规、规章的规定，也可以来源于规章以下规范性文件的规定。前提是相关规定具有合法性、有效性与适当性，如果有关行政作为义务的设定存在无效、违法或者明显不当的情形，则不予适用。

其二，行政职责不仅来源于义务性法律规范，基于职权与职责相统一的原理，也可来源于授权性法律规范。

其三，行政职责既来源于法律规范的具体规定，也来源于法律规范的概括规定。司法实践中，在确定行政机关是否具有针对某项具体事务的作为义务时，根据特别法优于一般法的法律适用准则，首先应根据具体规定加以判断，在没有具体规定的情况下，再根据行政机关的概括性职责来判断。

其四，行政职责既可来源于法律规范，也可来源于行政行为和行政惯例。常见情形包括行政协议设定行政职责、行政允诺设定行政职责、行政机关的先行行为带来行政职责、行政惯例带来行政职责等。

2. 法定职责的基准时点

法定职责的时点关系到行政机关是否具有相应的法定职责，判断行政机关是否具有相对人申请履行的法定职责，一般应以其收到相对人申请之时为时间节点。此后行政机关发生的职责变更不能成为其不作为的正当理由。如果行政机关的法定职责在其收到履责申请后发生转移的，即使其实质履责出现阻却因素，也应履行告知、移送等程序性职责。

其一，行政机关接到履责申请时负有职责，在法定履责期间内（含依法延长和扣除的期限）亦有职责，但未及时履责，履责期满后职责转移的，构成不履责违法。但能否判决该机关履行职责，则需要根据具体情况确定。

其二，行政机关接到申请时负有职责，在法定履责期间内（含依法延长和扣除的期限）职责发生转移的，未能在转移前履行，可以将履责事项转交承继机关，并向申请人告知。既未自己履行，又未转交，构成不履责。

其三，对于职责转移有特别规定，如规定已经受理的事项仍由原机关处理等，则仍应判决原机关履行。转移职责的相关法律规范虽无专门规定，但在实施过程中相关行政机关（如职责转出和受让方通过联合制定相关规定，或者上级机关作出相关规定）通过文件等方式确定衔接办法的，按照办法确定履责机关。

其四，接到申请时没有职责，及时告知申请人之后，职责转由自己承担的，无须作出处理。但在告知申请人之前相关职责已转由本机关承担的，应当履责。如果发现在职责转移前已由原负有法定职责的机关履行完毕的，亦负告知义务。

3. 事务、层级、地域管辖权

一般情形下，行政机关应当对履责事项具有事务和层级的管辖权，否则履责程序无法启动。

其一，行政机关不具有事务管辖权的，通常可以认定行政机关明显不具有法定职责，可以裁定驳回原告的起诉。

其二，行政机关具有事务管辖权，但不具有层级管辖权的，如何裁判需要具体分析。第一种情形是法律规范对于层级管辖划分标准客观明确，被告明显不具有层级管辖权，可以裁定驳回原告起诉。第二种情形是法律规范规定上下级行政机关均可行使管辖权，但同时规定上级机关是否行使管辖权由其自行决定（如“根据工作需要”“认为有必要”等），只要上级机关未明示其自己行使管辖权，一般应认定相应职责由下级机关履行。但笔者认为，此种情形下不宜认定上级机关明显不具有法定职责，故不宜采取裁定驳回起诉的方式，而适宜判决驳回诉讼请求。第三种情形是法律规范对上下级行政机关各自管辖权的划分标准包含不确定法律概念（如“重大复杂”案件由上级机关管辖等），上级行政机关对此作出的解释或判断具有合理性的，人民法院应予尊重。但此时如果法院最终认定原告诉请事项应由下级机关而非上级机关管辖，一般也不宜认定上级机关明显无职责。

其三，行政机关具有事务和层级管辖权，但不具有原告要求的具有特定指向和内容的职责。比如，《义务教育法》第七条第二款规定县级以上政府教育行政部门具体负责义务教育实施工作，但并不具有保证适龄儿童进入指定小学接受义务教育的法定职责。司法实践中，存在对此情形裁定驳回原告起诉的案例。

其四，两个或以上的行政机关对某一事项均具有管辖权，且法律规范对其各自职责范围未作划分的，相对人可以要求其中任何一个行政机关履行职责，即使具有法定职责的两个或以上的行政机关具有上下级隶属关系，上级行政机关的职责亦不因下级机关履行职责而免除。

（六）对履责阻却事由的司法认定

行政作为义务一旦具体化，就推定具备履行条件，除非行政机关能够证明存在客观或法律上的阻却因素导致其无法实际履行。

一是客观的阻却因素。最具正当性的理由是不可抗力，即不能预见、不能避免并且不能克服的客观情况，包括地震、台风、洪水等自然现象，也包括战争、戒严等社会现象。行政主体因不可抗力而无法实际履行作为义务的，构成行政不能作为而非行政不作为，不具有违法性与可归责性。

二是法律上的阻却因素。法律上的阻却因素可源于法律规范对行政作为范围、方式的限制。例如，根据《A市集体土地房屋拆迁管理办法》第二十六条的规定，房屋拆迁主管机关负有对拆迁行为的监管职责，对于违法拆迁行为应予查处。该规定中的“查处”在文义上显然包含“处罚”在内，如果拆迁人的确实施了违法拆迁行为，被拆迁人也要求房屋拆迁主管机关予以处罚，则应认定行政作为义务已经具体化。然而，由于行政处罚法对行政处罚的设定作出明确的限制性规定，A市上述规章的规定不能作为行政机关实施处罚的依据。据此，房屋拆迁主管机关不能依据上述规章的规定实施处罚行为。

三是法律价值上的权衡取舍。基于法律价值上的权衡取舍，在一定情况下也可不履行作为义务。例如，紧急避险的情形，即指行政主体同时面临两个或以上需要立即履行的行政作为义务，其本身无法同时履行，又无法通过委托或请求协助等其他方式予以履行，不得已选择履行对相对人合法权益或公共利益影响更大的作为义务，而对影响较小的作为义务不予履行。此时，行政机关未履行该项作为义务，也不应认定为违法。当然，为防止行政机关逃避作为义务，对紧急避险应从严认定。

实践中，有时行政机关以执法任务重、执法力量短缺、矛盾风险隐患大等作为未履行或未及时履行法定职责的抗辩理由，这通常不应得到司法认可。行政权的行使无疑有赖于财政、人力等资源的支撑，行政资源之不足也的确会对行政作为义务的履行产生重要影响，毕竟巧妇难为无米之炊。然而，基于以下原因，对个案中行政机关所提上述抗辩理由不宜轻易采纳：第一，这一抗辩理由没有任何实定法依据；第二，立法在配置行政职能、规定行政机关作为义务时，或者行政机关通过行政合同、行政承诺等行政行为自行设定作为义务时，理应考虑到行政资源状况，如果允许行政机关以资源不足为由不履行作为义务，对于遭受损失的行政相对人或利害关系人而言显然是不公平的；第三，认可行政机关提出的资源不足的抗辩理由，不仅不利于督促行政主体合理配置资源并积极创造条件完成职责，且由于法院难以判断资源的充足程度，故也易导致行政机关滥用该理由。

（七）裁判方式的选择

对于履责类案件的裁判方式，笔者认为值得注意以下几个问题：

一是行政机关不具有原告要求其履行的法定职责时的裁判方式问题。从司法实践看，对于被告不具有原告所主张的法定职责的情形，是应当判决驳回原告的诉讼请求，还是裁定驳回原告的起诉，存在一定争议；同时，即使是裁定驳回起诉的案件中，裁定驳回起诉的具体理由也有所不同。就此问题，自 2018 年 2 月 8 日起施行的《最高人民法院关于适用〈中华人民共和国行政诉讼法〉的解释》第九十三条第二款规定，人民法院经审理认为原告所请求履行的法定职责或给付义务明显不属于行政机关权限范围的，可以裁定驳回起诉。应当说，该规定为司法实践确立了裁判的标尺，但值得注意的是该规定中“明显”的限定，需要避免裁定驳回起诉的泛化。同时，如果行政机关明显不具有法定职责的，以何具体理由和依据裁定驳回起诉也有待明确。

二是履责类案件重复起诉的认定问题。过去，当事人基于一个履责申请提起履责之诉后，再基于同一履责申请再次提起履责之诉的，往往被认定为重复起诉，但如果当事人再次提出履责申请，即便该履责申请与前一次申请在内容上并无本质不同，往往也被认为构成新的申请，可以基于新的申请再次提起履责之诉，并不构成重复起诉。笔者认为，这一裁判思路有利于对公民、法人或者其他组织的诉权提供更加充分的保障，在很多时候也是保障行政相对人实体权益的需要。例如，在原告前一次提出履责申请并基于该申请提起履责之诉时，可能履责的条件尚未成就，因此无法支持原告的诉讼请求；但在法院作出裁判后，由于事实与法律状态的变化，履责条件可能已经成就，应当允许原告提出新的履责申请并基于新的申请提起新的履责之诉。不过，实践中也存在基于同一事实和理由反复提出履责申请并反复提起履责之诉的情形。对此，笔者认为可以对履责类案件重复起诉的认定标准予以进一步完善，如果后一次履责申请与前一次履责申请在事实与理由上并无不同，且经法院审查，并不存在事实和法律状态的变化足以导致对原告的诉请事项作出新的认定，也可以认定基于后一履责申请提起的履责之诉属于重复起诉。

三是履责类案件中撤销判决方式的适用问题。对于原告提出的履责请求，如果行政机关曾作出了拒绝性答复，人民法院经审查认定行政机关构成未履行法定职责的，在判决行政机关履行法定职责的同时应否一并撤销该答复，实践中存在争议。有观点认为，人民法院没有必要判决撤销答复，在判理部分指出拒绝性答复不合法即可。笔者认为，从明晰法律关系的角度考虑，人民法院在判决履责的同时宜一并判决撤销拒绝性答复。并且，即使原告并未明确提出撤销答复的诉讼请求，人民法院也可以一并判决撤销。此外，实践中一些行政机关曾就履责申请作出中间性答复，但未作出实质性处理。有时原告仅要求撤销中间性答复，而未提出履责诉求。人民法院有必要予以释明。经释明原告提出履责请求，且经审理认定被告未依法履行法定职责的，判决履责，或在履责无意义或可能时确认违法。如果原告同时提出撤销中间性答复的诉讼请求，可在判理中阐明该答复不属于具有独立可诉性的行政行为。如果经释明原告坚持只要求撤销中间性答复，而拒不提出履责诉求的，可以考虑裁定驳回起诉。

四是履责判决的具体化问题。长期以来，人民法院认定行政机关未履行法定职责的，往往仅作出笼统的履责判决，判令履行特定职责的案件较少，一定程度上带来诉讼程序空转和行政争议难以得到实质性解决问题。根据行政诉讼法及司法解释的规定，对于原告提起的履责之诉，应当优先适用指明具体履责内容的判决方式，而在相关履责事项尚需行政机关进一步调查或裁量的情况下，可以作出笼统的履责判决。需要注意的是，如果原告在诉讼请求中明确要求判决被告履行特定职责，而人民法院认为因行政机关尚需进一步调查裁量而仅判决行政机关作出答复或处理时，因该判决并非对原告诉讼请求的终局性否定，故不宜在判决主文中加判“驳回原告的其他诉讼请求”，但需要在判理中作出相应阐释。

（撰写人：周孟伟）

7

行政机关负责人出庭应诉制度的实证分析及完善建议

——以《行诉解释》相关规定为基础的构建

内容提要：

行政机关负责人出庭应诉制度入法已有多年，该制度实施过程中的两面性特点鲜明，一方面制度实施取得成效，另一方面由于制度不完善、不健全导致的负面效果较为显著，阻碍制度实效性的发挥。为此，要在符合立法目的，实现预设功能；提升制度可行性和可操作性，消除落地的障碍；保证法律体系统一性和协调性的前提下，进行制度框架的构建，从行政机关负责人的认定、出庭应诉范围及通知程序、不能出庭应诉时的处理、不出庭的法律后果及异议处理等方面进行完善。

行政机关负责人出庭应诉制度经历了地方法治实践—全国范围推广—行政诉讼入法，到现在作为一项法定制度和行政机关的法定义务已实施3年有余，制度贯彻落实情况良好。据统计，全国范围内行政机关负责人一审出庭应诉率已由2015年（2015年5月1日始）的10.33%上升至2017年（2017年11月30日止）的18.42%，制度实质化解行政争议、加强干群沟通、促进政府依法行政以及优化行政审判外部环境方面的功能价值不断显现。与此同时，不可否认的是，该制度在实施过程中还存在着形式化、运动化、表面化的倾向，深化贯彻和全面推行中的“瓶颈”难以突破，与该制度作为行政诉讼基本原则之一的法定地位①和自身扎根深厚的实践基础、文化土壤的形象形成鲜明对比。因此，有必要对该项制度的实施现状进行全面扫描和深度观察，总结制度实施效果，发现制度实施问题，提出制度完善建议，促进制度功能实现。

一、实证观察：行政机关负责人出庭应诉制度实施效果分析

作为一项正在探索实施、不断完善中的制度，行政机关负责人出庭应诉中的两面性特点显著，一方面制度实施取得实效，另一方面由于制度不完善、不健全导致的负面效果较为显著，阻碍制度实效性的发挥。本文以A市为例，用A市法院丰

---

① 该条规定在总则部分，而未规定在具体条文当中，表明立法者将本条列为行政诉讼的基本原则之一，参见梁凤云：《新行政诉讼法逐条注释》，中国法制出版社2017年版，第15页。

富的数据作为基础，鲜活的实践作为样本，对该制度的实施效果进行详细分析。

（一）制度实施成效显著，但实施效果仍有待加强，未落实出庭应诉常态化

2014 年《行政诉讼法》修订后，A 市法院着力探索行政机关负责人出庭应诉规范化的新道路，积极创新行政机关负责人出庭应诉常态化的新方法，促进该项法定制度贯彻落实并发挥实效。行政机关负责人出庭应诉的总量和比例逐年上升，覆盖面不断扩大；行政机关负责人出庭应诉的积极性、主动性不断提升。

第一，2015～2017 年 A 市法院行政机关负责人出庭应诉总人次和总案件量呈现不断增长的态势（参见图 2－19）。其中出庭总人次在新法完整实施的第一年增幅达 75.8%，2017 年增幅回落至 43.6%，但仍保持较高的增长率。出庭总案件量均保持每年 45% 以上的增长态势，出庭率[①]也从 2015 年的 1.7% 上升至 2017 年的 3.8%。

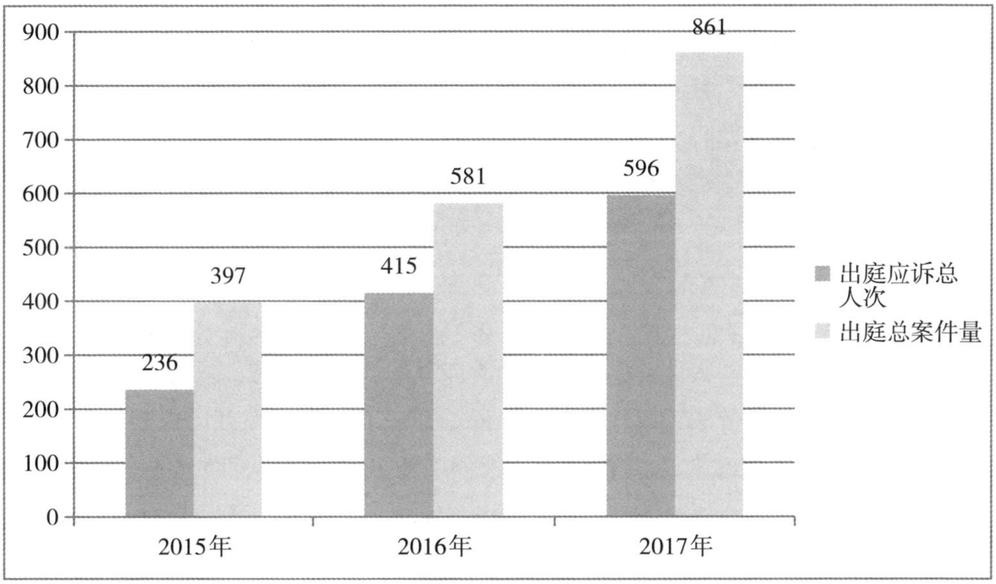

图 2－19　A 市法院 3 年行政机关负责人出庭应诉总人次和总案件量

第二，行政机关负责人出庭应诉案件几乎涵盖了全部的行政管理领域，涉及大部分常见案件类型，并且呈现领域越来越广，类型越来越丰富的趋势。同时，从出庭单位数量来看，2015 年共有 152 个单位的负责人出庭应诉；2016 年共有 270 个单

① 因出庭应诉率采用本年度行政机关负责人出庭案件量占行政案件总量的比例，鉴于部分案件并未开庭，行政机关负责人在此类案件并无出庭应诉的义务，因此实际的比例应当大于本文采用的数据。但是由于本文仅想反映一种增长的趋势，同时开庭案件量在实务中较难统计，故采用本数据。

位的负责人出庭应诉；2017 年共有 381 个单位的负责人出庭应诉，有行政机关负责人出庭应诉的单位的覆盖面逐渐扩大。特别是 2016 年 A 市即实现了各区政府负责人出庭应诉覆盖率 100%，区长出庭应诉已成为常态；2017 年中央部级单位负责人中国证监会主席助理出庭应诉行政案件，A 市实现了行政机关负责人出庭应诉纵向层级全覆盖；甚至高等院校作为法律、法规、规章授权行使行政职权的组织也有负责人出庭应诉。

但是从整体上看，行政机关负责人出庭应诉制度实施效果仍有待加强，离出庭应诉常态化还有一定的距离。首先，行政机关负责人出庭应诉的总量仍然较小、比例仍然较低，仍有很多单位一直未有负责人出庭应诉，未达到“以出庭为原则、以不出庭为例外”的要求。其次，正职出庭的数量从 2015 年的 40 人次增至 2017 年的 94 人次，但是比例还处于 13% ~17% 的较低水平，并且总体呈现下降的趋势。最后，行政机关负责人出庭应诉案件平均办理时间与其他案件相比较长。以某区法院为例，2017 年某区法院审结行政机关负责人出庭应诉案件平均用时 101 天，部分案件审理时间超过 4 个月，极个别案件审理时间接近审限，而非行政机关负责人出庭应诉案件平均审理用时为 90 天。

（二）制度价值不断凸显，但出庭形式化倾向明显，未实现出庭应诉实质化

行政机关负责人出庭应诉的制度价值和实践效果凸显，通过出庭实质化解行政争议的心态逐渐成熟。笔者就 A 市行政机关负责人出庭应诉制度的实施情况设计调查问卷，根据反馈结果，一半以上的法院认为本院行政机关负责人出庭应诉时会提前了解案情，部分参与案件的庭审，发表质证辩论意见。同时，行政机关负责人出庭制度逐渐成为一种依法行政教育平台，促进司法与行政良性互动机制的构建。A 市法院协同各级行政机关，以行政机关负责人出庭应诉为契机，组织所属部门的领导干部和一线执法人员旁听案件庭审，充分发挥庭审的示范、法治教育功能，提升行政机关及其工作人员整体的法治意识和应诉能力。

但是实务中，行政机关负责人出庭应诉作为一项义务，呈现一种形式化倾向和被动型的模式。一方面没有真正调动行政机关负责人出庭应诉的积极性，其主动履行义务的意识没有树立；另一方面制度刚性不足，行政机关自主选择权过大，法院能动性发挥不足，无法掌控案件审理过程和庭审现场，庭审结构失衡。

首先，从该制度实际效果看，71% 的受调查法院认为本院行政机关负责人出庭应诉案件的矛盾纠纷化解效果一般或者无效果，仅有 29% 的受调查法院认为本院行政机关负责人出庭应诉案件的矛盾纠纷化解效果较好；从行政机关负责人出庭参与程度看，仍有 33% 的法院认为本院行政机关负责人出庭应诉时不会提前了解案情，不参与庭审活动，或者仅形式化地宣读提前准备好的书面答辩状或者最后陈述。

其次，该制度实施过程中还存在为年底绩效考评加分、完成政治任务年底扎堆出庭的情况。据统计，2015 年第四季度行政机关负责人出庭应诉的人次占全年出庭应诉人次的30%，2016 年第四季度占本年度的36.6%，2017 年第四季度占本年度的31.5%，从整体上看，均超过本年度季度的平均水平。特别是对于级别相对较高的区政府等，其年底集中出庭的情况更为普遍，选择在第四季度出庭应诉的人次占全年出庭人次的比例达一半以上。

最后，选择性出庭的现象较为常见。根据笔者的调查问卷结果，95%以上的法院在推动该制度实施的过程中，都存在选择性出庭的现象，甚至大部分选择性出庭与全部选择性出庭的比例占到81%。行政机关负责人对于预期败诉案件、矛盾较为激烈的案件、群体性纠纷案件以及涉及重大公共利益的案件不愿出庭，出庭案件的典型性和代表性不足，导致制度实质化解行政纠纷的预设功能无法充分发挥。

（三）配套机制不断创新，但制度落实的刚性不足，未达到出庭应诉规范化

2014 年《行政诉讼法》颁布前后，A 市高级人民法院与中、基层人民法院一起，积极探索推进行政机关负责人出庭应诉的新措施、新方法，搭建行政机关和行政相对人之间充分交流互动的平台，行政机关负责人出庭应诉的机制更加健全，规范化程度进一步提升。比如，某法院创新的“党委领导、政府主导、法院推进、司法行政联动”的推进行政机关负责人出庭应诉的“平谷路径”，通过“四借力”“四细化”“四跟进”“四加速”十六项工作法，全面保障行政机关负责人出庭应诉工作取得实效。另一法院通过完善“一通知、二提醒、三指导”的工作流程，坚持“请进来”与“走出去”相结合，加强与行政机关的沟通联络和良性互动，建立双方信息共享机制等，实现行政机关负责人出庭应诉率翻番。

但是，由于行政诉讼法相关规定的原则性，该制度在实施过程中还存在规范化程度不高的问题。

首先，行政机关负责人出庭应诉制度实施中存在层级分布不均衡、地域分布不均衡以及领域分布不均衡等均衡度不足的问题。以纵向层级为例，总体呈现层级与出庭率倒挂的特点。2017 年市级单位共 68 人次的行政机关负责人出庭应诉，占总出庭人次的 11.4%；区级以下政府部门共计 528 人次的行政机关负责人出庭应诉，占总出庭人次的 88.6%；而中央部委截至 2017 年年底仅有一例行政机关负责人出庭应诉案件。上述不均衡现象的出现一方面是由于各级各地各部门行政机关对该制度重视程度不同，同时还与案件体量不同有关。

其次，行政机关负责人出庭应诉虽然已经入法 3 年有余，但是仍然是各具特色的地方实践样本，并未在立法明确后全面施行时形成全国统一的制度运行模板。2018 年《最高人民法院关于适用〈中华人民共和国行政诉讼法〉的解释》（以下简

称《行诉解释》）专章规定了该制度，明确了该制度实施中的一些细则，有助于统一司法实践。不过，仍然有一些实操层面的规则亟待明确。例如，在案件流程方面，法院是否需要向行政机关负责人发送出庭应诉通知书或者提示书；行政机关负责人不能出庭时，需要提交情况说明的人员范围；其他参与分管的负责人应当如何理解和界定等。

最后，司法机关在推动该项制度的过程中作用发挥受限，仅能发挥辅助作用。根据笔者的调查问卷显示，71%的法院认为行政机关负责人出庭应诉工作在本院行政审判实务中较难推动或者很难推动，仍然是“法院倡导、党委领导、政府主导”的制度模式，[①] 是否出庭的主动权也掌握在行政机关手中。这就导致法院在推动该项制度中能采取的创新措施大都是软性措施，包括增加与行政机关座谈交流，宣传制度的重要意义，促进司法与行政良性互动等。同时各法院的措施大同小异，相互模仿借鉴，呈现趋同化的现象。此外，各地推动行政机关负责人出庭应诉的规范文本多由政府牵头制定，以行政机关为制定主体，人民法院单独制定或者参与制定的较少，该制度基本成为行政机关自我规制、自我要求、自我设限的一项制度，法院在推动该项制度贯彻落实中的强制力和刚性不足，各种处理没有法律依据。

二、立论基础：行政机关负责人出庭应诉制度构建的理论基础分析

根据上述实证观察，行政机关负责人出庭应诉制度实施中的两面性特点鲜明，立法之初的功能预设与实践表达间存在一定的差异，[②] 有必要从运行模式的完善及保障机制的健全上着力，明确可操作性规范和技术性处理方式，以充分发挥制度预设的功能。但是，制度框架的完善要有坚实的理论基础，不仅要在法理上符合立法目的，有助于实现预设功能，同时也要在实践中具备可行性和可操作性，没有落地的障碍；不仅要把握制度的特殊性，具体问题具体分析，同时也要使制度能够融入整个法律体系，保证法律体系的统一性和协调性。

（一）符合立法目的，实现预设功能

制度框架的构建和实施细则的制定要符合立法目的，围绕立法原意进行细化。因此，探究行政机关负责人出庭应诉制度设置目的，重新定位行政机关负责人出庭应诉制度的价值基础，是对其完善和细化的前提。

从历史缘起探究，几乎全部的相关文献在对该制度进行中央立法层面的观察时都起始于2004年国务院《全面推进依法行政实施纲要》，将行政应诉作为行政机关“接受人民法院依照行政诉讼法的规定对行政机关实施的监督”的手段。2008年国

---

① 参见章志远：《行政诉讼中的行政首长出庭应诉制度研究》，载《法学杂志》2013年第3期。

② 喻少如：《功能主义视阈下的行政机关负责人出庭应诉制度》，载《法学评论》2016年第5期。

务院发布《关于加强市县政府依法行政的决定》，开始“鼓励、倡导行政机关负责人出庭应诉”，但是仍然将行政应诉与行政机关负责人出庭应诉作为强化对行政行为监督的手段。不过，2010 年国务院发布《关于加强法治政府建设的意见》（已失效），对行政机关负责人出庭应诉的价值定位有所转向，将其作为“依法化解社会矛盾”的重要举措。与早期国务院的观点类似，最高人民法院 2007 年发布《关于加强和改进行政审判工作的意见》，认为行政首长出庭应诉是“国家法治水平提升、社会文明进步的可喜现象”，法院“不宜提出刚性要求和作出强制性规定”。但在 2009 年发布的《关于当前形势下做好行政审判工作的若干意见》中，最高人民法院旗帜鲜明地提出“要通过推动行政机关法定代表人出庭应诉制度，为协调、和解提供有效的沟通平台”，明确行政首长出庭应诉的价值主要在于促进行政争议的化解。①

2014 年《行政诉讼法》修订，对立法目的进行调整，增加“解决行政争议”这一立法目的，着力通过行政诉讼实质化解行政争议。这一立法目的的修改，其积极意义远不仅仅是宣示，还起到了对总体架构的整备和对具体制度的完善的统领作用。② 为实现这一立法目的，新法修订时创新了许多配套制度，行政机关负责人出庭应诉制度就是其一。根据许多指导审判实务的书籍对该制度功能和意义的阐述，③ 就个案来说，该制度确立的首要目的就是提供直接对话沟通的平台，有效化解行政争议，与此同时在整体上发挥法治主义的宣示、象征的作用，实现法制宣传教育、带动依法行政的功能，进而从源头上减少行政争议的发生。因此，在现行法框架下，要以个案中和整体上实质化解行政争议为中心进行制度的整体构建和配套

① 高春燕：《行政首长出庭应诉：价值重估与技术改良——以浙江 66 个规范文本为基点的分析》，载《行政法学研究》2015 年第 2 期。

② 李广宇：《新行政诉讼法逐条注释》，法律出版社 2015 年版，第 13 页。

③ 《中华人民共和国行政诉讼法释义》一书中指出，立法上确立行政机关负责人出庭应诉制度的重要意义包括三个方面：一是通过双方面对面的直接交流，缓和对立情绪，促进相互理解，以利于有效化解行政争议，实现法律效果和社会效果的双赢；二是将出庭应诉作为法制教育的过程，促进行政机关负责人了解执法问题、增强法治意识，同时带动行政机关整体依法行政；三是塑造行政机关良好的法治形象，以社会效果增强人民群众对法治的信心，提高全社会的法治观念。参见信春鹰主编：《中华人民共和国行政诉讼法释义》，法律出版社 2014 年版。江必新、梁凤云所著《行政诉讼法理论与实务》一书中也提到，对于在行政诉讼法中是否明确要求行政机关负责人出庭应诉，在修法过程中主要有两种意见，最后采纳了应当明确规定的意见，理由是：第一，行政机关负责人出庭应诉，有利于行政机关负责人客观、全面地了解本单位的执法现状和存在的问题，有利于行政机关改进行政执法方式，提高行政执法水平，促进依法行政，从源头上减少行政争议；第二，行政机关负责人出庭应诉，有利于提高本部门、本系统行政执法人员的法律意识，有利于提高自身的法律意识，有利于提高本单位职工的行政执法水平，增强依法行政意识，提高执法水平，完善执法机制；第三，行政机关负责人出庭应诉，有利于密切“官”民关系，理顺群众情绪，有利于高效地解决行政争议，促进社会和谐。参见江必新、梁凤云：《行政诉讼法理论与实务》，法律出版社 2017 年版，第 65 ~66 页。

设施的匹配，并附带性地发挥该制度法治主义的象征功能。

（二）具备可行性和可操作性，落地无障碍

制度框架的构建要具备可行性和可操作性，进行充分的实践考量，考虑现实情况，以促进制度价值发挥的最大化。对于行政机关负责人出庭应诉制度，在增加制度刚性的基础上，还要着力避免制度落地中的障碍。

第一，该制度不仅给行政机关负责人在日常公务之外增加了额外的负担，同时也给法院的行政审判工作提出了新的要求。一方面，在立案登记制全面施行之后，行政案件大幅增加，行政应诉压力大，让行政机关负责人在每一起案件中都出庭应诉不仅难以实现，而且也没有必要。另一方面，作为行政诉讼中一项新添加的程序，必然使本身就复杂严格的行政诉讼流程更加烦琐，在各项审理细节上都要有所回应。因此在进行制度设计时，一是要考虑行政机关负责人出庭应诉实现的可能性，进行适当减负，不对其在每件案件中出庭作绝对化的要求，给予其自主安排工作的合理空间；二是考虑行政机关内部职权分工的专业性，在出庭应诉的行政机关负责人的范围上进行适当的扩大，尽量让真正了解案件真实情况、熟悉相关法律规范的负责人出庭；三是让审判工作人员在实施该项制度时负担最小化，减少不必要的流程和形式化的程序，减轻行政审判的压力。

第二，行政机关负责人出庭意味着庭审结构中出现了一个新的法律地位的对象，势必打破了原本的庭审结构，需要法院有能力、有魄力实现新的平衡，并推动制度落实。但是不可否认的是，司法本身自带谦抑克制性，同时考虑我国行政权与司法权的现实权力配置情况，在制度的推行中，法院所能采取的措施有限，在一定程度上必须依赖于行政机关的配合与支持，法院过于激进的措施不具备可行性和可操作性，势必得不到行政机关的配合与支持，容易陷入法律规定被架空的窘境。因此，在《行政诉讼法》仅对行政机关负责人出庭应诉制度进行原则性规定，甚至可以说只是倡导性规定的情况下，在构建制度框架时，势必要考量配套制度在目前权力结构下的可行性与可操作性，沿着封闭对抗型行政诉讼模式向开放合作方向转换的道路，谋求党委和政府的理解和支持，力求务实高效，促进行政机关和司法机关在行政机关负责人出庭应诉的问题上达成共识，形成良性互动和共同推进的合力。

（三）保证法律的系统性，内部协调一致

行政机关负责人出庭应诉制度作为行政诉讼系统整体延伸出和衍生出的制度，是实现行政诉讼立法目的的一个要素。在把握该制度特殊性的同时，要以法律体系的协调一致为制度设限，保证该制度在行政诉讼框架中的逻辑自洽。

第一，以立案登记制改革为背景，充分考量立案登记制改革的成效，在评估现有行政诉讼案件开庭总量以及开庭率的前提下，对行政机关负责人出庭义务履行的严格性、强制性进行梯度式规定和要求，防止立案登记制改革的推行打击行政机关负责人出庭应诉的积极性，阻碍该制度的贯彻落实。

第二，考虑复议双被告制度设置的目的以及该类案件的总量、增幅，[①] 如果在每起案件中都对复议机关和原行政行为机关的负责人设定同样的出庭应诉的要求，势必会导致复议机关的应诉压力过大。因此，要根据案件的特殊性进行具体分析，不能“一刀切”。

第三，在利用行政机关负责人所享有的决断权，有利于案件协调化解的独特优势时，遵守合法性原则以及法定的可调解案件范围，为行政机关负责人出庭应诉时发挥调解和解功能设限，严守行政诉讼调解制度的要求。

第四，作为行政审判流程的一部分，要将行政机关负责人嵌入庭审结构中，同时也要融入行政审判流程以及行政应诉工作中。比如，对于行政机关负责人应当出庭应诉的案件，在诉讼程序上法院应当如何通知、在哪个环节通知、行政机关负责人不能出庭的情况说明应当在什么阶段提交等，都是需要考虑的问题，也是行政机关负责人出庭应诉制度进行技术性和可操作性完善的重点。

三、框架建构：行政机关负责人出庭应诉制度完善的建议

《行诉解释》从行政机关负责人的范围、被诉行政机关负责人应当出庭的案件、受委托参与诉讼的行政机关相应工作人员的界定以及相应的法律后果等方面对行政诉讼法的规定予以细化，更加具有可操作性，也为后续的完善提供了基本的制度框架。因此，本文就以《行诉解释》为基础，从以下几个方面提出完善的建议。

（一）行政机关负责人的认定

“行政机关负责人”并非严格意义上的学术用语和实定法上明确界定的概念，对其进行界定成为制度构建中的第一个重要问题。

1. “行政机关负责人”中“行政机关”的范围

行政诉讼中作为被告的并非仅有行政机关还有法律、法规或者规章授权行使行政职权的内设机构、派出机构和其他组织（如经过授权从事公共服务的高等院校等企事业单位以及律师协会、注册会计师协会等行业协会）。授权组织做被告时与行政机关一样，也应当履行负责人出庭应诉的义务。

这是因为根据行政诉讼法的规定，公民、法人或者其他组织对其作出的行政行为不服，有权提起行政诉讼，因此，授权组织在授权范围内与行政机关处于同等地

---

① 该制度实施过程中，法院受理的复议双被告案件不断增多，以A市第四中级人民法院为例，2015年该院受理以区政府和市政府为共同被告的复议双被告案件86件，2016年293件，占当年全部受理行政案件总数的19.2%，较上年度该类案件增长近240%。

位，在行政诉讼中作为被告承担同样的诉讼义务。而从本质上讲，行政机关负责人出庭应诉制度是立法基于平衡原被告双方的地位，让原被告在庭审中平等对话、沟通协商而建立的，这项义务是法律附加在被告身上的，应该与行政诉讼中被告的范围一致，实际指代的是“被告负责人”。此外，从行政机关负责人出庭应诉的意义角度考察，实质化解行政争议、推动依法行政是该制度要实现的首要功能，对根据授权组织来说，该制度为双方搭建了沟通的平台，同样有助于双方矛盾的化解以及上述组织依法行政能力的提升。因此，法律、法规、规章授权组织作为被告时同样适用行政机关负责人出庭应诉的相关规定。

2. “其他参与分管的负责人”的范围

《行诉解释》对“行政机关负责人”的范围进行了进一步的扩展，不仅包括“行政机关的正职、副职负责人”，还包括“其他参与分管的负责人”。笔者认为，“其他参与分管的负责人”界定的关键在于其出庭能否体现行政机关负责人出庭应诉的制度价值，符合立法化解行政争议的目的。同时也不能偏离对“行政机关负责人”以及“其他参与分管的负责人”的一般理解和认识太远，范围不可过于宽泛。应当是本行政机关内部分管被诉行政行为具体实施或者分管法制工作的副职级别的负责人。

首先，“其他参与分管的负责人”中的重点之一是“参与”，即应当是作出被诉行政行为部门的分管领导或者负责被诉行政行为具体实施的分管领导，应当与被诉行政行为存在负责与分管的关系，以其了解实际执法情况和案件情况来体现出庭能够实质化解争议的优势，而并未“参与”被诉行政行为的其他分管负责人不能作为该案件的行政机关负责人出庭应诉。由此可见，“其他参与分管的负责人”在实务中是一个动态的概念，该负责人在此案中因为参与被诉行政行为分管工作，可以作为行政机关负责人出庭应诉，而在彼案中由于并未负责，其不能作为行政机关负责人出庭应诉。同理，行政机关的副职负责人也应当与“其他参与分管的负责人”一样，具备“参与”的因素。

其次，“其他参与分管的负责人”以“行政机关”作为其定语，依照文本解释的方法以及普通人的一般认识，应当是被诉行政机关中的负责人，与本机关存在组织关系，而不能包含受委托组织的负责人以及直属下级行政机关的负责人，即便其具体经办并了解情况。

再次，由于是行政机关负责人出庭应诉制度，所以应当有一定的级别要求，这一要求不仅是庭审中行政决断权的保证，同时也体现“告官见官”的制度价值，因此必须是一般意义上的“官”，不过，是不是“官”是一个相对性的概念，也是一个主观性的概念，没有客观认定标准。但笔者认为应当是等同于行政机关副职级别的分管领导，即至少应该是被诉行政机关领导班子成员，而不包括分管该项工作的中层正职领导。

最后，政府中参与分管法制工作的负责人能否作为行政机关负责人出庭应诉，还是要看其是否对于被诉行政行为有“参与分管”的因素存在。由于行政应诉以及执法等工作从本质上来说是政府法治工作的一部分。因此，参与分管法制工作的负责人也是“其他参与分管的负责人”，应当可以作为行政机关负责人出庭应诉。

3. 共同被告案件中行政机关负责人的出庭应诉义务

共同被告案件包括复议双被告案件和两个以上行政机关作出同一行政行为的案件，对于该类案件没有必要要求所有的行政机关都安排负责人出庭应诉，应当给予其合理安排自身活动的空间。以复议双被告案件为例，首先，《行政诉讼法》明确规定适用于复议维持类案件，这类案件中对相对人的权利义务产生影响的是原行政行为，矛盾纠纷也系原行政行为引发，而维持的复议决定并未改变原行政行为机关与行政相对人之间的行政法律关系，当事人本质上是对原行政行为不服，因此从行政机关负责人制度力求化解矛盾纠纷的预设来讲，复议机关负责人出庭应诉实效性不强。其次，从复议双被告制度设置的原理与价值定位来看，将复议机关拉入诉讼程序中主要是为了激发复议机关在复议程序中纠错的积极性，其在诉讼程序中并没有过多纠纷化解的作用。因此，对于复议双被告案件，可以放低对复议机关的要求。不过，复议机关作为原行政行为作出机关的上级，对于部分具有普遍示范效应或者原行政行为作出机关是依照上级机关的指示作出的行为的案件，由复议机关负责人出庭应诉效果更好。故折中的方法就是允许共同被告协商确定一个被告的负责人出庭应诉，同时法院有权力根据案件情况对出庭的被告负责人提出建议。既有利于发挥行政机关负责人出庭应诉制度的功效，同时还能减轻行政机关的应诉压力。

（二）出庭应诉范围及通知程序

1. 出庭应诉义务涵盖的诉讼阶段

行政机关负责人出庭应诉制度中的“出庭应诉”是指在一审、二审等各个诉讼程序中的开庭审理阶段到庭参加诉讼。因此，行政机关负责人在证据交换、谈话以及听取宣判等阶段[①]的到场不能认定为行政机关负责人出庭应诉；对于多次开庭的

---

① 参见《行诉解释》第三十八条第一款规定：“对于案情比较复杂或者证据数量较多的案件，人民法院可以组织当事人在开庭前向对方出示或者交换证据，并将交换证据清单的情况记录在卷。”《行诉解释》第六十九条第三款规定：“人民法院经过阅卷、调查或者询问当事人，认为不需要开庭审理的，可以迳行裁定驳回起诉。”《行政诉讼法》第八十条第一款和第二款规定：“人民法院对公开审理和不公开审理的案件，一律公开宣告判决。当庭宣判的，应当在十日内发送判决书；定期宣判的，宣判后立即发给判决书。”

案件，只要行政机关负责人在一次开庭时到庭，即可认定为行政机关负责人出庭应诉；多次开庭时更换行政机关负责人也应当然地认定为已出庭应诉；对于没有开庭这一程序的案件，行政机关负责人则没有出庭应诉的义务，因此不能认定为行政机关负责人未出庭应诉。之所以采取这种狭义的理解，是因为：

一是从行政机关负责人出庭应诉制度设置的初衷来看，主要是通过行政机关负责人出席庭审活动，利用庭审搭建的平台，与相对人进行沟通交流，化解争议，同时进行法治宣传教育，提升依法行政能力。而证据交换则是针对案情比较复杂或者证据数量较多的案件，对案件的证据进行提交以及质证，双方并无就案件事实、法律适用等展开辩论的机会；听取宣判则是在案件裁判结果已经确定的情况下，向原被告宣读裁判结果，双方并没有再就矛盾争议进行沟通交流的时间和必要；稍有疑虑的在于谈话程序，在谈话程序中，双方当事人会就案件事实和法律适用进行辩论，就案件矛盾争议进行沟通，但是仅适用谈话程序结案的案件全都属于不符合法定起诉条件，应当裁定驳回起诉的案件，并未进入实体审理，在法官主导下，谈话程序关注的重点以及双方当事人就案件事实和法律适用进行争议的重点都在于原告在程序上是否符合法定起诉条件，而非行政争议的实体问题，行政机关负责人也没有出席的必要性。

二是如果将出庭扩大化会产生一系列负面效应。一方面，会给行政机关负责人逃避出庭义务提供空间，挑选证据交换、听取宣判等程序，使其不需要在开庭前了解案情、了解执法情况，更无法通过开庭与原告就矛盾争议进行沟通，使得行政机关负责人出庭应诉的效果大打折扣。另一方面，行政机关负责人出庭义务扩大至其他程序中，导致行政机关在谈话询问、证据交换以及听取宣判中也负担出庭应诉的义务，在不出庭时承担相应的法律后果，要求过于严格。

三是《行政诉讼法》和《行诉解释》并未对一审、二审和再审开庭时的行政机关负责人出庭应诉义务予以区别对待，或者放松对行政机关负责人在二审和再审开庭中的出庭义务要求；同时，对于二审和再审案件，其矛盾纠纷并未在一审中化解，甚至相对人的对立情绪更加激烈，矛盾冲突更加深化，因此从矛盾纠纷化解的角度看，行政机关负责人仍有出庭应诉的必要性。因此，行政机关负责人是否有出庭应诉的义务由案件是否开庭所决定，不仅包含一审庭审的出庭，同样包含二审和再审程序庭审的出庭，即便一审时行政机关负责人已经出庭，也不能免除二审和再审程序中的出庭应诉义务，同时适用相应的法律后果。

2. 行政机关负责人应当出庭案件的界定

《行诉解释》第一百二十九条第一款根据案件不同，对行政机关负责人出庭应诉义务履行的严格程度和约束力进行了区分，对于部分案件着重强调行政机关负责人出庭应诉义务的实际履行，以更加正式严肃的程序进行规范。[①] 该条列举了四类对出庭义务要求更严格的案件，包括涉及重大公共利益、社会高度关注、可能引发群体性事件以及人民法院书面建议行政机关负责人出庭等案件。其中第四类属于兜底条款，即对于明显不属于前三种类型的案件，但是法院根据案件情况认为行政机关负责人仍然有出庭应诉必要的，则可以书面建议行政机关负责人出庭应诉，本质上属于人民法院认为行政机关负责人应当出庭的其他案件。具体来说可以包括：行政机关所在地或者所在行业的相关规定要求行政机关负责人出庭应诉的案件；依法可以调解的行政赔偿、补偿以及行政机关行使法律、法规规定的自由裁量权的案件；行政公益诉讼案件；行政机关反复败诉的同类案件；行政机关负责人出庭应诉有助于实质性解决行政争议的案件等。这种规定方式一方面增强了行政机关负责人出庭应诉的刚性和强制力，防止该制度在实务中被虚置；另一方面又给看似缩小了的行政机关负责人出庭应诉的案件范围以扩大的弹性空间，以退为进，使法官有充分的余地根据千差万别的个案情况进行具体判断。

3. 出庭应诉的通知程序

根据上文所述，《行诉解释》第一百二十九条第一款规定的四类案件全部属于行政机关负责人应当出庭的案件，此时需要法院通过一定的方式向行政机关传达其对案件是否属于上述案件类型的判断结果。[②] 同时，由于上述四类案件并没有本质上的区别，其通知程序可以进行整合，统一在送达开庭传票前或者与开庭传票一并送达《行政机关负责人出庭应诉建议书》，告知该案符合《行诉解释》第一百二十九条规定的行政机关负责人应当出庭应诉的情形，并附回执。同时建议书应当明确案件涉及重大公共利益、社会高度关注、可能引发群体性事件或者其他考量因素，以备行政机关选择适当的负责人出庭应诉，并做好出庭应诉的准备。之所以选择开庭传票送达这一时间节点，是依据《行诉解释》第七十一条中的规定，“人民法院适用普通程序审理案件，应当在开庭三日前用传票传唤当事人”，行政机关负责人作为代表被告出庭的人员，也应在需要出庭的3日前得知，以有充分的时间安排公务活动并做好庭前准备工作。

---

① 参见《行诉解释》第一百二十九条第一款规定：“涉及重大公共利益、社会高度关注或者可能引发群体性事件等案件以及人民法院书面建议行政机关负责人出庭的案件，被诉行政机关负责人应当出庭。”

② 在《行诉解释》颁布之前，不同法院在推进行政机关负责人出庭应诉时做法不一，有的法院每起案件中均在开庭送达传票时，向被告送达负责人出庭应诉通知；有的法院仅针对部分案件在发送应诉通知时就发出行政机关负责人出庭应诉通知书；另有法院就负责人出庭应诉并不向行政机关发送任何书面材料。同时各法院发送的书面材料的语言表述以及材料名称有所不同，有的采用“行政机关负责人出庭应诉通知书”，有的采用“行政机关负责人出庭应诉建议书”，还有的法院根据本院制定的文件，对于其认为应当出庭的案件发送“通知书”，对于其他类型的案件发送“建议书”。

对于不属于《行诉解释》第一百二十九条第一款规定的行政机关负责人应当出庭应诉的四类情形之一的，不需要发送书面的建议书。这种处理方式一方面可以将《行诉解释》第一百二十九条中特别规定和强调的应当出庭的案件在诉讼程序中予以特殊化，引起行政机关的注意；另一方面也免去了法院逢案即发出庭应诉建议书的负累。

（三）不能出庭应诉时的处理

根据《行诉解释》第一百二十九条第三款对行政机关负责人不能出庭应诉进行了程序上的限制，增加了行政机关负责出庭应诉制度的强制力及刚性，避免行政机关负责人任意逃避出庭义务。不过针对该条，实务操作中还存在诸多问题。

1. 提交情况说明的适用范围

从条文的整体性和内在逻辑一致性来说，《行诉解释》第一百二十九条是一个极富关联性的整体，一方面往前追溯，是否需要说明理由与行政机关负责人出庭应诉案件的划分有关；另一方面往后追溯，是否需要说明理由还与后续是否审查以及拒绝说明理由时的法律后果有关。因此，《行诉解释》第一百二十九条第三款规定的行政机关负责人不出庭时提交情况说明，系指第一百二十九条第一款规定的应当出庭应诉的情形，且要求所有符合条件的负责人不能出庭时都说明理由。

首先，《行诉解释》对行政机关负责人出庭案件做了出庭强制程度上的区分，而作为刚性和强制力的来源，后续不能出庭时的程序处理也应当更加地严格，理应与其他案件有所区别，要求针对这类行政机关负责人应当出庭案件，行政机关负责人有正当理由不能出庭应诉的，要向法院提交情况说明。

其次，是否需要提交情况说明关联到后续是否需要审查。对于行政机关负责人提交的情况说明，法院要进行审查（理由参见下文），如果要求行政机关负责人对于所有不出庭的案件都要提交情况说明，则势必会给法院增添很重的审查压力。

再次，是否需要提交情况说明还关系到拒绝说明理由时的处理措施。《行诉解释》第一百二十九条第四款规定行政机关拒绝说明理由的法律后果。如果提交情况说明的要求适用于全部案件，则对于并非第一款规定的行政机关负责人应当出庭应诉的案件，行政机关不提交情况说明的，人民法院就可以向监察机关、上一级行政机关提出司法建议，后果较为严重，且并未在第一款的基础上，对于案件分类处理。因此，第四款规定的拒绝说明理由的后果仅适用于行政机关负责人应当出庭应诉的案件，相应地，说明理由的义务仅应附加在第一款行政机关负责人应当出庭的案件上。

最后，如果不要求全部的“行政机关负责人”均提交情况说明并进行审查，则将该制度人为地放开一个口子，在行政机关的正职、副职负责人不能出庭时，给其他参与分管的负责人逃避出庭提供机会。因此有必要要求所有符合条件的负责人不能出庭时都要说明理由。

2. 对情况说明的审查

实务界和学界对于不能出庭的理由是否进行审查形成了两种对立的意见。[①] 笔者认为，法院应当对情况说明进行审查。首先，根据前文结论，对于行政机关负责人应当出庭应诉的案件，才应当向人民法院提交情况说明，对于情况说明，既然司法解释明确规定了“有正当理由”的要求，则必然应当进行审查后才能确定是否属于正当理由，同时法院也有义务来进行审查，明确该理由是否属于“正当理由”。其次，从本质上说，对不能出庭理由的审查才是赋予该项制度生命力的关键，否则对于逃避出庭应诉义务的行政机关来说，只是多了一道向法院提交情况说明的程序，行政机关完全掌握了免除义务履行的主动权，导致义务履行失去强制力，流于形式。因此，既然《行诉解释》第一百二十九条第一款明确了应当出庭的案件范围，则应当通过后续的实质审查赋予该制度以强制力。

因此，需要对不能出庭的理由进行审查。一方面审查不能出庭理由的正当性。“正当理由”的范围并不是没有边界的，需要对其进行一定的限定，要求提出的理由要具有正当性。可以认可的正当理由包括：一是不可抗力。即客观上不可抗拒、不能避免且无法克服的原因，如自然灾害、战争等。二是客观上不能控制的其他正当事由。例如，遭遇交通事故、罹患急症、出国未返、紧急公务、重要会议（一定级别以上的会议）等。行政机关负责人工作忙、有其他事务需要处理等不属于正当事由。[②] 另一方面审查不能出庭理由的真实性。要求行政机关提交能够证明负责人不能出庭理由具有真实性的材料。

3. 相关法律后果

行政机关负责人有正当理由不能出庭应诉的，最迟应当在开庭前提交不能出庭的情况说明，经审查属于正当理由的，免去此次庭审行政机关负责人出庭应诉的义务。经审查不属于正当理由的，不免除行政机关负责人出庭应诉的义务，也不发生阻止案件审理的效果，行政机关负责人应当在开庭时出庭应诉，或者在开庭前提交新的不能出庭应诉的正当理由，由法院进行审查。如果行政机关未在开庭前提交或者提交后经审查不属于正当理由，其负责人也未在开庭时出庭应诉，则认定为行政机关负责人没有出庭应诉，应当依据《行诉解释》第一百三十二条的规定作出处理。

---

① 参见江必新、梁凤云：《行政诉讼法理论与实务》，法律出版社 2017 年版，第 70 页。

② 参见梁凤云：《新行政诉讼法逐条注释》，中国法制出版社 2017 年版，第 15 页。

同时，根据《行诉解释》第七十二条第一项规定，“应当到庭的当事人和其他诉讼参与人有正当理由没有到庭的”，可以延期开庭审理。因此，对于确实有正当理由无法出庭应诉，但是行政机关负责人又基于案件的考量，想要出庭的，应当给予行政机关依据《行诉解释》第七十二条第一项申请延期审理的权利，由法院依据审理期限，审查确定是否有必要牺牲审理效率，延期审理，另定开庭时间。法院也可以在行政机关负责人确有正当理由不能出庭时，自行决定是否需要延期审理。

（四）不出庭的法律后果及异议处理

1. 行政机关负责人不出庭的法律后果

对于《行诉解释》第一百二十九条第四款与《行诉解释》第一百三十二条的关系来说，《行诉解释》第一百二十九条第四款是对行政机关负责人在说明理由阶段拒绝说明理由的法律后果进行的规定，而第一百三十二条是对行政机关负责人在开庭阶段没有出庭应诉的法律后果的规定。从一定程度上说，由于行政机关提交情况说明的期限是开庭之前，因此行政机关负责人拒绝说明理由的认定也只能在开庭前得到确认，此时行政机关负责人不出庭应诉的情况也得到了认定，两个后果是重合的，从本质上说是一样的。因此，将这两条进行整合，如果行政机关负责人不出庭应诉且不说明理由的（包含理由不具有正当性或者真实性）；行政机关仅委托律师出庭的，人民法院可以通过司法建议，建议同级人民政府、上一级行政机关、监察机关作出处理。而对于仅委托律师出庭的案件和全部人民法院书面建议行政机关负责人出庭应诉的案件（包含有正当理由不出庭的情况），人民法院应当记录在案并在裁判文书中载明。

2. 原告异议的处理

对于行政机关负责人不出庭应诉，原告或者上诉人对此提出强烈异议，拒绝开庭、中途退庭、拒绝陈述的情况，法院应当向原告就相关法律规定以及法律后果予以释明，原告或上诉人拒不改正，拒绝开庭或者中途退庭的，依照《行政诉讼法》第五十八条的规定，可以按照撤诉处理。对于原告或者上诉人在庭审中明确拒绝陈述或者以其他方式拒绝陈述，导致庭审无法进行，经法庭释明法律后果后仍不陈述意见的，视为放弃陈述权利，由其承担不利的法律后果。

（撰写人：周孟伟）

8

关于审理直管公有住房行政案件疑难法律问题的调研报告

直管公房是公产房的一个部分，是指政府以及国有企业、事业单位投资兴建并由职工承租的房屋，在未出售前其产权归国家所有。本文以 A 市为例，根据 A 市的实际情况，直管公房的产权人属于各区政府，房屋管理单位受区政府委托行使管理权，接受当事人的申请承办公房变更事项，法律责任由区政府承担。在管理方式上主要通过公有房屋租赁合同的形式确定房屋承租人、租金标准及使用年限等。尽管自 1998 年 7 月始停止了福利分房①，但 A 市目前还有直管公房（住宅）1664.14 万平方米②，加上部分已分配公房尚未纳入福利购房范围，公房作为历史遗留现象还将在一段时期内继续存在③。可以预见在今后一段时间内，涉及直管公房的纠纷仍会时有发生。由于涉及公有房屋管理引发诉讼的环节主要集中于公房承租人变更程序，而目前相关管理规范依据不完善，实践中行政管理和司法审判不衔接、标准不统一的问题比较突出。故研究并厘清直管公房相关问题，进一步规范公房管理行政行为具有重要意义。本调研报告以 A 市 B 法院 2015～2016 年管辖的行政案件为基础，通过数据分析整理，提出了案件审理的基本思路和原则，并对若干疑难法律问题提出了具体的解决方案，以期为公房行政管理和审判实践借鉴参考。

一、2015～2016 年案件审理的基本情况及特点

2015～2016 年，截至撰稿时，B 法院共审理公房管理类案件 176 件，占结案总量的 7.35%④。其中裁定驳回原告起诉的 112 件，占比 62.50%。当事人撤诉的 24 件、裁定终结 2 件，占比 14.77%。判决驳回原告诉讼请求的 11 件，占比 6.25%。

---

① 1998 年 7 月 3 日，国务院发布了《关于进一步深化城镇住房制度改革加快住房建设的通知》，明确自 1998 年下半年开始停止住房实物分配，逐步实行住房分配货币化。

② 数据来源于《A 市公有住房管理文件汇编》前言，2014 年 10 月，A 市人民政府房改办公室。

③ 《A 市职工购买公有住宅楼房管理办法》第二条第三款规定：简易房、危险房、违章建筑和近期需要拆除、产权有争议以及具有历史价值的楼房，不准出售。

④ 2015～2016 年 B 法院跨区划管辖行政案件，2015 年行政庭审结 975 件，2016 年行政庭审结 1420 件。

从实体审理情况来看，判决行政机关败诉的 29 件，整体败诉率 16.48%，实体败诉率则高达 72.50%，败诉率远远高于其他类型的案件且呈现管理失范情形（见表 2－11、表 2－12）。

表 2－11　2015 年公房管理类案件统计表

公房管理	总　量	裁　驳	判　驳	撤　诉	撤销重做	履行职责	确认违法
数　量	44	26	1	6	11	0	0
比　率	100%	59.09%	2.27%	13.64%	25.00%		

表 2－12　2016 年公房管理类案件统计表

公房管理	总　量	裁　驳	判　驳	撤　诉	撤销重做	履行职责	确认违法
数　量	132	86	10	18	17	0	1
比　率	100%	65.15%	7.58%	13.64%	12.88%		<1%

从案件的审理情况来看，上述案件主要呈现出以下特点：

一是管理与责任承担分离，案件管辖级别不当上移。

直管公房日常管理由各区房屋经营管理中心负责，有的转制为企业管理。由于房屋经营管理中心不是法律法规授权的组织，不能对外独立承担行政法律责任。由批准设立该单位的行政机关承担行政法律责任，并在行政诉讼中作为被告。各区县的房屋经营管理中心都由各区人民政府批准设立，故行政相对人对该单位的行为不服，人民法院作为行政案件受理的，以设立该机构的区政府为被告。形成直管公房的管理者与法律责任承担者不一致，造成诉讼级别管辖提级。在 A 市跨区划管辖改革前，此类案件均由基层法院管辖，现统一由 B 法院管辖，在提升此类案件管辖级别的同时，产生了矛盾纠纷向上转移的弊端。

二是案件处理政策性较强，矛盾纠纷实质性化解难。

A 市直管公房变更行政管理及司法审判的主要依据《A 市公有住宅租赁合同》和 A 市高级人民法院第 350 号《关于因直管公房租赁引发纠纷的受理问题的意见》（以下简称 A 市高级人民法院第 350 号意见），带有较浓重的行政色彩。根据《A 市公有住宅租赁合同》第七条规定，原承租人死亡后，原承租人的家庭成员如果想继续承租公房应同时具备以下条件：在原承租人死亡时与原承租人同一户籍；在原承租人去世前与原承租人在诉争公房处共同并连续居住两年以上；无其他住房；其他家庭成员无异议。由于没有相应的规范性文件落实实施，实践中对于“同一户籍、共同居住、无其他住房”等不能形成共识，执行实践也不统一。另外，公房变更理论上户籍人口均为有利害关系的第三人，而第三人与承租人多系亲属关系，涉及家庭内部事务纠纷，司法实践中对于如何确定第三人的范围不一致。从我院审理的情况来看，普遍反映实体审理难度大，矛盾实质性化解难。

三是公房管理程序不规范，出庭应诉能力明显不足。

从案件审理的情况来看，目前A市公房管理机关还没有制定统一的承租人变更程序规范，在承租人变更申请程序中，申请人应当提交哪些材料，管理机关应当如何审查还处于无序、随意的状态。由于公房直接管理单位与法律责任承担分离，法院判决区政府败诉，表面上由各区政府承担法律责任，但实际上对完善公房管理程序，加强直管公房管理工作并没有实质性的推动。同样的问题在不同的区之间，在一个区不同的房管所之间反复存在。在诉讼程序中，被告代理人一般为区法制办工作人员和房屋经营管理中心的房管员。许多房管员不熟悉庭审程序，不了解举证和质证和进行有针对性的答辩。面对原告聘请律师，实际上形成了行政机关工作人员不了解案情，房管员不但欠缺法律知识，也缺乏诉讼经验的尴尬局面。

二、审理直管公房案件面临的困难和基本思路

（一）审理公房类案件面临的困难

1. 制度规范依据供给不足，公房管理及审判无法可依。目前关于直管公房管理及审判的依据，主要是政府规章和司法指导意见和公有住房租赁合同条款。这些规范依据法律层级较低，规范性程度不高，可操作性不强。导致A市各区执法尺度不一致，容易产生行政争议。关于公房立案受理的依据是A市高级人民法院第350号意见。关于公房行政案件审理的依据，主要是《A市公有住宅租赁合同》第七条的规定，租赁期限内，承租人外迁或死亡，承租人同一户籍共同居住两年以上又无其他住房的家庭成员愿意继续履行原合同，其他家庭成员又无异议的，可以办理更名手续。关于公房民事案件审理依据，主要以《合同法》及相关司法解释，《A市国土资源和房屋管理局关于开展直管公有住房使用权交易试点工作的通知》（以下简称《A市直管公有住房使用权交易试点通知》）、《A市人民政府关于城市公有房屋管理的若干规定》、最高人民法院审判委员会第791次会议讨论通过的《关于审理离婚案件中公房使用、承租问题的决议》《城市公有房屋管理规定》（已失效）、A市高级法院（2008）高民一复字第18号的批复等。由于A市缺乏统一的公房管理行政程序规范，相关工作处于失范状态。面对巨额征收安置利益，容易引发当事人家庭内部矛盾纠纷、虚假离婚和财产分配不公等不良社会风气导向问题。

2. 程序空转问题比较明显，案结事不了现象比较突出。从统计范围内的案件审理情况来看，被告整体败诉率16.48%，实体败诉率高达72.50%，败诉率远高

于其他类型的案件且没有相应的程序规范①。由于各区审查标准不一致及管理规范的欠缺，公房管理机关对《A市公有住宅租赁合同》第七条规定的“同一户籍、共同居住、无其他住房”三要素始终不能形成共识甚至截然相反。有的公房管理部门过分强调申请人提交证据的义务，而降低了自身应尽的审查责任；有的考虑问题不周延，导致相同问题反复败诉，甚至同一案件多次重做仍然不符合要求。总体上此类案件有很大一部分需要多次诉讼，在极端情况下“打二三年官司，出四五份判决”也时有发生②，此类案件不但增加了当事人的诉累，更是加剧了行政诉讼和行政管理程序空转现象。

3. 公房行政管理随意性较强，审判与行政执法不衔接。随着A市“疏解整治促提升”专项活动和棚户区改造的开展，在城区各类项目征收中，涉直管公房类纠纷大幅增加。无论是《A市公有住宅租赁合同》，还是A市高级人民法院第350号意见多带有较浓重的行政色彩，均没有规定公房管理的行政程序。由于法律规范依据的缺失，此类案件的审理难以从法律角度作出评判，导致司法裁判尺度不一，司法与行政不衔接的问题比较突出。一方面公房管理机关对于变更公房承租人的行政行为无据可依，另一方面法院审查此类案件也没有裁判的直接法律依据可以适用。在A市跨区划管辖改革前，此类案件均由各区县法院管辖，现统一由A市B法院集中管辖后，以前各区标准不统一的问题集中爆发，给人民法院审理此类案件带来诸多新问题、新挑战。由于A市直管公房还有较大存量，可以预见对于制度缺失所带来的一系列问题在很长一段时间仍会存在。因此，全面梳理A市法院审理此类案件的基本情况，研究相应的应对方案并据此制定审判指导意见，显得非常必要和迫切。

（二）处理公房类案件的基本思路

行政审判应当立足发挥审判职能作用，把加强对行政相对人合法权益的保护、监督行政机关正确行使职权以及有效预防和化解矛盾纠纷，作为审理直管公房类案件的基本要求。具体而言，需要处理好以下几个问题：

1. 在公房行政管理体制上，应当立足于A市地区的客观实际情况。公房作为计划经济体制下福利分房的遗留问题，全国各地的公房管理政策不尽一致，面临的问题不尽相同，解决问题的方案也具有地方特色。因此，在处理此类案件的时候，必须立足本地的实际情况。在认真总结本地实践经验，借鉴参考其他省市有益经验

---

① 据不完全统计，2016年B法院行政案件审理整体败诉率约5.56%，实体败诉率约21.35%，见《关于部分行政案件跨区划管辖及〈行政诉讼法〉实施有关情况的统计分析——以A市B法院近二年行政案件数据为样本》调研报告。

② 集中体现在公房管理类案件，案件一般需要持续诉讼1~2年才有最终结论。

的基础上，形成具有本地特色的住房制度，以解决当前面临的问题。由于公房管理的政策性非常强，无论是公房的行政管理还是司法审判，都不可能脱离政策因素和历史背景来解决这些遗留问题。故应当加强司法与行政的良性互动，积极延伸人民法院的行政审判职能，在条件允许的情况下，应当由法院会同市建委公房管理部门共同制定适合实际情况的公房管理政策规定，既能作为公房管理部门的行政执法依据，又能作为人民法院审理相关案件的司法裁判参考。同时，在案件审判过程中，人民法院应当加强调研，统一案件裁判尺度。做好与公房房管部门的沟通，定期通报公房审理的有关情况，发挥司法审查的规范指引作用，防范行政执法风险。

2. 在直管公房属性认定上，应当突出体现社会保障的基本功能。直管公房的承租权和居住权属于国家按政策给予特定时期公民的一种福利待遇，具有维护公民居住生存利益的基本功能。如何准确理解直管公房的性质是解决问题的基础。我国在计划经济体制下，居住房屋主要实行分配制。直管公房由工作单位按照职工的职务、级别、有无住房和婚姻状况等将住房按序分配给职工居住并签订公房租赁合同，按国家规定标准支付房屋租金。分房并不能改变房屋的公有产权性质，福利分房取得是公房的使用权，承租人无权转让和转租。由于公房租金远低于同地段商品房平均租金标准，实质上分房是一种福利待遇。作为计划经济体制下的主要住房来源和住房形式，福利分房肩负着“居者有其屋”的使命，具有极强的社会保障属性。

3. 在直管公房管理政策上，应当客观反映出行政给付的法律特征。在现代福利国家，政府具有积极地实现社会性正义的给付义务，公民享有获得相应保障的权利。通常认为，行政给付是指“行政主体在公民年老、疾病或者丧失劳动能力等情况下，以及在公民下岗、失业、低经济收入或者遭受天灾、人祸等特殊情况下，根据申请人的申请，依照有关法律法规规章或者政策的规定，赋予其一定的物质权益或者与物质有关的权益的具体行政行为”①。众所周知“公房使用权”是我国传统福利分房制度的体现。这类“公房使用权”的承租人具有身份资格的限制，须是在我国机关或国有、集体企、事业单位工作。即取得的使用权实际上隐含了价值，是职工多年工资中住房消费的补偿，也是劳动力价值的组成部分。② 从公有住房管理及性质来看，公有住房是政府投资兴建或者管理的房屋，产权属于国家。分配在启动程序上以职工提出申请为原则，由单位根据其工龄长短、职务高低、工作业绩大小等因素确定分配给申请人一定面积房屋，再由职工与公房管理部门签订合同形成

① 姜明安：《行政法与行政诉讼法》，北京大学出版社、高等教育出版社2007年版，第34页。

② 参见陈慧：《公房使用权有偿转让的法律问题探讨》，载《法律适用》1998年第12期。

房屋租赁关系。根据现行公房管理政策，公房使用权可以转化为完全所有权，实质上属于一种财产权，与行政给付的概念特征具有高度的契合性，可以归入行政给付的范畴，也是积极行政中具有代表性的具体行政行为。

4. 在纠纷处理原则上，应当以“实用主义”为导向来解释和适用法律。公房使用权人对所承租的公房享有的占有、使用、收益和有限处分的权利，公房使用权作为一种财产权利，多年来其法律性质存在争议，有的认为属于债权，有的认为属于用益物权①。按照传统的民法理论，无论是将其界定为用益物权还是债权，在法律适用上都难以周延。考虑到公房使用权是福利分房制度的遗留问题，随着时间的推移公房会逐步退出历史舞台。故需要调整思路，从实用主义的角度出发，重点考虑法律适用的妥当性与合理性。即使在一些具体问题的处理上，与传统的法律理论有些不协调的地方，但只要适用法律的结果符合公平正义的原则，就应当予以尊重。其中，笔者认为应当重点考虑直管公房使用权属于用益物权的性质。一是公房承租人不同于普通的房屋租赁关系，其对公房享有完整的占有、使用、收益和有限处分的权利，符合《物权法》第一百一十七条“用益物权人对他人所有的不动产或者动产，依法享有占有、使用和收益的权利”的规定②。二是公房使用权是永久性使用权，及于公房的全部使用寿命，没有承租期限的限制，也不同于《物权法》已明确规定的其他有期限的物权③。三是公房使用权的排他性。区政府只是名义上的产权人，如遇到征收拆迁安置补偿，公房价格的绝大部分补偿归承租人享有，产权人仅有5%以内的重置成新价补偿。另外，公房一经分配，除有特殊规定外产权人非法定事由不再享有再次调配的权利④。另外，公房承租人权利受到妨碍或侵害的，权利人得行使物权请求权进行抗辩。例如，他人以对直管公房具有占有、使用、收益等主张权利的，直管公房的承租人只能借助用益物权进行抗辩⑤。四是承租公房的租金远低于市场水平，实行政策性定价并不获利，明显不属于普通房屋租赁关系。五是公房管理已将公房使用权作为用益物权对待。例如，《A市直管公有住房使用权交易试点通知》关于直管公房使用权上市进行交易的规定，已失效的

---

① 一是公房使用权是一种相对权利，基于公房租赁合同产生，属于合同债权；二是公房使用权人享有占有、使用、收益等权利，且该权利没有期限限制，可以认定为用益物权；三是认为公房使用权实质上具有用益特权的性质，但由于《物权法》没有予以规定，只能认为是一种高度物权化的债权，或者也可以将其视为一种属性比较模糊的财产权。

② 王成：《直管公房使用权相关问题研究——以物权法为视角》，载《北京审判》2012年第3期。

③ 如《物权法》第一百二十六条规定的期限。

④ 就A市地区而言，即使承租人长期不交租金的尚无解除承租合同的先例，相关问题通过诉讼、租金减免、社会救助等解决。

⑤ （2015）二中民终字第10626号民事判决，（2012）丰民初字第02875号民事判决。

《A 市城市房屋拆迁管理办法》第二十七条、第二十八条、第二十九条第四项关于对拆迁公房使用权人进行拆迁补偿的规定，《关于国有土地上房屋征收与补偿中有关事项的通知》第二项关于公房征收补偿的规定等，均表明实践中直管公房的承租人的居住权具有用益特权的属性，已非普通意义上的债权。笔者认为对计划经济时期特殊产物的直管公房，参照用益物权予以处理是更为稳妥的方案。

三、公房行政管理规范依据比较研究

由于历史原因，各地均存在大量的直管公有住房。借鉴参考其他省市直管公有住房管理及司法实践，有助于全面理解和准备把握好 A 市法院公房类案件的审判工作。

（一）A 市

1. 管理规范文件。A 市公有住房的租赁管理主要依据是《A 市人民政府关于城市公有房屋管理的若干规定》

《A 市直管公有住房使用权交易试点通知》（实际上已停止适用），其中关于公房承租人变更的问题没有相应管理规范。

2. 司法指导意见。2003 年 11 月 27 日 A 市高级人民法院第 350 号意见对直管公房案件受理范围规定为，因直管公房租赁引发的各种纠纷，既有民事法律性质的争议，也有行政法律性质的争议，应区别对待。直管公房承租人与政府公房管理部门或直管公房经营管理单位在履行直管公房租赁合同过程中，因违反合同规定的房屋保护、维修、房屋租金交纳、承租人变更等权利义务发生的纠纷，由于双方法律地位平等，应作为民事案件立案受理。直管公房承租人、承租人的共同居住人与政府公房管理部门或直管公房经营管理单位发生以下纠纷，由于涉及政府公房管理部门或直管公房经营管理单位依据其房管职权审查当事人承租人资格问题，具有行政管理性质，双方法律地位不平等，应作为行政案件受理：（1）直管公房承租人死亡后，承租人的共同居住人对政府公房管理部门或直管公房经营管理单位依职权变更直管公房承租人不服提起的诉讼；（2）直管公房承租人或承租人的共同居住人认为符合直管公房变更条件，请求政府公房管理部门或直管公房经营管理单位变更直管公房租赁关系，政府公房管理部门或直管公房经营单位不予变更产生纠纷提起的诉讼。本意见是目前审理此类案件的重要依据，也是将大量涉及公房租赁合同纠纷矛盾排除于行政诉讼受理范围的重要依据。

（二）B 市

1. 管理规范文件。B 市公有住房的租赁管理主要是依据《B 市房屋租赁条例》，该条例是上海地区处理公房案件的主要法律依据。根据上海公房管理和司法实践，上海对涉公房管理的案件一律作为民事案件受理，不再区分民事与行政案由。

2. 司法指导意见。B市高级人民法院《关于审理公房承租权确定及使用权转让纠纷案件若干问题的意见》的司法指导意见（以下简称B市高院《审理公房纠纷若干意见》）。该意见对公房承租人变更管理规定：一是对公房原承租人死亡，相关人员对承租权确定产生争议的。B市高级人民法院认为，公房租赁关系首先是一种合同关系，当事人享有自主选择合同相对人的权利。该权利未经授权，他人不得代行。因此在数人同时有权继续履行租赁合同，且无法协商一致的情况下，应当由作为出租人的公房产权单位或国家授权经营管理公房的单位从中予以确定。当事人直接诉讼至人民法院要求确定的，不予受理。但当事人对出租人确定的承租人资格提出异议而诉至法院的，人民法院可予受理。诉讼中，对承租人资格有争议的各方为案件的原被告，出租人为无独立请求权的第三人。二是公房原承租人死亡后，除在该处有本市常住户口的共同居住人可继续履行租赁合同外，对于符合下列情形的人员也可具备继续履行租赁合同的资格：（1）在本市无常住户口，但因与原承租人或同住人结婚而在该公房内实际居住生活一年以上的；（2）因服兵役、就学、服刑等原因，户口迁出原承租人生前承租公房，但在原承租人死亡前实际居住生活于该公房内，且在本市无其他住房，或虽有其他住房但居住困难的；（3）因居住困难等原因租赁他处住房或借住他处而搬出原承租人生前现承租公房，但户口未迁出的。

3. 比较分析。通过比较，我们发现A市和B市在公房管理制度上存在较大区别：

一是公房承租人变更方面。B市原则上认定公房的承租权和居住权属于国家按政策给予公民的福利待遇，具有维护公民居住生存利益的基本功能。根据《B市房屋租赁条例》相关意见，承租人死亡的，其生前在本处有本市常住户口的共同居住人协商一致，要求变更承租户名的，出租人应予同意。协商不一致的，出租人应当从在本处有本市常住户口的共同居住人中，按照下列顺序书面确定承租人：（1）原承租人的配偶；（2）原承租人的子女（按他处住房情况，本处居住时间长短）；（3）原承租人的父母；（4）其他人（按他处住房情况，本处居住时间长短）。“共同居住人”是指公有居住房屋的承租人死亡或者变更租赁关系时，在该承租房屋处实际居住生活一年以上（特殊情况除外）而且本市无其他住房或者虽有其他住房但居住困难的人，结婚、出生可以不受上述条件的限制。

关于确定新承租人的资格问题，该意见规定在公房原承租人死亡后，除在该处有本市常住户口的共同居住人可继续履行租赁合同外，符合下列情形的人员可具备继续履行租赁合同的资格：（1）在本市无常住户口，但因与原承租人或同住人结婚而在该公房内实际居住生活一年以上的；（2）因服兵役、就学、服刑等原因，户口迁出原承租人生前承租公房，但在原承租人死亡前实际居住生活于该公房内，且在本市无其他住房，或虽有其他住房但居住困难；（3）因居住困难等原因租赁他处住房或借住他处而搬出原承租人生前现承租公房，但户口未迁出的。与A市的公房承租合同相比，B市的相关规定可操作性更强，一方面，规定承租关系变更后，与原承租人生前共同居住人的居住权仍应得到保护；另一方面，明确规定了继续履行公房租赁合同的承租顺位，即公有居住房屋原承租人生前的共同居住人如在承租房屋处有本市常住户口的，可以优先于原承租人的配偶和直系亲属继续履行公房租赁合同。在实践中对当事人确定承租关系能够形成合理的预期，更有助于司法实践对承租资格的判定。

二是承租权争议的处理程序。《审理公房纠纷若干意见》规定，在数人同时有权继续履行租赁合同，且无法协商一致的情况下，应当由作为出租人的公房产权单位或国家授权经营管理公房的单位从中予以确定。当事人直接诉至人民法院要求确定的，不予受理。A市高级人民法院第350号意见对此也规定不予受理。综上，对家庭成员之间因承租权发生争议要求变更承租人的，均不予受理，目的在于法院不应代行公房管理单位指定新的公房承租人的职权。

（三）C市

1. 管理规范文件。C市公有住房的租赁管理主要依据《C市房屋租赁管理规定》（2004年修改）、《C市直管公产房屋管理办法》《C市公有住房变更承租人管理办法》。

2. 司法指导意见。2015年5月25日C市高级人民法院《关于因直管公产房屋租赁产生争议案件受理问题的审判委员会纪要》（以下简称C市高院会议纪要）。该会议纪要区分民事和行政案由分别立案受理公房纠纷案件。民事诉讼受案范围界定为：违反租赁合同约定发生的房屋维修、房屋租金交纳等纠纷。行政诉讼案件受理范围确定为：对房屋管理机关依职权变更直管公产房屋承租人不服的；申请变更直管公产房屋承租人，房屋管理机关拒绝履行或者不予答复的；人民法院认为应当受理的其他因直管公产房屋租赁产生争议的行政诉讼。在诉讼程序上，规定以公房直接管理单位作为行政诉讼适格被告。同时明确了参加诉讼的第三人范围。

3. 比较分析。通过比较，我们发现C市关于直管公房的管理规定和司法指导意见更为完善，可操作性更强。

一是关于公房承租人的变更。2014年《C市公有住房变更承租人管理办法》（以下简称《C市变更管理办法》）第五条规定，公有住房承租人死亡或者户籍迁出本市的，承租人的配偶、子女、父母等亲属，可以申请办理变更承租人过户手续。公有住房使用权过户只能由一人提出申请，符合过户条件的人员有两人以上

(含两人)的，应当达成一致意见后方可申请过户。符合过户条件人员达不成一致意见的，可以向人民法院起诉。在人民法院调解、审判过程中，需要通过回购、代理转让等方式确定承租权或处置公有住房的，由公有住房产权人或者其委托的房屋经营管理单位、置换经营单位回购或者代理转让公有住房。同A市、B市的规定相比，关于原公房承租人死亡后确定新承租人的资格问题，没有设置是否是承租公房的共同居住人、实际居住生活的年限、在本市无其他住房等限制性的条件。另外，还明确规定在不能达成一致意见的情况下权利人的救济途径，也更为明确具体。

二是承租权发生争议的处理程序方面。《C市变更管理办法》第六条规定，公有住房承租人死亡的，新的承租人通过以下方式确定：(1) 公有住房承租人生前可以指定其配偶、子女、父母或者其他同户籍亲属在其死亡后继续承租公有住房；(2) 公有住房承姒生前未指定承租人的，其配偶、子女、父母可以申请过户。承租人子女已故的，已故子女的子女可以申请过户。这一规定事实上承认了原承租人可能通过遗嘱指定承租人，因为承认公房承租权可以继承，这为处理公房纠纷提供了有益的探索，为此类案件按照继承规则来处理提供了政策支持和参照。从《C市变更管理办法》的法理上分析，该规定是结合公房管理的实际情况，将公房居住权比照物权进行处理，这样很多问题便迎刃而解。

综上，笔者认为C市的相关规定更为契合实际，实践中可操作性更强。不但便于公房管理机关进行管理，也使司法审判有据可依，更有助于当事人形成合理预期，可以有效规制因获得巨额征收安置利益而虚假离婚，产生家族矛盾和巨额财产分配不公等社会问题。

四、审理公房管理案件的疑难问题及应对措施

(一) 关于承租人资格的审查

根据《A市公有住宅租赁合同》第七条的规定，变更承租人要满足四项条件，即在原承租人死亡时与原承租人同一户籍；在原承租人去世前与原承租人在诉争公房处共同并连续居住两年以上；无其他住房；其他家庭成员无异议。对此，需要具体分析：

1. 较为清晰，已经基本形成共识的问题。通过B法院近两年集中管辖的审判实践，关于承租人资格的标准，有的已经较为清晰并成为A市行政执法和司法审判的标准。

(1) 同一户籍。关于同一户籍的问题，由于历史原因，一间公房在不同时期的可能存在多个户口簿，应当以原承租人"死亡"或"外迁"之时的户口簿为准。有的区房管部门认为只有与原告承租人在同一户口簿的才属于同一户籍，有的区县

认为承租公房指向的所有户口簿均属于同一户籍。从历史沿革上来看，“分户”起初是为了解决子女上学或生活便利等问题，并不是为了解决住房。将多个户口簿上的所有家庭成员都认定为与原承租人“同一户籍”时，可能存在家庭成员的范围过宽，征求意见的范围明显扩大的问题。但从目前的司法实践来看，出现极端案例的并不多，目前A市已统一为只要户口簿指向的“户籍所在地”为该承租公房所在地，则无论该公房有几个户口簿都视为“同一户籍”，从而有利于保障其他利害关系人的合法权益。

（2）其他家庭成员无异议。关于其他家庭成员的范围，根据公房管理的原则和精神，征求其他家庭成员对变更承租人的意见，系保护与公有住宅原承租人形成共居关系的且在外无其他住房的家庭成员的居住权和承租权，故在上述规定中需征求其意见的“家庭成员”与符合承租条件的“家庭成员”具有同一性的概念，即只要符合与原承租人同一户籍、共同居住两年以上、无其他住房的家庭成员，就是需要征求其意见的家庭成员，即有资格提出异议的家庭成员也应当符合前述三项条件。

2. 存在争议，有待进一步明确的问题。由于A市没有关于公房承租人变更规范，相关行政执法和审理属于无据可依，均属于参考过往惯例及政策的现状，故对一些问题存在较大争议。

（1）共同居住两年以上的认定。对于共同居住两年以上的起止时间，一般认定为从原承租人外迁或死亡之日起往前追溯两年，但该两年期间是否必须是实质性、连续性地居住在该房屋存在争议，如家庭成员在该段时间内外出上学或服刑或服役，此情况能否视为“共同居住”。我们认为，兵役、就学、服刑属于非本人意志不在公房内居住的情形，如果确实没有其他住房，且符合其他承租人的条件，对于因此不满足“共同居住满两年”的情形，应予以适当放宽该条件，保证基本的住房权利。对此可以参照B市《审理公房纠纷若干意见》的精神，即因服兵役、就学、服刑等原因，户口迁出原承租人生前承租公房，但在原承租人死亡前实际居住生活于该公房内，且在本市无其他住房，或虽有其他住房但居住困难的，可以继续履行租赁合同的资格。原因在于原有的公房配给制度主要是为保障承租人家庭成员的居住利益，有户口的共同居住人一般是原承租人的近亲属，属于原公房配给制度的保障范围。对符合上述情形的人员应当给予具备继续履行租赁合同的资格。

（2）“其他住房”的认定。一是“其他住房”的地域范围，是仅限于A市范围还是扩展到其他城市。我们认为，“其他住房”的认定应仅限于A市行政区划范围内，因为各地关于公有住房租赁管理的标准并不一致，如果地域范围过宽，则会给当事人取证造成困难，亦给行政机关资格审查工作带来不便。二是“其他住房”的表现形式，是否仅限于享有所有权的情形。一种观点认为只要对“其他住房”享有所有权，即可视为“有其他住房”；另一种观点认为虽然不享有房屋所有权，但对房屋享有全部或部分居住权的，即视为“有其他住房”。我们认为，是否有“其他住房”不应简单地以是否对房屋享有所有权为认定标准，因为“住房”的形式有多种，包括公房、经济适用房、两限房、商品房等，房屋所有权以登记为准，但并非所有的房屋都有物权登记，只要对该房屋享有全部或部分居住权就应视为该家庭成员有“其他住房”，而不论该住房是否在其本人名下。我们认为，结合公房管理系保障与公有住宅原承租人形成共居关系且在外无其他住房的家庭成员的居住权和承租权的原则和精神，对于曾经享有房屋居住权，如在离婚诉讼中被法院判决在其前夫的住房中享有部分居住权的，如果从房屋结构来看，该房屋具备独立居住功能且未设定居住期限的，在权利人的居住权益已经有一定程度的保障的，应当视为有其他住房的情形[①]。另外，对于因居住困难等原因需要租赁他处房屋或者借住他处而搬出原承租人生前现承租公房，但户口未迁出的，也应当从合理性上考虑，我们认可同样可以借鉴 B 市《审理公房纠纷若干意见》，认可其具备承租人资格。三是其他住房的时间节点。此类情形分为三种情况，第一种是申请人或者其他家庭成员，在原承租人死亡之前有房的；第二种是申请人或者其他家庭成员，在原承租人死亡之后，申请人提出申请之前有房的；第三种是申请人或者其他家庭成员，在原承租人死亡和申请变更时无房，但提出诉讼时有房的。我们认为，直管公房作为计划经济体制下的主要住房来源和住房形式，肩负着“居者有其屋”的使命，具有极强的社会保障功能和社会保障属性，取得保障的前提是没有住房。对于承租人变更申请时有房的，其已不具备社会保障的条件。对于曾经有房但因离婚等其他原因又成为无房户的，其住房保障问题应通过现行的社会保障途径解决，不应纳入直管公房保障体系。

（3）关于“外迁”的认定。根据《A 市公有住宅租赁合同》第七条之规定，承租人“外迁”或“死亡”是发生公房租赁变更的前提条件，但何为“外迁”存在分歧。一种观点认为，“外迁”是指户口迁出该公房。另一种观点认为，“外迁”是指搬出该公房，不再在该公房居住，而不论户口是否迁出。笔者认为，“外迁”是指房屋承租人另有正式住房后，不再继续在原房屋居住。如果户口一直没有落在公房，则承租人不在公房居住即视为外迁；如果户口落在公房后又迁出，但承租人仍在公房居住的，则不能视为外迁。

---

① 一审：（2016）京 04 行初 2586 号，二审：（2017）京行终 2146 号。

（二）关于证明责任的承担问题

关于诉讼中举证责任的分配问题，有的认为适用“谁主张，谁举证”原则，由承租人或申请变更的家庭成员承担举证责任；有的认为承租人资格的审查是公房管理部门的职责所在，应由行政机关收集是否符合变更承租条件或资格的证据。我们认为，因直管公房引发的纠纷具有民事和行政双重法律性质，应当侧重于公房租赁合同的性质。主要理由如下：

1. 从举证责任的分配来看，原告具有提供证据以推进诉讼程序的义务。虽然《行政诉讼法》第三十四条第一款规定，被告对作出的行政行为负有举证责任，但并不能一概排除原告的举证责任。“谁主张，谁举证”是诉讼的基本内在规律，原告作为启动诉讼程序的一方，应承担相应的证明责任。一是败诉风险的客观存在。被告对合法性承担举证责任，并不意味着原告就可以稳操胜券或者无所作为。针对被告证明其行政行为合法的证据，如果原告不能够提出足够的反证予以推翻，将面临一定程度的败诉风险。二是行政程序举证责任的延续。原告在行政程序中享有举证的权利和义务，以证明其行为符合规定，在诉讼中也应当承担相同的举证责任。三是原告比被告更靠近证据，取证难度越小。当原告比被告更靠近证据时，要求被告承担举证责任是不公平的，也是对诉讼资源的极大浪费。

2. 从行政诉讼发展趋势来看，原告证明其符合承租条件更有利于解决问题。一是适应行政诉讼类型化审理的实际。随着现代政府职能由管理型向服务型转变，行政案件类型也发生了重大变化，传统的以损益性行政行为为主的行政活动方式也向授益性行政行为发生转变。一律采用传统的以合法性审查原则为核心的撤销诉讼理念审理纷繁多样的行政案件，已经不可能独立完成行政诉讼任务，难以有效解决行政争议。2014 年修订后的《行政诉讼法》确立了判决方式的类型化，《行政诉讼法》第六十九条至第七十九条对审理和判决作了分类，司法解释在此基础上又进一步予以明确，对行政行为合法性审查确立了可操作性更强的标准。二是公房承租人变更实质上属于履行职责之诉。在原告请求变更公房承租人行政程序中，并不存在管理机关主动实施变更行为的撤销之诉（第三人请求撤销的除外）。即使公房管理机关作出了拒绝性答复，原告的诉讼目标仍是在撤销一个拒绝性答复的基础上，请求行政机关进一步按照其要求履行特定的职责。仅仅撤销拒绝性答复，并不足以实现原告的诉讼目标。原告并非纯粹为了撤销一个减损其权益的行政行为，其合法权益即能得到保护。故原告应当证明其符合承租条件。三是有利于实质解决行政争议。司法实践证明，无论是采取职权主义还是由被告举证的诉讼模式，都有其局限性。故赋予原告一定范围的举证责任，适当增加审理的对抗性反而有利于实质性解决行政争议。

综上，承租人申请变更的应当提供其符合变更条件的相关证据材料，其他家庭成员申请变更或提出异议的，应当提供其符合“其他家庭成员”条件且具有变更资格的证据材料，如举证不能的，则应承担相应的后果。公房管理部门首先对承租人或其他家庭成员的承租资格进行审查，决定是否予以变更。另外公房管理部门也具有依职权调查的义务以核实基本情况，如承租人或家庭成员确因客观原因无法调取证据的，可以申请公房管理部门帮助调查取证。

（三）关于适格被告的认定

目前公房租赁行政案件以哪一机关为被告，在A市并不一致，其中公房租赁案件较多的甲区与乙区以区政府为被告。在2014年修订后的《行政诉讼法》实施之后，尤其是适格被告的范围有所拓展、级别管辖确定规则有所调整以及行政协议类案件纳入行政诉讼受案范围之后，此类案件以区政府为被告弊端非常明显。一是区县政府仅为形式上的被告。区政府对公房管理机构的管理活动基本不直接介入，公房管理机构最熟悉公房管理实际情况，由公房管理机构应诉也更有利于查明案件所涉事实，法院的裁判意见也能够直接对公房管理机构产生约束作用，促使其提升法治意识和水平。二是基层矛盾纠纷上交转移。以区政府为被告的案件均应由中级法院管辖，高级法院二审。而公房管理案件并不涉及行政干预等问题，提高管辖层级不符合将矛盾纠纷化解在基层的原则，同时也与中级法院和高级法院的职能定位不完全匹配。另外，以区政府为被告不利于矛盾纠纷化解工作。三是外省市（本市）已有相应司法实践。2015年C市高级人民法院会议纪要明确规定，在因直管公产房屋租赁产生争议案件受理程序中，直接规定，房管站等直管公产房屋的经营管理单位不具备行政主体资格；负责管理涉诉直管公产房屋的区县房管局是行政诉讼被告。经授权的市房产总公司或区县房产总公司等经营管理单位是行政诉讼被告。四是将公房管理机构列为行政诉讼被告不存在法律障碍。《行政诉讼法》已将行政诉讼被告拓展到规章授权的组织。最高人民法院在发布的行政审判指导案例中，有一件案例认可了乙区房地经营中心作为政府信息公开案件被告的主体资格，其原理之一在于法律法规规章授权既包括直接授权，又包括间接授权。如果从这样的原理出发，将公房管理机构作为被告并不违背《行政诉讼法》的规定。综上，我们认为，应当调整为以负责管理涉诉直管公产房屋的区房管局或者房产经营管理单位作为行政诉讼的被告。

（四）加强公房规范化建设的有关建议

从司法实践来看，由于目前A市公房管理还没有制定变更承租人相应程序规范，其申请和审查还处于无序状态。故制定相应管理规范，才能有效回应实际需求。

1. 制定公房管理规范性文件。制定和完善A市公房管理规定，是规范A市公房管理工作的前提。我们认为，应当结合A市《关于城市公有房屋管理的若干规定（修正）》的规章规定，制定《A市公有住房变更承租人管理办法》规范性文件进一步细化和落实公房管理。一是明确直管公房的范围，对公有住房使用权的过户、分户、并户和置换等情形分别处理，规定不得变更公有住房承租人的情形。二是明确提出直管公房承租人变更的范围、顺序，以及对同一顺序达不成一致意见的救济途径。三是确定新的承租人的资格、条件及代理，同时考虑到公房属于国家按政策给予特定时期公民的福利待遇，同时具有社会保障和用益物权的特征，对原承租人死亡的比照物权进行处理，适用民事继承规则。不但有助于当事人形成合理预期，也有利于避免家庭矛盾、虚假离婚以及财产分配不公。四是规定申请直管公房承租人变更应当提交的材料及文本格式。五是规定公房管理单位的审查程序和时限。通过制定相应的规范，统一行政执法。如果行政机关因公房管理相关问题屡屡败诉，必将给政府机关的行政管理造成被动，损伤了政府的公信力和人民群众对法治的信心，故制定公房管理规范性文件显得非常迫切。

2. 制定公房管理审判指导意见。行政诉讼司法审查是规范公房行政管理的重要推动力量，统计分析表明在A市公房管理规范不完善的情形下，司法审查为进一步规范公房管理提供了规则指引。随着案件量上升和新情况的不断出现，仅仅依照《A市公有住宅租赁合同》第七条来处理纷繁复杂的公房承租人变更问题，显然不能满足人民群众的司法需求，也不利于A市裁判标准的统一。故应当考虑制定A市直管公产房屋审理有关问题的会议纪要或者审判工作指南，规范案件的受理和审理工作。一是明确直管公房的概念，过滤非直管公房纠纷；二是明确民事案件和行政案件各自的受理范围，特别要明确因直管公产房屋租赁产生争议可以行政诉讼的情形；三是对行政诉讼适格被告、第三人问题进行规定，提高审判效率，切实有力保障当事人的权利。

（撰写人：向绪武）

9

关于部分行政案件跨区划管辖及《行政诉讼法》实施有关情况的统计分析

——以某市 A 法院近 2015～2016 年行政案件数据为样本

A 法院是中央确定的整建制综合改革试点法院，并专属管辖以区县政府为被告的行政诉讼案件[①]，自 2014 年 12 月 30 日正式挂牌履职以来，认真贯彻落实中央决策部署，构建普通案件在行政区划法院审理、特殊案件在跨行政区划法院审理的诉讼格局，充分发挥跨行政区划法院的职能作用，依法审理行政案件，为维护当事人合法权益，推进法治政府建设发挥了重要作用。随着司法体制改革的推进和新修订《行政诉讼法》的实施，行政诉讼的各项工作发生了巨大变化，最重要的是一审收案量大幅上升。从 A 法院跨区划管辖以区县政府为被告的行政案件来看，2014 年是 216 件，2015 年是 975 件，2016 年是 1420 件。从 A 市来看，2014 年是 7992 件，2015 年是 14161 件，2016 年是 16941 件。从全国范围来看，2016 年约 22.5 万件，均比改革前有大幅上涨。如果仅就行政诉讼的案件量而言，当前无疑是我国行政诉讼发展最理想的时期。但审判实践和各方面反馈的信息表明，行政诉讼的申诉率继续高位运行[②]，行政审判的审理难未有明显改观。在推进改革的过程中，原告希望解决行政争议的实质需求有多少？行政审判的影响力是否随案件的增长同步提升？行政诉讼又在多大程度上回应了当事人诉求？判决行政机关败诉的案件是否均化解了行政纠纷？光鲜亮丽的案件数据还难以全面反映这些问题，故有待于作细化分析。A 法院结合 2015～2016 年行政案件跨区划管辖情况，特别是 2016 年审结的 1420 件一审行政案件，选取部分统计要素并结合新《行政诉讼法》实施情况撰写分析报告，梳理具有普遍性的问题并提出对策建议，供决策参考。

---

① 目前各区（县）人民法院受理的以区（县）人民政府名义办理不动产物权登记的案件，仍由各区（县）人民法院办理。

② 耿宝建：《行政诉讼法实施一周年回顾与展望》，载《裁判的方法》，人民法院出版社 2016 年版，第 324 页。

一、案件基本情况

在推进法治化建设的过程中，普遍的观点认为法院审理的案件越多，对公众权益的保障就越全面，法院在法治国家建设中的地位也就越重要。随着2014年修订后的《行政诉讼法》实施和立案登记制的改革，在敞开收案的同时，如何协调司法效率和司法公正，进一步推动跨区划管辖及《行政诉讼法》实施，是行政审判面临的重要任务之一。分析审判数据应当是最基础和最重要的工作，有助于我们全面了解司法实践情况。

（一）行政诉讼被告

2016年A法院审结以区政府为被告的一审行政案件1420件[①]，较2015年上升45.65%[②]。案件涉及A市各区且主要分布在部分区，占到总量的70.22%以上。总体上看，行政相对人的法律意识越来越强，倾向于通过提起行政诉讼要维护自身合法权益。另外，原告不服A市市政府的行政复议结论，涉及行政复议双被告的案件有279件，占案件总数的19.65%。

（二）行政诉讼原告

从提起行政诉讼原告情况来看，原告是法人单位的有51件，占全部案件的3.59%。原告是公民个人的有1369件，占全部案件的96.41%，其中“一人多案、多人一案、一案多被告”的案件数量大幅增加，具体为：一名原告起诉3案以上的有86人，占全部案件总数的6.06%；3人以上作为共同原告的有45件，占全部案件总数的3.17%，最多有109人作为共同原告；原告列多个行政机关为被告的案件有49件，占比3.45%。另外，两年来部分原告针对同类案件多次、反复提起诉讼（以下简称反复诉讼）的情形非常明显，共333件属于此类情形，占全部案件的23.45%以上。

这部分案件中，一人诉讼3案以上的有307件，占全部案件的21.62%。政府信息公开案件的反复诉讼，行政复议类案件的群体诉讼非常集中，共有570件，占全部案件的40.14%以上。

（三）案件类型分析

经梳理汇总，2016年审结的案件主要集中在信息公开、行政复议、履行职责、公房管理、征收补偿5类，共1205件，占案件总数的84.86%。其中位居前三的是：政府信息公开421件，占比29.65%；行政复议376件，占比26.48%；履行职

---

① 本统计数据仅统计进入审判程序的案件，未统计立案庭径行裁定不予受理的案件。

② 2016年A法院行政庭审结以区政府为被告的一审行政结案1329件，本院其他庭室审理的政府信息公开类案件91件。

责151件，占比10.63%。因局限于区政府行政管理权限，总体上所涉行政诉讼案件类型较为单一。（详见表2-13）

表2-13　2016年以区县政府为被告案件统计表

案　由	数量	排序	备　注
信息公开	421	1	大部分案件属于反复提出信息公开申请情形
行政复议	376	2	大部分案件不属于行政复议受案范围
履行职责	151	3	大部分案件不属于区政府的职权范围
公房管理	133	4	主要因申请变更公房承租人引发纠纷
征收补偿	124	5	主要起诉征收决定和补偿决定
行政强制	65	6	为强制拆除房屋、违法建设提出起诉
土地证	36	7	要求撤销国有土地证、集体土地使用权证
土地管理	32	8	主要是涉及土地确权、登记、给付补偿费等
行政赔偿	15	9	主要因行政强制或拆迁引发赔偿
其　他	67	10	主要涉及拆迁、答复、信访等案件
合　计	1420		

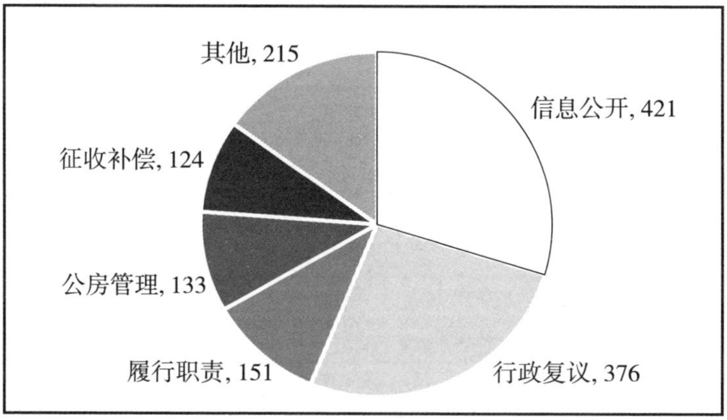

图2-20　案件类型比例图

（四）诉讼代理人统计

从诉讼代理情况来看，原告委托律师的有452件，占全部案件的31.83%；原告委托一般公民代理的案件有410件，占全部案件的28.87%，原告没有委托代理人的有558件，占全部案件的39.30%。被告委托律师代理的有752件，占全部案件的52.96%。另外，涉及A市市政府作为复议机关的行政复议双被告案件中，被告委托律师代理的有141件，占复议双被告案件的50.54%；所有的案件中行政机关工作人员均出庭应诉，出庭率100%。但是，行政机关负责人出庭应诉的仅有16件，仅占全部案件的1.13%，说明行政机关负责人出庭应诉还有较大上升空间。总体上，行政机关在诉讼能力上具有明显优势，而原告欠缺法律专业知识，一方面导致原告胜诉的概率降低，另一方面也增加了法院审理案件和维持诉讼秩序的难度。（详见表2－14、表2－15）

表2－14 2016年以区县政府为被告案件代理情况统计表

原 告	数 量	比 率	被 告	数 量	比 率
委托律师	452	31.83%	委托律师	752	52.96%
委托公民	410	28.87%	未委托律师	668	47.04%
原告自己	558	39.30%	工作人员出庭	1420	100%
			市政府委托律师	141	50.54%

表2－15 2015年以区县政府为被告案件代理情况统计表

原 告	数 量	比 率	被 告	数 量	比 率
委托律师	326	33.43%	委托律师	672	68.92%
委托公民	248	25.43%	未委托律师	303	31.08%
原告自己	401	41.12%	工作人员出庭	975	100%
			市政府委托律师	未统计	

（五）案件审理结果

1420件案件中，经过实体审理判决方式结案的有586件，占案件总数的41.27%。其中判决驳回原告诉讼请求的507件，占案件总数的35.70%；以裁定方式结案的有833件，占案件总数的58.66%。分别是：裁定准予原告主动撤诉的有90件，占案件总数的6.34%；裁定驳回起诉的有732件，占案件总数的51.55%；另有12件裁定终结或移送他院审理（详见图2－21）。全年审结的案件中，上诉到高院的有871件，上诉率为61.34%[①]，对比2015年的数据有升有降（2015年数据见图2－22）。另外，A法院审结的上述案件全部采用普通程序审理，2016年尚没有采用简易程序审理的案件，普遍反映审理难度增加，“简易不简”的现象明显。

① 数据来源于A市法院信息球数据，上诉871件。

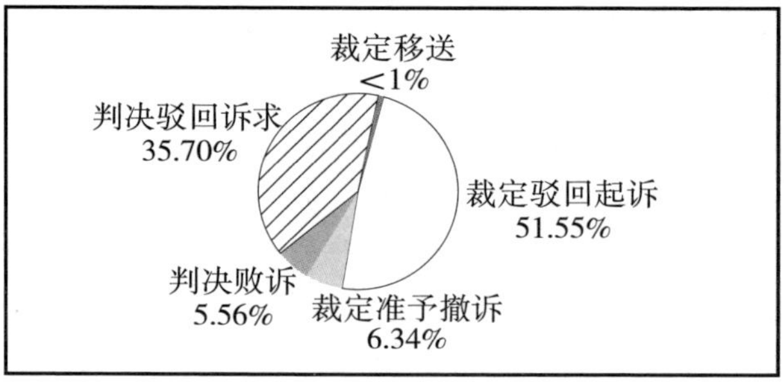

图 2－21　2016 年案件审理结果

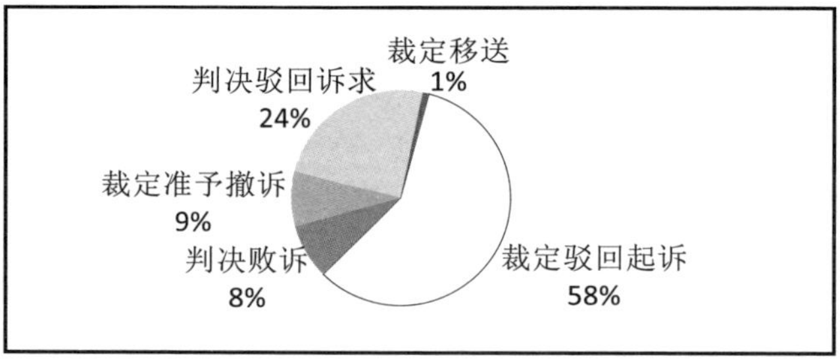

图 2－22　2015 年案件审理结果

从实体审理情况来看，判决行政机关败诉的有 79 件，败诉率为 5.56%。在实体审理的案件中，有 273 件案件实质上既不属于行政复议的受案范围，也不属于诉讼的受案范围，法院基于复议机关的不予受理决定而进入实体审理程序。如果从源头上考虑，则以裁定方式结案的有 1050 件，占全部案件的 79%，实质审理败诉率达到 21.35%。从败诉案件分布的领域来看，主要分布在：公房管理 16 件、信息公开 15 件、行政复议 15 件、履行职责 12 件、征收补偿 8 件、行政强制 4 件、其他 7 件、行政赔偿 2 件。

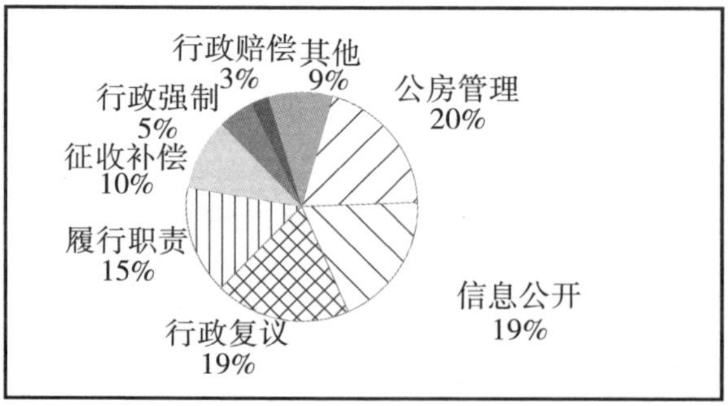

图 2－23　败诉类型

二、行政案件类案主要问题分析

2016 年行政一审案件中，案件类型主要集中在：政府信息公开、行政复议、要求履行法定职责、公房管理、征收补偿等领域。我们对上述类型案件所反映的问题进行了汇总分析：

（一）政府信息公开类案件

表 2－16 2016 年政府信息公开类案件统计表

信息公开	总 量	裁 驳	判 驳	撤 诉	撤销重做	履行职责	确认违法
数 量	421	272	118	15	15	0	1
比 率	100%	64.61%	28.03%	3.56%	3.80%		

表 2－17 2015 年政府信息公开类案件统计表

信息公开	总 量	裁 驳	判 驳	撤 诉	撤销重做	履行职责	确认违法
数 量	428	220	149	14	36	2	7
比 率	100%	51.40%	34.81%	3.27%	10.52%		

2016 年 A 法院共审理政府信息公开类案件 421 件，占案件总量的 29.65%，其中裁定驳回原告起诉的占 64.61%，判决支持原告诉讼请求的仅占 3.80%。同 2015 年的数据相比，体现“一升一降”的特点，即裁定驳回起诉率大幅度上升，被告败诉率大幅度下降，同时进入实体审理的案件量也有所下降。表明此类案件不符合起诉条件的现象特别突出，呈现出原告权益救济和滥用起诉权利的矛盾。主要有以下特点：

1. 政府信息公开的行政程序日趋规范。政府信息公开是服务行政背景下出现的一种新的行政活动方式，是建设服务型政府的一个重要组成部分。自 2008 年《政府信息公开条例》施行以来，经过 8 年的实践，信息公开工作中关于政府信息的界定、公开主体、信息不存在以及公开程序等一些问题已经基本形成共识。最为直接的体现就是实体审理败诉率大幅下降，如 2016 年的实体审理败诉率 17.44% 低于 2015 年的 30.20%，表明行政机关的信息公开虽然还存在一些问题，但已经逐步规范，体现为更加注重服务行政理念，严格遵守行政程序。如关于答复期限、延期答复告知、登记回执送达、信息申请补正和说明理由等程序逐步规范，避免出现一些低级错误。在实体处理上也努力满足当事人的实质需求，如有的区对于信息公开申请，经初步判断属于政府信息的，形成了先在本单位档案机构检索，然后向相关单位发函要求说明情况，能够查找到信息的即予以公开，未能查找到信息的也及时答复申请人，从源头上减少了行政争议的产生。

2. 滥用政府信息公开申请权比较突出。此类案件特点是部分原告因对相关行政行为产生怀疑和不满，为泄愤而随意提起诉讼，意图由此向行政机关施压或者发泄不满。其申请次数之多，申请内容反复或者类同已经产生了示范效应，且使行政机关疲于应付。另外还有一人提出 3 件至 5 件信息公开诉讼的情形，上述情形占到全部信息公开案件的 80% 以上。虽然案件的数量越来越多，但实质上起诉政府寻求救济的人却没有增加，这种“职业原告”现象必须引起高度重视并予以规制。当前，理论界和实务界对于这种无节制、多次反复诉讼的“滥诉”如何规制尚未形成共识。有的专家学者认为“滥诉”不是法律概念，应当充分保障当事人的诉权。随着立案登记制的实施，部分当事人诉讼无障碍，随意、多次提出回避申请，反复纠缠于行政机关负责人出庭应诉及其他程序性事项，对被告工作人员的身份提出质疑，大段陈述与庭审无关的事实内容，不遵从合议庭指引的现象非常突出。客观上成为个别当事人发泄不满情绪、宣泄私愤的途径，甚至有当事人当庭撕毁开庭笔录，严重影响了正常的审判秩序，进一步损害了司法的权威和公信力。在审理这类案件时，如何既避免政府信息公开审判从定分止争的工具沦为重启纷争的“捷径”，又避免行政诉讼从保障公民权利的“最后一道防线”变成限制公民权利的“最后一道关卡”成为法院在政府信息公开行政案件立案、审理过程中需要认真考量和平衡的问题。

（二）行政复议类案件

表 2 - 18　2016 年行政复议类案件统计表

行政复议	总　量	裁　驳	判　驳	撤　诉	移　送	撤　销
数　量	376	16	327	13	5	15
比　率	100%	4.26%	86.97%	3.46%	1.33%	3.99%

表 2 - 19　2015 年行政复议类案件统计表

行政复议	总　量	裁　驳	判　驳	撤　诉	撤　销	确认违法
数　量	95	50	25	6	13	1
比　率	100%	52.63%	26.31%	6.31%	14.73%	0.02%

行政复议是上级机关监督下级机关依法行政，保护相对人合法权益、预防和化解行政纠纷的“第一道防线”，对于发挥政府内部监督纠错功能，提升政府公信力具有重要作用。2016 年 A 法院审理行政复议类案件 376 件，占案件总量的 26.48%，其中裁定驳回原告起诉占 4.26%，远远低于 2015 年 52.63% 的裁定驳回率（见上表）。统计发现，此类案件判决支持原告诉讼请求的有 3.99%。判决驳回

原告诉讼请求的高达86.97%，远高于其他类案件。这一方面表明行政复议案件的质量有所提高，另一方面也反映出这部分案件虽然进入实体审理，但并不能从根源上化解矛盾。主要有以下特点：

1. 复议案件的类型化分析。不予受理复议申请类。此部分案件主要存在以下情形：一是部分涉信访因素案件不适宜进入复议程序。主要是有的信访人到非信访场所进行信访被公安机关训诫，其不服训诫决定申请行政复议。由于训诫书仅对当事人进行提醒，未对其权利义务产生实际影响，故既不属于行政复议法的受案范围，也不属于行政诉讼的受案范围。二是不正确履行复议职责类。有的区政府对行政复议在预防和化解行政争议方面的职能作用重视程度不高，在行政复议受理程序中未能把握好行政复议申请的初步证明责任，忽视了复议机关本身应当履行的调查义务，而不受理原告的行政复议申请，导致被诉的行政复议不予受理决定被撤销重做，从而形成一些本可以在复议阶段化解的行政争议，逐步演变为行政诉讼。三是行政复议决定类。此类案件又分为两类情况：一类是复议决定驳回了当事人的复议申请，法院经审查认为被诉复议决定认定事实不清或法律适用错误；另一类是复议决定确认原行政行为程序违法，但对实体问题未予处理，原告不服提出起诉，法院经审查后予以纠正。上述情形表明，进一步畅通行政复议的受理渠道，完善和健全行政复议案件的审理机制，提升复议案件办理质量，切实发挥行政复议的功能作用，将行政争议化解在“源头”和萌芽状态还有较大的提升空间。

2. 复议与诉讼制度的衔接。2015年实施新修订《行政诉讼法》增加了立案登记制，扩大了行政诉讼的受案范围，除取消了“具体”这一对行政行为可诉性的限定标准外，还更为详细和全面地列举了当事人可以提起行政诉讼的案件范围。尤其是首次明确了当事人对行政机关不依法履行、未按照约定履行或者违法变更、解除政府特许经营协议、土地房屋征收补偿协议等协议不服的，对征收、征用和补偿决定不服的，对滥用行政权力排除或限制竞争行为不服的以及对行政机关确认所有权或使用权决定不服的，均可以提起行政诉讼。目前《行政复议法》的受案范围与《行政诉讼法》的衔接存在争议，司法实践也不尽一致。有的当事人为了进入诉讼程序，先对不属于行政复议的事项提起行政复议，继而就行政复议决定提出起诉，企图曲线寻求救济。例如，张某等272人诉A市某区人民政府行政复议系列行政案件，原告复议要求确认城市危旧房改造项目中签订的《回迁协议》属于行政协议，进而不服区政府作出的行政复议不受理决定提起诉讼。根据现行法律规定，原告要求确认的协议是否属于行政协议，在行政复议的受案范围内规定不明确。根据行政诉讼的有关规定，该协议在行政诉讼范围内不属于行政协议。根据现行裁判标准，因需对行政复议决定的合法性进行审查，从而使法院被动介入该类案件的实体审理。总体上，此类案件虽然在程序上已经审理完毕，但对当事人解决实体争议毫无益处，反而形成程序空转现象，造成审判资源无谓消耗，徒增当事人诉累。

（三）履行职责类案件

表2-20　2016年履行职责类案件统计表

履行职责	总　量	裁　驳	判　驳	撤　诉	撤销重做	履行职责	确认违法
数　量	151	112	6	21	2	8	2
比　率	100%	74.17%	3.97%	13.91%	7.95%		

表2-21　2015年履行职责类案件统计表

履行职责	总　量	裁　驳	判　驳	撤　诉	撤销重做	履行职责	确认违法
数　量	127	79	23	19	1	4	1
比　率	100%	62.20%	18.11%	14.96%	4.72%		

2016年A法院审理履行职责类案件151件，占案件总量的10.63%，其中绝大部分案件是裁定驳回原告的起诉，裁定驳回率达到74.17%；支持原告诉讼请求的占7.95%，判决驳回原告诉讼请求的占3.97%，总体上高于其他类案件的败诉率（见上表）。此类案件的主要特点是原告基于朴素的认识，笼统请求区政府履行监督管理职责。根据职权法定原则，原告提出的申请不属于人民法院的审理范围的，均裁定驳回起诉处理。主要有以下情形：

1. 要求履行层级监管职责。原告根据《地方各级人民代表大会和地方各级人民政府组织法》的相关规定，向区政府提出履行职责申请，要求区政府对下级政府或者所属委办局履行监督管理职责，改变或撤销相应的行政决定，查处下级行政机关不执行命令或者行政决定，对不履行法定职责的单位主要领导和直接责任人员给予行政处分，同时还要求区政府予以行政赔偿，还有的原告为了解决一个问题，将所有相关的行政机关作为共同被告一并提出起诉，要求履行法定职责。

2. 要求超越职权范围履行职责。原告要求解决信访事项的相关问题，对区政府答复或者不予答复的行为不服，起诉区政府不履行职责。认为辖区范围内存在违法拆迁、违法征收、违法用地、违法建设和违法选举等行为，向区政府请求履行监督管理职责。例如，有的原告针对房屋拆迁行为不服，反复向区政府提出查处违法拆迁、违法征收的请求；对乡镇人民政府、区城管执法部门查处违法建设的事项不服，要求区政府予以监督查处；还有的将信访答复，信访转办单进行起诉，要求落实有关领导对信访件批示；有的向区政府提出购买单位产权公房，要求区政府给付拆迁安置补偿费等。

（四）公房管理类案件

表 2－22 2016 年公房管理类案件统计表

公房管理	总 量	裁 驳	判 驳	撤 诉	撤销重做	履行职责	确认违法
数 量	133	86	12	19	15	0	1
比 率	100%	64.66%	9.02%	14.29%	12.03%		

根据公房的产权分类，产权在政府的属于直管公房，产权在单位的属于自管公房。直管公房由区政府委托房管中心等单位实施日常管理，具体的法律责任由区政府承担。在市跨区划管辖改革前，此类案件均由各区县法院管辖。2016 年 A 法院审理公房管理类案件 133 件，占案件总量的 9.37%，其中裁定驳回原告起诉的占 64.66%，判决驳回原告诉讼请求的占 9.02%，行政机关总体败诉率占 12.03%，远高于其他类案件（见上表）。

根据相关规定，因直管公房引发纠纷的，只有两种情形可以作为行政案件受理：一是原承租人死亡或者外迁后，原承租人共同居住人对公房管理部门依职权变更承租人不服提起的诉讼；二是承租人或承租人的共同居住人认为符合租赁变更条件，请求公房管理部门变更公房承租人，对不予变更决定不服提起的诉讼。目前公房管理部门在公有住宅原承租人死亡后，履行公房承租人变更职责过程中遵循的规范性文件主要是《A 市公有住宅租赁合同》。该合同第七条规定，租赁期限内，承租人外迁或死亡，承租人同一户籍共同居住两年以上又无其他住房的家庭成员愿意继续履行原合同，其他家庭成员又无异议的，可以办理更名手续。根据上述规定，原承租人死亡后，原承租人的家庭成员如果想继续承租公房应同时具备：（1）在原承租人死亡时与原承租人同一户籍；（2）在原承租人去世前与原承租人在诉争公房处共同并连续居住两年以上；（3）无其他住房；（4）其他家庭成员无异议。另外，如果征求意见的其他家庭成员，同时也需要符合上述条件。从案件审理情况来看，主要存在以下争议的问题：

一是“同一户籍”的认定。司法实践中对于同一户籍的认定存在不一致的情形，有的区是“认房不认本”，即只要户口簿指向的“户籍所在地”为该承租公房所在地，则无论有几个户口簿都视为“同一户籍”；有的是“认本不认房”，即只有与原承租人登记在同一个户口簿上的人员才能认定为“同一户籍”。这种情况以前在各区县管辖时问题不明显，现 A 法院统一管辖后，统一裁判标准成为审理此类案件的重点。二是“共同居住两年以上”的认定。共同居住两年以上的起止时间，一般认定为从原承租人外迁或死亡之日起往前追溯两年，但该两年期间是否必须是实质性、连续性地居住在该房屋存在争议，比如家庭成员在该段时间内外出上学或服刑或服役，此情况能否视为“共同居住”。三是“其他住房”的认定。对“其他住房”的地域范围，是房屋的所有权还是居住权，如何核实住房情况也存在争议。四是“其他家庭成员”的资格。即公房承租人的变更必须征求“其他家庭成员”的同意，则应当确定家庭成员的范围。由于各区县情况不一致，甚至截然相反，故此类案件的审理需要重点把握好统一裁判标准与个案平衡的问题。总体上，此类案件判决行政机关败诉的主要原因是，各区县的审查标准不一致，有的公房管理部门过分强调申请人提交证据的义务，而降低了自身应尽的审查责任；有的考虑问题不周延，导致行政机关败诉。总体上，此类案件有很大一部分需要多次诉讼，在极端情况下“打二三年官司，出四五份判决”① 也时有发生，不但增加了当事人的诉累，更是加剧了行政诉讼程序空转的现象。

（五）征收补偿类案件

表 2－23　2016 年征收补偿类案件统计表

征收补偿	总　量	裁　驳	判　驳	撤　诉	撤销重做	履行职责	确认违法
数　量	124	80	30	7	7	0	0
比　率	100%	64.51%	24.19%	5.65%	5.65%		

表 2－24　2015 年征收补偿类案件统计表

征收补偿	总　量	裁　驳	判　驳	撤　诉	撤销重做	履行职责	确认违法
数　量	83	38	32	13	0	0	0
比　率	100%	45.80%	38.60%	15.70%	0%		

2016 年 A 法院审理涉征收决定、补偿决定案件 124 件，较 2015 年的 83 件上升 50% 左右，占到案件总量的 9.33%，其中裁定驳回原告起诉的占 64.51%（见上表），撤销征收补偿决定的 7 件，占 5.65%。征收类案件大多涉及 A 市重点工程和重大项目，由于建设周期较长、涉及范围广、利益冲突大，案件进入诉讼阶段时征地搬迁早已既成事实，容易形成群体性案件，司法审查需要特别考虑到法律效果和社会效果的统一。相较前几年该市法院此类案件的审理情况，2016 年判决撤销征收补偿决定的案件大幅增加，主要是个别区县的征收前期工作不扎实，执法程序不规范导致败诉。

1. 征收决定。根据《国有土地上房屋征收与补偿条例》（以下简称《征补条

① 集中体现在公房管理类案件，一般需要持续诉讼 1～2 年才有最终结论。

例》）的规定，项目建设必须符合“四规划一计划”，征收项目在程序上应当严格做到“八个步骤、五个公开”。从司法审查来看，各征收项目均存在一些问题。法院基于公共利益和社会稳定角度考量，虽然判决驳回了原告诉讼请求，但存在的问题需要引起高度重视。主要是：在市政府作出征地批复后，有的区县政府迟迟未能开展土地征收工作，在后续补偿安置程序中又不能达成一致意见，引发被征收人不满；有的区县政府未在法定举证期限内提交涉案项目已经纳入市、县级国民经济和社会发展年度计划的证据；未能提交经过区政府常务会议讨论的会议纪要、社会风险评估报告；补偿决定中关于被征收房屋的坐落、产权和面积等基本情况不清晰；补偿安置方案存在瑕疵，作出征收决定的期限不符合法律规定。此类案件中，由于征收补偿涉及的利益巨大，有的被征收人对补偿期望过高，加上有的区县征收补偿工作又不规范，多种因素叠加容易引发诉讼。有的征收项目多人批量提出起诉，对于这种情况，我院均按标准诉讼的模式审理，即选定一个案件作为标准案件进行审理，待发生法律效力后对其他同类案件裁定驳回起诉。

2. 补偿决定。根据《征补条例》第十七条，第十九条第一款，第二十一条第一款、第二款，第二十二条，第二十五条第一款和第二十六条第一款、第二款规定，补偿决定应当公平，并应包括补偿方式、补偿金额和支付期限、产权调换房屋、周转用房、停产停业损失、搬迁期限、过渡方式和过渡期限等事项。被征收人可以选择货币补偿，也可以选择房屋产权调换；被征收人选择房屋产权调换的，市、县级人民政府应当提供用于产权调换的房屋，并与被征收人计算、结清被征收房屋价值与用于产权调换房屋价值的差价。对被征收房屋价值的补偿，不得低于房屋征收决定公告之日被征收房屋类似房地产的市场价格。被征收房屋的价值，由具有相应资质的房地产价格评估机构按照房屋征收评估办法评估确定。选择房屋产权调换的，产权调换房屋交付前，房屋征收部门应当向被征收人支付临时安置费或者提供周转用房。房屋征收部门与被征收人在征收补偿方案确定的签约期限内达不成补偿协议，或者被征收房屋所有权人不明确的，由房屋征收部门报请区政府作出补偿决定，并在房屋征收范围内予以公告。此类案件中，主要存在以下问题，一是未充分保障被征收人的补偿选择权。有的征收补偿决定虽然形式上明确了被征收人可以选择货币补偿或者房屋产权调换的安置补偿方式，但是并没有明确产权调换对应的安置房源的地点和面积，导致被补偿人选择产权调换的权利实质上不能实现。二是补偿依据错误。为了实施《征补条例》，该市制定了《关于国有土地上房屋征收与补偿中有关事项的通知》对搬迁费、临时安置费的标准做出了规定，有的区县政府仍沿用《城市房屋拆迁条例》有关规定作出补偿，适用法律错误。三是行政行为明显不当。《征补条例》虽然对当事人选择产权调换的期限没有明确规定，但并不意味着行政机关可以任意规定期限。有的补偿决定仅给予被补偿人“5 天”的选择期限，明显不具有合理性，有滥用职权的倾向。四是公告程序不规范。有的区县提交的证据不全面，不能准确证明在房屋征收范围内予以公告补偿决定的事实。

（六）其他类型

其他类型的案件主要有两类：一是行政强制类，2016 年 A 法院审理此类案件 65 件，裁定驳回起诉、裁定移送或准予撤诉的 61 件，判决行政机关败诉的 4 件，实体审理败诉率 100%。此类案件中，有的原告笼统地认为区县政府强制拆除原告的房屋违法或者实施其他行政强制行为违法，提出起诉或一并提出行政赔偿请求。根据《行政强制法》的规定，拆除房屋或者违法建设的行政强制权在区县政府相关职能部门，故区县政府一般不直接实施行政强制拆除工作。在诉讼中，由于未遵守法定程序，区县政府一旦被认定实施了行政强制行为则面临败诉风险。二是涉及拆迁、登记、许可、确权、颁证和拆违等类型的案件共 150 件，以裁定方式结案的 128 件，判决驳回诉求的 12 件，判决行政机关败诉的 10 件。大部分案件均不属于区政府的职权范围或者没有基本的事实根据，裁定驳回原告起诉的比率为 85.33%，实体审理率仅为 14.67%。

三、行政案件的特点和原因分析

行政诉讼制度的发展离不开行政诉讼实践的创新，A 法院自实施跨区划管辖以来，行政审判的各项工作取得了较好的成绩，立案难问题已基本得到解决，行政机关的败诉率有所上升，依法审判的各项机制正逐步发挥作用，为构建行政审判的新格局奠定了良好的基础，但断言成功尚为时过早，具体分析如下：

（一）行政审判司法环境明显改善，行政案件的办案质量不断提高

A 法院自挂牌成立以来，严格实施行政诉讼法，切实做到“有案必立、有诉必理、依法保障当事人行使诉权”。行政审判的司法环境明显得到改善，司法审查的监督力度大幅度提高。体现在：一是案件数量逐年大幅上升。据不完全统计，截至撰稿日，2016 年行政庭共审结行政案件 1420 件，相比 2015 年的 975 件上升了 45.64%，相较 2014 年的 216 件更是增长了约 6.57 倍。虽然案件数量的增长不是评判行政审判功能的唯一标准，但从侧面反映出人民群众通过司法渠道解决行政纠纷的需求非常强烈，为人民法院回应当事人的司法需求，严格依法保障其诉讼权利提出了新的要求。二是行政案件的质量不断提高。首先是对行政机关的监督作用不断加强，行政机关的败诉率有明显提高，实质审理败诉率达 21.35%，行政机关普遍感到行政诉讼压力增加和“协调”不便，倒逼行政机关提高行政执法水平的能力，更加规范执法程序。另外，由于类型案件更加集中，案件审理更加专业化，法律适

用标准更加统一。减少了裁判差异产生的因素，有效促进了司法裁判尺度的统一和审判业务水平的提高，逐步赢得社会各参与主体对行政诉讼的认同感，进一步增强了人民群众对司法裁判的公信力。

（二）案件涉及的类型比较单一，主要集中在信息公开和城建领域

全年案件类型主要以行政复议、信息公开、履行职责、公房管理和征收补偿5类案件为主，占案件总量的84.86%以上。其中行政复议和政府信息公开类案件又占全部案件的56.13%以上，尤其是政府信息公开类案件量居高不下。即使在立案庭将部分不符合立案条件的案件大量分流的情况下①，进入审判程序的案件仍有421件，由此可见一斑。从行政复议、信息公开、履行职责和征收补偿等案件的审理情况来看，普通行政管理案件少，主要集中在城建领域。原告多次反复诉讼现象突出，呈现“一人多案，多人一案”现象，存在公民权利意识增长与反复起诉情形并存的情形。另外还有大量一人提出3件至5件信息公开诉讼的情形。这部分当事人反复提出信息公开诉讼，无非就是对原行政行为存在质疑，意图通过政府信息公开进行求证②。也有一部分对征收拆迁安置补偿不服，申请公开“征收或者征用土地、房屋拆迁及其补偿、补助费用的发放、使用情况”以及由此衍生的相关信息。

（三）裁定驳回原告起诉比率高，不属于行政诉讼受案范围的起诉多

两年以来，裁定方式结案的比率均为58%左右，2016年案件数量虽然再次有较大幅度的增长，但适宜通过行政诉讼解决争议的有效案件并没有随之增加。如果考虑到既不属于行政复议的受案范围，也不属于行政诉讼受案范围的案件，实质裁定驳回起诉率则高达78%左右。表现出部分当事人一方面是“不会诉”，另一方面是滥用起诉权的现象。总体上，原告基于解决纠纷的需求，希望将大量行政纠纷进入诉讼程序进行解决，但受制于行政诉讼受案范围而无法进入实体审理程序。主要原因在于：一是政府信息公开申请门槛低，有的行政相对人存在“滥诉”倾向，通过大量申请政府信息公开，意图将矛盾纠纷引入诉讼程序解决；二是行政复议与行政诉讼的衔接不畅，一些在源头上不属于行政诉讼受案范围的案件通过复议程序进入诉讼；三是部分涉及拆迁、腾退、拆除违法建设等问题，原告反复请求区政府履行监督管理职责；四是立案登记制实施后，立案审查程度降低，大量信访案件等不属于受案范围的案件得以立案。总体上，由于行政案件数量大幅上升和出庭应诉要求提高，有的区政府复议部门一年复议诉讼上千件案件，陷入了疲于应诉的窘境而进一步弱化了行政复议本职工作，还需为此支出相应的律师代理费用，值得引起高度重视。

---

① 据统计，A法院由立案庭分流的案件有近千件之多。

② 一些原告反复提起的政府信息公开案件，大部分属于此类情形。

（四）实质性化解矛盾纠纷难，行政诉讼程序空转现象仍然比较突出

诉讼制度设计的主要功能是解决争议，行政诉讼所追求的目标也应当是通过案件审理实质性化解纠纷。2014 年修订后的《行政诉讼法》除调整了立法目的、扩大受案范围、排除行政干预、加强诉权保护和强化行政复议外，还创造性地推出了具有中国特色的行政机关负责人出庭应诉制度。从结案数据来看，2016 年的实体审理败诉率达 21.35%，意味着进入实体审理的案件中有五分之一多的案件被法院撤销或确认违法。一方面是新行政诉讼法的标准更严，对行政行为程序轻微违法的也要求确认违法，导致判决行政机关败诉的案件增加；另一方面是跨区划管辖法院切实履行了监督职能，依法判决行政机关败诉。但是，我们应当看到跨区划管辖的上诉率、申诉率、撤诉率、行政机关负责人出庭应诉率、简易程序适用率等部分审判数据仍不容乐观，行政诉讼实质性化解纠纷作用仍不明显，行政审判仍然处于被动应付局面。行政诉讼的实践也印证了行政执法的实际，即有一批人成为行政诉讼的“职业原告”，虽然行政诉讼案件越来越多，但其中大量案件来源于少数行政诉讼原告。有的案件从行政复议开始，经历了一审、二审和再审程序，直到向最高人民法院提出申诉，部分案件在诉讼程序终结后还有可能进入涉诉信访，这种流水作业式程序空转，将矛盾层层向上传递，呈现出审级越高案件越多的倒金字塔结构。表明排除行政干预、加大司法审查力度，固然可以监督行政机关更好地依法行政，可以依法保护公民、法人和其他组织的合法权益，但并不能就此满足部分当事人的诉讼意愿。

（五）当事人双方诉讼能力差异明显，律师或法律援助代理案件率低

参考 2015 年、2016 年的统计数据，被告方委托律师出庭的占到 50% 以上，被告方工作人员出庭的占 100%。原告公民代理甚至个人亲自出庭参加诉讼占到 66% 左右，委托律师出庭的仅有 34% 左右。由于原告方公民代理的现象比较普遍，双方当事人的诉讼能力存在明显差距，对同一问题的理解大相径庭并难以说服对方，基本不存在化解矛盾的余地，律师或法律援助参与纠纷化解的作用不明显。公民代理情形表现为：一是“互相”代理。行政诉讼公民代理中，很多原告与代理人经常在不同的案件中诉讼地位互换，即在一案件中的 A 为原告、B 为代理人，在另一案件中 B 为原告、A 为代理人，这类情形主要集中在政府信息公开领域。二是“资深”代理。统计发现，这类代理人大多为诉讼、信访的“老户”“大户”，这些人常年提起各类行政诉讼，并有“滥讼缠访”的倾向。三是“跨区”代理。在这些公民代理中，代理人与原告虽不在同一区域，但活跃于该市各法院行政诉讼案件中，有的还形成“一方有诉，八方支援”参与旁听，借此制造声势，宣泄不满情绪。由于此类诉讼代理人对法律规定一知半解，对审判工作普遍存在不信任感，辩论或陈述

案情往往偏离主题，原告服判息诉难，案件裁判后大部分进入上诉和申诉程序。呈现旧案尚未得到解决，新的矛盾还在不断集聚的现象，陷入畸形发展的境地。

（六）部分当事人存在滥诉倾向，对反复诉讼的情形有待进一步规制

根据统计数据，有部分案件的当事人“抱团诉讼”和“批量诉讼”，案件涉群体性诉讼明显增多，滥诉情况比较突出，行政纠纷在源头上适合实体审理的比率仅有21%左右。这部分案件主要是涉及征收拆迁、环境整治、腾退安置和绿化隔离带建设的过程中，对拆迁安置补偿不满，逐渐形成了部分村民、同社区居民集体就类似或者关联问题提起的反复诉讼。当事人借机向法院施加压力，不遵守法庭秩序，法院的审理难度明显增大。有的当事人抱着“试试看”的态度提起诉讼，超过起诉期限和重复起诉的案件比较多，还有部分案件通过行政复议程序导入诉讼。这部分案件立案后经审查，不符合条件的依法裁定驳回起诉处理。在充分保障当事人诉权的同时，法院面临着“案多人少”的矛盾更加突出，而司法又不能从根本上解决行政争议。2016年A法院行政庭部分法官人均一审结案量在200件左右，平均结案率在95%以上。由于审判机制的不完善，“繁案精审、简案快审”的效果并不明显，有限的司法资源用于应付大量裁定驳回起诉类案件，法官超负荷工作的矛盾更加突出，对真正需要解决纠纷的当事人产生了另一种不公平。因此，必须采取有效措施提升办案效率，突出“跨行政区划”职能定位，为推进跨区划法院改革试点奠定坚实的基础。

四、进一步加强行政审判工作的对策和建议

在国家实施依法治国、推进法治政府建设之际，实施跨区划管辖面临着新的机遇，但遇到的新问题也并不比昨天更少。行政审判普遍存在“上诉率高、申诉率高、实体裁判率低、被告败诉率低、发回重审和改判率低、原告服判息诉率低”的“二高四低”的问题①仍然没有明显好转。因此，充分发挥跨区划法院的职能作用，严格实施行政诉讼法，保障当事人合法权益，规制正常诉讼秩序、监督行政机关依法行政，需要重点做好以下工作：

（一）发挥跨区划管辖职能优势，加强对依法行政的促进和引领作用

自A法院跨区划管辖改革并结合法院立案登记制的改革，辖区内民告官的诉讼需求空前高涨，两年时间上升了6.57倍，可以预见行政案件的数量还将呈现不断上升的趋势，跨区划管辖改革的质效还将面临社会的更高期待。但我们应当看到，为了解决行政争议，保护公民、法人和其他组织的合法权益，监督行政机关依法行使职权，案件数量的增长还只是衡量跨区划改革效果的指标之一。我们应当在坚持

① 最高人民法院于2012年9月6日召开“着力解决行政审判突出问题，积极回应人民群众司法需求”视频会议，最高人民法院沈德咏副院长讲话材料。

“有案必立、有诉必理”这一基本要求的同时，要更加关注行政诉讼案件实体审理（有效诉讼）的情况，更加注重行政诉讼对依法行政的促进和引领作用，要确实化解行政纠纷而不是传递矛盾。由于区县政府的行政管理职权具有宏观性，案件大多涉及范围广、影响大。跨区划管辖既要在涉及重点工程项目、发展规划、产业政策或社会治理的案件中依法审判，又要维护区域发展稳定大局。如何平衡好司法公正和地方法治建设的关系，行政审判与行政执法的良性互动如何衔接，跨区划管辖实效性和经验的可推广复制性仍需要实践检验，这些都是跨区划管辖不能回避的问题。因此，需要在现行管辖范围内大兴调查研究之风，抓好审判机制创新，提高审判业务能力，加强多元化矛盾纠纷化解机制建设，探索提升行政审判质效的具体途径和方式。

（二）努力促进行政纠纷的实质性解决，避免行政诉讼程序空转

“老百姓到医院看病，希望药到病除；老百姓到法院诉讼，讲究案结事了。行政审判如果不能实质性解决行政争议，就不可能得到人民群众的真正认同，就不会得到人民群众的信任。”① 因此，需要努力促进行政纠纷实质性解决。防止出现“案结事不了”“官了民不了”的问题。一是尽量和谐干群关系。在办案过程中要多做工作，尽量恢复行政机关与行政相对人的和谐关系，杜绝不讲工作方法，简单一判了事的司法作风。二是注重诉求的合理性问题。争议在法律范围内无法解决而原告的诉求又有合理性的时候，要强化能动司法理念，通过案外工作引导、宣传、释明、协调等多种手段，关注和解决行政案件的合理性问题。三是明确法律评判标准。必须通过行政诉讼在法律上对所争议的事项有一个明确的判断，在解决当事人争议的同时，发挥出类案的指引作用，增加当事人对裁判结果的可预期性。四是坚决维护公正司法的底线。避免以违法为代价平息纠纷的先例，诸如在事实上鼓励当事人“小闹小解决、大闹大解决、不闹不解决”的现象。对行政行为合法的，当事人无理缠诉缠访的，绝不能放弃原则违法迁就。笔者认为，不落实好行政争议的实质性解决，行政审判就难以避免程序空转的现象。例如，我们在案件审理过程中，应准确把握当事人争议的焦点，全面审查行政行为存在的问题，做好当事人的释明工作，避免一个行政争议来回诉讼的情形，提高司法审判质效。

（三）实施好新修订的行政诉讼法，进一步提升行政诉讼的审判质效

2014 年修订后的《行政诉讼法》进一步加大了对当事人的诉权保护，加大了对行政机关的监督力度，规范了司法审查程序。其中：增设了行政诉讼的纠纷解决目的、扩大了行政诉讼的受案范围及原告保护范围、建立了行政机关负责人出庭应

① 江必新：《标本兼治推进行政审判健康发展》，2011 年最高人民法院副院长江必新在全国法院行政审判工作座谈会上的讲话。

诉制度、设立了复议双被告制度规范性文件的附带性审查、建立了行政诉讼有限调解规则、设立了行政附带民事审查程序、增加了一审简易程序等，这些制度设立为行政审判带来了新的挑战和机遇。要以此为契机，坚持问题导向，高度重视调研工作，完善行政审判中的机制，破解审判实践中的疑难法律问题。一是发挥好跨区划管辖职能。要切实发挥跨区划管辖排除干扰的制度设计初衷，加大对重点领域的司法审查力度。对于应当判决行政机关败诉的，要坚持原则依法裁判。需清醒地认识到，社会公众对行政审判的信任不可能凭空产生，更不可能来自普法教育或者法制宣传，而是来自其在诉讼过程中的亲身感受，来自一件件鲜活具体的裁判认知。只有公平公开的司法裁判才能赢得社会公众对行政审判的尊敬和信赖。二是完善审判权运行机制，激活行政诉讼制度活力。积极采取措施实施行政诉讼法，大力推进行政机关负责人出庭应诉，加强社会矛盾化解工作；创新行政诉讼要素式审理机制，为适用简易程序审理案件创造条件，真正实现简案快审、繁案精审的审判模式，进一步提高审判效率；规范行政案件庭审程序以及简易程序裁判文书，实现简案公开透明，减轻司法辅助工作量。三是采取有力措施，统一裁判标准。要进一步加大调研督导力度，加强专业审判团队建设，规范审判合议制工作，推选优秀裁判文书，培育典型案例，研讨法律适用疑难问题形成共识后制定会议纪要、审判指南或者办案规范，提高案件审理的标准化、规范化，并为评价考核的科学化奠定基础，要以真改革的精神推动跨区划法院行政审判各项工作。

（四）高度重视职业原告现象，规制部分当事人滥用诉讼权利的问题

近年来，行政案件的数量不断上升，但“告政府”的人不一定成比例增长，大量的案件集中在少数几位原告。2016 年此类案件（考虑行政复议导入的诉讼）占到全部案件的40%左右。这部分当事人滥用起诉权利，恶意批量诉讼且不遵守法庭秩序和“闹庭”的现象明显增加，既使行政机关增加不必要的负担，又使本来捉襟见肘的审判资源更加紧张。有的法官一年裁判此类案件上百件，成为对司法莫大的讽刺，更是造成了公共资源的无端消耗。虽然目前理论界对“滥诉”的定义存在争议，但并不意味着任由其发展蔓延。应当以改革的担当精神，采取有效措施予以规制。一是依法适用裁定驳回起诉结案方式。要加强诉的利益理念研究，参考最高人民法院公报案例，在坚持“有案必立和有诉必理”的前提下，对于一些明显不符合起诉条件，企图通过司法审查而达到其他目的反复诉讼行为，依法适用《行诉解释》第六十九条第三款规定，以保障那些真正需要政府信息和司法救济的人们得偿所愿①。二是做好审判过程中的辨法析理工作。对于个别当事人反复诉讼、批量诉

---

① 参见高鸿：《滥诉之殇引发的再思考》，载《中国法律评论》2016 年第 4 期。

讼涉及滥诉情形的，要结合行政诉讼受案范围理论、诉的利益理论做好解释说明工作，对不遵守庭审秩序，经多次警告后仍不服从合议庭指引进行诉讼且情节严重的，应按撤回起诉处理并依法采取制裁措施，引导当事人正确行使诉讼权利。三是发挥诉讼费用分流功能。对于部分原告恶意诉讼的，可以考虑判决其承担胜诉方支出合理的代理费用以遏制滥诉现象。虽然判决败诉方承担诉讼代理费用的在行政诉讼法中并无规定，但也并未明确禁止，实践中在知识产权领域及其司法解释已有先例可循。笔者认为人民法院耗费了大量司法资源后，机械式地简单判决驳回诉讼请求或者裁定驳回起诉，实质上是放大和向上传送矛盾，对推进法治建设有害无益，既谈不上法律效果，也更不会有政治效果和社会效果。

（五）加强诉讼保障的理论研究，引导当事人正确行使诉讼权利

孟德斯鸠早就在《论法的精神》中指出“权力具有扩张的本性，他总要走到权力的边界为止”。权利也同样具有异化和膨胀的天性，任何权利（力）都有其行使的限度，因此需要对公民行政权利进行引导和规范。一是规范公民诉讼代理制度。诉讼法虽然规定公民代理需要基层组织出具推荐证明，实践中因对推荐证明没有相应的规范措施，导致公民代理的现象依然较为普遍。对此，需要加强调研解决，统一标准。二是构建律师强制代理制度。要充分发挥好律师在推进依法治国中的作用，有必要将行政诉讼强制律师代理纳入制度改革的视野，构建立案登记制下的法律援助工作新机制，探索律师参与诉前纠纷化解制度，充分发挥好律师在法律服务和矛盾化解方面的作用，重点解决当前行政诉讼领域原告诉讼能力低的问题，共促社会治理体系的完善。三是积极建言诉讼费用分流制度改革。现行《诉讼费用交纳办法》自 2007 年 4 月 1 日起施行，该办法规定行政案件诉讼费按 50 元件收取，当事人撤销的减半收取，裁定驳回起诉的免收诉讼费。该办法在当时的背景下对减轻当事人的诉讼成本，保障积极行使诉权利发挥了重要作用。但随着时间的推移，也产生了诉讼费用分流失灵的弊端。需要加以研究和评估，建立符合行政审判特点的阶梯收费制度和诉讼费用减缓免制度，研究解决不正确行使诉讼权利当事人承担诉讼费用、对方当事人律师代理费用和差旅费用的责任承担机制，提出《诉讼费用交纳办法》的修改建议，发挥好诉讼费用对案件的分流作用，引导当事人正确行使诉讼权利。

（撰写人：向绪武、李世邦）

第三章　专题研究

1

行政案件跨区域集中管辖与行政审判体制改革

党的十八届三中全会提出“探索建立与行政区划适当分离的司法管辖制度”和党的十八届四中全会提出“完善行政诉讼体制机制，合理调整行政诉讼案件管辖制度，切实解决行政诉讼立案难、审理难、执行难等突出问题”的改革要求，针对《行政诉讼法》第十八条第二款作出的关于“跨行政区域管辖行政案件”的规定，最高人民法院为此制定《关于人民法院跨行政区域集中管辖行政案件的指导意见》，指导部分高级人民法院根据本地实际，确定若干法院跨行政区划管辖行政案件。目前行政案件跨行政区域集中管辖改革已经在全国部分法院铺开试点。本文拟围绕行政案件跨行政区域集中管辖，分析和总结行政案件跨行政区域集中管辖的基本做法、取得成效、面临问题以及发展趋势，为进一步推进行政审判体制改革提供参考。

一、行政案件跨行政区划集中管辖的重要意义

习近平总书记指出，“法律的生命力在于实施，法律的权威也在于实施”。《行政诉讼法》能否构建公正、高效、权威的行政诉讼制度，这受到各方期待和寄予厚望。《行政诉讼法》第十八条第二款规定，经最高人民法院批准，高级人民法院可以根据审判工作的实际情况，确定若干人民法院跨行政区域管辖行政案件。上述规定为行政案件跨行政区划集中管辖提供了明确的政策依据和法律依据。行政审判工作关系改革、发展、稳定的大局，在全面建成小康社会、全面深化改革、全面依法治国、全面从严治党的战略布局中发挥特殊职能作用。这给行政诉讼制度发展提供了前所未有的发展机遇，也提出了新的更高要求和挑战。

（一）行政案件跨行政区划集中管辖是完善行政审判体制机制的关键环节

实践中，在行政区划法院设行政审判庭审理行政案件，由于行政案件所在地法

院的人、财、物管理在地方，这种行政审判体制机制很难摆脱地方保护和行政干预。特别是这种保护和干预关系已经固化，如果不对行政审判体制机制及时进行重大调整，行政诉讼突出问题仍将难以解决。实践证明，我国《行政诉讼法》是一部良法，特别是2014年修订后的《行政诉讼法》受到社会普遍关注和高度评价。这部新法能否得到有效实施，能否从根本上解决长期存在的行政案件立案难、审理难、执行难等突出问题还有待观察。个中原因在于如果不对现行行政审判体制机制进行完善，仍由行政区划法院审理行政案件，这部新法实施必然还会受到地方保护和行政干预，这部新法实施效果必将大打折扣。因此，应该在新法实施之初，通过落实新法有关将行政案件跨行政区划管辖的规定，及时对已经固化的行政诉讼体制机制进行调整完善，从而为新法有效实施创造良好的司法环境和实施条件。

（二）行政案件跨行政区划集中管辖是构建普通案件在行政区划法院审理、特殊案件在跨行政区划法院审理的诉讼格局的基本支撑

设立跨行政区划法院的目的在于解决有关部门和领导插手案件处理，导致有关诉讼出现“主客场”问题。跨行政区划法院案件管辖在于把分散于行政区划法院管辖的某几类特殊案件集中到跨行政区划法院管辖，没有集中管辖就没有跨行政区划法院。行政案件涉及行政权力与公民权利之间、政府与人民群众之间的关系，涉及面最广、社会关注程度最高、最易引发纠纷。作为“民告官”的行政诉讼调整的是不平等主体之间的行政法律关系，行使审查监督各级行政机关行政行为合法性的重要职责，体现的是司法权对行政权的监督与制约机制。实践中，有的地方政府以影响当地经济社会发展大局为由插手案件处理，有的政府部门怕败诉，不愿意当被告，干预、阻碍人民法院受理行政案件。相较于民事案件、刑事案件，行政案件更容易受到地方保护和行政干预，导致行政诉讼出现“主客场”现象。从长期的审判实践来看，对民事、刑事案件的干扰导致司法不公，产生“关系案、人情案、金钱案”“三案”问题，更多的是以个体隐蔽方式出现，而对行政案件更多的是以部门组织形式公然进行干预。面对这种干预，行政案件所在地法院往往有顾虑，不愿意受理案件，也有的法院为了获得当地政府的工作支持甚至不惜以牺牲公正审判去主动迎合，让行政审判丧失维护社会公平正义的最后一道保障屏障作用。因此，行政案件在行政区划法院审理形成的“主客场”问题，行政案件应该是跨行政区划法院重点管辖的特殊案件。同时，把其他涉及地区重大利益之争容易受到地方保护和干预的重大民商事等类型案件剥离出来，形成跨行政区划法院集中管辖行政案件的同时，还办理一定种类的跨行政区划重大民商事案件、刑事案件等诉讼格局，使依法独立公正审理案件有了制度保障。

（三）行政案件跨行政区划集中管辖是解决行政诉讼“立案难”“审理难”“执行难”等突出问题的有力保障

当前，人民法院出现的“立案难”“审理难”“执行难”问题，主要发生在行政审判领域，这也是人民群众反映强烈的突出问题。行政诉讼对于公民、法人及其他组织等相对人来说，是一种不可或缺的司法救济制度，其作用的发挥在于维护公民、法人及其他组织的合法权益，监督和规范行政行为。据统计，我国每年因行政行为引发的信访纠纷有400万～600万件，大量行政纠纷进入信访渠道，其中一个重要原因是解决行政纠纷渠道不畅，一些本应纳入行政复议、行政诉讼渠道解决的案件因种种原因没有进入。2014年全国各级法院受理一审行政案件15.1万件，同比上升16.3%，这是近年来行政案件增长幅度较大的一年，但一审行政案件总数在行政信访纠纷总量中占比很低。党的十八届四中全会《中共中央关于全面推进依法治国若干重大问题的决定》（以下简称《决定》）以及《行政诉讼法》对解决行政诉讼“立案难”“审理难”“执行难”等突出问题提出明确要求和具体措施，下一步关键在于实施。公正、高效、权威的行政诉讼制度能否建立起来，如何在行政案件落实立案登记制改革，人民群众反映强烈的“立案难”“审理难”“执行难”问题能否得到实质性解决，政府与人民群众的和谐“官民”关系能否重新塑造起来，关键要对现行行政审判体制机制进行完善，让行政案件实现跨行政区划集中管辖，真正把行政权关进法治笼子，有权不能任性。

（四）行政案件跨行政区划集中管辖是深化行政执法体制改革的及时回应

党的十八届四中全会《决定》强调，“根据不同层级政府的事权和职能，按照减少层次、整合队伍、提高效率的原则，合理配置执法力量”。其中，推进综合执法，大幅减少市县两级执法队伍种类，重点在食品药品安全等领域内推行综合执法，有条件的领域可以推行跨部门综合执法。随着综合执法的推进，特别是跨部门综合执法，这都必然对行政案件管辖提出新要求。今后在资源环境、道路交通等领域推行跨地区综合执法也将成为可能。行政执法日益凸显的跨部门、跨地区综合执法特性，这是对行政执法体制的重大调整，作为对行政执法进行监督的行政诉讼制度，也应该及时回应行政执法体制改革的现实需求并作出相应调整，否则仍然坚持由行政区划法院管辖，这不仅不符合深化行政执法体制改革的发展方向和执法要求，也会制约行政执法体制改革的进一步推进，也对行政应诉工作带来诸多不便利，造成执法成本高、效率低。

（五）行政案件跨行政区划集中管辖是全面深化人民法院改革的重要举措

《最高人民法院关于全面深化人民法院改革的意见——人民法院第四个五年改革纲要（2014—2018）》，围绕建成具有中国特色的社会主义审判权力运行体系这一关键目标，提出了7个方面65项司法改革举措，其中专门就探索设立跨行政区划的法院、改革行政案件管辖制度等作出专门规定。2014年12月，随着全国首批跨行政区划法院在上海、北京先期设立，跨行政区划法院已经成为全面深化人民法院改革的前沿阵地。四五改革纲要提出的改革举措目前正在跨行政区划法院稳步有序推进，行政案件目前是跨行政区划法院管辖的一类案件。行政案件跨行政区划集中管辖，虽然是局部改革，但能够产生全局性的意义。跨行政区划法院不是专门法院，而是跨行政区划设立的综合性法院。跨行政区划法院能否创造可复制、可推广的经验，必须承担与跨行政区划法院职能定位和使命担当相称的适当规模案件，案件规模不能太大，必须体现特殊案件要求，也不能太小，否则创造可复制、可推广经验也必然成为无源之水、无本之木。从先期成立的全国首批跨行政区划法院运行情况看，进一步明确案件管辖范围仍然是当前亟待解决的问题，行政案件跨行政区划集中管辖已经成为跨行政区划法院进一步深化改革和可持续发展的重要工作。

二、当前全国法院开展行政案件跨区划集中管辖改革试点实践

《行政诉讼法》第十八条第二款规定，经最高人民法院批准，高级人民法院可以根据审判工作的实际情况，确定若干人民法院跨行政区划区域管辖行政案件。上述规定为行政案件跨行政区划集中管辖提供了明确的法律依据。据统计，按照《行政诉讼法》第十八条第二款规定，目前全国有将近一半的高级法院已经获批在辖区范围内开展行政案件跨行政区划集中管辖改革。① 由于各地情况有所不同，一些法院在推进改革试点时也有较大差异。总体而言，此次各地法院开展行政案件跨行政区域集中管辖改革有以下几个方面的特点。

（一）试点地区分布广泛

此次纳入行政案件跨行政区域集中管辖的法院从地域分布来看，东部、中部、西部地区分别都有一些法院参与此项改革试点工作。改革试点法院中，既有东部地区，如江苏、浙江、福建、广东等地法院；也有中部地区，如安徽、湖南等地法院；还有西部地区，如甘肃、青海等地法院。如果再加上新的《行政诉讼法》实施之前，一些地方法院根据最高人民法院下发的《关于开展行政案件相对集中管辖试

① 从媒体报道中，天津、重庆、江苏、浙江、安徽、山东、福建、广东、湖南、陕西、山西、四川、贵州、甘肃、青海、宁夏回族自治区等地已经获批开展行政案件跨行政区域集中管辖改革。先期在A市、上海成立的跨行政区划法院，其中也是把部分行政案件实行跨行政区域集中管辖。A市B法院集中管辖以区政府为被告的一审行政案件，上海三中院则依法管辖以市级人民政府为被告的一审行政案件，以市级行政机关为上诉人、被上诉人的二审行政案件（不包括知识产权行政案件）。同时，在此之前，根据最高人民法院下发的《关于开展行政案件相对集中管辖试点工作的通知》精神，最高人民法院已经批准一些法院开展行政案件相对集中管辖改革试点。

点工作的通知》要求，已经开展的行政案件相对集中管辖试点工作，可以说，行政案件跨行政区域集中管辖改革已经在全国法院全面铺开。

（二）试点方案和样式相对较多

从获批推进此项改革的法院看，主要有全部试点、局部试点、类案试点三种样式。第一种样式是全部试点，即在整个辖区范围内中、基层法院全面开展改革试点，其中以安徽、福建、山西为样本。安徽改革试点步伐迈得最大，根据《安徽省法院关于行政案件集中管辖制度的改革方案》，探索行政诉讼案件集中交叉管辖，在皖中、皖南、皖北分别指定 1 个中院及下辖 1 个基层法院集中交叉管辖全省一审和一审上诉行政诉讼案件。根据《福建省高级人民法院关于部分行政案件实行跨行政区划管辖的公告》部署要求，在中级法院一审行政案件跨行政区划管辖分工上，把全省 9 个设区市划分为 3 个司法管辖片区，各片区范围内的原属各中院管辖的以市、县（区）两级政府为被告的一审行政案件，统一指定给片区内其他中院管辖，且不对应交叉管辖。在基层法院行政案件相对集中管辖分工上，在全省 8 个设区市的基层法院实行相对集中管辖，除龙岩外，在 8 个设区市确定 2 个至 4 个基层人民法院为集中管辖法院，集中管辖指定范围内原属其他基层人民法院管辖的一审行政案件。根据《山西省高级人民法院关于跨行政区域集中管辖行政案件的公告》部署要求，山西将全省分为四大片区，实行中级法院一审行政案件相对交叉管辖，2 个至 4 个中级法院为一个片区。基层法院行政案件实行相对集中管辖。在中级人民法院司法管辖区内，各中院根据本地区实际，确定 2 个至 3 个基层法院为集中管辖法院，管辖原由其他基层法院管辖的一审行政诉讼案件。集中管辖法院原则上不再管辖本地行政机关为被告的一审行政诉讼案件，而由其他集中管辖法院审理。第二种样式是局部试点，即中级法院一审案件管辖维持不变，在中级法院司法管辖区内推动基层法院行政案件相对集中管辖。根据《衢州市中级人民法院关于基层法院行政诉讼案件跨行政区域集中管辖试点工作实施方案》，确定衢州市柯城区人民法院为衢州市基层法院行政诉讼案件集中管辖法院，管辖原由衢州市各基层法院管辖的行政诉讼案件。柯城区人民法院不宜管辖的案件，可以报请衢州市中级人民法院确定管辖。第三种样式是类案试点，即推动某种类型案件向某一法院集中管辖。根据《天津市高级人民法院关于指定部分行政案件施行跨行政区域管辖的公告》，天津市高级人民法院指定部分一审行政案件施行跨行政区域管辖，以天津海关及各隶属海关为被告提起诉讼的行政案件由天津市第二中级人民法院管辖；以市级行政机关为被告提起诉讼的行政案件由天津市和平区人民法院管辖，但因不动产提起诉讼的案件和因市级行政机关复议维持原行政行为作为共同被告的案件除外；环境保护行政案件由天津铁路运输法院管辖。上述三种改革样式中，目前已经启动的改革试点地区采取第二种样式的居多。

（三）充分利用铁路法院现有资源开展试点

经过多次改革创新，目前全国现有17个铁路运输中级法院，59个铁路运输基层法院，遍布全国25个省、自治区，4个直辖市。在全国34个省份中，除西藏、海南和特区未设铁路法院外，铁路运输法院基本涵盖全国。铁路法院2012年改制移交地方统一管理后，除与铁路有关的少量案件外，普遍存在案件少，编制、人员和场所闲置的问题。此次推进行政案件跨行政区域集中管辖改革，地方法院积极依托铁路法院开展改革试点工作。目前依托铁路法院开展改革试点的法院包括：一是依托铁路运输法院设立跨行政区划法院。北京四中院、上海三中院均是依托铁路运输中级法院设立的跨行政区划法院，集中管辖特殊重大行政案件。二是依托铁路两级法院开展改革试点。从目前已经开展的改革试点来看，利用辖区内的铁路运输中级法院、铁路运输法院两级法院开展行政案件跨行政区域集中管辖。比如，广州、西安、太原、兰州。这些地方均是采用把辖区内其他基层法院行政案件集中到铁路运输法院管辖，如不服铁路运输法院作出的一审裁判则上诉到铁路运输中级法院。同时，把辖区内其他中级法院管辖的一审行政案件集中到铁路运输中级法院管辖。这样铁路两级法院在集中管辖行政案件上形成相对独立完整的管辖体系。三是依托铁路运输法院与普通中级法院形成相对完整的管辖体系。比如，天津、南京、徐州、西宁，均是依托铁路运输法院集中管辖辖区内其他基层法院管辖的一审行政案件，如不服铁路运输法院作出的一审裁判则上诉到普通中级法院。

（四）确定案件管辖范围标准相对务实多样

从试点地区来看，目前对于确定集中管辖行政案件类型标准主要有以下几种：一是将一审行政诉讼案件进行集中，把行政非诉执行案件仍留在原管辖法院审查。目前多数试点地区采用这种集中方式。二是将部分一审行政诉讼案件进行集中，其他一审行政诉讼案件及行政非诉执行案件仍由原管辖法院办理。比如，杭州法院正在试点部分行政诉讼案件跨区域集中管辖，规定除市、区两级人民政府复议维持当共同被告的案件集中到杭州铁路运输法院管辖外，原由其他基层人民法院管辖的其他一审行政诉讼案件及行政非诉执行案件的管辖法院保持不变，如起诉市、区两级人民政府工作部门或其派出机构的案件仍由各属地基层法院管辖。又如，贵州省黔南州中级法院在对本州行政区域内基层人民法院的一审行政诉讼案件管辖法院及管辖范围予以调整时规定，集中管辖案件是按照《行政诉讼法》规定原属各基层人民法院管辖的一审行政诉讼案件（不含涉及环保行政案件，以及《行政诉讼法》第八十二条第一款第一项、第二项规定的被诉行政行为是依法当场作出的、案件涉及款额2000元以下的，可以适用简易程序审理的一审行政诉讼案件）。非集中管辖法院原则上不再办理上述集中管辖的行政诉讼案件，主要负责审理辖区内属于《行政诉讼法》第八十二条第一款第一项、第二项规定的被诉行政行为是依法当场作出的、案件涉及款额 2000 元以下的，可以适用简易程序审理的一审行政诉讼案件；审查办理辖区内的行政非诉执行案件等有关工作。三是将一审行政诉讼案件和行政非诉执行案件全部实现集中。比如，四川省眉山市开展行政案件相对集中管辖试点工作，将其他法院原管辖的一审行政诉讼案件和行政非诉执行案件审查向集中管辖法院集中。四是集中管辖法院办理除一审行政诉讼案件和行政非诉执行案件外的其他案件。比如，山西省在全省范围内实行行政案件跨行政区域集中管辖时，将对全省各中院生效的行政案件不服的再审申请和申诉案件向太原铁路运输中级法院管辖。

（五）坚持尊重当事人程序选择权与提供释明指导相统一

从试点地区看，对于如果当事人仍然坚持要求在原管辖法院提起行政诉讼的，处理标准也不一致。主要有以下几种处理方式：一是仍由原管辖法院审理。比如，福建省在全省范围内实行部分行政案件跨行政区划管辖时，起诉人向原管辖法院提起诉讼，经释明后仍坚持要求由原管辖法院管辖的，原管辖法院原则上应予登记立案。陕西省高级人民法院发布的《关于指定西安铁路运输两级法院跨行政区划集中管辖西安、安康两市行政案件的规定》明确提出，当事人坚持选择向当地人民法院起诉的行政案件，仍按原管辖规定办理。二是向当事人释明，指导当事人到集中管辖法院提起诉讼。比如，浙江省衢州市中级法院在基层法院行政诉讼案件跨行政区域集中管辖试点工作实施方案中规定，由基层法院管辖的一审行政诉讼案件，当事人应当向柯城法院提起诉讼。当事人向其他基层法院递交起诉材料的，该法院应当对行政诉讼案件集中管辖的相关规定进行释明，指导当事人到柯城法院进行诉讼。当事人以邮寄方式递交起诉材料或坚持向当地法院递交的，当地法院应注明接收时间，并在两个工作日内转交柯城法院。因此，即便当事人仍坚持在原管辖法院起诉，原管辖法院也不审理该案件。目前，多数地区试点方案均有类似规定。三是由上级法院决定管辖法院。比如，宁夏回族自治区固原市中级法院开展行政案件相对集中管辖试点工作方案规定，当事人向其他法院提起诉讼的，应当告知其向集中管辖法院起诉，或者在收到起诉状三日内将相关材料移送集中管辖法院，当事人坚持要求原管辖权法院受理的，原管辖权法院应当依法报市中级法院决定。当事人对集中管辖案件提出管辖异议的，由受理法院上报市中级法院，市中级法院按规定指定本管辖内其他基层法院管辖。

（六）注意在行政诉讼案件集中管辖中加强便民服务和协助配合

主要体现三个方面：一是在立案环节，有的试点地区为当事人提供“跨域”立案服务。比如，福建省在推进集中管辖试点时，起诉人向原管辖法院提起诉讼的，原管辖法院应当告知其向有管辖权法院起诉；原管辖法院具备“跨域”立案服务条件的，可依起诉人的申请，为其提供“跨域”立案服务；尚不具备“跨域”立案服务条件的，经起诉人同意，原管辖法院可以先接收起诉状，出具注明收到日期的书面凭证，并在三日内代为转送有管辖权的人民法院。也有试点地区提供其他立案便民措施。比如，南京铁路运输法院提出，集中管辖后，行政案件起诉人可以通过邮寄方式或直接向南京铁路运输法院立案大厅（诉讼服务中心）提交起诉状，也可以向本辖区基层人民法院递交起诉材料，由本辖区基层人民法院代收代转，还可以通过网上立案，由南京铁路运输法院进行审查、释明、登记立案。二是在审判环节，为节约当事人的诉讼成本和避免远途奔波，一些试点地区提出集中管辖法院一般采取巡回方式或远程视频方式开庭。尽量让当事人就地参与庭审，不用东奔西跑。三是在执行环节，非集中管辖法院主要承担行政机关非诉执行案件审查工作或者审查后的执行工作。同时，一些试点地区明确提出非集中管辖法院要提供有关配合工作。比如，山西省太原市中级法院在基层法院开展行政诉讼案件跨行政区域集中管辖试点工作时，要求非集中管辖法院应积极协助，配合集中管辖法院做好本辖区内行政诉讼案件的移送、审理、执行、息讼稳控等工作，被诉行政机关要依法积极应诉，做好相关工作，共同促进行政争议的实质性解决。

（七）确立过渡期制度安排

一是明确集中管辖法院与原管辖法院之间的案件办理衔接。目前，多数试点地区作出如下规定，即对试点之前已经受理但尚未审结的一审行政诉讼案件仍由原管辖法院继续审理。二是明确集中管辖法院与原管辖法院行政审判庭的审判工作分工。目前多数试点地区规定，集中管辖法院行政庭主要职能是审理行政诉讼案件，非集中管辖法院行政庭继续保留，主要承担行政非诉执行案件办理，有的试点地区还规定非集中管辖法院行政庭可以办理《行政诉讼法》第八十二条第一款第一项、第二项规定的被诉行政行为依法当场作出的、案件涉及款额 2000 元以下的，可以适用简易程序审理的一审行政诉讼案件以及配合集中管辖法院做好相关工作。三是明确规定试点方案实施时间。目前，试点地区均是以发布公告的方式明确试点方案实施时间，明确试点方案实施的时间节点。

三、行政案件跨区域集中管辖的关键问题

2014 年修改后的《行政诉讼法》自 2015 年 5 月 1 日实施以来，行政案件跨行政区域集中管辖改革试点工作已经在全国法院全面铺开。虽然各地改革试点方案是由各地高级法院提出，并报经最高人民法院批准后组织实施的，但是各地改革试点

方案并没有一套统一的标准和模式，由此导致各地法院在改革试点中可能面临一些共性问题，也可能面临一些区域性的个性问题。行政案件跨行政区域集中管辖重在解决长期存在的行政案件“立案难”“审理难”“执行难”问题，因此，检验此项改革成效的重要标准是一些关键性指标的改善提高问题。特别是当事人以及社会公众从此项改革中有实实在在的获得感。为此，有必要及时跟踪了解此项改革试点工作取得的成效、遇到的新情况新问题，并注重从长远角度出发推动行政案件跨行政区域集中管辖改革试点工作良性发展。目前，需要科学评估和重点关注以下几个方面的问题。

（一）审判质效问题

开展行政案件跨行政区域集中管辖试点首先需要评估的是审判质效提升问题，主要包括审判质量、审判效率和审判效果三个方面。审判质效指标直接关系到当事人合法权益保障，公众满意度和获得感，社会和谐稳定。审判质量主要评估对象是司法公正。长期以来，由于受地方保护和行政干预的影响，行政诉讼案件存在着“立案难”“审理难”“执行难”等诉讼突出问题，行政诉讼明显存在着诉讼“主客场”，公正审判很难得到保障。并且，“地方保护和行政干预，是行政诉讼制度运行不畅、行政审判困难重重的重要原因”[①]。为了解决诉讼“主客场”问题，党的十八届三中全会提出“探索建立与行政区划适当分离的司法管辖制度”，党的十八届四中全会提出“探索设立跨行政区划的人民法院和人民检察院”。《行政诉讼法》第十八条第二款规定，经最高人民法院批准，高级人民法院可以根据审判工作的实际情况，确定若干人民法院跨行政区域管辖行政案件。因此，开展行政案件跨行政区域集中管辖的目标旨在解决公正司法问题。在对试点地区进行评估时，应当把人民法院依法独立行使审判权得到保障作为一个重要指标进行考核。如果行政案件跨区划集中管辖后，人民法院还依然受到地方保护和行政干预，那么可以说这种集中管辖并没有完全达到改革的预期目标。同时，还应当对办理案件正确率进行评估，如立案变更率、二审改判发回率等。如果案件实现了集中管辖，案件审结后却经常出现错案，那么也可以说审判质量不高。审判效率评估的是案件集中管辖后，是否出现了案件大量积压，是否出现了大量超审限案件。审判效果评估的是办案效果，让人民群众从每一个司法案件中感受到公平正义，特别是《行政诉讼法》提出的有效解决行政争议的立法目标是否得到实现。在对各地开展行政案件跨区域集中管辖改革试点进行评估时，应当客观地分析评价审判质效实现的状况和程度，切忌想当然地认为案件集中管辖了，审判质效也就必然能够提高。这种认识是不科学的，也

① 袁杰主编：《中华人民共和国行政诉讼法解读》，中国法制出版社 2014 年版，第 58 页。

容易把集中管辖当成包治百病的“灵丹妙药”。事实上，影响审判质效的因素很多，在一些基本条件不具备的情况下，仅仅依靠案件集中管辖解决不了审判质效问题。因此，如果审判质效得不到保证，甚至案件集中管辖后，审判质效反而出现降低，这就需要认真查找问题成因，并采取有效措施加以解决。从目前全国各地正在开展行政案件集中管辖试点来看，如果相关配套措施和司法保障跟不上，那么审判质效就很可能会出现下降。

（二）“两便原则”问题

“两便原则”是指便于当事人诉讼，便于人民法院依法独立、公正和高效行使审判权。在“两便原则”中，便于群众诉讼即便民原则是“两便原则”的核心，同时司法公正则是“两便原则”的灵魂。“便于人民法院行使审判权”就是要保障人民法院在不受任何外来压力的干扰下公正地作出裁判，这才是便于人民法院行使审判权的根本内涵。如果公正司法得不到保障，即便在群众家门口搞审判也无济于事。从某种意义上讲，行政案件跨区域集中管辖是在一定程度上以牺牲当事人的程序选择权和诉讼便利来换取司法公正。因此，行政案件跨区域集中管辖事实上形成了“两便原则”的内在分离，便于人民法院依法独立、公正和高效行使审判权，却在一定程度上给当事人诉讼带来不便。从目前已经启动的改革试点来看，各地都围绕立案、审判、执行等环节的便民诉讼作了一些探索和安排，旨在弥补因案件跨区域集中管辖给当事人造成的诉讼不便。应当说，“开展集中管辖试点之后，本地法院没有管辖权，案件要到集中管辖法院审理，老百姓诉讼的方便程度与之前相比较，确实有所降低，诉讼成本相应提高”①。对于当事人而言，即便集中管辖法院在便民诉讼方面作出了一些探索，如通过网上立案、邮寄立案、移送立案、远程审判、巡回审判等方式，但毕竟这些便民措施目前还很难常态化，还仅仅是对常规审判方式的补充，而不是替代。因此，行政案件跨区域集中管辖后，对于一些利益不大的行政案件，当事人在准备提起诉讼时很可能会因为诉讼不便，就此放弃通过行政诉讼救济其权利。案件跨区域集中管辖的结果呈现出“个别地方出现集中管辖后案件较以前不升反降的情况”②。当然，随着中国交通基础设施快速发展，人民群众生活水平提高，方便群众诉讼问题将会显得越来越不突出。

（三）审判队伍问题

行政案件跨区域集中管辖对审判队伍的考验是现实的，也会越发凸显。审判队

---

① 郭修江：《行政诉讼集中管辖问题研究——〈关于开展行政诉讼案件相对集中管辖试点工作的通知〉的理解与实践》，载《法律适用》2014 年第 5 期。

② 郭修江：《行政诉讼集中管辖问题研究——〈关于开展行政诉讼案件相对集中管辖试点工作的通知〉的理解与实践》，载《法律适用》2014 年第 5 期。

伍的专业化和稳定性是行政审判的根本所在，跨区域集中管辖的行政案件必须依靠专业的法官承担审判任务。对于行政案件跨区域集中管辖而言，最大的挑战莫过于案件实现集中后，而行政法官却没有有序流动到集中管辖法院去。主要原因在于：一是铁路法院原本没有行政审判庭设置，目前一些试点地区要依托铁路法院实现行政案件向铁路法院跨区域集中管辖，就必须在铁路法院新增设行政审判庭，而行政审判法官却需要依靠从辖区内其他法院遴选或调任到铁路法院任职。由于一些铁路法院改制移交地方后，铁路法院长期存在的规格和级别比相同审级的其他普通法院要低的现实，必然会影响行政案件跨区域集中管辖的人才吸引力，会让一些法官放弃选择去铁路法院任职，除非规格和级别问题得到解决。因此，行政案件跨区域集中管辖后，铁路法院专业化的行政法官队伍会不足甚至缺乏。二是衣食住行压力可能会让一些行政法官对跨区域工作望而却步。应当说，在直辖市开展行政案件跨区域集中管辖，对于行政法官衣食住行的影响相对较小，因此推动行政案件跨区域集中管辖的困难和阻力相对较小。而在省、自治区推动起来难度相对较大，非集中管辖法院的行政法官到集中管辖法院跨区域工作，衣食住行压力都得考虑解决。结果可能会出现行政案件集中了，而行政法官却难以集中，甚至出现行政审判骨干法官流失。三是司法能力可能会出现下降。对于集中管辖法院的行政法官而言，为应对跨区域集中管辖案件数量大幅上升趋势，可以靠增加编制和法官来解决。但是毕竟增编扩员的职权不在法院，真正落实起来也不容易，面对行政案件大幅上升趋势，集中管辖法院难以长期应付。集中管辖法院的行政法官也会因长期沉于办案之中，学习、培训、充电难以得到保障，身体健康也会出现问题，因此，这种状况不具有可持续性。同时，非集中管辖法院行政法官，由于没有行政诉讼案件可办转而去办理其他案件，而行政非诉执行案件审查工作又远远不能满足行政法官工作量的需要，行政审判司法能力开始退化，非集中管辖法院的行政审判职能作用将会弱化，这些法院的行政法官去向和编制保留与否必然会成为问题，必然会对行政审判专业化造成致命伤害。培养一名高素质专业的行政法官不是一年、两年就能完成的，而是需要花费很多年长期培养。因此，行政案件跨区域集中管辖试点中，应当想方设法把行政法官留住，而不是放任人才流失。

（四）司法保障问题

行政案件跨区域集中管辖，在人、财、物省级统管改革完成之前必然会出现事权与财权的失衡。从总体上来说，辖区法院的事权和财权是一致的。辖区法院承担本辖区多大事权，也就获得相应的财权保障。行政案件跨区域集中管辖后，集中管辖法院承担大量非本辖区的行政案件审判工作，而这部分事权却又得依靠本辖区的财政保障。当然，推动省以下地方法院、检察院的人、财、物统一管理后，能够在省级层面统筹考虑和安排行政案件跨区域集中人、财、物的保障。一是积极争取地方党委、人大和政府的支持和配合，适当增加集中管辖法院的编制，视情况增设新的行政审判庭，配齐、配强行政审判力量，实现案件数量与法官数量平衡适配。尽量考虑通过一些优惠政策吸引行政审判专业人才，而不能仅仅依靠行政手段进行调配。二是为行政法官跨区域办案提供充足的物质保障。行政法官办理跨区域行政案件，必然面临着异地调查取证、巡回审判、异地执行，必然会增加办案经费，并且在当前车改形势下，必然要求保障交通工具使用，这些都需要纳入司法保障范围。三是提供必要的办案场所。行政案件跨区域集中管辖，对于集中管辖法院而言，随着案件数量大幅上升，办案场所也随之需要跟进保障。因此，推进行政案件跨区域集中管辖，在省级统管情况下，人、财、物的保障有必要向集中管辖法院倾斜。

（五）司法权威问题

案件公正审判是树立司法权威的最直接方式。长期以来，由于地方法院的人、财、物都在当地，容易受到地方保护和行政干预。面对这种干预，行政审判在有的法院领导观念中就是“鸡肋”，既担心受理行政案件会给当地政府惹麻烦，引起当地政府不满，继而影响法院整体工作，往往有顾虑而不愿意受理案件，又希望借助行政案件能够与当地政府及其部门进行沟通和协商，帮助法院解决实际保障问题，结果导致有的法院为了获得当地政府的工作支持甚至不惜以牺牲公正审判为代价，让行政审判丧失维护社会公平正义的最后一道保护屏障作用。因此，行政案件在行政区划法院审理形成的“主客场”问题，不管案件裁判结果再公正，当事人也仍然会质疑法院在“官官相护”，树立司法权威确实很艰难。行政案件跨区域集中管辖有利于树立司法权威，打破行政审判“官官相护”的魔咒。当然，需要引起注意的是，在有的地方改革试点中，按“推磨式”方式经常性调整管辖法院。应当说，在现行行政审判体制未作大的调整情形下，这种经常性调整集中管辖法院，有助于切断集中管辖法院与当地政府之间形成新的干预联系。同时，也应当注意，司法权威是依靠案件公正审判长期积累起来的，这种经常性地调整变动集中管辖法院方式，则很难在集中管辖法院与当事人及社会公众之间建立信任关系，也必然会影响司法权威的树立。因此，一旦确立集中管辖法院，就要保持一定时期的稳定性，而不是经常性地像“走马灯”似的调整集中管辖法院，更不应一两年就调整一次。

（六）区域治理问题

行政案件的申诉信访比率远高于其他审判，特别是将信访案件纳入法治化轨道解决，也会有大量行政申诉信访案件进入诉讼渠道。因此，伴随行政案件跨区域集中管辖，必然会导致行政申诉信访案件的跨区域集中以及由此带来的信访维稳难题。目前地方治理是在地方党委领导下的区域治理。按照属地原则，行政申诉信访案件的责任主体通常是案件所在地的基层法院，信访维稳的组织领导工作则是在当地党委领导下进行。行政案件跨区域集中管辖需要在集中管辖法院与非集中管辖法院、集中管辖地区与非集中管辖地区之间进行合理分工和厘清责任。因此，在开展行政案件跨区域集中管辖过程中，推进区域治理需要着力加强三个方面的联系：集中管辖法院所在地的党委、人大、政府及社会各方面力量与集中管辖法院，集中管辖法院与非集中管辖法院，非集中管辖法院与非集中管辖法院所在地的党委、人大、政府及其社会各方面力量。集中管辖法院所在地的党委、人大、政府及社会各方面力量主要对集中管辖法院在案件审理方面提供支持和帮助，非集中管辖法院所在地的党委、人大、政府及社会各方面力量主要就案件协调和解、信访维稳方面提供支持和帮助。集中管辖法院与非集中管辖法院所在地的党委、人大、政府及社会各方面力量之间不应建立直接联系，而应当通过非集中管辖法院，由此既能有效发挥非集中管辖法院所在地的党委、人大、政府及社会各方面力量在案件协调和解、信访维稳方面的积极作用，又能避免集中管辖法院与非集中管辖法院所在地的党委、人大、政府及社会各方面力量之间形成固化的关系，从而为新的干预留下空间。

四、推进行政审判体制改革的关键是加快探索建立跨区划行政审判专门法院

在《行政诉讼法》2014 年修改过程中，围绕行政案件跨区域管辖有三套方案，“大改方案”是将现有的铁路法院等改造成审理行政案件的专门法院或者另外设立专门法院；“中改方案”是将现有的铁路法院等改造成特别的普通法院，跨行政区划管辖行政案件；“小改方案”是维持现有法院体制，省以下还是按行政区划设置两级法院来审理行政案件。[①] 考虑到“大改方案”涉及司法体制改革内容，需要中央明确决策，“中改方案”需要经中央决策，进行探索试点，法律规定不能成为有关试点工作的法律障碍。因此，2014 年修改后的《行政诉讼法》第十八条第二款规定最终选择“小改方案”，同时通过设立跨行政区划法院对“中改方案”进行探索试点。从目前司法改革实践看，经中央深化改革领导小组批准，2014 年 12 月在北京、上海设立两家跨行政区划法院开展探索试点。同时，一些省、自治区、直辖市高级法院经最高人民法院批准，开展行政案件跨区域集中管辖改革试点。应当说，上述改革试点均取得了明显成效。行政诉讼案件长期存在的“立案难”“审理难”“执行难”等诉讼突出问题得到了初步缓解，但是在改革试点中也面临一些瓶颈性问题，有必要从《行政诉讼法》修订过程中的“大改方案”上考虑探索建立

① 袁杰主编：《中华人民共和国行政诉讼法解读》，中国法制出版社 2014 年版，第 59 页。

跨区域的行政审判专门法院。

（一）行政案件跨区域集中管辖属于过渡性制度安排，不能替代行政审判专门法院设置①

从目前全国法院开展行政案件跨区域集中管辖改革试点情况看，行政案件跨行政区域集中管辖有以下问题需要处理：一是落实“两便原则”。行政案件跨行政区域集中管辖必然对当事人诉讼便利产生影响，因此方便当事人参与诉讼、节约诉讼成本，是确定集中管辖法院的一个重要考量因素。二是行政法官集中问题。在当前不成立行政审判专门法院的情况下，在直辖市推动起来困难和阻力相对较小，而在省、自治区推动起来难度较大。行政案件集中了，而行政法官却难以集中，这将导致多年培养的行政法官骨干流失，必然对行政审判专业队伍造成致命伤害。特别是在利用铁路法院推进行政案件集中管辖的地方，更应当注意解决好铁路法院的升级改造问题，否则必然会因为铁路法院与行政案件集中管辖不匹配问题，影响优秀行政法官到铁路法院工作，从而最终影响行政审判整体质效。在推进行政案件集中管辖中，只有靠待遇、感情、事业吸引行政法官到集中管辖法院工作，而不能单纯依靠行政命令推动。如果行政案件集中管辖配套措施没有及时跟进，导致出现行政案件集中而行政法官严重流失的局面，这是对行政审判事业的重创。三是行政审判质效问题。行政案件集中后，集中管辖法院行政案件大幅上升，审判任务加重，集中管辖法院与非集中管辖法院开始出现“有案无人办”和“有人无案办”的矛盾，行政审判质效很难有保障，这与行政案件跨行政区域集中管辖改革初衷相悖。四是信访和维稳压力问题。行政案件集中管辖法院必然要承担其他非集中管辖法院行政案件的信访和维稳压力，这必然会挫伤集中管辖法院的积极性，这项工作能否具有可持续性是需要长期观察的。五是案件集中管辖后，非集中管辖法院的当地政府仍然可能会通过一些途径和方式对集中管辖法院施加影响和压力，从而影响案件公正审判。因此，行政案件管辖制度改革不是行政审判体制改革的重要选项，而仅是解决行政诉讼突出问题的过渡性制度安排。

（二）跨行政区划法院集中管辖行政案件需要深化

《关于〈中共中央关于全面推进依法治国若干重大问题的决定〉的说明》中指出：“随着社会主义市场经济深入发展和行政诉讼的出现，跨行政区划乃至跨境案件越来越多，涉案金额越来越大，导致法院所在地有关部门和领导越来越关注案件处理，甚至利用职权和关系插手案件处理，造成相关诉讼出现‘主客场’现象，不利于平等保护外地当事人合法权益、保障法院独立审判、监督政府依法行政、维护

---

① 程琥：《行政审判专门法院：行政诉讼体制改革的关键》，载《学习时报》2015年10月29日。

法律公正实施。”“探索设立跨行政区划的人民法院和人民检察院。这有利于排除对审判工作和检察工作的干扰、保障法院和检察院依法独立公正行使审判权和检察权，有利于构建普通案件在行政区划法院审理、特殊案件在跨行政区划法院审理的诉讼格局。”因此，设立跨行政区划法院的目的在于解决有关部门和领导插手案件处理，导致有关诉讼出现“主客场”问题。相较于民事案件、刑事案件，行政案件更容易受到地方保护和行政干预，导致行政诉讼出现“主客场”现象，导致行政诉讼制度在行政区划内失灵。从长期的审判实践来看，一些领导干部往往出于个人私利或地方利益、部门利益，为案件当事人请托说情，对案件处理提出倾向性意见或者具体要求，有的甚至以公文、公函等形式，直接向司法机关发号施令，以言代法，以权压法。随着中办、国办印发的《领导干部干预司法活动、插手具体案件处理的记录、通报和责任追究规定》以及中央政法委印发的《司法机关内部人员过问案件的记录和责任追究规定》实施，以及省以下法院人财物统一管理改革实施，在诉讼活动中对民商事案件、刑事案件进行干预、插手案件处理以及过问案件会得到有效遏制和根本好转。与之相反，在行政诉讼活动中，行政机关及其工作人员以组织形式对案件处理提出要求，一般都自认为这是出于地方利益、部门利益考虑，不是出于个人私利，因此对案件处理提出要求或者干预案件审理具有“正当性”。当前，人民法院难以依法独立公正行使审判权的根本原因在于行政诉讼体制不完善。随着省以下法院人财物统一管理改革实施，行政案件审理中的地方保护和行政干预会大为好转，但是面对强势行政权，行政干预难以根除。因此，行政案件应该是跨行政区划法院重点管辖的特殊案件。从全国首批设立的北京、上海两家跨行政区划法院运行来看，总体效果明显，但是在行政案件集中管辖上尚不清晰。实践中，对于跨行政区划法院案件管辖范围的确定，存在一种认识误区，有的试图把跨行政区划法院作为一个“筐”，把一些与跨区划法院职能根本不相关的案件放进跨区划法院管辖，而对于跨区划法院需要重点管辖的重大行政案件却迟迟不能进入，这需要引起注意。由跨区划法院管辖跨区域重大行政案件，完全符合党的十八届三中全会、四中全会精神，以及《行政诉讼法》第十八条第二款规定。因此，当前最要紧的莫过于尽快推动行政案件向跨区划法院集中，为构建普通案件在行政区划法院审理、特殊案件在跨行政区划法院审理的诉讼格局，为深化行政诉讼体制改革探索积累经验。

（三）在改革试点基础上探索建立跨区划行政审判专门法院

长期以来，根据我国行政审判体制以及行政诉讼制度面临的一系列问题，可以断言现行行政诉讼制度已经难以形成对政府治理的有效监督和制约，现行行政审判体制中“行政诉讼管辖范围与行政区划完全对应”的设置，已经导致行政诉讼制度面临生死存亡的危机。[①] 在我国推进国家治理现代化过程中，对于我国设置行政法院问题，一直存有争议。一些反对的观点认为，在现行行政审判体制下，不应将行政诉讼制度走出困境的希望完全寄托在行政法院的设置上，行政法院无法从根本上解决问题。有的反对观点甚至认为，等国家治理现代化实现以及司法改革完成后，人民法院面临的共性问题就解决了，设置行政法院没有多少必要。针对这些反对观点，应当说我国行政法院设置不能坐等机会丧失，而应该在国家治理现代化过程中积极推进尽快设置行政法院，甚至可以把设置行政法院作为推进司法改革甚至政治体制改革的突破口。[②] 行政诉讼管辖制度的改革实践表明未来设立与行政区划相脱离的行政法院系统具有现实必要性和可行性。比较各国设立行政法院的三大模式，在最高人民法院之下建立一套受其监督指导的专门行政法院系统最符合我国宪法的规定。[③] 从世界范围来看，对政府行为的司法监督，有英美法系国家由普通法院在诉讼中把政府作为普通民事主体进行审理模式，还有大陆法系国家专门成立的独立行政法院模式，以及俄罗斯在最高人民法院下成立行政法院模式。综观世界上设立行政法院的模式而言，俄罗斯行政法院模式可以作为中国建立行政审判专门法院的参考，即在最高人民法院之下建立一套受其监督指导的专门行政法院系统。从我国当前推进行政诉讼体制改革的现实需要和发展方向出发，基本思路可以考虑建立在最高人民法院下设相关层次行政法院，其中可以在若干区、县区划基础上组建初审行政法院，在若干地市基础上组建上诉行政法院，在若干省、自治区、直辖市基础上组建高级行政法院，在最高人民法院内设最高行政法院。初审行政法院、上诉行政法院、高级行政法院根据人口分布、案件数量、经济发展、交通条件等因素，完全打破行政区划进行设置。各级行政法院的经费由中央财政拨付，最高行政法院法官、高级行政法院法官由全国人大常委会任命，初审行政法院法官、上诉行政法院法官由全国人大常委会授权法院所在地省级人大常委会任命。[④]

（撰写人：程琥）

---

① 江必新：《中国行政审判体制改革研究——兼论我国行政法院体系构建的基础、依据及构想》，载《行政法学研究》2013 年第 4 期。

② 程琥：《国家治理现代化与我国行政法院设置问题研究》，载《法律适用》2015 年第 2 期。

③ 江必新：《中国行政审判体制改革研究——兼论我国行政法院体系构建的基础、依据及构想》，载《行政法学研究》2013 年第 4 期。

④ 程琥：《行政审判专门法院：行政诉讼体制改革的关键》，载《学习时报》2015 年 10 月 29 日。

2

生态环境保护类案件跨区域集中管辖制度研究

——以京津冀环境司法管辖制度改革为视角

近年来，包括京津冀地区在内的重点区域环境状况不容乐观，大气污染治理问题严峻，地下水资源和土壤污染问题也日益凸显。环境资源司法是环境资源治理的重要一环，当前的司法管辖制度基本是以行政区域为界线进行划分的，而京津冀地区各环境要素具有流动性、系统性、整体性特点，其造成了环境污染跨越多个行政区域。司法管辖的地域局限性使得跨京津冀行政区域环境资源案件的审理工作面临瓶颈。

为了解决区域环境资源案件管辖问题，进一步落实 2014 年修改后的《环境保护法》的具体要求①，最高人民法院在生态环境保护类案件跨行政区划司法管辖方面做了大量工作。2014 年 6 月 23 日出台《最高人民法院关于全面加强环境资源审判工作为推进生态文明建设提供有力司法保障的意见》，该意见第十八条提出探索建立与行政区划适当分离的环境资源案件管辖制度。于 2015 年发布的《最高人民法院关于全面深化人民法院改革的意见——人民法院第四个五年改革纲要（2014—2018)》将“改革环境资源案件管辖制度”作为全面深化人民法院改革的主要任务之一。在此基础上，为了进一步完善京津冀地区生态环境保护类案件的管辖格局，于 2016 年 2 月发布《最高人民法院关于为京津冀协同发展提供司法服务和保障的意见》，提出“积极探索生态环境保护案件集中管辖或专门管辖制度”。该意见为京津冀地区环境司法管辖制度改革明确了思路，案件集中管辖或专门管辖是目前京津冀协同环境司法的重要一环，目前仍在探索阶段，如何具体实施有待于进一步的研究和细化。

一、京津冀地区生态环境保护类案件集中管辖的动因分析

在重点区域推行环境资源案件集中管辖或专门管辖应有动因。生态环境保护案件集中管辖的必要性和重要性归纳起来主要有以下几个方面：

---

① 2014 年修改后的《环境保护法》第二十条提出了环境保护跨行政区域管辖的立法精神，要求国家建立跨越行政区域界线的、联合防治的环境保护协调机制。

一是环境公正司法的现实需要。在快速城镇化的过程中，地方政府对企业的环境保护要求宽松，对企业非法排污置若罔闻，有的甚至沦为企业非法排污的保护伞。环首都地区作为国家政治、文化中心，也是北方重工业核心区，在快速发展的同时难以逃脱大城市病的侵袭。由于缺乏严格的资源环境管理措施，出现了工业园区成片，污染排放监管不严，引发雾霾锁城、水资源短缺和生态环境失衡等区域性环境问题。在当前的司法体制下，目前法院和环保部门在人事任免和财政支持上都严重依赖当地政府，“人财物地方化”致使司法在有些情况下会受到行政不当干预而不能独立依法判案。生态环境保护类案件面临“立案难”“胜诉难”“执行难”的尴尬境地，更从侧面助长排污企业突破行业标准和法律底线排放污染物，给当地生态环境以及群众生命与财产造成严重侵害。为破除环境司法诉讼“主客场”现象，对生态环境保护案件实行跨行政区划的集中管辖，借此来减轻司法地方保护主义对于环境司法的不良影响，进而提高环境司法的公正程度。

二是生态环境整体保护与统一裁判尺度的需要。生态系统具有整体性，如河流的上、中、下游生态系统呈现出流域整体性特征。而我国普通法院的管辖则相对于整体生态系统而言是局部性地域管辖，因此会出现生态环境整体性保护与司法管辖权被行政区划所分割的紧张关系。京津同属海河流域，河北省95%以上也属于海河流域，法院在审判案件时，往往囿于其局部性地域管辖的权限，对生态环境保护案件所涉及其他地域的生态环境保护爱莫能助。由于地域管辖权限的分割，起诉者针对生态系统的整体性保护而提起的公益诉讼难以在某一局部性法院得到受理和审判。对生态环境保护案件实行跨行政区划的集中管辖，有利于管辖法院基于生态系统的整体性保护角度对案件进行裁判。另外，在同一整体性生态环境区域内，由于不同的地方法院在裁判生态环境保护案件过程中就其中相同或类似的问题会持有不同的理念或看法，常会在裁判尺度上把握不一，容易导致不同法院之间裁判结果的抵触。生态环境保护案件集中由某个或某些法院审判，就一些共同性问题容易统一裁判尺度，防止不同地方法院之间就相同问题的裁判出现较大的差异甚至冲突。

三是环境司法专门化和队伍精英化的需要。环境侵害具有长期性、风险不确定性、损害不可计量性和随时扩大性、跨区域性、与科学紧密相连性。环境公益诉讼涉及环境科学领域的专业性知识，从基础性的各种污染源的一般科学认识到司法诉讼中污染行为的认定、因果关系的认定、损害后果和环境修复费用的认定，都需要环境科学领域的学者专家参与审判，以给予解答、论证和确认。相较于知识产权诉讼技术类案件中的纯粹技术性问题、海事审判中的海事行业专门性问题和医疗纠纷案件中传统用于鉴定的有定论专门性问题，环境科学领域的认定也具专业性和独特性，传统的司法鉴定方式无法满足认定分析的准确性要求。生态环境保护类案件审理应适用特殊审判程序和举证规则。生态环境保护案件实行跨行政区划的集中管辖，也可借此集中能力较强的法官精英对于生态环境保护案件开展专门性司法，塑造专业法官队伍，积累审判经验并促进环境司法能力的整体提升。

二、生态环境保护类案件集中管辖的现有资源

（一）全国范围内生态环境保护类案件集中管辖的实践

任何制度设计或制度创新都应立足本国国情，否则会南橘北枳，笔者认为，较之比较法研究，不如将目光聚焦于本土资源，看我国是否具备生态环境保护类案件跨区集中管辖的制度资源。截至目前，从全国范围的试点方案以及文件要求来看，环境资源类案件管辖集中的方式有指定管辖、集中管辖、巡回法庭、专门管辖等具体方式：

1. 指定管辖

指定管辖是上级法院用裁定的方式，让下级法院对个案进行管辖的制度。指定管辖细分为两种类型：第一种类型系对管辖不明的案件由上级法院指定管辖。第二种类型系有权的法院不适宜适用其管辖权的情形。我国的民事诉讼法、刑事诉讼法、行政诉讼法对于指定管辖均有相关规定。从实践来看，部分地方在探索初期是通过指定管辖的方式来解决跨行政区域环境资源案件的司法管辖问题。

2. 集中管辖

集中管辖是指将分散由各级人民法院管辖的环境案件集中交由少数审判力量较强的专门审判机构或法院管辖，其管辖范围对传统行政区域进行了突破，一般是以生态系统和功能区作为单位划定管辖。地方省市已经开始着手探索与行政区域适当分离的环境资源案件的管辖制度。2007 年，贵州省在全国法院系统中率先建成“145”环境资源案件审判的格局。[①] 综合国内实践，集中方式包括“院内集中”“跨行政区域集中”和“跨地理区域集中”三种方式，[②] “院内集中”方式也即在法院内部设立环境资源审判庭，该内设机构与所属人民法院的管辖权相对应，如最高人民法院，北京市延庆区人民法院、山东省东营市经济技术开发区法院设立环境资源审判庭，环境资源法庭的受案范围包括跨行政区域的环境污染，生态破坏民事、行政以及刑事案件，实现“三审合一”。或者将民事案件、行政案件和行民交

---

① 贵州省“145”环境资源审判的格局具体是指 1 个省法院生态环境保护审判庭，4 个中院生态环境保护审判庭，5 个基层法院生态环境保护审判庭。贵州省 5 个基层法院设立的环保庭，其上诉法院为所在市（州）中院，省高院环境审判庭则负责审理不服上述中院判决的案件。通过指定管辖的方式，指定这 4 个中级法院、5 个基层法院在前述确定的司法保护范围内，对跨行政区域（指市、州）的民事、刑事、行政案件实行集中管辖。

② 李宁：《环境诉讼管辖问题研究》，载《山东审判》2016 年第 6 期。

叉案件交由环境资源法庭审理，实现“两审合一”。“跨行政区域集中”方式较为典型的如江苏省高级人民法院指定了辖区 31 家基层法院集中审理环境资源案件。“跨地理区域集中”方式是考虑到环境生态系统的特点，如河流流域、山峦构成等，划分不同司法保护板块，实现环境资源类案件在“板块”内集中管辖。

3. 巡回法庭

最高人民法院在广东省深圳市、辽宁省沈阳市、重庆市、陕西省西安市、江苏省南京市、河南省郑州市设巡回法庭。此外，全国各地对巡回法庭的运行方式进行了探索。例如，福建省漳州市中级人民法院的生态巡回法庭是一个专门的环境审判机构，对跨县域的涉生态案件进行提级管辖，集中审理中院管辖范围内的环境民事、行政以及刑事案件。生态巡回法庭是初审法院，其上诉法院是省高院。其本质为“提级 + 集中”型的管辖方式。此方式妥善处理了基层法院设立环境保护庭没有法律支撑的问题，同时也实现了环境案件的专门化审判，是跨行政区域审判内生的需要推动的结果。

4. 专门管辖

自 1978 年改革开放以来，基于资源开发利用与环境保护的需要，我国相继设立了森林法院、油田法院、矿区法院、海事法院等专门法院以及在某些地区的人民法院内部设立了林业审判庭等，以集中审理涉及森林资源、矿产资源、海洋环境污染等单一类型的资源类或者环境保护类案件，实现了环境资源审判专门化的局部实践。以海事法院为例，法律规定海事法院管辖与海相通的可航水域发生的海事、海商案件。2016 年 3 月，最高人民法院发布的《关于为长江经济带发展提供司法服务和保障的意见》，要求充分利用海事法院跨行政区划管辖的优势，妥善审理长江流域环境污染、生态环境破坏案件，探索建立长江流域水资源环境公益诉讼集中管辖制度。① 据统计，我国设有广州、大连等 10 个海事法院，各个海事法院的管辖范围以流域的特点进行划分。海事法院实行三级两审终审制，即各海事法院、海事法院所在地高级人民法院和最高人民法院三个级别，管辖法院的级别是根据案件性质、标的大小以及社会影响的大小来确定的。

（二）京津冀地区生态环境保护类案件审理的具体情况

近年来，京津冀区域城市污染问题日益凸显，环境保护和环境治理的任务十分艰巨。环境司法作为环境保护的重要一环，必须打破“一亩三分地”各自为政的现状，实现统一规划和统一布局，从而从根源上解决环境污染，实现一体化区域污染治理和环境改善目标。

---

① 《最高人民法院关于为长江经济带发展提供司法服务和保障的意见》（法发〔2016〕8 号）。

在生态环境保护类案件集中管辖制度的探索上，河北省石家庄市中级人民法院设立专门的“环境保护审判庭”，作为法院内设机构，专门负责审理生态环境保护类案件，受案范围涵盖刑事、民事、行政三种类型，实行环境案件集中管辖。① 之后，河北省高院下发《关于进一步建立实施环境司法执法联动工作机制的意见》，探索建立与行政区划适当分离的环境资源集中管辖制度。该意见指出，中级人民法院可以在本辖区内选定环境资源案件数量多、审判力量强的 2 ~ 5 个基层法院，设立环境保护审判庭或环境保护合议庭，集中审理辖区内应由基层法院管辖的第一审环境资源案件。并积极推进环境公益诉讼跨区域集中管辖试点工作，经最高人民法院批准，确定石家庄中院、邢台中院、保定中院、沧州中院、唐山中院、张家口中院作为试点法院，受理第一审环境民事公益诉讼案件。经天津市高级人民法院指定，天津市的环境保护行政案件由天津铁路法院集中管辖。北京市于 2014 年年底挂牌成立全国首批跨行政区划整建制试点法院——北京市第四中级人民法院，民事案件管辖范围包括了“跨地区的重大环境资源保护案件”，2017 年 10 月，根据《最高人民法院关于指定北京市第四中级人民法院管辖天津铁路运输法院审理的环境保护行政案件上诉案件的通知》，② 北京市第四中级人民法院于通知发布之日起跨区划审理天津铁路运输法院审理的环境保护行政案件上诉案件。在环境资源类行政案件跨区划管辖方面实现了新的突破。

三、实现环境资源跨区域集中管辖的路径选择

（一）运用“一体化”思路改造现有管辖格局

最高人民法院于 2016 年 2 月发布《最高人民法院关于为京津冀协同发展提供司法服务和保障的意见》，提出“积极探索生态环境保护案件集中管辖或专门管辖制度”，2016 年 5 月，最高人民法院院长周强在京津冀人民法院联席会议领导小组第一次会议上要求，积极探索在京津冀地区建立跨区划环境资源案件集中由河北高院管辖，目前具体的实施方案尚未公布。笔者认为：三地环境保护案件由河北省高级人民法院集中管辖只是权宜之计，而京津冀三地探索实施的指定管辖、集中管辖、“三审合一”等审判方式都是各地法院自发的实践。集中管辖或专门管辖的方

---

① 石家庄市中级人民法院环境保护审判庭主要职能为：审理辖区内涉及环境保护的第一、二审刑事案件；审理第一、二审涉及大气、水、土壤等自然环境污染侵权纠纷民事案件；涉及地质矿产资源保护、开发有关权属争议纠纷民事案件；涉及自然资源环境保护、开发、利用等环境资源民事纠纷案件；审理涉及环境保护的第一、二审行政案件；审查辖区内行政机关申请人民法院强制执行的涉及环境保护方面的非诉执行案件。

② 《最高人民法院关于指定北京市第四中级人民法院管辖天津铁路运输法院审理的环境保护行政案件上诉案件的通知》（法〔2017〕318 号）。

式如何选择，地域范围如何划定、审级制度如何规定，环境刑事案件与检察院系统如何衔接，均亟待顶层设计和统一规定。

对于指定管辖方式，无论是“个案指定”还是“类案指定”方式，违背管辖法定的司法原则，指定管辖仅适用管辖权争议或者管辖不明的情况下，由于个案特殊性对法定管辖进行个案调整、指定管辖作为法定管辖规则之外的一种管辖确定方式，不可避免地存在一定的可选择性和不确定性，如果不加以规范，可能会导致恣意。对于上级人民法院预先对某一类案件的管辖权进行批量式调整的“类案指定管辖”的方式，如果跨行政区域环境资源案件的管辖大规模地使用指定管辖的方式来解决，具有一定的可预测性，但以行政命令方式统一、批量式地集中指定管辖，违背了指定管辖仅适用于特殊情况、个别案件的立法原意，缺乏明确的法律依据，而且效率低下且会加重上级法院的负担。此外，环境案件往往与地区经济有密切关系，保护环境的同时也可能是以牺牲其他地区的经济利益为条件的，在这种情况下，无论将案件指定给哪个法院审理，其他与之有利害关系的地区法院都会对此提出异议。

而集中管辖方式的目前试点方式也有不足，首先，对于“三审合一”或“二审合一”的集中方式，实质上为将环保类案件的审理在“庭内集中”或“院内集中”。从全国范围的实践来看，截至 2017 年 4 月，全国法院共设立环境资源审判庭、合议庭和巡回法庭共 956 个，其中，专门审判庭 296 个，合议庭 617 个，巡回法庭 43 个。环境资源审判机构数量较去年同期增加 398 个，有 18 个高级人民法院、149 个中级人民法院和 128 个基层人民法院设立了专门环境资源审判庭。应该说生态环境保护类案件集中管辖的试点工作在“庭内集中”和“院内集中”的阶段性实践已经基本完成，无论从试点法院数量上还是级别上都呈现出遍地开花的局面。但从实践效果来看，它依附于传统的审判庭或合议庭，并无正式编制，仅是在原来某个审判庭加挂一块牌子而已，法官主要来自民庭、刑庭、行政庭，有的人员是固定的，有的是临时借用的，人员流动性较大。且合议庭的成员均是以前办理普通案件的法官，仅是增加了一项“专门审理”生态环境保护类案件的工作，大多缺少“上岗”前的培训，所具有的环境资源类的专业知识与普通法官相差无几。这种做法既不能培育案源，也不能提高法官的环境审判水平。

其次，对于统一规定辖区普通基层法院集中管辖的方式，基层法院人财物现依附于当地政府，无法避免“诉讼主客场”问题。从法律规范的角度出发，在基层设立环境保护法庭不符合《人民法院组织法》的要求，即法律并未对基层设置环境法庭进行授权。而且，在人员配备上没有保障。基层法院审判庭审理案件的水平不高、效果不好，案件收的进来却办不出去；有的审判庭形同虚设，设立后依法审理一批当地经济社会发展的棘手案件，然后就长期无案可审；有的审判庭重视宣传、重视争取编制职数，轻视实际需求、轻视构建运行机制。

对于“专门管辖”的方式，专门法院是典型的跨区划法院[①]。在近40年实践中发挥了较大制度优势。这种方式有其优势，第一，符合环境要素流动性和跨行政区域性的特点，可以很好地解决跨行政区域环境资源案件问题。第二，抗干扰能力相对较强。专门法院属中级法院建制，管辖权具有跨行政区域特征，人财物均由所在省管理。第三，专门的审判机构集中审理，对环境资源案件的整体把握和裁判尺度的统一具有一定优势。部分学者也提出设想，建议设立以流域为基础的专门性流域法院，集中管辖跨京津冀省级行政区划生态环境保护案件。[②]

笔者认为，成立专门法院管辖审理环境资源类案件尚不具有成熟的条件。在京津冀地区探索生态环境保护案件跨行政区划集中管辖，特别是跨省级行政区划的集中管辖，非一朝之功或一蹴而就，需要稳步探索，既要做到“凡属重大改革都要于法有据”，又要与环境法治实践相契合。从数据统计情况来看，2017年至2018年4月，河北省三级法院共受理环境资源刑事、民事、行政一审案件1514件。天津市自2014年至2017年上半年[③]，天津法院共审结污染环境犯罪案件137件，环境资源类民事案件879件，环境行政案件282件。北京市近年来环境污染案件数量尚未得到明确统计数据，但北京市第四中级人民法院作为全国首批跨行政区划法院，集中管辖审理环境公益诉讼类案件，2015年至2016年共受理该类案件14起，在区域环境治理中发挥了一定的作用及影响。但从数量上来看，京津冀三地的环境资源类案件总体数量仍然处于低位，特殊案件作为例外情况在数量上远远不及普通案件。可能会面临无米下锅的尴尬境地。

据此笔者认为，当下并不急于建立跨省级环保专门法院，而是赋予某一现有专门法院以集中管辖环保类案件的职权，应分“两步走”实现京津冀环境资源案件集中管辖，当前“第一步走”的最优选择应为在京津冀地区按照“司法保护板块”选择“特殊”基层法院集中审理普通环境资源一审类案件，“司法服务板块”的选择应综合考虑生态系统或生态功能区、案件性质、专业审判人员集中情况、环境资源案件数量、人口及经济发展水平等因素而进行筛选和确定。而重大环境资源类案件交由北京市跨区法院进行初审。“重大”案件的范围包括：（1）环境损害或污染物跨省级行政区划案件；（2）疑难复杂的民行或民刑交叉案件；（3）跨省有重大

① 陈卫东：《跨行政区划人民法院改革研究》，载《财经法学》2016年第6期。

② 李雷、李庆保、张勇：《京津冀协同环境司法中的集中管辖问题研究》，载《河北法学》2017年11月，第89页。

③ 天津市高级人民法院：《天津法院污染环境犯罪审判白皮书》。

影响的案件；（4）环境公益诉讼案件；（5）以县级以上人民政府为被告的环境行政诉讼案件；（6）高级人民法院报请最高人民法院指定或最高人民法院直接指定其审理的一审案件。北京市高级人民法院承担普通案件再审和重大案件二审的审判职能。这样选择的原因有：

一是环境整体保护和裁判专业化的需要，从生态系统的角度划定“司法保护板块”对案件进行审理，防止分段治理各自为政的现象，更有利于生态系统的修复。同时人员相对集中化可以有利于培养精英审判团队，因环境审判涉及环境科学知识的盖然性分析较多，环境公益诉讼专门性问题需要结合环境科学知识之专业性，实现人员集中也有利于实现裁判的统一。

二是抗行政干扰能力强，克服地方保护主义的弊端。有学者提出，跨区域集中管辖不利于案件通过协调方式解决，[①] 由于案件异地审理，被诉生态行政案件的行政机关与审理法院在地域上分属于不同的地区，两者之间在工作上无相互协助的需要，加之审理法院对案件发生地社会情况缺乏了解，案件和解撤诉率会下降。笔者认为，生态环境保护案件集中管辖的最终目标应该是环境司法去地方保护，实现环境司法公正性。如果生态环境保护案件在当地法院审理，容易受到地方党委政府的干预，导致案件不能顺利立案、不能公正审判或执行。普通环境资源案件跨区域集中，可以较大程度上使得该类案件得到异地审理，公正性得以提升。

三是二审法院应选择在北京市，而非河北省的原因有：由于河北省基本公共服务方面同京、津直辖市之间存在较大差距，整体司法能力可能相对较弱。且由河北省高级人民法院审判北京市和天津市的一些生态环境保护案件有难度，审判跨京津冀省级行政区划的生态环境保护案件难度更大，京、津两地肯定会对河北省高级人民法院审判涉及它们本地的生态环境保护案件有异议。且由高级人民法院审理不符合审级制度规定，将重大案件的管辖权下放至河北省中级人民法院又难以有效防止异地或京津地区党委政府的干预。

四是普通环保类案件选择由基层法院管辖审理，而非提级管辖的原因在于：首先是大部分环境资源类案件的加害人主观恶性较小，损害后果轻微，未达到需提及管辖的程度。其次是诉讼成本的考虑，当事人到集中管辖法院进行诉讼的交通费、诉讼费、时间耗费的成本增加，而异地调查取证、巡回开庭审理等方式对法院司法资源的占用也较大。最后是相较于较为重大的环境资源案件，普通案件受到司法地方保护的消极影响较为不明显，由跨区基层法院进行审理很大程度上足可避免“诉

---

① 刘国红：《生态环境保护案件跨区集中审理研究——以贵州黔南中院为视角》，载《贵州法学》2016 年第 11 期。

讼主客场”问题。

而环境案件跨区集中的“第二步走”，笔者认为，如果要摆脱环境司法地方保护主义，则需要将中央司法权下沉至一定级别的地方，使中央司法权实现对因可能受地方干涉或因行政区划限制而无法达到生态系统整体性保护案件的管辖，借此实现中央司法权对于地方环境司法的某种衡平与补充功能。

（二）改造铁路运输法院实现环境资源审判集中

选择“特定”基层法院集中审理的最佳方式，应是改造铁路运输法院，集中审理环境资源类刑事、民事、行政案件。这样规定能够保质保量地办好环境资源类案件，即积累经验，又能避免以试错的方式积累经验。并且这样改造使得当前改革动作不大，易于操作，也能有效实现案件集中管辖的初衷。

1. 理论基础

一是有效消除地方保护和行政干预形成的“诉讼主客场”现象，铁路运输法院与普通法院不同，其没有对应的行政区划单位，而我国传统意义上的地方法院与区划单位相对应，将环保类案件交由铁路运输法院管辖，可有效防止地方干预，维护司法权威。二是有利于生态环境的整体保护，生态环境具有整体性和区域性的内在特征，环境介质具有跨区域流动的特点，环境污染和生态破坏的行为也往往带有跨区域因素，铁路运输法院的设置与环境资源案件的审判特点也相契合。三是可有效分离一方当事人与本地法院之间存在的特殊地缘关系，维持法院中立地位，并实现人员集中，塑造专业审判团队。四是有利于构建普通案件在行政区划法院审理，特殊案件在跨行政区划法院审理的新型诉讼格局。实现环境保护类案件审理专门化。五是有效利用一批闲置司法资源，通过进行司法体制综合配套改革，推动司法供给侧结构性改革，实现对超大规模法院的案件合理分流以及对案件分布极不均衡的合理调配，满足人民群众多元司法需求。

2. 实践基础

最高人民法院在《人民法院第四个五年改革纲要（2014—2018）》（法发〔2015〕3 号）中提出“将铁路运输法院改造为跨行政区域法院，主要审理跨行政区域的、重大的行政案件、环境资源保护等易受地方因素影响的案件”。并下发《关于开展铁路法院管辖改革工作的通知》，要求 7 个试点的铁路运输法院开展跨区域集中管辖行政案件和环境资源案件的改革。① 以北京市第四中级人民法院为例，北京市第四中

---

① 依托原铁路运输中级法院成立的北京市第四中级人民法院、上海市第三中级人民法院分别集中管辖北京市和上海市跨地区重大环境资源保护案件。西安铁路运输法院、安康铁路运输法院分别管辖原由西安、安康两市基层人民法院管辖的一审环境资源案件，西安铁路运输中级法院管辖原西安、安康两市中级人民法院管辖的一审环境资源案件以及不服西安、安康铁路运输法院裁判的二审环境资源案件。

级人民法院是在改造北京市铁路运输中级法院基础上形成的京津冀地区唯一一家跨区划改革试点法院，管辖范围包括跨地区的重大环境资源保护案件。2017 年 10 月，根据最高人民法院的《关于指定北京市第四中级人民法院管辖天津铁路运输法院审理的环境保护行政案件上诉案件的通知》，北京市第四中级人民法院管辖范围扩大至天津环境保护二审案件，管辖范围得到进一步突破。将环境资源类案件特定类型案件交由跨区铁路运输基层法院审理，上诉于北京市第四中级人民法院，不仅可以实现跨区划试点法院跨省域管辖的突破，而且能够弥补北京市第四中级人民法院“跨的不够、管的不清”的缺憾，并逐步形成由北京市第四中级人民法院管辖京津冀三地环境保护行政二审案件的诉讼格局。

将铁路基层法院改造成跨区法院审理环境资源类案件也具可行性。根据笔者的调研，北京市地区铁路基层法院 1 家；天津地区铁路基层法院 1 家；河北辛集、定州、石家庄铁路运输法院为省直管法院。三地基层铁路法院管辖跨区划保险合同、运输合同纠纷案件，上诉于所在地中院，已实现特殊案件的跨区集中；从京津冀三地铁路运输法院案件管辖现状来看，实施铁路运输法院环境保护案件集中管辖制度有其可行的实践基础。而在全国范围内，在目前全国 18 个铁路运输中级法院、61 个铁路运输基层法院的基础上，可依托铁路法院实现跨区域集中管辖，并根据生态系统或生态功能区、案件性质和河流流域、环境资源案件数量、人口数量和经济社会发展水平等因素确定集中地，构建省内的跨行政区划法院，实行环境资源案件集中审理。

（撰写人：张玮）

3

行政审判融入国家治理现代化的界限与规范

——司法与行政联席会议制度的理性审视

司法和行政作为国家治理体系的重要组成部分和国家治理能力的典型体现，其交互作用势必会对国家治理现代化产生影响。司法与行政联席会议制度[①]作为行政

① 法院与行政机关会举办各种类型、涉及不同立审执业务的联席会议，本文所研究的“司法与行政联席会议”特指涉及法院行政审判业务，由行政审判庭或者负责非诉执行案件执行工作的执行局参与的联席会议。由于其作为行政审判领域的司法与行政良性互动的方式之一，故类比将其叫作“司法与行政联席会议”。

审判领域的司法与行政良性互动的创新举措之一，契合了习近平总书记在2019年中央政法工作会议上对法院工作的要求。[①] 展现了行政审判融入国家治理现代化的积极姿态。不过在实践中，联席会议制度的运行往往因为其非法定性、非规范性、非公开性、府院案外互动的直接性遭受合法性和正当性质疑，已然成为法院行政审判工作面临的损伤公信力的风险点，也不符合“国家治理体系制度化、科学化、规范化、程序化”的国家治理现代化的要求。[②] 因此，有必要对此联席会议制度进行实证研究，明确行政审判通过联席会议制度参与国家治理现代化的界限与规范。

一、实证观察：司法与行政联席会议制度运行中的问题

笔者以某直辖市高级人民法院、四个中级法院、四个基层法院从2016～2019年5月举办的司法与行政联席会议为样本进行分析，发现以下五个问题。

问题一：互动频繁，计划性、协同性、必要性不足

通过检索上述9个法院2016～2019年5月的内网图片新闻，笔者共找到143例行政审判领域的司法与行政联席会议活动，其中2016年32次；2017年38次；2018年50次；2019年1～5月23次，基本呈现逐年增多的态势。但是，通过“合并同类项”，这些联席会议均存在必要性、计划性、协同性不足的问题。一是短时间内与某一个行政机关多次进行沟通座谈，如某法院与市住房和城乡建设部门在一周内就同类问题召开了2次联席会，计划性不足；二是三级法院就同类问题分别多次与行政机关进行沟通座谈，特别是以土地房屋征收拆迁为主题的联席会议，三级法院分别共召开16次，协同性不足；三是形式性、礼节性的交往占比接近20%，沟通交流并无实质内容，必要性不足。

问题二：形式多样，法律依据不明确

司法与行政联席会议的互动形式多样，总体可以归纳为以下几种：（1）个案咨询会商；（2）疑难法律问题共议；（3）信息交流共享；（4）关系构建维护；（5）单方咨询答疑。各种互动方式之间没有对立性和排他性，一次联席会议可能会存在多种互动形式；同时部分互动形式之间的界限并非绝对分明，如单向的咨询答疑与双向的疑难法律问题共议。主要存在以下问题：一是互动内容法律依据不明确，政策依据也相对缺乏，形成各具特色的地方实践生态；二是各种互动内容都在不同程度上损耗了司法公信力，特别是个案咨询会商与“禁止单方接触原则”存在一定程度

① 《习近平在中央政法工作会议上强调全面深入做好新时代政法各项工作促进社会公平正义保障人民安居乐业》，载中央广播电视总台，http://news.cnr.cn/native/news/20190116/t20190116_524484602.shtml，最后访问时间：2019年6月12日。

② 江必新：《国家治理现代化基本问题研究》，载《中南大学学报（社会科学版）》2014年第3期。

的紧张关系；三是基层法院仍存在地方化的问题，向辖区区委区政府汇报行政案件审判情况，非诉执行案件的执行情况。

问题三：功能定位模糊，真实目的不显，实际效果成疑

司法与行政联席会议的召开有预设的功能定位，虽然我们无法真正了解参与人员真实完整的意图，但是从图片新闻的话语逻辑可管窥一二（参见图3－1）：一是预设目的效果多为促进依法行政、助推法治政府建设、服务保障经济社会发展，对人民群众合法权益维护提及较少、关注不足；二是减少败诉风险的真实目的被隐藏，如就共同面临的疑难法律问题“达成共识、保持一致、增进理解”不一定能够达到源头预防化解行政争议的目的，直接效果是减少行政机关败诉，特别是有行政机关在拟处罚前向管辖法院咨询，意图减少败诉风险的目的很明显；三是预设目的从实到虚基本呈“倒金字塔”形，多数预设目的效果较为空泛化和间接化，没有客观衡量标准，也没有后续衔接跟进举措。

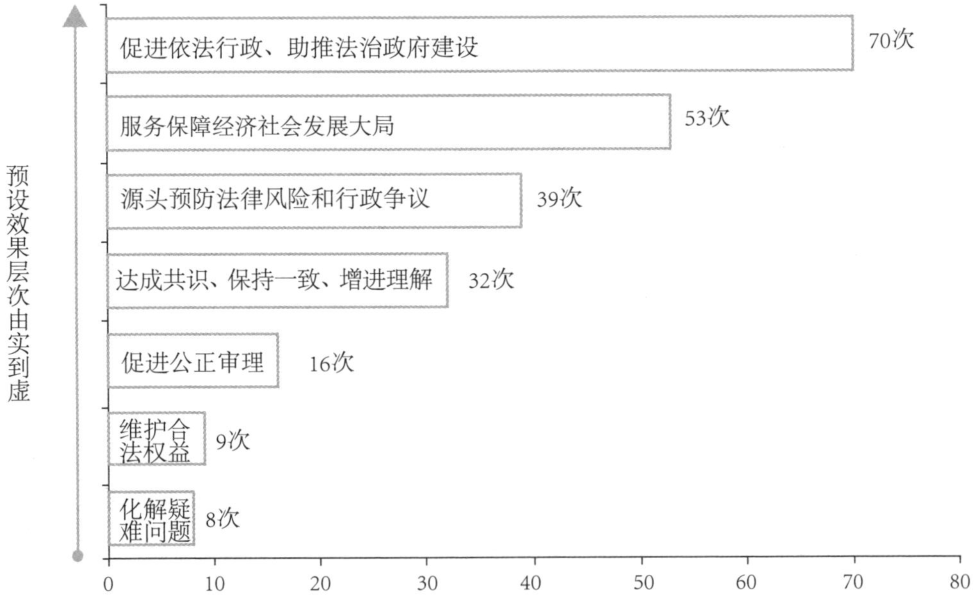

图3－1　司法与行政联席会议预设目的效果

问题四：平台碎片化、机构重叠化、制度虚拟化

一是平台碎片化、同质化。笔者以“平台”“机制”为关键词检索发现，三级法院都同各级行政机关构建了各种类型的平台，参加主体和研讨内容相互交叉，平台碎片化、同质化现象明显。二是机构重叠化。在笔者统计过程中，除一个法院由新建立的内部专门性对外沟通联络部门承担外，其余基本与行政庭机构和人员重

合，由相关领导和民警承担具体沟通联络工作，导致个案审理与案外互动难以剥离，同时也导致额外的工作压力。三是制度虚拟化、私人化。首先，笔者并未查找到联席会议赖以运行的相关规范，制度运行虚拟化特征明显，即便有的形成常态化“例会”模式，但并非实体化平台。其次，多数联席会议召开依靠领导之间的私人联络和沟通，建立在私人关系之上，导致联席会议的公开性不足，备受质疑。最后，在关系构建维护型联席会议中，新领导上任、新机构设立、新管辖调整，都会召开双方领导的座谈会，将个人关系融入进去。

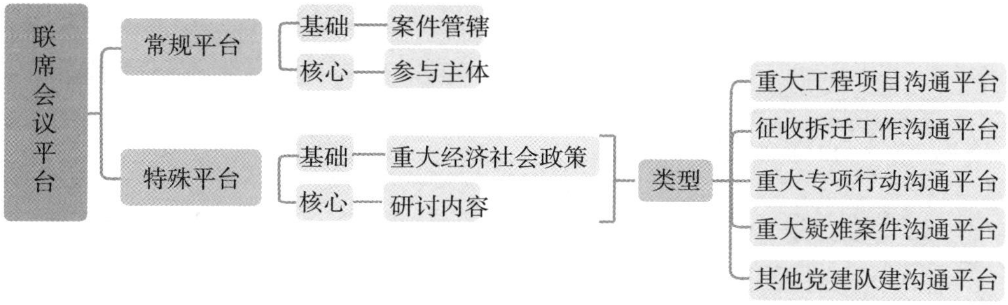

图 3－2　联席会议平台类型

问题五：各法院“冷热不均”，互动机关不同，交流重点有偏差

第一，在上述 143 例联席会议中，高级法院参与 26 次；中级法院参与 83 次；四个基层法院参与 55 次。各法院参与次数差异较大，与案件管辖挂钩，互动次数较多的多为管辖调整后新管辖法院与涉诉机关，参与次数最多的法院和参与次数最少的法院相差近 50 次。第二，高院的互动机关包括中央部委和市属委办局，多与同级别机关互动，中院和基层多为一审案件管辖互动，导致中院与市政府委办局互动少、基层以与区政府及委办局互动为主。第三，高院联席会议以共同研讨法律问题、单方提供咨询答疑服务等为主，信息交流共享和关系构建和维护较少。中院和基层联席会议与案件处理关系密切，且关系构建维护型的互动形式占据一定的比例。

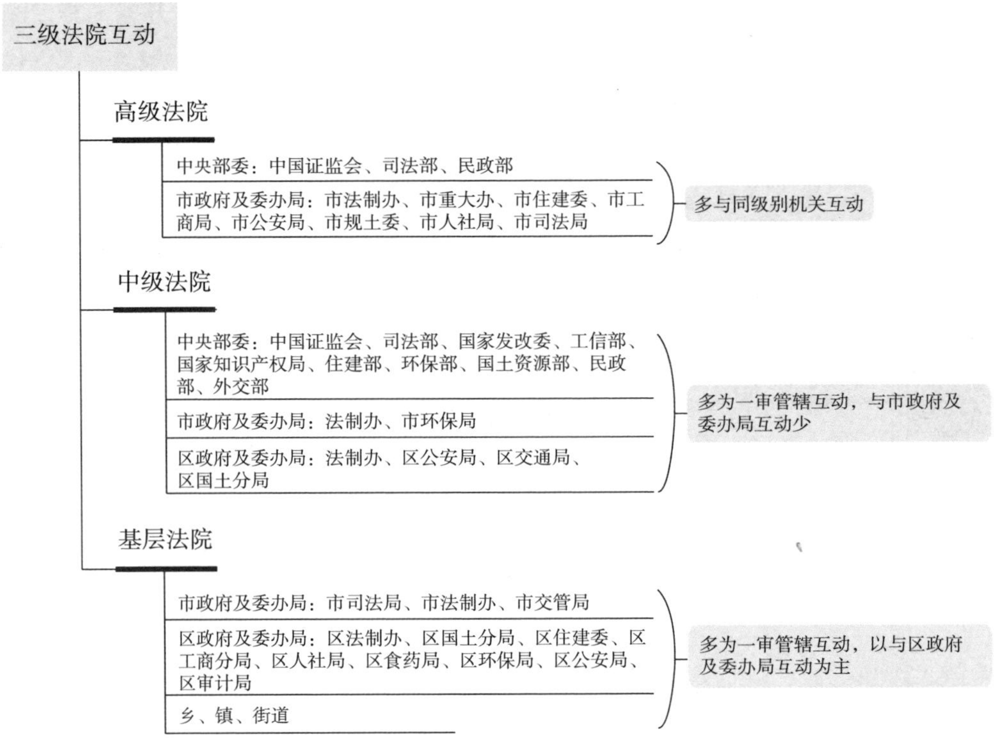

图 3－3　三级法院的互动机关

二、类型化分析：司法与行政联席会议制度对国家治理现代化的影响

周强院长在 2015 年《最高人民法院关于行政审判工作的报告》中肯定了各级人民法院通过联席会议制度延伸行政审判职能，促进、支持行政机关依法行政、推动国家治理现代化的工作成效。不过，根据前文的实证观察，司法与行政联席会议制度作为互动交流的平台，在实践中表现形式非常多样，对国家治理现代化的影响也是多面的。

（一）单方法律咨询

行政机关向法院提出法律咨询以及人民法院提供咨询服务包括多种情形（参见图 3－4）。此类互动对于提高行政机关依法行政水平，源头预防行政争议、超前防范法律风险，进而推动国家治理现代化有着重要意义。但是，由于单方法律咨询多发生在尚未成为被告但是潜在被告的行政机关与行政审判法官及其主管领导之间，容易导致案外的法律意见提供者与案内的裁判者两种角色集于一身，咨询职能与审判职能的一体行使，先入为主，未审先判，影响司法中立与公正。① 此外，单方法律咨询从表面上看是法院对行政机关的单方面影响，但不可回避的是行政机关在提出法律问题的同时也带着自己对问题的思考和初步的解决方案，希望得到法院的认可，避免败诉风险，有影响法院独立自主行使审判权的潜在风险。

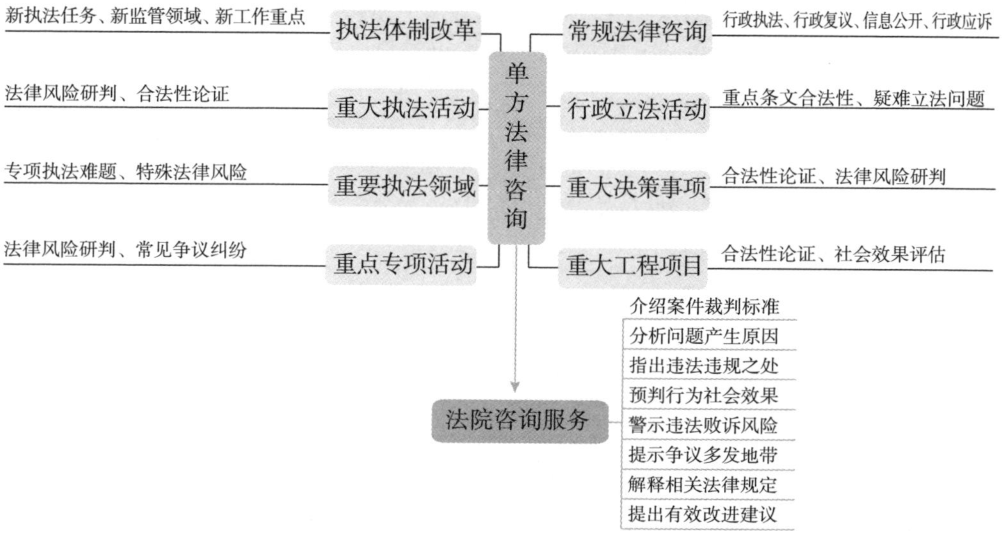

图 3－4　单方法律咨询的内容和方式

（二）疑难法律问题共议

疑难法律问题共议与单方法律咨询的研讨内容有极大的相似性，在实践中没有绝对清晰的界限，相伴进行的情况也较为多见。可能的区别就在于共同商议的是双方均面临的疑难法律适用问题，而法院提供的单方法律咨询更多的是争议在法院内部已经统一或者已经形成的定论。这就导致疑难法律问题共议过程中的影响和作用明显具有双向性，在行政机关“趋利避害”的本能驱使下，极易减弱法院对行政行为合法性审查的强度和深度。因此，法院与行政机关在联席会议中共议疑难法律适用问题，达成共识、统一认识、保持一致的同时，也面临着比单方法律咨询更为严重的“先入为主”“未审先判”等影响审判独立、司法公正的问题。

（三）信息交流共享

信息交流共享也是联席会议上一个较为常见的互动方式（参见图 3－5），有利于促进行政机关及时发现、纠正行政活动中的类型化或普遍性问题，加强法官对一

① 参见黄先雄：《司法与行政互动之规制》，载《法学》2015 年第 12 期。

段时期内行政中心任务的把握与相关行政政策的了解,[1] 对于司法公正的影响相对较小。但仍有一些影响国家治理现代化的因素需要注意:(1)联席会议上法院向行政机关共享的信息以审判情况为主,在内容和功能上类似于行政审判白皮书这种单方书面通报,且多数情况下联席会议共享的审判信息依托的是前期已经制作完成的书面报告。重复性工作(书面+口头)浪费了司法资源,也会引发对直接交往的质疑。(2)另有一种特殊的“信息交流共享”,即基层法院向所在地区委区政府汇报行政审判情况、非诉执行案件执行情况,但是区别于其他建立在双方地位平等基础上的交流共享,更类似于下级向上级汇报工作。(3)行政机关向法院共享的信息多数可以也应当纳入诉讼程序中,在公开的诉讼程序和原被告双方在场的情况下,交由法官综合考量。

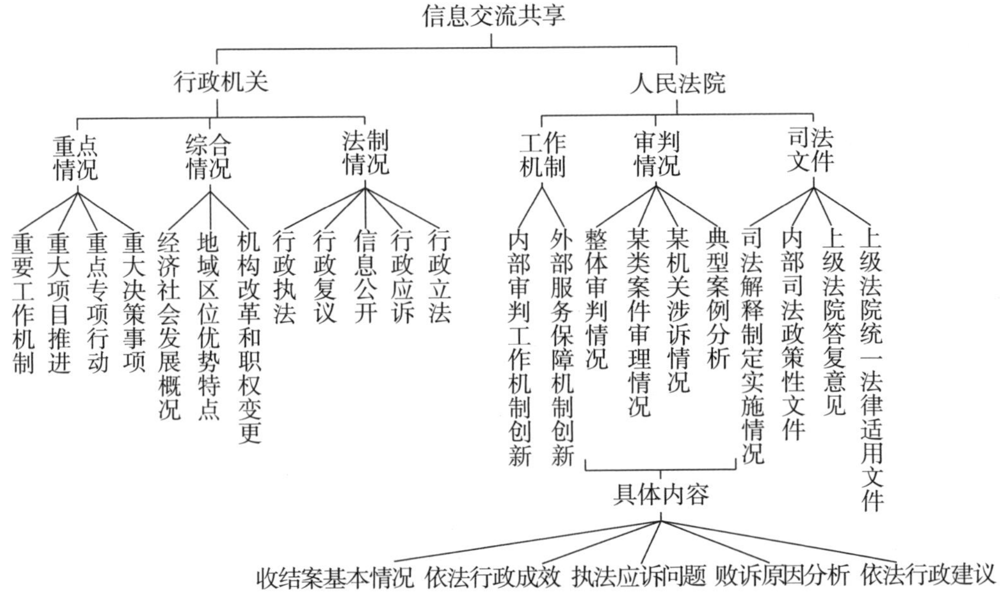

图 3-5　信息交流共享的内容

(四)关系构建维护

司法与行政联席会议中的关系构建维护是指法院与行政机关之间非针对行政执法、行政审判等具体问题,而以构建和维护双方良性互动、协作配合关系为主要内容的直接沟通磋商。关系构建维护型联席会议召开的契机“新”的特征非常明显(参见图3-6),并建立在双方地位平等的基础上,表明司法相对于行政的地位有

① 黄先雄:《司法与行政互动之规制》,载《法学》2015年第12期。

所提升，不再是被动接受行政干预，同时各种机制的构建加强府院在化解矛盾纠纷等方面的协同作用，形成推动国家治理现代化的合力。但是根据前文所述，关系构建维护型的联席会议领导个人色彩浓重；同时构建的机制纷繁复杂，存在非法治化的互动机制和非专属于司法与行政的综合性、业务外的机制。

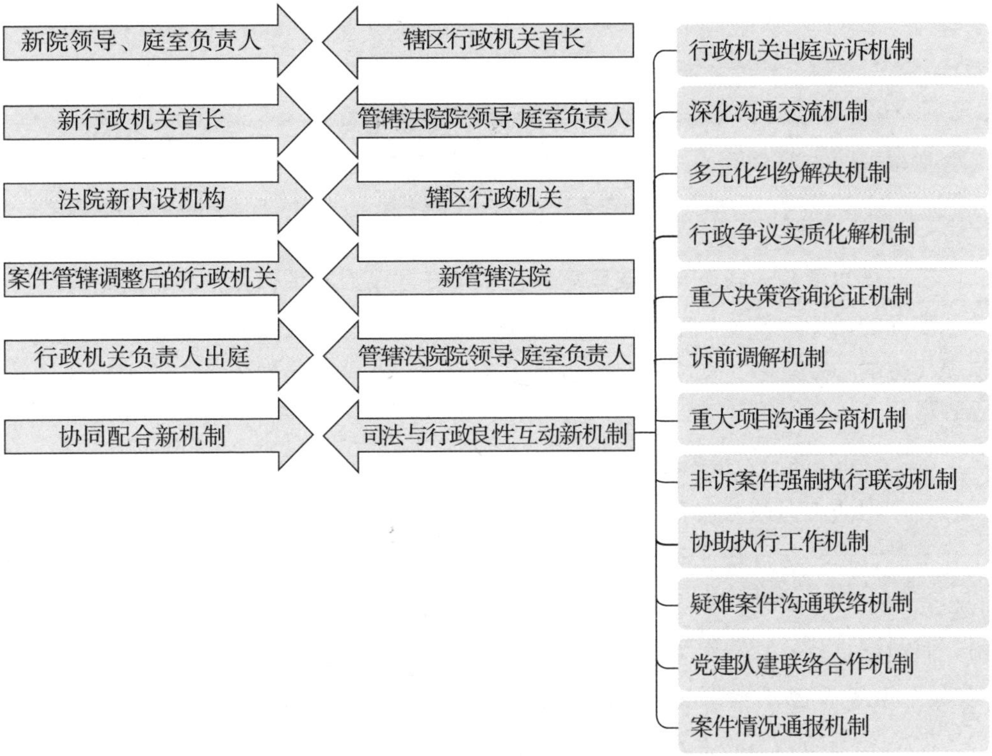

图 3-6　关系构建维护型联席会议召开契机

（五）个案咨询会商

司法与行政联席会议中的个案咨询会商是指受案法院与涉诉机关围绕个案审理和具体争议解决在诉前、诉中、诉后进行的非正式诉讼程序的咨询、会商、协调等。个案咨询会商的主要目的在于促进案件公正审理和行政争议的实质化解，兼顾公共利益和个人合法权益，达到社会效果、法律效果、政治效果的统一。但是这种非正式诉讼程序的个案咨询会商是在原告（被执行人）不在场的情况下进行的，为被告影响、腐蚀法官或法院领导提供了机会，最终可能损害司法公正，削弱司法公信力。①

① 黄先雄：《司法与行政互动之规制》，载《法学》2015 年第 12 期。

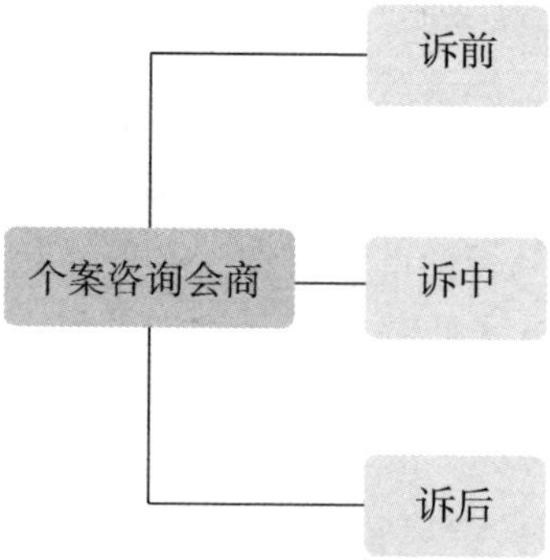

图3－7　个案咨询会商

三、正本清源：司法与行政联席会议制度在国家治理现代化中的功能定位

准确的功能定位是规范化建设的前提和指引，同时制度在实践运行中对国家治理现代化的不良影响，从根本上说也是因为未对其在国家治理体系中的地位作出精准判定。

（一）司法与行政良性互动？

关于司法与行政互动的合法性和正当性，很多学者都有论述，本文不展开论述。不过，司法与行政互动具有合法性和正当性，并不代表实践中的互动就是良性的。党的十八大以来，党中央高度重视法治在国家治理现代化中的重要地位和作用，而司法与行政互动作为法院深度参与国家治理的手段，只有符合法治标准才是“良性”互动，也才能真正发挥促进国家治理现代化的功能。

1. 司法与行政良性互动的官方界定

方式、平台或工具本身没有法治与非法治的问题，但是与特定内容或者目标相联系就会产生法治问题，也就是说作为工具，其本身是有适用范围和功能界限的，超出其范围就会产生非法治化的问题。

从最高人民法院官方文件来看，司法与行政良性互动是有特定内容的，主要是分享审判信息进行交流共享；参与重大政策、重大项目合法性论证、风险评估提供单方法律咨询；加强沟通联络进行关系构建维护；对案件审理中发现个案执法问题提出司法建议。其中个案审理发现的执法问题与司法建议制度明确关联，即一般情况下个案审理中发现的执法问题应当采用发送司法建议的方式；其他互动内容则没有明确固定互动方式，如信息交流共享既可以采用发布行政审判白皮书的方式，也可以采用召开司法与行政联席会议的方式。

表 3－1　司法与行政良性互动的官方界定

文件类型	文号/年份	文件名称	互动内容	类型概括	目的	功能定位
司法政策文件	法发〔2006〕316 号	《关于妥善处理群体性行政案件的通知》	1. 加强与行政机关的沟通与联系 2. 就案件反映出的问题提出司法建议	关系构建 维护个案 司法建议	1. 取得行政机关的理解和配合 2. 增进司法与行政良性互动 3. 预防减少群体性行政争议	群体性案件处理方式和对策
	法发〔2007〕19 号	《关于加强和改进行政审判工作的意见》	1. 加强与行政机关的沟通与联系 2. 交流行政审判和行政执法信息 3. 分析行政执法问题提出司法建议	关系构建 维护信息 交流共享 单方法律 咨询	1. 增进相互之间的了解和共识 2. 协助行政机关总结经验教训 3. 促进行政机关完善行政程序	加强和改进行政审判工作的举措
	法发〔2009〕38 号	《关于当前形势下做好行政审判工作的若干意见》	参与重大政策、重大项目研究论证，主动提供司法意见和法律咨询	单方法律 咨询	1. 为党委和政府建言献策 2. 协助行政机关完善各项制度措施 3. 源头预防和减少争议	强化行政审判服务功能的举措
	法发〔2006〕260 号	《关于行政诉讼应诉若干问题的通知》	通过白皮书、司法建议等形式向行政机关反馈评价出庭应诉工作和依法行政考核指标的实施情况、运行情况	信息交流 共享	支持行政机关建立健全依法行政考核体系	规范和促进行政应诉工作的举措
年度工作报告	2014 年	最高人民法院工作报告	反馈审判工作中发现的行政执法突出问题	信息交流 共享	促进司法与行政良性互动	行政审判重点亮点工作
	2015 年	最高人民法院关于行政审判工作的报告	1. 加强与政府法制部门、行政执法机关、信访部门的经常性工作联系 2. 通过召开联席会议等方式通报涉诉情况和存在的突出问题 3. 依法参与重大建设项目和重大政策的社会稳定风险评估，加强法律风险的分析研判	关系构建 维护信息 交流共享 单方法律 咨询	1. 促进行政机关依法行政 2. 源头预防和减少行政纠纷	行政审判重点亮点工作

2. 司法与行政良性互动的实践样态

江必新副院长提出，要结合各地实际，积极探索“府”“院”互动、行政审判白皮书等有益做法，总结提炼格局特色的亮点经验。[①] 联席会议与白皮书、司法建议、执法人员培训等共同组成法院探索司法与行政良性互动、深度参与社会治理的实践样态。但是，最高人民法院并未对实践样态予以全部承认，在提及司法与行政良性互动内容时，并不包括实践层面联席会议中的“疑难法律问题共议”和“个案咨询会商”，信息交流共享也以法院向行政机关共享审判信息为主，其他互动内容的范围也相对较小。同时，区别于其他良性互动形式承担特定的互动内容、[②] 具有特定互动目标，实践中联席会议制度是一种更具综合性的“口袋式”互动方式，不仅承载了较其他互动方式更多的互动内容，也与其他互动形式在内容上交叉。但是联席会议府院交互作用直接性和隐蔽性特征明显，再加上与行政审判相关联，在法治原则下，其适用范围反而应当严格限缩，否则极易跨越法治的界限，由良性互动变为恶性互动。

（二）行政审判职能还是行政审判职能延伸?

1. 联席会议制度是法院履行审判延伸职能的表现

司法与行政良性互动包括诉讼内的互动和诉讼外的互动。而司法功能具有多层次性，从整体上可以简单分为审判职能和建立在审判职能基础上、对审判方式方法、价值目的等方面进行适度扩张的审判延伸职能。笔者认为，诉讼内互动履行的是法定的行政审判职能，如行政机关负责人出庭应诉；诉讼外的互动履行的是行政审判延伸职能，如发布行政审判白皮书。司法与行政联席会议中，虽然有针对个案的咨询会商，理应属于诉讼内履行行政审判职能的表现，但是并未将其纳入正式的诉讼程序，也非依据《行政诉讼法》及相关司法解释进行的案件审理工作，不是法定的职能履行形式。此外，多数联席会议并非针对个案审理。因此从严格意义上讲，应当属于且应限定于法院延伸行政审判职能进行诉讼外的司法与行政良性互动。

2. 联席会议是法院在行政审判职能基础上的适度延伸

行政诉讼作为“行政法治发展的杠杆”,[③] 是国家治理体系的重要组成部分和国家治理能力现代化的重要“风向标”。联席会议作为法院履行审判延伸职能的表现，也是行政审判在国家治理现代化中功能的进一步延伸。不过，审判职能是核心

① 参见《最高人民法院第三巡回法庭行政审判工作座谈会在沪召开》，载中新网，http://www.sh.chinanews.com.cn/fzzx/2017-06-09/24269.shtml，最后访问时间：2019年6月9日。

② 例如，行政审判白皮书承担信息交流共享的司法与行政良性互动内容。

③ 于安：《我国行政诉讼制度现代化的转型问题》，载《行政法学研究》2014年第2期。

和基础，延伸职能是边缘和辅助。因此，联席会议作为法院参与国家治理现代化的辅助手段，只有定位于行政审判职能正常发挥基础上的适度延伸和“锦上添花”才具有正当性和合法性。适度的界限就在于是否与行政诉讼的目的价值和功能定位一脉相传。

（三）单方柔性监督还是双方互动协作？

行政诉讼的核心是司法权与行政权的关系，两权互动势必要对原本对抗型权力关系产生影响，要处理好司法权与行政权的关系，以保持司法的中立性和公信力。① 笔者认为，应当将司法与行政联席会议制度定义为辅助监督、柔性监督和个案审判基础上的整体化表达平台，以此来明确其在国家治理现代化中的角色定位。原因如下：

1. 行政审判监督依法行政的功能定位

行政诉讼制度具有多重目的，但保护公民、法人和其他组织的权益始终是其根本目的。② 同时，2014 年《行政诉讼法》修改调整了立法目的，明确删去“维护”行政机关依法行使行政职权，仅留“监督”二字，体现了监督依法行政的立法宗旨和立法目的。同时，也在一定程度上解决了“‘维护和监督’的长期并存模糊行政审判制度的功能，不利于行政审判制度在国家治理体系中的角色定位”③ 这一问题。由此可以明确，行政审判在国家治理体系的根本定位是通过监督依法行政维护人民群众合法权益，司法权与行政权之间是监督与被监督的关系。根据上文所述，联席会议作为延伸行政审判职能的表现，理应与行政审判的价值目的和功能定位保持一致，因此在适度延伸的要求下，应当将两权互动作为辅助监督手段，终极意义在于维护人民群众合法权益。

2. 行政审判排除行政干预的不懈追求

目前，行政诉讼还在加大管辖改革的力度，旨在排除行政干预，建立法院与行政机关之间监督与被监督的正常关系，④ 确保行政审判监督救济功能的实现。正常的监督关系应当是单向的影响和被影响的关系，而互动协作却是双向的相互影响的关系。虽然司法与行政的良性互动建立在双方平等的基础之上，属于主动接收信息，并非被动地受到行政干预，但是这种来源不一、庞大杂乱的信息会在一定程度上给

---

① 顾越利：《建立司法与行政良性互动机制探讨》，载《东南学术》2010 年第 6 期。

② 参见马怀德：《保护公民、法人和其他组织的合法权益应成为行政诉讼的根本目的》，载《行政法学研究》2012 年第 2 期。

③ 章志远：《亮点与遗憾：行政诉讼法修改评述——基于国家治理能力现代化视角的观察》，载《法治研究》2015 年第 1 期。

④ 沈福俊：《行政诉讼视角下法院与行政机关关系的法律规制——以行政诉讼管辖制度的变革为分析起点》，载《法学》2010 年第 4 期。

法官带来思想上的混乱。因此，应当将联席会议作为辅助监督，限定于司法对行政的单向影响，作为个案审查基础上的整体化监督意见表达平台，表达自身对行政机关依法行政的观点和建议。

3. 行政审判延伸监督功能的客观需要

我国公权力体现了分工合作，其中分工是权力正常运行的基础结构，合作是基础权力结构运行中必不可少的“润滑油”，有助于基础权力关系即监管关系更好地开展。联席会议制度作为辅助监督形式并无法律的明确规定，是一种没有强制力的监督，需要行政机关的协作配合，所以就在表面上呈现出互动协作的特征，所以应将其定位为国家治理体系中的柔性监督手段，此时双方互动协作是为了更好地实现监督的目的。

四、制度建构：司法与行政联席会议制度的规范路径

（一）准确定位司法与行政联席会议

实践中司法与行政联席会议功能定位的模糊混乱，直接导致联席会议内容复杂多样，积极效果和消极效果同时并存。因此，有必要对联席会议制度的功能定位通过“做减法”的方式予以明确。一是减去其本身无法承担的职能或者与其他互动方式相重合的功能，将其定位为符合法治要求和法治原则的司法与行政良性互动机制之一；二是减去本应纳入法定诉讼程序，属于人民法院履行行政审判职能的功能，将其定位为人民法院履行行政审判延伸职能，进行诉讼外良性互动的方式之一；三是减去互动中的双向影响，将其定位为人民法院对行政机关进行单向影响的柔性监督。

（二）严格遵守“禁止单方接触原则”

我国的《法官法》等对于法官会见当事人作了一般性规定，《民事诉讼法》与《刑事诉讼法》针对各自领域也作出了相应的规定（参见表3－2）。唯独行政诉讼领域的“禁止单方解除原则”迟迟得不到明确与落实。[①] 此外，即便是适用一般性规定，法官与涉诉机关通过联席会议进行的会见也无法界定为“私自会见”“单独会见”或者“违反有关规定会见”，而是将其作为官方组织的活动，对其合法性予以默认。因此有必要在行政诉讼中确立区别于民事诉讼和刑事诉讼的“禁止单方接触原则”，明确规定法官不能单方接触行政机关及其代理人。应从案件成讼之日起禁止单方接触。对于可能成讼的案件，在成讼前的单方接触也应禁止。[②]

---

① 黄婷：《论行政诉讼中的禁止单方接触原则》，载《淮南师范学院学报》2016年第3期。

② 蒋惠岭：《“禁止单方接触”原则的内容及其适用》，载《人民司法》1996年第8期。

表 3-2　我国涉及“禁止单方接触原则”的相关规定

类型	文件名称	相关规定	法律后果
一般性规定	1995 年《法官法》	法官不得私自会见当事人及其代理人	应当给予处分；构成犯罪的，依法追究刑事责任
	2019 年《法官法》	接受当事人及其代理人利益输送，或者违反有关规定会见当事人及其代理人的	应当给予处分；构成犯罪的，依法追究刑事责任
	《法官行为规范》	对与案件有利害关系的机关、企事业单位、律师事务所、中介机构等的邀请应当谢绝；对与案件无利害关系的党、政、军机关、学术团体、群众组织的诉请，经向单位请示获准后方可参加	情节较轻且没有危害后果的，进行诫勉谈话和批评教育；构成违纪的，根据人民法院有关纪律处分的规定进行处理；构成违法的，根据法律规定严肃处理
	《法官职业道德基本准则》	自觉遵守司法回避制度，审理案件保持中立公正的立场，平等对待当事人和其他诉讼参与人，不偏袒或歧视任何一方当事人，不私自单独会见当事人及其代理人、辩护人	视情节后果予以诫勉谈话、批评通报；情节严重构成违纪违法的，依照相关纪律和法律规定予以严肃处理
部门法规定	《民事诉讼法》	审判人员接受当事人、诉讼代理人请客送礼，或者违反规定会见当事人、诉讼代理人的，当事人有权要求他们回避	回避；依法追究法律责任
	《刑事诉讼法》	审判人员、检察人员、侦查人员不得接受当事人及其委托的人的请客送礼，不得违反规定会见当事人及其委托的人	回避；依法追究法律责任
	《行政诉讼法》	当审判人员与本案有利害关系或者其他关系可能影响公正审判时，有权申请审判人员回避	回避
	《关于民事经济审判方式改革问题的若干意见规定》	合议庭成员和独任审判员开庭前不得接触一方当事人及其诉讼代理人	无

（三）精准界定联席会议承担的互动内容

司法与行政联席会议作为一个综合性互动平台，与特定的互动内容搭配时应当符合法治原则，特别是形式法治原则。

1. 排除个案咨询会商和疑难法律问题共议

最高人民法院在提及司法与行政良性互动内容时，并不包括实务中联席会议存在的“疑难法律问题共议”和“个案咨询会商”。同时法定诉讼程序外的“个案咨询会商”，并非联席会议能够承担的互动内容，应当以是否成讼或即将成讼作为标准将司法与行政联席会议中属于狭义行政审判职能的个案咨询会商分离出去，作为法定的个案协调处理机制纳入或者回归到法定的诉讼程序中去。“疑难法律问题共议”超出了行政审判职能延伸的界限，背离了行政诉讼监督依法行政的立法目的，双向影响不利于人民法院依法独立行使审判权。因此，应当排除司法与行政联席会议中“个案咨询会商”和“疑难法律问题共议”这两种互动内容。

2. 限制单方法律咨询和信息交流共享的范围

“单方法律咨询”“信息交流共享”是周强院长明确肯定的联席会议互动内容，但实践中各地在此基础上进行了不恰当的扩充和创新，有必要对实践中复杂多样的具体内容进行限缩，明确重点。第一，单方法律咨询在一定程度上存在先入为主，未审先判的问题，应当坚持必要性原则，减少常规性法律问题咨询，将互动限定在重大决策事项合法性论证、重大建设项目社会稳定风险评估、重大行政立法活动社会效果预测、重点专项行动法律风险研判等。第二，实务中的信息交流共享是双向性的，且与行政审判白皮书的功能存在部分重合。因此，在单方柔性监督和个案审查基础上的整体化监督意见表达平台的定位下，应当将重点放在法院向行政机关共享行政审判的整体情况，包括行政机关涉诉情况、败诉原因分析、执法应诉问题、依法行政建议等。同时在重合情况下，要将其与行政审判白皮书的功能整合，作为深化行政审判白皮书效果的辅助手段，降低对司法形象的负面影响。

3. 精简关系构建维护型互动

关系构建维护型互动最大的问题就是实效性、必要性不强，其中部分关系构建维护型的联席会议个人色彩浓厚，“新”的特征明显，导致互动无法形成长效机制，具有人身依附性，浪费司法资源。应当将此部分具有强烈领导个人色彩联席会议内容予以精简，逐步构建长效性的机构与机构之间的互动关系，以降低个人化属性。同时，法院与行政机关构建的部分协同配合机制和互动机制综合性色彩比较重，如党建队建沟通联络机制，不涉及行政审判，应当将这些机制予以摒除，减少不具有实效性的互动，避免引发对司法公正的质疑。

（四）整体统一联络机构设置和互动平台建设

1. 统一联络机构设置

司法权与行政权的互动并非行政审判独有，在三大诉讼中均有体现，[①] 因此，围绕行政诉讼的司法与行政联席会议只是司法与行政（或者说法院与行政机关）互动关系的一部分。在实践中，法院还会与不同行政机关就人民调解等非诉纠纷化

---

① 孙森森：《司法权与行政权良性互动的路径建构——基于行政诉讼实践的观察》，载《福建行政学院学报》2017 年第 1 期。

解、重大风险防范化解、营商环境改善、乡村振兴战略实施等综合性事项，建立涉及“立审执”司法全过程、“行民刑”司法全领域的司法与行政互动协作关系。因此，有必要将围绕行政审判的联席会议制度纳入法院整体的司法与行政互动关系中去，由法院的综合保障部门或者统一对外联络部门承担，负责具体的互动事宜和沟通协调工作，并可以根据具体情况和实际需要调配各庭室的负责人、法官等予以配合。这种模式有以下优点：（1）可以统筹协调运用全院整体司法力量，统一构建围绕互动主体和互动主题建立的互动平台，减少资源浪费，提升互动效率；（2）将具体的沟通协调工作从行政审判庭剥离，减轻审判工作压力；（3）相当于设置了行政审判与行政机关之间沟通磋商的“隔离墙”，有效区分个案审理和案外互动，减少甚至避免容易引发质疑的直接接触；（4）机构与机构的联结可以降低互动关系的人身依附性，不因领导的变动而影响已经搭建的互动平台，利于常态化互动关系构建。

2. 统一互动平台建设

司法与行政联席会议的一大问题就是平台过于碎片化、同质化，浪费司法资源、降低互动的实效性，有必要对平台进行整合。对于围绕互动主题建立的特别平台，如重大项目沟通平台；征收拆迁沟通平台；重大专项行动沟通平台等，笔者认为应该由高院统一建设，因为往往特别平台涉及的行政审判事务涵盖北京市法院，由高院与市司法局统筹建设可以增强互动的计划性、协同性，合理利用三级法院行政审判资源和力量，对问题作出更全面深刻的研讨，同时还能统一认识和法律适用，扩大一次联席会议或者沟通平台的实效性和影响力。此外，鉴于高院级别相对中、基层法院更高，受到行政干预的可能性更低，双方的沟通磋商更能建立在平等的基础之上。

（五）健全完善后续跟进措施

完善的后续跟进措施可以扩大制度的影响、巩固制度的效果。一方面，有必要采取措施，深化和延长联席会议制度的效果，避免“开完就忘”“用完就扔”的“一次性”问题和形式化倾向，在必要情况下将联席会议内容制作成会议纪要、意见书等书面形式，发参会双方、上级法院，供执法、应诉和决策参考。另一方面，面对实践中联席会议违反法治的现象，应当加强纪律监察部门的专项监督查处，明确相关的法律后果，包括当事人可申请审判人员回避，予以诫勉谈话、批评教育、纪律处分或者追究法律责任。

结语

司法与行政联席会议作为行政审判深入参与国家治理现代化的创新举措，是对传统司法与行政“硬碰硬”的监督关系的有益补充。但是其有着纷繁复杂的实践样态，日渐成为一种综合化和“口袋式”的互动平台，承担的部分互动内容背离了行政审判的“初心”和“使命”。同时在府院交互直接性、隐蔽性、口头性等典型特征的加持下，对行政审判公信力的损耗也不断凸显。只有在法治原则下予以准确定位和规范化建设，明确其作为工具和手段所能发挥作用的限度，才能真正实现制度的良性运行，也才能切实展现其推动国家治理现代化的积极效果。

（撰写人：周孟伟）

4

行政审判中类型化案件要素式审判机制研究

随着行政诉讼法立案登记制的实施、人民群众对法治政府的监督意识增强，全国各级法院受理的行政案件数量激增，收案量呈现了井喷式增长，行政案件立案难问题得到基本解决，但随之而来的则是案多人少、审判效率低下的问题。由于司法体制的特殊性，司法资源的配备与社会需求度并不能完全吻合，那么在审判人员基数难以大幅增长的情况下，构建行政审判中类型化案件的效率化审判机制则是缓解这一问题的有效办法。而近年来，在民商事审判领域中，各级法院纷纷探索实行了要素式审判机制，在提升了审判效率的同时也促进了庭审改革以及文书改革。尽管民事审判与行政审判有所不同，但是在民商事审判要素式审判机制改革的启发下，通过两大诉讼案件类型等因素的对比分析，探索行政案件中对于类型化案件提升审判质效的有效机制，能够促进行政审判质效提升，这也是本文的主要意旨。

一、要素式审判机制在民商事案件中的实践考察

（一）要素式审判方式的历史沿革

要素式审判方法，主要是对固定案情的基本事实要素进行提炼，就各要素是否存在争议进行归纳，并围绕争议要素进行庭审及制作裁判文书，简化审理流程，提高审判效率，实现简案快审。我国要素式审理理念最早是完善劳动人事仲裁工作制度，提高仲裁科学管理能力的产物①，为了实现裁审对接，2012 年，深圳地区法院率先将要素式审理形式引入法院审判模式，其主要呈现模式为要素式文书②。2013

---

① 2012 年 2 月，人社部与中央编办、财政部联合发布《关于加强劳动人事争议处理效能建设的意见》（人社部发〔2012〕13 号）。

② 2012 年 5 月 1 日，深圳市中级人民法院出台《关于一审民事裁判文书简化改革的若干规定》将民事裁判文书简化种类分为令状式、要素式、表格式。

年深圳市劳动人事争议仲裁委员会制定《要素式办案规则》，在仲裁领域进一步推行了要素式审理。此后，广东、浙江等地区的法院也出台了推动民商事裁判文书的改革实施方案。2014 年 12 月，最高人民法院发布《关于进一步加强新形势下人民法庭工作的若干意见》，在完善审判管理中提出“探索在小额诉讼和其他适宜的简易案件中，使用表格式、令状式、要素式等简易文书，加快审理进程”。2016 年 9 月，最高人民法院发布《关于进一步推进案件繁简分流优化司法资源配置的若干意见》，强调除复杂案件、新类型、具有指导意义的简单案件，加强说理；其他简单案件可以使用令状式、要素式、表格式等简式裁判文书，简化说理。此后，全国各地区法院以要素式裁判文书为切入点在民商事案件领域展开了要素式审判机制的改革和探索，并有所成效。

（二）要素式审判方式的表现形式

要素式裁判文书是各地区法院在进行要素式审判机制改革过程中的首要改革方式，随着审判机制改革的逐渐深入，诉讼要素表、要素式庭审、要素式争议归纳法等多种审理机制也逐渐被运用到案件审理过程中（参见表 3－3）。

表 3－3　各地区法院要素式审判机制的表现形式

	发布文件	要素式审判形式
深圳市中院	2012 年 5 月 7 日深圳市中级人民法院《关于一审民事裁判文书简化改革的若干规定（试行）》《简案快办标准化流程指引》	1. 诉讼要素表 2. 要素式裁判文书范本 3. 要素式庭审
广东省高院	《关于推行民事裁判文书改革促进办案标准化和庭审规范化的实施意见》（粤高法发〔2013〕12 号）	1. 诉讼要素表 2. 要素式裁判文书范本（一般型、插入表格型、附表格型）
浙江省高院	《关于民商事案件简式裁判文书制作指引》（浙高法〔2014〕176 号）	1. 诉讼要素表 2. 要素式裁判文书范本
江苏省高院	《金融借款合同纠纷案件要素式审判工作指引》（苏高法电〔2018〕22 号）	1. 案件要素表 2. 明确表格式、令状式、要素式判决书适用范围（无范本）
北京市高级人民法院	《北京法院速裁案件要素式审判若干规定（试行）》（京高法发〔2018〕135 号）	1. 案件情况要素表 2. 要素式裁判文书范本

1. 诉讼要素表

诉讼要素表是根据类型化案件中固定案情的基本要素进行提炼，形成的一个可以反复适用于类案审理的表格。诉讼要素表具有全面性、可视性、反复适用性等特点，其作为格式化样本，通过个案当事人的填写即能够呈现个案的基本事实（如表 3－4）。

表 3-4 A 市法院诉讼标的额在 50 万元以下买卖合同纠纷案件情况要素表

买卖合同纠纷案件情况要素表

重要声明

1. 为了帮助您更好地参加诉讼，保护您的合法权利，特发本表。

2. 本表所列各项内容都是法官查明案件事实所需要了解的，请您务必认真阅读，如实填写。

3. 由于本表的设计是针对普通买卖合同纠纷案件，其中有些项目可能与您的案件无关，对于您认为与您案件无关的项目可以填“无”或不填。对于本表中有遗漏的项目，您可以在本表中另行填写。

4. 您在本表中所填写内容属于您依法向法院陈述的重要内容，您填写的项目表副本，本院将会依法送达给其他诉讼参与人。

请填写以下内容：

一、合同效力：____（有效或无效），依据为：____。

二、签订买卖合同的时间：____年____月____日，合同约定签订买卖合同的地点：________。

三、是否约定管辖条款或管辖协议：否□，是□____。

四、合同约定买卖标的物情况、价款和价款支付方式：货物______；数量____；总价款：____，分____期支付，第____期____，第____期____，第____期____。价款支付方式为：____。

五、合同约定的交货时间：____年____月____日，交货地点：____。交货方式：____。

六、合同约定的质量标准及检验方式：否□，是□____。

七、合同约定的质量异议期限：否□，是□____。

八、合同约定的违约金计算方式：________。

九、合同约定的解除条件：________。

十、合同标的交付的相关规定（时间、地点、数量）：________。

十一、合同价款的实际支付情况：________。

十二、合同标的有无质量争议：________。

十三、违约金计算公式：________

十四、对合同约定违约金标准有无异议：________。

十五、需要说明的其他事项：________________。

请对上述内容重新核对，确认后签名。

当事人（签章）：

××××年×月×日

诉讼要素表的产生是依托于大量的类案裁判文书，旨在尽可能提炼覆盖所有可能性的要素，因此在不同的类案中可提取的要素数量和种类也是不同的，故其表现形式为一类案一表格，在民商事案件中的各方当事人所填写的诉讼要素表通常是一致的。

诉讼要素表发挥作用是基于当事人自认理论，其填写的诉讼要素表中的内容即视为其对所填内容的自认，这也是开展要素式庭审以及要素式裁判文书产生的基础，因此当事人有效填写诉讼要素表，是要素式审判发挥作用的重要前提。

2. 要素式庭审

要素式庭审是指法庭根据各方当事人庭前填写的诉讼要素表，对诉讼要素表当中无争议的部分予以确认，对争议部分按照要素进行举证质证的审理方式。要素式庭审比普通庭审的环节少，对无争议的要素部分予以简单确认后带过，着重对争议焦点问题进行审理，能够极大地提高庭审效率。例如，南京市秦淮区人民法院少年家事庭，其利用《子女抚养裁判要素审查表》，将此类案件平均庭审时间缩短 80%。①

要素式庭审以诉讼要素表为依托，其审理方式更具有条理性，对于各方当事人而言，能够清晰地看到庭审所审查的每一个焦点问题，能够看到法官心证的过程；对于法官而言，依照诉讼要素表进行审理，能够更全面地审查案件事实，防止遗漏案件争议焦点，形成类案处理的逻辑方式，这种庭审方式对于初任法官的成长也有很大裨益。

3. 要素式裁判文书

《北京市法院速裁案件要素式审判若干规定（试行）》第一条第二款规定对要素式裁判文书所下定义为："……对于某些能够概括出固定要素的案件，在撰写裁判文书时不再按照传统的裁判文书格式分开陈述原告诉称、被告辩称、本院查明和本院认为部分，而是围绕着具体的案件要素，陈述原、被告意见及列明证据和法院认定理由及依据的法律文书。"在其他法院出台的文件中对要素式裁判文书的定义基本相同。

由此可以看出，要素式裁判文书在文书模式上有所简化，以诉讼要素表所认定的基本要素为主要展现方式，法官根据案情需要选择本案所需要的要素，可以采用夹叙夹议的写作方法，对争议要素进行主要论述，也可以进行综合论述裁判理由。此种裁判文书方式能够动态展现庭审的过程，使裁判文书对当事人而言更加简洁清晰、一目了然（如表 3－5）。

---

① 赵兴武、隋文婷：《一张表格破解涉抚养权案难题》，载《人民法院报》2018 年 12 月 3 日。

表 3－5 浙江省高院发布的工伤案件通用要素式民事判决书格式范本

××××人民法院

民事判决书

（20××）××法××初字第××号

原告：×××。

委托代理人：×××。

被告：×××。

委托代理人：×××。

原告与被告……（写明理由）一案，原告于××年××月××日向法院提起诉讼，诉请：1. ……2. ……3. ……。本院受理后，依法适用××程序，于××年××月××日公开（不公开）开庭进行审理，现已审理终结。

案件相关情况

双方有争议的事项为第×项、第×项，其他事项双方无争议（有争议部分的写法可参照第七项）。

一、入职时间：____________________

二、工资标准：____________________

三、工伤保险办理情况：____________________

四、受伤时间：____________________

五、住院起止时间：____________________

六、拖欠医疗费数额：____________________

七、尚需假肢安装费用：____________________

原告主张及证据：____________________

被告答辩意见及证据：____________________

法院认定及理由：____________________

八、工伤认定情况：____________________

九、伤残等级鉴定时间：____________________

续表

十、伤残等级：________________

十一、受伤后至劳动能力鉴定前工资发放数额：________________

十二、双方解除或终止劳动关系的时间及原因：________________（填写劳动合同期满或劳动者申请辞职）；

十三、××省上年度职工月平均工资：________________

十四、需说明的其他事项：________________

十五、用人单位需支付的工伤待遇名称及数额：________________

十六、仲裁请求：________________

十七、仲裁结果：________________

裁判理由与结果

本院认为，……（综合阐述裁判理由）。依照××（法条）的规定，判决如下：

一、……；

二、……。

案件受理费××元，由××负担。

如未按本判决指定的期间履行给付金钱义务，应当依照《中华人民共和国民事诉讼法》第二百五十三条之规定，加倍支付迟延履行期间的债务利息。

如不服本判决，可在判决书送达之日起十五日内，向本院递交上诉状，并按对方当事人的人数提出副本，上诉于浙江省××市中级人民法院。

审判员（或合议庭成员）×××

××年××月××日

书记员×××

4. 其他探索创新模式

四川省高院联合成都中院、成都龙泉驿法院以及技术研发团队对道路交通事故纠纷建立了要素式审判信息化系统，该系统主要包括庭审笔录信息的抓取和自动识别、统一裁判规则、一键计算损失数额、自动生成裁判文书等[①]。该系统能够有效节约道路交通事故纠纷案件审判时间，并根据系统中录入的要素表一键生成法律文书，完整度达80%，其赔偿金额计算正确率100%，使文书制作时间大幅缩短。

（三）要素式审判方式的适用特点

各地区法院在探索适用民商事案件要素式审判时所适用的案件类型并不完全一样，但其涵盖的主要类型化案件基本一致（参见表3－6[②]）。

从表3－6中可以看出，要素式审判适用的案件类型呈现以下几个特点：

1. 案件类型化突出

表3－6　要素式审判在各地区适用的案件类型分布

	适用案件类型	适用程序
广东省	1. 劳动争议案件 2. 交通事故案件 3. 延期交房、延期办证案件 4. 涉及抚养费、赡养费案件、履行离婚协议等婚姻家事案件 5. 其他适宜用要素式裁判文书裁决的民事案件	简易程序或普通程序
浙江省	1. 劳动争议案件 2. 机动车交通事故责任纠纷案件 3. 房屋买卖合同案件 4. 涉及抚养费、赡养费、履行离婚协议等婚姻家事案件 5. 其他适宜用要素式裁判文书裁决的民商事案件	简易程序或普通程序
北京市	1. 诉讼标的额在50万元以下的买卖合同纠纷 2. 诉讼标的额在50万元以下的民间借贷纠纷 3. 信用卡纠纷 4. 金融借款纠纷 5. 追索物业费、供暖费的物业服务合同纠纷、借用势力合同纠纷 6. 机动车交通事故责任纠纷 7. 家事纠纷，包括婚姻、家庭、继承、赡养、抚养等纠纷	1. 适用速裁程序的案件 2. 多元调解不成但事实清楚、权利义务关系明确、当事人争议不大的普通民商事案件

① 曾学原、王竹：《道路交通纠纷要素式审判探索——从四川高院的改革实践出发》，载《中国应用法学》2018年第2期。

② 表格内容提取自《关于推行民事裁判文书改革促进办案标准化和庭审规范化的实施意见》（粤高法发〔2013〕12号），《关于民商事案件简式裁判文书制作指引》（浙高法〔2014〕176号），《北京法院速裁案件要素式审判若干规定（试行）》（京高法发〔2018〕135号）。

劳动争议案件、交通事故案件、家事案件等都是可以划归为明确的、细化的类型案件，其单一案件从立案阶段就有明确的指引，可以将其进行类型化划分。

2. 案件类型受案量大，样本多

适用要素式审判的案件类型都是在民商事领域中基数较为庞大，收案量较多的案件，同时，该类案件在裁判文书上已经有较多的既存判决，其涵盖同类案件可能发生的各种形式，有较大的要素样本库。

3. 要素的可提取性

适用要素式审判的案件都具备明显的要素可提取性，类型化案件的要素往往具有明显的特征①，通过个案数据的筛选，提取可以反复适用于案件审理中的要素形成要素表。要素的提取数量可根据案件类型的复杂程度来进行设置，做到既保证类案的通性又为个案的个性留下空间。

4. 适用审理程序的灵活性

要素式审判作为法官审理案件的重要帮手，并不受审理程序的限制，其只是审判机制的创新适用，并不对审判程序造成影响。简易程序可以使用要素式审判作为一种审理方式，普通程序使用要素式审判方式亦可以进一步明确案件争议焦点，加快审理进程。

二、行政审判实行要素式审判机制的理论证成

（一）行政审判特点与要素式审判理论的耦合关系

1. 理论基础的契合——当事人自认

给予要素式审判支撑的核心理论之一是当事人自认规则②，当事人通过对诉讼要素表中的内容进行填写，或对于对方填写的要素予以肯定或否定达到对其陈述内容的认可，以此作为法院审理的依据。当事人自认规则最早是在民事诉讼中确立的，是指当事人对其不利事实予以承认的声明或者表示。而后出台的《最高人民法院关于行政诉讼证据若干问题的规定》对此项规则也有描述（见表3－7）。

---

① 如机动车交通事故责任纠纷案件审理要素包括：事故发生概况、责任划分、车辆情况；受害人伤情、病休、伤残鉴定情况；已赔偿情况等。

② 林遥：《民商事类型化案件要素式审判机制研究——以C市法院民事庭审优质化改革情况为样本分析》，载《法律适用》2018年第15期。

表 3－7　民事诉讼与行政诉讼中自认规则的比较

	民事诉讼	行政诉讼
规定的文件条款	《最高人民法院关于民事诉讼证据的若干规定》（法释〔2001〕33 号）第八条 《最高人民法院关于适用〈中华人民共和国民事诉讼法〉的解释》第九十二条	《最高人民法院关于行政诉讼证据若干问题的规定》（法释〔2002〕21 号）第六十五条、第六十六条、第六十七条
自认的阶段	诉讼中	庭审中
自认的方式	明示的自认　默示的自认	明示的自认
除外条款	涉及身份关系的案件排除在自认范围之外	未规定（行政诉讼审查的是被诉行为的合法性，不产生对身份关系的直接确认或变更）
代理人承认的效力	代理人在其权限内所作的承认有证据上的约束力	在代理权限范围之内代理人承认构成自认（但有相反证据足以推翻的除外）

从表 3－7 中可以看出，《最高人民法院关于行政诉讼证据若干问题的规定》对当事人庭审自认行为予以肯定，且诉讼要素表是在庭审过程中主要开展的依据，法官亦会对要素表上的内容在开庭时予以确认。由此可以认定的是，首先，对于行政行为的相对人而言，其在诉讼要素表中对行政行为相关要素进行认可的行为可以作为认定相关事实的依据。其次，行政诉讼是审查被诉行政行为合法性的问题，由行政机关对被诉具体行政行为合法性承担举证责任，因此在行政诉讼上的自认是一种法律行为，它能够作为一种证据或证据方法使用①，于被告而言，其自认则意味着对作出相关行政行为合法性的阐述论证。需要说明的是，法院审查行政行为的合法性，不以原告方的认可而改变审查的认定，即原告方对被诉行为某些方面不持异议，但经法庭审查认定其违法，那么即使原告方对此方面认可也不影响法庭对其违法性的认定。综上所述，要素式审判在行政诉讼领域的开展是契合其理论基础的。

2. 两造恒定的裨益

两造恒定意味着行政诉讼中的诉讼主体地位一定是“民告官”，所审查的一定是被诉行政行为的合法性。那么在这种情况下，一方面，审查的被诉行政行为模式是固定存在的，对其合法性的标准也是具有统一基础性标准的，具备一定的稳定性；另一方面，行政诉讼的一方主体一定是可以明确且固定存在的，方便诉讼要素表的发放以及保证一方有效的填写。

① 蔡小雪：《行政诉讼自认规则的理论与适用》，载《法律适用（国家法官学院学报）》2002 年第 12 期。

因为诉讼要素表在要素式审判中起到至关重要的作用，其是要素式庭审的核心，是要素式裁判文书的框架，那么其在审判活动中发挥的效用越大，则带来的效果越好。而行政诉讼两造恒定则为诉讼要素表的运用起到了很大的推动作用。

3. 要素的可提取性高——行政行为合法性及类案审查

（1）行政诉讼审查的是行政行为的合法性

行政诉讼主要是对行政行为的合法性进行审查，合法性审查主要包括对程序要件的审查和实体要件的审查。审查行政行为是否符合程序要件，包括行政机关是否具备法定的职责权限、作出的行政行为是否遵循了法定的步骤和程序等；审查行政行为是否符合实体要件，包括作出行政行为所依据的事实是否清楚、证据是否充分、内容是否合法适当等，而这些细化的审查要件便可以提取为要素。

在行政案件中，实体法律规制的具体内容亦为要素的提取提供了便利。行政案件审查内容一般情况下都有明确的法律依据作为支撑，为要素的可提取性增加了选择条件。通常情况下进入实体审理阶段的行政案件都有明确的被诉行政行为存在，其都有对应的实体法律规制标准，可提取的要素存在明确的依托。人民法院在对这些行为进行审查时，对其是否合法的衡量标准为行政实体法上的明文规定，那么在这种情况下，审查的要素可以从单一案件的被诉行政行为中提取，也可以从法律规制的具体内容中进行提取，这样提取汇总的要素表亦可以反作用于被诉行政行为的审查。

（2）类型化案件可形成固定审理思路

由于行政行为被明确进行了细致的分类，因此，在行政案件审理的过程中，被起诉的行为也被细致分类，并明显地进入具体的案件类型中（如图 3－8①）。

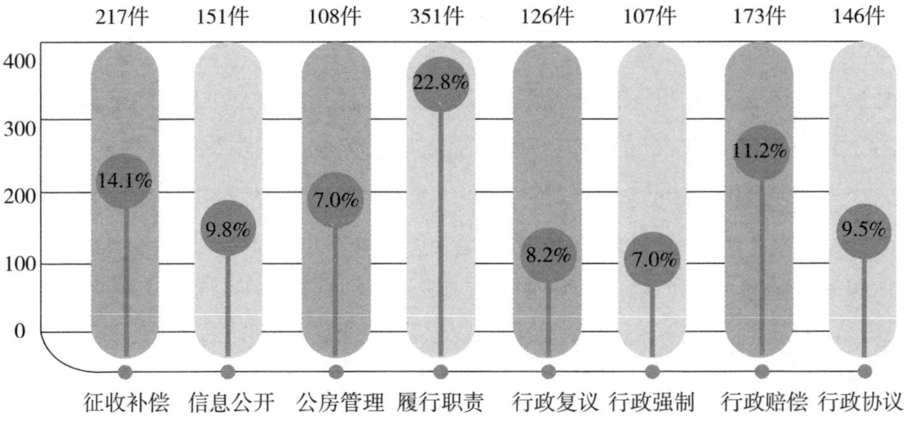

图 3－8　2018 年 B 市某中级法院一审行政案件主要类型分布

① 图 3－8 中数据摘自《2018 年度 B 市某中级人民法院司法审查报告》。

在这种情况下，法官在审理某些特定类型的案件过程中，就会形成固定的类案审理思路，其也为要素的提取提供了很大的便利。法官审查行政行为的合法性时所考虑的因素会因某类型的案件特有的因素而受影响，其所审查的要素也就会固定化，如在审理征收补偿类案件中，对征收补偿决定的公示、评估行为、评估机构的资质、送达行为、报请作出征补决定的请示等要素是审查每一份征收补偿决定时均要考虑的要素。那么法官在审理这种类型的案件时就会形成类案审理思路，而将这些思路进行提取，即成为这类案件的一个固定审查要素，形成的这份要素表对今后案件的审理亦能起到指引性作用。

（二）要素式审判机制对行政审判的正向作用

1. 要素式审判机制对民事诉讼的正向作用同样作用于行政诉讼

在民事审判中，适用要素式审判机制对其有正向作用，包括但不限于：提升诉讼效率（庭审效率＋结案效率）、促进庭审改革和文书改革、指引当事人有效开展诉讼行为①。那么在行政诉讼中，要素式审判机制对民事诉讼的正向作用同样发挥。

首先，适用要素式审判机制可以提升类案的审判效率。行政诉讼中的类案有相对简单的信息公开案件，也有复杂的征收征补案件，但无论是哪种，适用要素式审判方法都能够让审判人员在审理过程中依照要素表进行审理，对争议焦点着重审理，有利于快捷推动庭审，简化裁判文书制作，从而缩短审理期限。

其次，适用要素式审判机制能够有效地完善庭前机制，庭前当事人对诉讼要素表的填写能够有效地推进庭审，而将这一部分内容提取至庭前阶段，更能够锻炼法官助理的能力。同时，适用要素式裁判文书，在减少对无争议问题论述的同时，也能够加强对焦点问题进行论述，提高文书的制作水平，增强行政案件裁判文书的阅读效率。

最后，要素式审判机制能够有效提升当事人对行政案件的诉讼能力以及理解度。由于行政诉讼是对被诉行政行为合法性进行审查，它涉及行政执法主体资格、行政程序、滥用职权等问题，而在诉讼中很多原告及律师对行政诉讼的审查内容并不熟悉、不明白，对有些证据与其诉讼请求之间有何种利害关系都难以分清，而借助诉讼要素表，可以有效地向原告方展示法院所审查其起诉的被诉行为所考虑的要素有哪些，最直观地向其展现诉讼内容，从而提高其应诉水平，使当事人对所判内容更为清晰、明了，也有助于当事人对行政判决的息诉服判。

---

① 林遥：《民商事类型化案件要素式审判机制研究——以C市法院民事庭审优质化改革情况为样本分析》，载《法律适用》2018年第15期。

2. 适用要素式审判有助于督促行政机关依法行政

法官在适用要素式审判方式时，能够借助要素表对被诉行政行为的合法性进行全面的审查，防止遗项漏项。而在这个过程中，行政机关作为一方当事人，通过填写诉讼要素表并根据诉讼要素表进行应诉活动，有助于其审查自身作出行政行为的合法性。从理论上而言，行政机关作出行政行为应该按照法律的规定，即法无授权即禁止，但正是因为一些行政机关在作出行政行为时的法制意识不够强，导致其出现了违法事项，一方面，法院的判决能够对行政行为的合法性进行论证释明；另一方面，通过要素式审判的诉讼活动，也能够让行政机关对自身行为进行法律的对照检查，从而督促行政机关依法行政，促进法治政府的建设。

三、要素式审判机制在行政审判中的建构

（一）明确要素式审判机制适用目的

在民商事审判中，适用要素式审判方式的主要目的是简化审理流程，提高审判效率，实现简案快审。笔者认为，在行政审判中，其适用目的除提高审判效率外，还应将保障对行政行为的全面审查加入在内，其既是此审判模式的适用目的，也是此审判模式的适用意义。

（二）确认要素式审判机制在行政审判中的适用范围

行政审判中适用要素式审判审理的案件应为有明确的行为指向、行为载体的行政作为类案件。

1. 从审判方式上而言，予以裁定驳回起诉的案件不宜适用要素式审判方式

在行政审判中，通常情况下予以裁定驳回起诉的案件是不符合法定起诉条件的案件，其并未进入实体审理阶段。这些案件的情况是各不相同的，因此法官需要在个案中发现其不符合起诉条件的具体因素，在既有审查起诉条件的框架下进行判断。换言之，行政法规定的几项起诉条件可以将其视为更为概括性的审查要素，其在行政案件的审查过程中具有普适性，故而不需要另辟蹊径再设要素进行审查。而我们所要设定的要素审查，则需要更细致一些，使其在类案中具有普适性。

2. 从审查阶段来看，在立案时能明确具体案由、行为指向的案件适宜适用要素式审判方式

在立案阶段，法官对当事人的起诉进行形式上的审查，此时会对案件的类型进行初步的判断，那么通常情况下，有明确具体行为存在的案件可以对应明确的案由，那么这种案件可以很容易地进行归类识别，因此宜适用要素式审判方式，此种判断方式有利于从立案阶段识别出适用要素审判方式的案件。

3. 从案由类型化而言，可以明确行政主体的作为类案件适宜适用要素式审判方式

根据《最高人民法院关于规范行政案件案由的通知》（法发〔2004〕2 号）对行政诉讼案由的分类，作为类案件、不作为类案件、行政赔偿类案件中宜适用要素式审判方式的案件应该被包含于作为类案件中。因为不作为类的案件原告起诉时的要求通常表现为“诉××机关不履行××法定职责”，那么在这种情况下，法官需要对该机关是否具有其被诉法定职责进行审查，尽管有履责类案件的审理思路，但由于各机关的履责内容和方式均不相同，法院在审查此类履责类案件时并不具备可以细化模式化审查的具体要素，因此，此类案件不适用履责类案件。同理，行政赔偿类案件也是由于个案与个案之间的明显特殊性使其并不能有效地提出可重复适用要素，故其也不适用要素式审判方式。

那么在作为类案件中，只有具有明确的无争议的行政机关作出的行政管理行为适用要素式审判方式。因为如果原告起诉了某机关的作为类行为，但却没有足够的证据证明是该机关作出的，那么其仍停留在审查起诉条件阶段，故应被排除在外。此外，行政复议作为一种救济类的手段，其审查内容根据原行为的变化而变化，除程序上的规定外，没有可以共同适用的要素，那么由此产生的案件也不应适用要素式审判方式①。

4. 综合考虑案件的受案数量确定适用要素式审判机制的类案

在确定适用要素式审判机制的类案类型时，要以受案数量多的案件为切入点和主要适用对象，首先，受案数量较多的类案是我们急需提高审判质效的案件类型；其次，正是因为其受案数量多，其在类案中产生的既有判决的样本量就足够大，那么就为该类案件的要素提取提供相对较全的样本库，可以尽可能地保证样本库的完整性。

（三）建立行政审判类型化案件的要素提取模式

1. 法律法规规章提取模式与案例提取模式

（1）法律法规规章提取模式产生地域性区别

对于行政机关而言，其在行使公权力时应遵循“法无授权即禁止”的原则。那么法律法规就是衡量行政机关作出行政行为是否合法的基本标杆。因此，从法律条文中提取法官所审查的要素是最为基础和标准的。从法律条文中提取类案要素时应注意的是，由于行政法规的特殊性，各地区会根据各地区的具体情况在不抵触上位法的情况下进行更为细致的规定，出台地域性的行政规章、规范性文件，而各地域的行

① 复议维持类的案件应除外，因为法院本质上审查的是原行为，但能否适用要素式审判方式也应看原行为是否可以适用要素式审判方式。

政机关在作出行政行为时也会以此为依据，因此，在提取要素时也应当将其作为参考的依据。而由此产生的直接影响就是，各地区的某同类型化案件在适用某些相同要素审查时的要点会不尽相同或者会产生不同的要素点，故而以法律法规提取模式提取要素时，以地区为单位，出台分别适用各地区的类案诉讼要素表较为合理。

（2）案例提取模式有普遍适用性

诉讼要素的提炼应当以类案的案例为基础。由于行政机关在作出同类行政行为时也会因为具体的情况而产生不同的效果，故而其可能发生的各种情形会在案例中得到具体的体现。因此，丰富的案例库仍然是要素提取所依据的主要素材，其提取的要素对于类案也会产生普遍适用性。

2. 程序要素与实体要素分离模式

在要素式审判中可以根据法院审查行政诉讼的方式适当将要审查的要素进行分离，即程序要素和实体要素。以要审查的具体行政行为的程序要求作为程序要素，如在信息公开案件中相对人申请的时间，行政机关作出登记回执的时间，答复告知书作出的时间以及是否送达等。以要审查作出的行政行为的实体内容作为实体要素进行分开审查，主要包括作出行政行为认定的事实和依据的法律。由此，可以对案件的待审查因素作出更为细致的划分，节省审查时间，提高审判效率。

（四）在行政审判中要素式庭审的展开和要素式裁判文书的制作

1. 完善要素式庭审的准备工作——诉讼要素表和要素式庭审提纲

为保障要素式庭审的高效进行，庭前指导当事人有效填写诉讼要素表则是最为重要的。正如上文所述，行政审判适用要素式审判的类案均为进入实体审理阶段、由明确的无争议的行政机关作出的行政管理类案件，所以，诉讼要素表是围绕被诉行政行为的合法性进行展开的，因此，主要由被告方行政机关进行填写。考虑到行政机关的举证义务，此诉讼要素表可以在行政机关举证期限届满后进行邮寄送达，并要求其进行填写，在填写的诉讼要素后方索引至其已提交的具体某项证据，在填写完毕后，法官助理可在庭前将诉讼要素表的副本送达给原告，让其对行政机关进行填写的内容表示认可或不认可，以此来整理争议的焦点问题，准备庭审（如附件1 政府信息公开案件诉讼要素表）。

与诉讼要素表配备的就是要素式庭审提纲，其提纲内容应当与诉讼要素表的内容相吻合，这样的准备一方面有利于庭审的记录，另一方面为裁判文书的制作厘清思路。

2. 要素式庭审根据诉讼要素表进行展开

适用要素式审判方式的行政案件围绕诉讼要素表进行展开，需要法官先对双方无争议之事实进行确认，即对行政行为作出过程中的哪一部分内容是予以认可的，而后，围绕双方争议之要素进行双方审查，为提高效率，此环节仍需采取质辩合一，由于仍是对行政行为的合法性进行审查，且被告在其所填要素部分已指向其提交的证据，若原告对此有异议的，仍需举证证明。如此，可以省略一些双方重复举证证明相同事实的环节。

3. 行政案件要素式裁判文书的制作

行政审判要素式裁判文书的制作应结合民商式要素式裁判文书和行政判决书的特点进行综合考量。

其一，应保留的部分，包括当事人信息、案由、受案经过、被诉行为内容。

其二，改进的内容，包括当事人的诉称、辩称，认定的事实和本院认为部分。要素式裁判文书旨在突出争议焦点部分，那么其可以在原告诉称部分列明其诉讼请求；接下文列明双方无争议且本院查明属实之要素部分，对无争议部分分别述明三方意见；后文分述争议要素部分原被告双方的观点以及本院认定的观点和依据，此种夹叙夹议的撰写方式，避免在原被告诉称和经审理查明、本院认为部分重复叙写被诉行为的内容，亦有助于原、被告对法院释法析理过程有了一个明确的认识，提高审判文书的说理程度，让行政诉讼的双方当事人更易于理解、接受判决。

其三，此种方式也有助于二审法官进行审理。上述要素式裁判文书的简写更突出了审理焦点，有助于引导二审法院引导当事人明确其不服一审判决的具体哪些要素，并可以在一审文书之思路上进行二审文书的撰写，即对上诉人的主要不服要素点进行明确上诉人、被上诉人、一审法院的意见，并论述二审法院观点。

综上所述，行政审判要素式审判操作流程可以如图 3－9 模式进行开展：

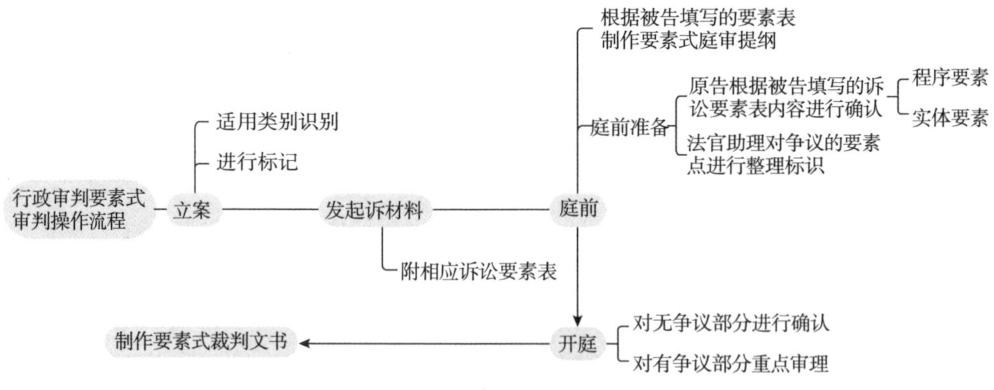

图 3－9　行政审判要素式审判操作流程图

结语

在提高行政诉讼案件审判质效的大环境下，促进行政审判机制改革是大势所趋，民商事案件要素式审判机制已经为行政审判提供了良好的改进思路，那么在此基础上，融合行政审判的特点进行探索，必定能建立出适合行政审判的要素式审理机制，从而做到促进行政审判效率与质量的提高，努力做到使行政诉讼当事人服判息诉。

附件 1：

B 市×××人民法院
政府信息公开案件诉讼要素表（被告）

填写提示

1. 为了帮助各方当事人更好地参加诉讼，保护各方的合法权益，全面审查行政行为，特发本表。

2. 本表所列各项内容都是法院查明案件事实所需，请您务必认真阅读，如实填写。

3. 由于本表针对所有政府信息公开案件，其中有些项目可能与您的案件不符，您可以填写“无”；对于本表中未列项目，而您认为需向法院陈述的，可在本表“其他补充内容”中填写。

4. 行政机关在本表中所填内容属于依法向法院陈述的重要内容，法院将会把本表的副本依法送达给原告和第三人。

一、申请公开的信息内容：______________________________

____。

二、程序要素：

要素名称		证据指引
申请方式：	当面 □ 邮件□ 邮寄□ 其他	
申请日期：	年　月　日	
受理日期：	年　月　日	
受理机关：		
是否出具登记回执：	是 □（日期：　） 否 □	
作出告知书日期：	年　月　日	
送达方式：	当面送达 □　日期： 邮寄送达 □　交邮日期： 签收日期： 邮单编号：	

续表

要素名称		证据指引
是否延期:	是 □ 作出延期通知日期: 送达日期和方式: 否 □	
其他补充内容:		

三、实体要素:

1. 答复内容:信息不存在/未制作/未保存

要素名称		证据指引
适用法律依据:		
查询方式:	内部查询 □:查询部门: 结果: 外部查询 □:查询部门: 结果:	
其他补充内容:		

2. 答复内容:属于内部信息

要素名称		证据指引
适用法律依据:		
主要理由:		
其他补充内容:		

3. 答复内容:已经主动公开的、可以公开的

要素名称		证据指引
公开时间:		
获取方式:		
获取途径:		

4. 答复内容:不属于本行政机关负责公开的

要素名称		证据指引
适用法律依据:		
主要理由:		
是否能够确定负责公开该政府信息的行政机关:	是 □ 行政机关名称: 行政机关联系方式: 否 □	

5. 答复内容：重复申请公开相同政府信息的

本次申请内容：		证据指引
重复申请：	申请内容： 作出的告知书文号： 告知书的答复内容：	
主要理由：		

（撰写人：孙嘉琳）

5

试论行政诉讼繁简分流机制

近年来，随着司法改革的深入发展，法院收案大幅增长，诉讼压力逐年增大。行政诉讼法施行以来，“民告官”的理念日益深入人心，人民群众的法治观念和维权意识逐步加强，行政诉讼案件数量上升的趋势十分明显。特别是2014年《中共中央关于全面推进依法治国若干重大问题的决定》的通过，为法治建设的推进迈出了重要的一步，法治建设的深入发展所带来的新机遇，也对法院的审判提出了更高的要求。为更好地应对新形势、新情况，需要我们针对新的问题，在前行中不断探索、总结，积极建立新颖、具体、可操作性强的审判机制，丰富和发展审判规则，支持、配合法治建设的全面推进。

一、目前行政诉讼面临的形势及问题

1. 2014年修改后的《行政诉讼法》实施后行政案件收案数量的问题

（1）2014年修改后的《行政诉讼法》实施后行政案件数量大幅上升

根据A市高级人民法院统计，2014年，A市法院一共受理行政诉讼案件21483件，而2013年的收案数量为10441件，增长了105.8%。全国已经立案的民告官案件，也只占向法院提出解决的争议的30%左右，甚至更低，立案难已成为民告官三大顽疾之一。2014年11月1日，第十二届全国人民代表大会常务委员会第十一次会议作出《全国人民代表大会常务委员会关于修改〈中华人民共和国行政诉讼法〉的决定》，2014年《行政诉讼法》全文是在1989年《行政诉讼法》基础上进行的首次大修改，已经于2015年5月1日起实施。《行政诉讼法》全文共十章一百零三条，规定了行政诉讼的受案范围，管辖划分，诉讼参加人的权利义务，证据规定，起诉和受理等内容，其亮点之一就是将立案审查制改为登记制，明显降低了行政诉讼立案门槛。我国公民势必对修改后的《行政诉讼法》抱有极大的期待，随之而来的行政案件数量大幅上升也就成为必然。

（2）审理跨行政区划行政案件人民法院收案数量明显上升

2014年中央作出决定，最高人民法院设立巡回法庭，审理跨行政区域重大行政案件和民商事案件。探索设立跨行政区划的人民法院和人民检察院，办理跨地区案件。完善行政诉讼体制机制，合理调整行政诉讼案件管辖制度，切实解决行政诉讼"立案难""审理难""执行难"等突出问题。①

作为本市第一批整建制改革试点法院，A市B法院肩负着探索符合审判工作规律的司法改革模式的重要使命，于2014年12月30日正式挂牌成立，受理以A市区、县政府为被告的行政案件。2015年，该院共受理行政、民事、刑事、执行等各类案件1893件，其中以区政府为被告的一审行政案件1397件，占全院收案总数的73.8%，是2014年A市法院受理的该类案件总数216件的近7倍，占2015年A市各中级法院受理一审行政案件（不包括A市知识产权法院受理的知识产权行政案件）总数的54.27%。该院严格执行《行政诉讼法》，在受理的1397件一审行政案件中，于2014年修改后的《行政诉讼法》2015年5月1日实施前受理的有334件，占23.91%；2014年修改后的《行政诉讼法》实施后受理的有1063件，占76.09%。行政案件数量大幅上升既反映出落实立案登记制取得了明显的成效，也反映出作为跨行政区划法院在摆脱地方保护和行政干预方面取得了积极的进展，行政诉讼救济渠道也更加畅通。

2. 2014年修改后的《行政诉讼法》实施后起诉情况的问题

2014年修改后的《行政诉讼法》全文共十章一百零三条，规定了行政诉讼的受案范围，管辖划分，诉讼参加人的权利义务，证据规定，起诉和受理等内容。由于立案难的问题已经十分紧迫，故修改后的《行政诉讼法》对此采取的措施尤其凌厉，其亮点之一就是将立案审查制改为登记制，降低了行政诉讼立案门槛。针对立案难的问题，2014年修订《行政诉讼法》的工作将其作为重点之一作出了针对性的规定。对于法官在立案环节刁难起诉人的言行将受到查处，并且有一系列的配套规定以保证公民的诉权。立案环节的公正，对于所有提起行政诉讼的公民、法人和其他组织建立对行政诉讼制度的信心有重大意义。2014年《行政诉讼法》修改后

---

① 《关于全面推进依法治国若干重大问题的决定》，载《人民日报》2014年10月29日。

新增加第五十条第二款："书写起诉状确有困难的，可以口头起诉，由人民法院记入笔录，出具注明日期的书面凭证，并告知对方当事人。"我国的法律传统自古以来是"官法一体"，历史上行政长官即为司法长官，司法权与行政权不分，没有司法权制约行政权的意识和概念；司法权监督制约行政权尚处于早期阶段。目前，司法的权威性还不够高，社会对诉讼的态度还不尽认可，使得法院面临着大量起诉书书写不规范、起诉事实不明确、诉讼请求不合理，和其他不符合条件的起诉进入审判程序的情况。对此，如不加以甄别和区分，统统纳入审判程序，势必造成：(1)海量起诉不规范的行政案件涌入审判程序，使本已非常紧张的有限的司法资源疲于应付，甚至陷入崩溃，白白耗尽了有限司法资源；(2) 导致相对明确的行政争议得不到应有和及时的司法审查，从而使相对人的权益得不到司法保障和救济。这是摆在我们面前亟待解决的十分紧迫的问题。

3. 法官面临的工作压力以及对司法资源的占用

根据《行政诉讼法》的规定，人民法院适用普通程序审理行政案件。即由三名审判员或审判员、陪审员组成合议庭进行审理。目前，由于我院成立伊始，有些工作尚处在紧张有序的建设阶段，其中就包括陪审员工作制度的建设，在该项工作完成之前，合议庭全部由审判员组成，审判长由主审法官担任。这样，法官就会面临巨大的工作压力。

首先，作为自己承办案件的主审法官，要完成案件的审判任务，从撰写阅卷笔录、确认案件争议焦点，到制作庭审提纲、开庭审理，再到撰写审理报告，法律文书，完成案件的审理，并在结案后对案件承担主要责任。

其次，还要参加担任合议庭组成人员案件的审理工作。参加案件的开庭审理、开庭后对案件进行评议，进而提出自己的处理意见。主审法官制作法律文书后，对照案卷材料校核文书，并在结案后对案件承担相应责任。这样一来，以一个合议庭为例，每一名组成人员的工作量都是本身承担审判任务的三倍。

作为跨行政区划的改革试点法院，B 法院的法官除完成审判任务外，还肩负着摸索与法官助理的工作协调经验、与行政机关积极进行互动交流、探索总结改革经验、对改革带来的新课题及时进行调研、宣传取得的宝贵成果等新任务。这些工作都需花费大量的时间和精力，因此如何解决十分有限的司法资源的问题，已经成为亟待解决的问题之一。

二、构建行政诉讼快速审判机制是必然选择

1. 构建行政诉讼快速审判机制是否存在法律上的障碍

有的观点认为：简易程序只能由基层人民法院或其派出法庭在第一审程序中适

用，因为按照《行政诉讼法》关于级别管辖的规定，基层人民法院管辖的案件，案情简单，事实清楚，法律关系明确。中级以上人民法院管辖的案件，案情一般比较复杂、重大或影响较大，或被告级别较高，对这类案件必须审慎，不具备适用简易程序的条件。

但是，首先，《行政诉讼法》第八十二条规定，“人民法院审理下列第一审行政案件，认为事实清楚、权利义务关系明确、争议不大的，可以适用简易程序……”并未规定“基层人民法院审理下列第一审行政案件……”其次，根据《关于全面推进依法治国若干重大问题的决定》中关于“……探索设立跨行政区划的人民法院和人民检察院，办理跨地区案件……”的规定，成立的跨行政区划的A市第四中级人民法院，办理A市各区县政府为被告的行政案件，承担了大量一审行政案件。工作中，必须对上述案件进行甄别审查，将大量不符合条件的案件从需要进行实体审理的案件中分流出来，达到节约资源的目的。

因此，构建行政诉讼快速裁判机制不存在理论和实践上的障碍。

2. 行政诉讼快速裁判机制应运而生，成为必然选择

王名扬认为，“由于诉讼形式的限制，法院在进行司法审查时，必须花费大量时间进行诉讼形式的辩论，相应地减少了实际审查争议的时间。这种重视形式主义的制度，很难适应当代行政诉讼大量增加的社会。从实用的观点看，司法审查的诉讼形式越简单，越便于公民的起诉和法院对行政活动的监督”①。笔者认为，这是大势所趋，推行快速裁判正是顺应这一趋势之作，而推行快速裁判的价值取向在于，提高诉讼效益，节约司法资源，实现公正与效率的统一。追求司法公正和效率成为推动行政诉讼快速裁判程序建立的重要原因。美国法官波斯纳说过，“正义的第二种含义，简单地说，就是效益”②。这就需要设计方便快捷的审判程序，建立完整的配套制度，适应多元化化解行政纠纷的发展趋势，真正做到繁简分流，减小目前行政审判面临的巨大压力，使法官的时间和精力能够集中到最需要的地方，最大限度地发挥司法资源的效能。

3. 审理简易案件成果的借鉴意义

2014年修改后的《行政诉讼法》实施的2个月内，B法院共采用行政简易程序审理案件40余件，在减轻诉累和司法资源方面取得了很好的效果。首先，大幅缩短了办案时间，减少了当事人诉累。案件办理期限从原来的3个月缩减到最多45天，实际时间一般都在30天左右。当事人往返法院的次数从原来的5次以上，减

---

① 王名扬：《美国行政法（下）》，中国法制出版社2005年版，第583页。

② ［美］波斯纳：《法律的经济分析（下）》，中国大百科全书出版社1987年版，第549页。

少到 3 次以下，如当庭宣判，更可以减少往返次数，只需 2 次即可，达到了方便快捷的社会效果。其次，大幅节省了主审法官作为合议庭成员参加案件公开审理、评议等时间。按照普通程序，每起案件均由 3 名法官组成合议庭，作为合议庭其他成员的法官，除办理自己承办案的件外，还需花费大量时间和精力在合议的案件上，对此，法官们深有同感。现在，法官们的时间和精力已经得到了一定程度的解放，快速裁判程序如能尽快实施，这一问题将能得到更好地解决。

三、具体规则

为保障公民、法人和其他组织的合法权益，提高诉讼效益，节约司法资源，追求公正与效率的统一，真正做到繁简分流，快捷高效审理简易行政案件，最大限度地发挥司法资源的效能，本着简案快审的原则，根据《行政诉讼法》及其他有关法律、司法解释的规定，B 法院制定了行政诉讼简易程序、速裁程序运行管理办法。具体内容如下：

第一章　审判组织

第一条　A 市 B 法院行政审判庭根据《中华人民共和国行政诉讼法》中关于简易程序的规定，审理行政诉讼简易案件。

第二条　行政诉讼简易案件采用独任制进行审理，包括 1 名主审法官，配备 1 名法官助理、1 名书记员。

第二章　适用范围

第三条　下列案件凡事实清楚、权利义务关系明确、争议不大的，适用简易程序审理：

（一）政府信息公开案件；

（二）起诉复议不予受理决定或复议驳回决定，且当事人同意适用简易程序的；

（三）当事人同意适用简易程序审理的其他事实清楚、权利义务关系明确、争议不大的案件。

第四条　下列案件不适用简易程序审理：

（一）发回重审、按照审判监督程序再审的案件；

（二）经复议的案件；作出原行为的行政机关与复议机关为共同被告的；

（三）要求对行政行为所依据的国务院部门和地方人民政府及其部门制定的规范性文件一并进行审查的；

（四）涉及行政许可、登记、征收、征用和行政机关对民事争议所作的裁决的案件中，当事人申请一并解决相关民事争议的；

（五）当事人查无下落，难以取得联系的；

（六）事实争议较大、案情复杂的；

（七）当事人一方人数众多的；

（八）其他不适宜适用简易程序审理的。

第三章 应诉及传唤

第五条 适用简易程序审理的案件，法官助理收案后3日内制作《简易程序告知书》并送达各方当事人；送达起诉书和答辩状时要求各方当事人填写法律文书邮寄申请书、送达地址确认书，确认送达地址和送达方式。

第六条 被告应当在收到起诉状副本或者口头起诉笔录副本之日起15日内提交答辩状及证据，可以建议被告在答辩期届满前提交答辩状和证据。被告不答辩的，不影响法院对案件的审理。

第七条 适用简易程序审理的案件分案后，承办人应通知被诉机关应诉。被告的答辩状采用表格式，填写必要事项，经法院审核后即可。必要内容应包含：具体行为作出的时间、相对人姓名、主要内容、法律依据、送达情况、需要说明的其他情况等，加盖机关公章。被告不答辩的，不影响法院对案件的审理。

第八条 适用简易程序审理的案件组织当事人进行证据交换的，起诉、答辩材料和证据交换应一次完成。

第九条 应使用传票传唤当事人，当事人同意的，也可使用录音电话、传真方式等简便方式进行。

第四章 庭审程序

第十条 案件开庭审理前由法官助理核对当事人情况，询问当事人是否回避。庭审中不要求宣读起诉状、答辩状及行政行为内容。独任审判员可以根据庭前阅卷及当事人的当庭诉辩意见，总结争议焦点，并征求当事人意见。

第十一条 法庭审查采用质辩合一的方式，对当事人双方没有争议的事实及证据，省略当事人陈述和质证环节，径行确认其诉讼效力；当事人只需就事实和法律适用方面的分歧进行举证和辩论。

第十二条 独任审判员应及时制止当事人与案件争议焦点无关的陈述，可归纳当事人的诉讼意见要点，并由当事人确认。庭审结束前由各方当事人进行最后陈述，明确各自的诉讼态度和最终意见。

第十三条 适用简易程序审理的案件，应当一次开庭审结，但确有必要再次开庭的除外。独任审判员可以视情况决定是否当庭宣判。

第十四条 适用简易程序审理的案件，审理全程均可组织各方当事人进行调解，调解成功的以原告主动撤诉或出具调解书的方式结案。

第五章　裁判文书及送达

第十五条　裁判文书采用表格制填充式，填写当事人双方的姓名及其基本情况、双方争议的内容、裁判理由和依据以及裁判结果，最后加盖法院的印章。

第十六条　公开审理后应当及时制作裁判文书并送达当事人，不能当时制作、送达当事人的，可采用邮寄的方式送达。

第六章　审理程序的转换

第十七条　简易程序案件办理过程中，发现案件不宜适用简易程序、在简易程序审理期限内无法审结的，应当裁定将案件转为普通程序审理，决定由简易程序转为普通程序的，裁定书应当于立案之日起45日内送达各方当事人。

第十八条　简易程序案件办理期限为立案之日起45日。

第七章　保障机制

第十九条　实行定期通报和研讨制度。应建立共享文件平台，及时搜集简易案件裁判文书，公布类型化、典型案件的审判要点和审理标准，供法官办案参考。统一裁判尺度和法律适用标准，保证案件质量。

第二十条　在简易程序案件办理过程中，遇需明确裁判标准、统一裁判尺度等特殊情况的，主审法官或法官助理可以申请召开法官会议，供法官办案参考。

第八章　快速裁判程序

第二十一条　经审查认为可以裁定驳回原告起诉的案件，按照快速裁判模式，审理行政案件。

第二十二条　不适用简易程序的行政案件，但属于速裁程序适用范围的，主审法官可以委托法官助理进行审查并提出初步处理建议；由主审法官确定合议庭组成人员，合议庭对案件进行评议后，委托法官助理制作法律文书。

第二十三条　下列案件适用速裁程序审理：

（一）不符合行政诉讼法第四十九条规定的；

（二）超过法定起诉期限且无正当理由的；

（三）错列被告且拒绝变更的；

（四）未按照法律规定由法定代理人、指定代理人、代表人为诉讼行为的；

（五）未按照法律、法规规定先向行政机关申请复议的；

（六）重复起诉的；

（七）撤回起诉后无正当理由再行起诉的；

（八）行政行为对其合法权益明显不产生实际影响的；

（九）诉讼标的已为生效裁判所羁束的；

（十）不符合其他法定起诉条件的。

第二十四条　适用速裁程序审理的案件，法官助理应立即通知原告到庭谈话。谈话内容应首先询问原告主要争议及诉求；其次向原告指明存在的问题并释明相关法律规定；在此基础上告知相应的处理结果并听取原告的申辩。

第二十五条　适用速裁程序办理案件采取与原告单方谈话的方式审理。应使用传票传唤当事人到庭谈话，当事人同意的，也可使用录音电话、传真方式等简便方式进行。

第二十六条　法官助理应在送达起诉状和答辩状时要求各方当事人填写法律文书邮寄送达申请书、送达地址确认书，确认送达地址和送达方式。

第二十七条　被告应当在收到起诉状副本或者口头起诉笔录副本之日起 15 日内提交答辩状及证据。

第二十八条　速裁程序办理案件中发现不适用速裁程序的，应转为普通程序，由速裁主审法官承办审理。

第二十九条　经审查认为可以裁定驳回原告起诉的案件，其他未尽程序按照适用简易程序审理的规定执行。

第三十条　适用速裁程序办理的案件，各个环节的流程纳入审判质量考核范围。

第三十一条　速裁案件办理期限为立案之日起 30 日。

四、推进行政诉讼快速审判机制需要的保障和支持

1. 制约机制是快速审判案件质量的保障

主审法官由综合素质高、审判经验丰富的法官担任。如何保障快速审判案件的质量，如何保障对快速审判案件的制约，是必须考虑的问题。故特作如下规定，第一，快速审判组主审法官由庭长指派综合素质较高，审判经验较为丰富的法官轮流担任，每届任期为两年；第二，主审法官或法官助理在任期内发生两起以上被改判发回案件情况的、不良记录累计达到三次以上的，主审法官或法官助理由庭长另行指派或授权；第三，快速审判模式案件办理过程中，遇需明确裁判标准、统一裁判尺度等特殊情况的，主审法官或法官助理可以申请召开法官会议，法官会议统一的结论意见供主审法官参考；第四，快速审判模式审理过程中，发现案件不宜适用速裁程序和简易程序的，报庭长批准后，裁定转为普通程序；第五，庭长在接到快速审判程序案件转为普通案件程序办理申请后，应当严格审查。经审查认为符合条件的，予以批准；不符合条件的，责令改正，指令继续审理并记录在案。

只有做到监督与制约机制并行，才能保证速裁案件的质量。

2. 制度层面的保障和支持

管理办法最终得以实施，在审判实践中发挥其应有的作用，必须以制度保障为前提。只有以制度形式赋予其生命力与强制力，管理办法才能焕发精神，才能更好地为完善行政诉讼配套制度的建设服务，发挥应有的作用和功能。

（撰写人：张立鹏）

6

构建政府信息公开案件适用行政诉讼简易程序的审理模式

一、引言

2014 年修改后的《行政诉讼法》设立行政诉讼简易程序制度，是推进行政审判机制改革的重要内容，修法目的就在于及时地解决争议、提高行政审判的效率。2016 年，最高人民法院发布《关于进一步推进案件繁简分流的意见》，进一步推进案件繁简分流，完善简易程序，优化审判资源配置。但是，行政诉讼简易程序在适用过程中困境重重，程序适用的范围、流程等方面存在不明确、难以操作的问题。2018 年新施行的《最高人民法院关于适用〈中华人民共和国行政诉讼法〉的解释》对《行政诉讼法》有关行政诉讼简易程序制度进行了较为细化的规定，力求通过完善行政诉讼简易程序的制度设计破解行政审判难题，一定程度上为行政诉讼简易程序的推广适用提供了指引。但是从目前的行政审判实践来看，行政诉讼简易程序仍然处于“僵尸”状态，亟待被激活并发挥其应有的功能。2019 年，最高人民法院发布《关于全面深化人民法院改革的意见——人民法院第五个五年改革纲要》，其中针对行政审判工作提出推进行政诉讼制度改革，完善行政审判工作机制的基本举措。如何在全面深化司法改革的大背景下，破解行政诉讼简易程序适用难题？这就需要对该项程序的适用实践进行检视、分析，寻求一个突破点或者说一种创新路径，以期激活并引导行政审判领域依照诉讼法的规定推广适用行政诉讼简易程序。

二、实践检视：行政诉讼简易程序适用之困境

（一）行政诉讼简易程序的适用处于“冰冻”状态

《行政诉讼法》2014 年修改后，基于适用简易程序的行政案件裁判文书会在首部予以必要说明，笔者登录中国裁判文书网，以“简易程序”为关键词进行全文检

索，同时选择行政案件为案由、一审审判程序进行筛选。获取B直辖市2015～2018年适用行政诉讼简易程序的裁判文书，共146件。[①] 而通过中国裁判文书网搜索该市2015～2018年的一审行政案件裁判文书，共获取34036件，适用率仅有0.4%。显而易见，如此大量的行政诉讼一审案件适用简易程序的数量和比例都是极低的。而且从该市2015～2018年各年份行政诉讼简易程序适用数量来看，亦呈下降趋势（如图3－10所示）。从笔者作为司法辅助人员参与行政审判实践的直观感受是：行政诉讼简易程序很少被启动，行政审判庭的法官依赖于通过普通程序审理行政案件，对该项程序比较陌生，对《行政诉讼法》及适用司法解释的规定并未有深入了解，不愿意主动去适用该项程序制度。

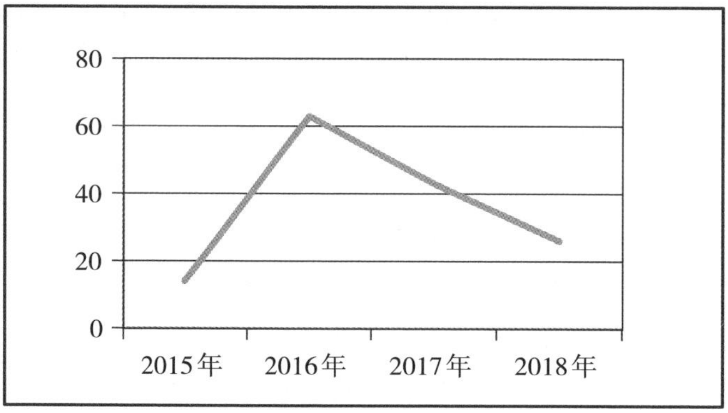

图3－10 B直辖市适用行政诉讼简易程序的案件量

（二）行政诉讼简易程序适用率低之缘由探析

针对行政诉讼简易程序几乎处于“休眠”状态的情况，本文从多角度分析该现象得出以下原因：

1. 过分纠结于简易程序的适用范围，依职权适用行政诉讼简易程序的主动性不强。不管是理论界还是实务界，对于行政诉讼简易程序的研究过分集中在行政诉讼简易程序制度的适用范围层面。笔者从文献系统检索有关行政诉讼简易程序的文章发现，[②] 论述的主题集中于简易程序的适用范围问题，具体包括行政诉讼简易程序规定的适用范围不明确，能够适用行政诉讼简易程序的范围过窄，建议扩大、明确简易程序的适用范围等方面。同样的问题亦出现在司法实践中，行政审判领域内部认为行政诉讼简易程序的适用范围过窄在一定程度上制约了行政诉讼简易程序的

① 全文检索“简易程序”行政案件，其中包括行政执法适用简易程序，但审判程序适用普通程序的案件，笔者予以剔除。

② 笔者从中国知网检索“行政诉讼简易程序”。

适用比率。[1] 笔者认为，《行政诉讼法》第八十二条有关适用范围的规定对于简易诉讼程序的适用广度有一定的影响。但是，就行政诉讼案件的总量和行政诉讼简易程序适用量之间如此低的比率，适用范围之争只是一种表面上的说辞或者借口。

《行政诉讼法》第八十二条规定了适用简易程序的适用范围，包括依职权适用和当事人合意适用。“被诉行政行为是依法当场作出的、案件涉及款额二千元以下的、属于政府信息公开案件的”案件，人民法院可以依职权适用行政诉讼简易程序。该三类行政案件数量并不在少数。此种情况下，行政诉讼简易程序适用率如此之低，主要还是归咎于行政审判部门不愿意主动依职权启动并适用简易诉讼程序。

2. 过分依赖于普通审判程序，忽视了程序分化的立法宗旨和要义。简易诉讼程序制度设立之后，如此低的适用率在一定程度上表明行政审判内部对简易诉讼程序的价值认知还未达成共识。1990 年《行政诉讼法》开始实施到 2014 年修改后的《行政诉讼法》实施之前，行政诉讼程序并未有简易和普通之分，所有行政案件均适用普通程序。因而传统的行政审判程序思维很容易驱使审判庭内部排斥简易程序，并简单地对简易程序与普通程序的利弊进行比较。这种比较本质上是对两种程序做出二选一的选择，这与程序分化推动案件繁简分流的立法宗旨不符。《行政诉讼法》关于简易诉讼程序的制度设计并非简单地追求效率原则，也不是对普通诉讼程序的取代，其中蕴含着诉讼程序分化理论，[2] 即两种诉讼程序均有其正当性，在某些程序性事项和价值方面的确有重合，但两种程序的运行并不相悖。该程序制度设计既是公正与效率两种价值兼顾的体现，也是当事人程序选择权的保障机制。而从司法实践的角度分析，行政诉讼简易程序能够使得简单案件和复杂案件区分，快慢分道，繁简分流，可以有效地缓解立案登记制带来的“案多人少”矛盾，让行政争议及时解决、尽快定分止争，本质上是一种司法资源有效、合理、优化配置基础上实现公平正义的方式。

3. 未遵循行政审判规律去找寻适用简易程序的路径。基于审判领域的专业性和行政审判的特点，行政简易诉讼程序并不能机械地去照搬民事诉讼有关简易诉讼程序的规定和实践经验。事实上，行政审判法官也意识到了这一点。但是，从当前行政审判实践的状况来看，并没有主动去探索和找寻一种适合行政审判规律和行政案件特点的路径去适用简易程序，而是习惯沿用普通程序。行政诉讼普通程序运行已经 20 年，行政审判存在一大隐患——行政审判法官容易先入为主，过分信赖于被告行政主体提供的书面证据，继而导致开庭审理仅仅进行简单的询问和证据质

① B 市多家法院撰写的行政诉讼简易程序适用调研报告，均首要点明了适用范围问题。

② 毛立华：《程序类型化理论：简易程序设置的理论根源》，载《法学家》2008 年第 1 期。

证，庭审流于形式，行政审判的特色反而成为审判功能实现的障碍。既有的诉讼程序症结日渐暴露，行政诉讼程序时常拖沓，直到审限节点匆忙结案，对文书和说理的质量有所影响；庭审环节“缺位”“错位”现象时常发生，由此导致“非正式开庭”成为弥补开庭的常用方式；依职权的随意性明显，削弱了当事人的诉讼主动性，对行政诉讼当事人的诉讼能力也产生不利影响。这也在一定程度上反映了行政诉讼普通程序思维僵化。因而遵循行政审判的规律和特点探索简易诉讼程序这项新制度既有利于破除普通程序既有的弊病和症结，也有利于通过程序分化分类，使得普通程序和简易程序良性并行。

除此之外，行政诉讼各主体亦对行政诉讼简易程序持有保守态度。由于当事人的诉讼能力有限，原告对于行政诉讼简易程序的认识不足，当事人就选择简易诉讼程序达成合意很难实现，继而直接导致了有关当事人选择简易程序的案件极少。同时，人民法院立案部门与行政审判部门针对简易程序的流程衔接不到位，行政审判部门运用简易诉讼程序审理行政案件进行审理并没有形成成熟的经验等也是导致简易诉讼程序难以广泛适用的原因。

综上，笔者认为，当前行政诉讼简易程序陷入了“死循环”的境地（如图 3－11 所示），现阶段难以在行政诉讼程序中予以推广适用。

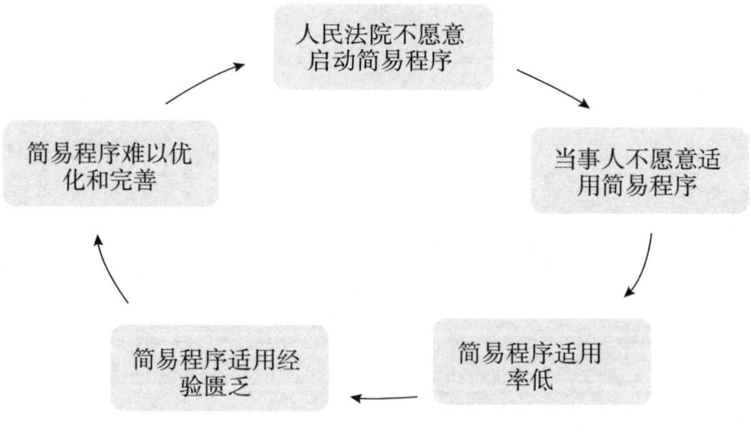

图 3－11　简易程序面临的困境

（三）行政诉讼简易程序制度落空之殇

行政诉讼简易程序制度作为行政审判机制改革的重要内容，如果难以发挥应有的功效，将直接导致《行政诉讼法》的立法制度实效无法实现。行政诉讼案件的繁简无法分流或分流不当，简单行政纠纷无法及时快速解决。“在公民受到较小侵害时，如果诉讼程序冗长、诉讼成本过高，反而会阻碍其权益的及时保障，并导致司法资源不能达成有效合理配置”,[①] 全面深化司法改革的部分成效在行政审判领域将无法凸显。行政诉讼简易程序难以优化实施也将影响到行政诉讼增加的立法目的——解决行政争议的及时性问题。[②] 实践中，对于争议不大、简单的行政案件，原告方亦希望法院尽快作出裁判，争议得到解决。对于被告方来说，行政效率和行政行为的效力是其实施行政行为以及应诉的主要考虑方面。因而行政简易诉讼程序制度的良好运行不仅关系到行政审判效率，更关系到争议的解决、行政执法的效率以及社会治理体系的良好运转。但是，从目前行政诉讼简易程序的适用状况来看，不仅是适用率低的问题，还关系到审判机制改革、审判规律归纳以及案件类型化运用等深层次问题。如果不系统地探索推行行政诉讼简易程序路径，该项程序制度很有可能沦为“僵尸”程序。

三、以点带面：以政府信息公开行政案件为切入点的必要性

正如前文所述，行政诉讼简易程序的运转陷入了“死循环”。虽然简易程序制度已经设立并进行了细化，但是适用范围存在争议，当事人不愿意选择简易程序，人民法院也不愿意主动依职权适用简易程序，导致简易程序的实践经验难以积累，简易程序难以优化完善，继而该项制度有架空之趋势。当事人的诉讼能力在短期内难以大幅提升，依靠合意启动简易程序不切合实际。针对这种情况，现阶段的有效做法是人民法院依职权适用简易程序，但是针对何种类型的案件进行适用，笔者认为，政府信息公开案件是适合的[③]，具体分析如下：

（一）适用简易诉讼程序案件繁简分流的需要

行政诉讼简易程序的设置正如上文所述根源是程序分化理论。诉讼程序必然与案件实体相结合，程序分化相对应的应当是案件的类型化。这也是现阶段审判实践所容易忽视的重要层面，理论界和司法实践所考虑的过分集中于程序的启动，而未考虑审理程序的启动和流程均与实体层面具有千丝万缕、不可分割的联系。没有结合实体案件的程序考量只有“形”而没有“魂”，制度终究只会停留在纸面上和理论层面，无法形成生动实践。《行政诉讼法》第八十二条第一款规定：“人民法院审理下列第一审行政案件，认为事实清楚、权利义务关系明确、争议不大的，可以适用简易程序：（一）被诉行政行为是依法当场作出的；（二）案件涉及款额二千元以下的；（三）属于政府信息公开案件的。”该条明确规定了政府信息公开案件

---

① 江必新、梁凤云：《行政诉讼法理论与实务》下册，法律出版社2016年版，第1169页。

② 参见程琥：《解决行政争议的制度逻辑与理性构建——从大数据看行政诉讼解决争议的制度创新》，载《法律适用》2017年第23期。

③ 参见王敬波：《行政案件如何繁简分流》，载《人民法院报》2016年9月22日。

可以依法适用简易程序。相较于其他两类案件，政府信息公开案件在繁简识别裁量方面并不复杂，适用简易程序的门槛并不高。在事实认定、权利义务的认定方面都是比较容易明确的。政府信息公开行政案件的事实主要集中于：申请主体申请政府信息的事实，行政机关是否予以公开的事实以及整个政府信息申请公开程序事实。政府信息公开案件的权利义务关系本质上属于行政法律权利义务关系，即“在行政活动过程中所引起的行政主体与行政相对人之间的行政法上的权利义务关系”，[①] 因而政府信息公开案件的权利义务关系就是申请人是否有权获取所申请的政府信息和行政机关是否具有相应的公开义务。而对于政府信息公开行政争议问题，主要集中于行政机关“是否负有责任以实现原告的合法权益”。[②]

而且在当前行政诉讼简易程序适用范围存在宏观层面争议的情况下，政府信息公开案件依职权适用简易程序的争议可以降至最小，从案件受理、识别第一道程序，便打消了审判庭适用简易程序的顾虑。

（二）要素化审理适用简易程序行政案件的需求

要素化分析和要素化审理是简易程序审理所必然需要的，即对具体案件的审理内容予以结构化、要素化。[③] 根据司法实践所呈现的面向，政府信息公开行政案件并不是单纯的负担性行政行为。相较于其他传统的行政案件，政府信息公开案件属于新类型行为，当前对于该类案件的审理经验积累较多，审判思路已经成熟。加之该类案件事实一般较为清楚，有关权利义务关系也是较为明确的，而最终的争议点主要是申请人是否应当获取其所申请的政府信息。因而审理该类案件可以归结为三个具有逻辑维度的方面（如表 3 – 8 所示）。当然，不应当排除存在疑难复杂的政府信息公开案件。明显属于疑难复杂案件的政府信息公开案件可以直接适用普通程序，反之则原则适用简易程序，对于审理中发现不适用简易程序审理的，《行政诉讼法》亦就简易程序转换为普通程序作出了相应规定。

---

① 最高人民法院行政审判庭：《最高人民法院行政诉讼法司法解释理解与适用》（上册），人民法院出版社 2018 年版，第 479 页。

② 最高人民法院行政审判庭：《最高人民法院行政诉讼法司法解释理解与适用》（上册），人民法院出版社 2018 年版，第 481 页。

③ 参见陈过猛：《互联网时代资讯科技的应用与司法流程再造——以浙江省法院的实践为例》，载《法律适用》2017 年第 21 期。

表 3－8　政府信息公开案件要素特点

政府信息公开案件			
案件分类	实体性答复	程序性答复	无答复
案件要素特点	是否属于政府信息	政府信息公开申请的补正等问题	政府信息公开申请是否发生并到达被申请主体
	政府信息是否存在		
	是否公开政府信息		

（三）实证分析下未适用简易程序政府信息公开案件的需求

从数据的角度分析，近年来一审政府信息公开案件数量在行政一审总案件数中所占比例较高，成为行政审判的主要案件类型。以 B 市 2015～2018 年审结的行政案件量和政府信息公开行政案件量的对比为例（如表 3－9 所示）。[①]

表 3－9　2015～2018 年 B 市一审行政案件与一审政府信息公开案件数量

B 直辖市	一审行政案件数量	一审政府信息公开案件数量
2015 年	3803 件	718 件
2016 年	6080 件	975 件
2017 年	10278 件	990 件
2018 年	13875 件	1110 件

审结的政府信息公开案件数量多，且占当年审结的行政案件比例较大。这一量化数据既反映了大量的政府信息公开案件仍在适用普通程序，简易程序适用的比例提升空间很大，又体现了政府信息公开案件能够为简易程序的适用提供丰厚的案件基数，成为行政诉讼简易程序的“试验田”。

此外，从该市 2015～2018 年适用行政诉讼简易程序审理的 146 份裁判文书所载明的案件类型来分析，包括政府信息公开案件和商标纠纷案件以及其他案件。[②] 人民法院依职权适用简易程序的政府信息公开案件有 99 件，占 68%（如图 3－12 所示）。由此表明，相较于其他行政案件，人民法院更愿意依职权主动适用简易程序审理政府信息公开案件。

① 笔者通过中国裁判文书网检索 2015～2018 年 B 市审结的一审行政案件和政府信息公开行政案件。
② 税务行政管理、行政决定、行政确认、行政处罚、公房承租人变更案件。

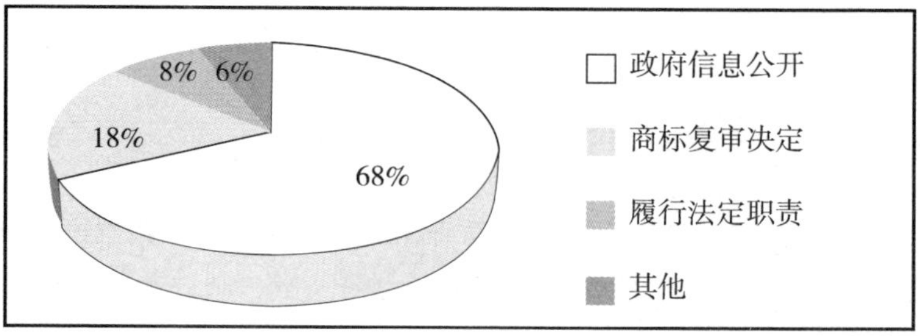

图 3-12 B 市 2015~2018 年适用简易程序行政案件类型分布

（四）比较视角下遵循行政审判规律和行政审判改革方向的要求

行政诉讼简易程序的模式探索应当遵循行政审判规律和当前行政审判体制、机制改革的方向。正如江必新副院长所言，行政诉讼简易程序进一步细化应当具有更好的“可操作性，促进实现案件繁简分流，使有限司法资源用以解决矛盾突出、争议较大的行政案件，有效应对行政案件数量持续增加所带来的一系列问题”①。行政诉讼案件与民事诉讼案件区别较大，各有其案件特点和审判规律。民事案件数量庞大，对于简易程序的适用需求较高。民事诉讼案件适用简易程序的目的一定程度上在于追求审判的迅速化，即“促进审判的迅速性，缩短审理周期”。② 这一进程也受到了学界的广泛质疑，主要集中于对当事人诉讼程序保障的不充分。行政诉讼简易程序的适用应当借鉴民事诉讼的有益经验，促进审判的及时、减少审理期限从而防止诉讼程序拖沓。同时，行政诉讼简易程序的适用也要适当吸取民事诉讼适用的实践教训。在缩短审理周期，追求及时审判的前提下，更应当注重诉讼程序的保障和及时解决行政争议这一立法目的。简易程序对行政诉讼而言属于新制度，这有利于该项制度在施行之初便能够依靠较为完善的立法技术而具有规范性，避免出现当前民事审判领域对于简易程序的矫枉过正。当事人诉讼程序的充足保障，最直接感受到的便是量化的时间因素，即审理周期。这里的审理周期并不是简单的审理时限，而是结构化下的审理周期。“审理周期包括法院诉讼行为时间、当事人独立诉讼行为时间以及诉讼等待时间”，③ 诉讼等待时间则主要是诉讼材料等待送达、等待合议等法院和当事人均处于停滞状态的时间段。诉讼等待时间在审判周期中占主要比例。④ 而行政诉讼简易程序的构建就是要保证公正高效，尽可能缩短诉讼等待

① 江必新：《〈行诉解释〉的基本精神》，载《中国审判》2018 年第 7 期。
② 庞小菊：《审判周期构成理论引导下的审判迅速化》，载《法商研究》2018 年第 1 期。
③ 庞小菊：《审判周期构成理论引导下的审判迅速化》，载《法商研究》2018 年第 1 期。
④ 庞小菊：《审判周期构成理论引导下的审判迅速化》，载《法商研究》2018 年第 1 期。

时间，提高法院诉讼行为时间的占比，从而给予当事人充分的诉讼权利保障，保证实体的公正（如表3－10所示）。

表3－10 行政诉讼简易程序与民事诉讼简易程序的比较

	行政诉讼简易程序	民事诉讼简易程序
适用范围	当场作出、款额2000元以下、政府信息公开案件及同意适用的其他案件	简单民事案件、约定适用的其他案件
启动方式	依职权、当事人合意	依职权、当事人合意
法院级别	无限制	基层人民法院
审理期限	45日	3个月
程序特点	适用量小，依职权性较强、原被告双方诉讼能力不平衡	适用量大、积累丰富的实践经验，当事人处分主义较强
功能侧重	繁简分流探索、积累简易程序经验、解决普通程序弊病；及时解决行政争议；促进行政执法效率	庞大案件量背景下的繁简分流、审限周期缩减、审判资源有效优化

行政审判的特色和规律在于行政行为系案件的审查对象。而案件的主要事实集中于行政行为作出的过程中，被告行政主体作为负有举证责任的一方，提供的书面材料“主要来源于行政程序，基本具备了真实性、合法性以及关联性”。[①] 故行政审判按照特有规律改革的方向就是要保证程序的实质化，行政诉讼简易程序作为改革的重要方面，也是要将案件的审理集中于庭审中，将更多的诉讼时间投入庭审中，及时化解行政争议。这便是当事人获得公正感的最终体现。“及时”并不是一蹴而就，而应当是衔接紧凑的程序构建。以当前庭审为中心背景下行政诉讼简易程序的构建应当注重庭前的繁简分流和庭前准备，更加注重庭审中的口头辩论环节，从而让事实形成在庭审中，证据质证在庭审中，法律适用形成在庭审中。

四、可视化路径：行政诉讼简易程序审理政府信息公开案件的流程再造

本文探索的模式是针对政府信息公开行政案件，人民法院原则上应当适用简易程序。而如何细化设置简易程序的流程是该项制度能够有效运行的关键，亦关系到能否有效积累简易程序的适用经验，继而推广适用于其他类型的行政案件，激活行政诉讼简易程序最终探索构建符合行政审判规律和机制改革方向的简易程序制度。根据程序分化、要素化的理论并吸取以往行政诉讼普通程序的审判实践症结，本文结合政府信息公开行政案件的案件类型特点将简易程序的设置分为四个阶段（如图

① 李季红：《庭审中心主义视角下的行政审判流程再造》，载《政法论坛》2018年第1期。

3－13 所示），从而构建审理模式。

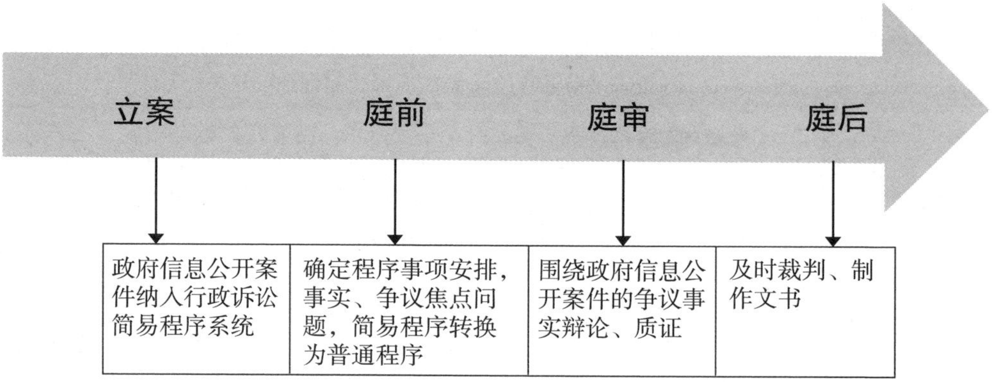

图 3－13　简易程序审理模式

（一）立案阶段：政府信息公开案件适用简易程序的启动

基于行政案件繁简分流的要求，当原告向人民法院提起诉讼时，政府信息公开行政案件在立案录入系统时即归入行政诉讼简易程序中。行政案件立案繁简识别后进入审判庭，由行政审判法官来实施。但是，为了尽早让当事人知悉有关简易程序适用的事项且减少当事人等待诉讼的时间，立案部门在受理政府信息公开行政案件的同时，一并向原告出具《行政诉讼简易程序告知书》。其中载明有关简易程序的适用依据、举证和开庭期限的确定方式、送达方式以及审理期限等程序性事项。人民法院在案件的最初阶段便依职权启动简易程序既可以减轻行政审判部门繁简分流的压力，又可以让当事人在立案伊始熟悉简易程序的相关事项，对下一阶段的审理程序有所准备。

（二）庭前阶段：政府信息公开案件的梳理和程序性事项的无缝衔接

行政诉讼简易程序审限短必然要求程序紧凑，但是“一步到位开庭”显然是不现实的。① 以当前庭审为中心背景的庭审改革下，庭前程序既是关键，亦是前提。但是适用简易程序案件的庭前准备不需要过于烦琐复杂，力求突出简洁的特点。结合当前司法改革中人员分类管理的要求，庭前准备应当由法官助理全权完成。庭前准备活动包括以下重要方面：针对当事人事项，证据的交换、开庭日期的选定；针对案件本身，则是争议焦点事实、权利义务关系的归纳以及庭审步骤的安排。审判庭将适用简易程序的政府信息公开案件分配给法官之后，法官助理及时与当事人联

① 我国曾经为了防止法官先入为主形成偏见而开展“一步到位开庭”，但是出现了争议焦点无法固定、庭审效率低下、反复多次开庭等弊端。参见郝廷婷：《民事诉讼庭前准备程序的归位与完善——以民事庭审中心主义的实现为目标》，载《法律适用》2016 年第 6 期。

系，确定举证的具体期限。其中，普通程序中，被告的举证日期为 15 日。简易程序有关被告举证期限应当少于 15 日。[①] 原告有证据补充的应当尽快提交，以便向被告进行交换。有关诉讼材料的方式按照《最高人民法院关于适用〈中华人民共和国行政诉讼法〉的解释》的相关规定实施。

除此之外，法官助理应当阅览卷宗，梳理卷宗内的起诉状、答辩状来确定案件的无争议事实和争议要件事实，并拟定开庭提纲，为下一步开庭做好准备。结合政府信息公开案件的要素特点和内容，案件的争议事实在于实体性答复，即"是否为政府信息""政府信息是否存在""政府信息是否予以公开"，这类情形下，案件中申请人申请的事实和政府信息公开答复作出的事实一般属于无争议事实。当然，争议事实也可能是"原告是否实际进行了申请，被告是否知悉"，即无答复情形。亦可能是程序性答复，诸如申请政府信息不明确情况下的补正。另外，法院均须对于履行政府信息公开职责的程序作出一并予以审查。

（三）庭审：直接言词原则的保障

遵循上文的思路，在审判迅速化、审限缩短以及遵循行政审判规律的情况下，庭审的实质化是当事人程序和实体权益保障的必然选择。庭审实质化并不是庭审的时间越长越好，尤其是对行政诉讼简易程序而言，庭审更应当是精简、高效、规范，同时具有针对性。当事人在审判员的指导下针对争议事实、涉及的证据、相关法律适用充分发表了辩论意见，既体现出要素化审判的特点，又更加突出直接言词原则在行政审判中的适用。案件的事实基本形成在庭上，法律适用形成在庭上，甚至将争议化解在庭上，内心确认形成在庭上。而这些对于审判人员的庭审驾驭能力、思维能力等方面要求很高。

结合政府信息公开行政案件并以要素化审判为支撑，审判人员直接告知当事人争议焦点，并就无争议之事实及涉及证据确认是否认可；之后针对争议事实证据进行质证并就争议事实及涉及法律适用问题进行口头的辩论。具体而言，针对实体性答复的案件，主要由被告方就履行法定告知义务作出举证，对实体答复理由作出说明。相较之下，原告方应当着重予以否认或者提供就有利于自己的证据作出抗辩。针对程序性答复，着重审查申请是否符合政府信息公开申请的基本条件。针对无答复情形，则主要审查的是政府信息公开申请的事实是否已经发生并为被申请主体收到。上述所设计的简易程序，有利于避免以往按照行政行为审查合法性造成的庭审

---

① 最高人民法院行政审判庭：《最高人民法院行政诉讼法司法解释理解与适用》（上册），人民法院出版社 2018 年版，第 491 页。

形式化、仪式化的现象。[①]同时应当注意的是，庭审笔录也应当按照简易程序的设计具有针对性、规范性以及准确性。在当前高科技广泛应用的大背景下，可以利用语音识别等人工智能方式有效提升行政诉讼简易程序的效率。

（四）庭审后：及时裁判并制作简易程序文书

适用简易程序庭审后主要涉及的是作出裁判并制作文书。基于简易程序的紧凑性且为了防止庭审中形成的内心确认和庭审记忆消逝，审判人员作为独任制人员在无须像普通程序进行合议的情况下，在庭后应当及时梳理裁判思路和作出裁判，从而减少当事人的等待时间。

简易程序文书应当符合简易程序设置的特点。从前文 B 市 2015 ~ 2018 年 146 份适用简易程序行政案件的裁判文书来分析，大部分文书的结构和格式均和普通程序一样。裁判文书作为整个诉讼程序、当事人权利义务的最终书面载体，必然要凸显简易程序的精简性、规范性、针对性。同时，应当说理充分，保证公信力。基于简易程序实施要素化审判，审判人员根据案件的简易程度并按照要素化和争点化的方式予以撰写裁判文书，[②] 罗列当事人情况，案由，诉讼请求，精简争议焦点、审理情况。并根据政府信息公开行政案件的具体审理情况和要素点，有针对、简要地写明诉称、辩称，争议事实和无争议事实，裁判理由及结果。[③]

五、结语

当前司法实践中，有些法院已经就行政诉讼简易程序的推广适用作了有益探索。[④] 但是如何破除简易程序适用难题仍然值得在理论和实践中研究。应当注意的是，实践决定认识，如果没有行政诉讼简易程序实践的积累，无法形成相应的完善优化理论。综上所述，本文探索建立人民法院依职权在政府信息公开类案件中原则上适用简易诉讼程序的模式，并在具体论述中对简易诉讼程序进行构造。以期能够激活行政诉讼简易程序，积累实证经验，为构建符合行政审判规律和审判体制机制改革方向的简易程序而提供思路和路径。

（撰写人：李世邦）

---

① 以往行政诉讼开庭审理普遍适用的流程就是法定职权、基本事实、法律依据等逻辑顺序，并且将法庭辩论和证据质证合二为一。

② 实践中，B 市某区人民法院已经探索对于事实清楚、争议不大的政府信息公开案件制作表格式文书，效果显著。

③ 参见张广、戴蕾：《民事诉讼中“争点型”判决书制作——以新版文书样式施行后 300 例民事判决书为样本》，载《全国法院第二十九届学术讨论会论文集》。

④ 江苏南通中级人民法院已经就适用行政诉讼简易程序作了有关规定和有益探索，并且在政府信息公开行政案件得到有效适用。2017 年 11 月 24 日，最高人民法院党组副书记、副院长江必新亦对南通法院全面推进适用简易程序实践做法予以肯定并作出批示：“南通中院的经验值得推广。”

7

浅析行政诉讼调解

调解在现代汉语中是劝说双方消除纠纷的意思。在中国，调解的种类很多，因调解的主体不同，一般分为人民调解、法院调解、行政调解、仲裁调解以及律师调解等。本文所指的调解专指法院调解。

法院在诉讼过程中进行的调解是指当事人双方在法官主持下，自愿协商、互谅互让达成解决争议的活动。调解相对于判决对争议的解决更为有效、彻底，更好地达到案结事了。诉讼调解中经过法官这个相对公正、中立的角色的介入，能使当事人更加心平气和地认识自己的行为、认识争议的问题，对其能够自愿融洽地解决相互之间的争议起了很好的作用，也有利于公民之间的团结和社会的和谐稳定。因此，调解制度在民事诉讼中被各国法院所普遍接受。我国的法院调解大多应用于民事诉讼及刑事附带民事诉讼中。一直以来，在民事诉讼中法官为了更好地劝说当事人双方化解纠纷大多以“调解优先”“调判结合”为主要工作方法。民事诉讼的调解贯穿诉讼的全过程，且与审理程序基本合为一体，民事诉讼法中对调解程序作出了规定，目的是既贯彻当事人处分原则，又体现国家干预原则。在刑事附带民事诉讼中，为了更好地保护被害人及其家属的利益，法官也大多会对双方进行调解，鼓励被告人及其家属对被害人予以经济赔偿以期获得被害人及其家属的谅解。而在行政诉讼中，由于一方当事人为行政机关的特殊性，一般不适用调解的方法。原《行政诉讼法》第五十条直接规定：人民法院审理行政案件，不适用调解。但随着社会的发展，越来越多的人认为调解也是妥善化解行政争议的一种重要方式，而且在实践中一些案件单纯靠判决并不能真正解决问题，客观存在调解解决问题的需求和可能。但由于行政诉讼中被告为具有一定行政强制力的行政机关，一旦在行政诉讼中引入调解，可能会造成行政机关通过调解掩盖自己的错误，还有可能使行政机关一味追求调解率，迫使当事人接受调解，影响其对自己权利的维护。因此，2014 年 11 月 1 日第十二届全国人大常委会第十一次会议表决通过了修改《行政诉讼法》的决定，在 2014 年修改后的《行政诉讼法》中，确立了有限调解制度。即《行政诉讼法》第六十条规定：人民法院审理行政案件，不适用调解。但是，行政赔偿、补偿以及行政机关行使法律、法规规定的自由裁量权的案件可以调解。调解应当遵循自愿、合法原则，不得损害国家利益、社会公共利益和他人合法权益。

一、《行政诉讼法》确立有限调解制度的必要性

（一）行政诉讼设立有限调解制度有理论基础和实践需要

调解是我国司法实践中形成的优良传统，一直是人民法院处理民商事纠纷的有效途径，在民事审判方式改革中，调解的地位仍备受重视，“能调则调，当判则判，调判结合，案结事了”一直是民事诉讼审理的基本原则。而我国的原《行政诉讼法》对诉讼程序规定较为薄弱，在司法实践中很多内容都是参照《民事诉讼法》。实践中，很多法官在对行政案件尤其是一些兼有行政案件与民事案件的性质与特点的案件的审理中都会使用调解的方法，只不过不是以调解的方式结案，一般是在做当事人的思想和协调工作，使原告、被告双方在平等互惠的前提下都作出让步，用原告“撤诉”的法定形式替代。根据有关部门统计，全国人民法院一审行政案件撤诉结案率在不断增长，撤诉已经成为行政审判的主要结案方式之一。也就是说，其实在《行政诉讼法》设立有限调解制度以前，我们的司法实践中已经广泛应用了调解的方式来化解社会矛盾，社会各界也都默认了，只不过是有些“名不正，言不顺”。笔者认为，这其实是一种妥协，是为了更好地达到法律效果和社会效果的统一性，不得已而采取的规避法律的方式，即借“庭外和解”之名来进行调解，促使双方主体握手言和，这样一方面不违反法律，另一方面又达到了化解矛盾纠纷的效果。由此可见，《行政诉讼法》施行之前，尽快建立行政诉讼调解制度，使行政审判实践有“调解”之名，已经成为我国行政审判实践的迫切需求，也更利于国家权威和群众合法利益的维护。

（二）行政诉讼设立有限调解制度有社会现实的需要

随着我国社会的发展和“依法治国”的进一步推进，群众的法律意识在不断地增强，但是我国的法治基础还不是很完善，虽然行政人员的执法水平已经有了很大的提高，但真正做到完全的“依法行政”还需要很长一段时间。因此，当群众维权意识不断增强，行政行为合法性的依据却没能及时跟上时，就会使行政机关与行政相对人之间的矛盾冲突加剧。虽然行政审判是解决这种冲突的一种最权威的方式，但有时单纯依靠法院通过审判作出判决，很难使原被告双方息诉服判。再加上行政审判本身的特殊性，即主要审理的是被诉行政行为的合法性，这就导致很多判决即使是判决行政机关败诉，也只是确认了行政机关某个行政行为存在问题，并不能从根本上解决原告即行政相对人的实际问题或实际困难，无法达到“案结事了”。在行政诉讼过程中适用调解，可以加强双方当事人之间的沟通与交流。

对于原告而言，其提起行政诉讼是为了向行政机关讨公道，为了维护自身的合法权益，因此诉讼的成效与成本就是其最为关心的两大问题，因此，原告肯定是要选择最省时、省事、省钱的解决争议的方式，而且最终结果还能够实现其提起行政诉讼所要达到的目的，而为了避免留下后续问题，大多数原告的本意并不愿意与行政机关闹僵，因此他们更愿意接受调解并最终以调解的方式来结案，这样既能够实现诉讼目的，又能够节约诉讼成本。

对于被告而言，我国目前的行政诉讼制度并没有给行政机关预留自我纠错的机会，即使其已经认识到自己行为的违法性，甚至有可能其已经撤销了原具体行政行为或作出了其他纠错行为，但只要原告不撤诉，法院还是要继续对原具体行政行为进行审查，这样就使得行政机关自我纠正错误的积极性大大降低了，而调解的适用，不仅有利于行政机关更好地认识自己的行为，主动纠正并执行，即使最后并没有达成调解，也可以让行政机关明白自己行为的问题所在，在心理上也更容易接受败诉的后果，并且在以后的相关行为中，也会注意相关问题，真正做到依法行政。不仅如此，还可以改变原告对行政机关形象不好的看法，促使其在以后的工作中，积极支持行政机关的工作，一旦发生纠纷时，通过合理合法的途径解决，改变以往那种累访缠诉的做法。

对于法院而言，调解不仅有利于解决行政诉讼争议，提高审判效率，而且能有效地对行政机关进行监督，避免其为了在行政诉讼中不败诉而作出违反法律，抑或损害他人利益的情况下与原告达成和解协议的可能性。法院对调解协议的合法性审查及对调解协议的监督执行，使调解工作变得更加公正、透明。因此，从解决纠纷、化解矛盾，平衡各方面利益的角度看调解是更好、更有效的方法，能更好地定分止争，维护稳定，构建和谐稳定社会。

（三）行政诉讼设立有限调解制度是行政诉讼与国际接轨的需求

英美法系国家的行政诉讼案件没有专门的行政法律法规，也没有单独的行政诉讼程序，一般都是统一适用民事诉讼的程序规则。对于行政案件，有英国学者介绍道："在英国，大多数行政案件是通过调解而非判决结案的。""在美国，越来越多的现象是，行政尽量通过协商、谈判等方式解决纠纷。美国的行政执行程序是开放的，主要目的是促使当事人磋商，以达到问题的解决。"而大陆法系国家在行政诉讼中，也不同程度地允许当事人和解或法院进行调解，德国行政法院法第八十七条规定："审判长或指定之法官，为使争诉尽可能一次言词辩论终结，于言词辩论前有权为必要之命令。其有权试行参与人为争诉之善意解决之和解。"日本、瑞士等国虽然没有明确规定在诉讼中可以调解，但从一些相关的法律法规中，我们可以推知它们也是允许法官进行一定程度的调解的。国外审判实践已经为我们提供了在行政诉讼中适用调解的成功现实，虽然在我国行政诉讼中适用调解可能冲击依法行政原则，但有限调解制度的建立带来的更多是和谐稳定，因此我们认为，在行政诉讼中适用调解是行政诉讼与国际接轨的需求。

二、行政诉讼调解的适用范围

《行政诉讼法》第六十条规定，人民法院审理行政案件，不适用调解。但是，行政赔偿、补偿以及行政机关行使法律、法规规定的自由裁量权的案件可以调解。也就是说在行政赔偿、行政补偿及行政机关行使自由裁量权的案件可以调解，笔者认为主要包括以下几类案件：

（一）群体性纠纷案件

一些涉及土地征收、房屋拆迁补偿等群体性行政争议案件通常比较复杂，涉及千家万户的不同利益，甚至有些案件还可能牵连历史久远且难以查明的历史旧账，涉及历史政策，因此处理起来会十分困难，一旦有什么问题极其容易激发社会矛盾，产生不稳定因素，如果直接地硬行判决往往易于加剧这些矛盾。因此，笔者认为在原则上合法的范围内，如果能对这些群体性行政争议案件，通过调解方式处理，尽可能地息事宁人，可以促进社会的和谐稳定。

（二）存在自由裁量行为的案件

这里的自由裁量是指行政机关的自由裁量，即指行政机关在法律授权范围内，依据公正、合理原则，自行判断行为条件、自行选择行为方式和自由作出行政决定的权力。在自由裁量权的范围和幅度内，行政主体可能有很多种处理事情和问题的方式，这些方式都是合法的，都是可以选择的，但对于行政相对人而言，这些合法的方式中存在着是否合理及哪个最合理的问题。法院在行政主体的自由裁量范围内进行调解，允许行政主体改变其不够合理或者不属于最合理的行政行为，使其更趋于科学、合理，尽可能地满足相对人的需求，这是符合行政诉讼根本目的的。

（三）行政协议案件

行政协议是行政机关为了实现行政管理或者公共服务目标，与公民、法人或者其他组织协商订立的具有行政法上权利义务内容的协议。行政协议属于合同的一种，是需要建立在订立协议的双方相互信任，互相合作，利益趋同的基础上的。行政协议既具有行政性，又具有民事意义上的合意性、契约性，因此在订立行政协议时，在不侵害国家、集体以及他人利益的情况下，在法定职权范围内无论是行政机关还是相对人都在自己的权利范围内对自己的权利拥有选择权和处分权，他们均可对协议内容的订立、修改提出自己的建议或者作出一定的让步。在这类案件中适用调解可以促使行政机关对其协议范围内的权利义务进行调整，能更好地体现自愿、公平、等价有偿、诚实信用的原则，有利于实现行政管理的长远目标，符合社会和谐的理念。

（四）直接或间接涉及民事纠纷的行政确认、行政裁决案件

很多行政确认和行政裁决案件都会直接或者间接地涉及民事纠纷，当事人解决行政争议的最终目的往往是解决民事争议。行政裁决是指行政机关依法在法律授权的范围内，对当事人之间发生的、与行政管理活动密切相关的民事纠纷进行审查，并作出裁决的行政行为。在行政裁决诉讼案件中一般存在三方关系，即原民事争议的双方和作出裁决的行政机关。这类行政争议大多由民事纠纷所致，最终目的也是解决民事争议。而民事纠纷是否能完善解决主要还是靠行政诉讼中的原告和第三人协商，民事争议的双方当事人变更其主张甚至放弃其民事权利，行政主体可依据原告与第三人协商后的结果，作出变更、撤销被诉具体行政行为，最后达到解决行政争议的目的。另外，如果在解决行政争议时一并解决有关的民事纠纷，则可极大地节省诉讼资源，减少当事人的诉累，从而取得很好的社会效果。例如，在B法院审理的某公司诉某县人民政府安监行政批准案审理过程中，原告提出撤诉，该法院在依法审查原告撤诉申请的同时发现了隐藏于行政争议背后的其他争议，在充分尊重当事人意愿并确保信息对称和公开透明的前提下，将民事争议和另一行政争议纳入纠纷解决体系，积极引导当事人就关联争议进行协商，最终促使民事案件各方当事人达成调解协议并实际履行，既充分保护和实现了事故死者家属的合法权益，又确定了路桥公司的民事责任范围，消除了其对民事责任风险的担忧。两起行政案件均以原告撤诉的方式结案，实现了行政争议的彻底解决。

（五）不履行法定职责的案件

权利和义务是相对的，也是统一的。行政机关在依法享有特定的行政职权的同时也必须依法承担相应的义务和责任，即法定职责。在行政机关不履行法定职责的案件中，法院通过审查认为行政机关应当履行法定职责而没有依法履行的，只能判决其在一定期限内履行。但是，这种处理方式对原告而言，效率太低，且在履行结果不确定的状态下，行政机关被迫作出的履行往往不能得到相对人的认可，导致相对人不服，再次提起诉讼，这无疑是增加诉累。如果行政机关经过调解主动履行其应当履行的职责，这种积极作为既合乎行政目的，又可有效节约诉讼成本、提高效益，还及时保障了相对人的利益。

（六）行政相对人的诉讼请求虽难以得到法院支持，但涉及行政相对人的基本生存、生活之需，并亟待解决实际困难的案件

对于行政案件，我们如果简单地裁定不予受理或者驳回起诉，容易使公民的基本权利受到影响，也容易激化矛盾。对于此类案件应当在查明事实的基础上告知当

事人正确的救济渠道或者与有关部门沟通，试行调解。如果实在无法调解，再向当事人说明原因，然后依法处理，这样在调解的过程中，当事人明白了自己的问题，也看到了法院的“诚意”，既平复了当事人激动的情绪，也避免了矛盾的进一步激化。

当然，我国《行政诉讼法》确立的仅仅是有限调解，并不是所有的行政案件都可以适用调解的方法，如具体行政行为合法的案件、超越职权（没有管辖权）的行政案件、严重违反法定程序的案件、事实不清、主要证据不足的案件及涉及公民身份关系的行政案件中均不适用调解的方法。

三、行政诉讼调解的原则和方法

（一）行政诉讼调解的原则

调解的原则贯穿于整个调解活动，是法院及各方当事人都必须遵守的规则，它是调解活动顺利进行和调解协议发生效力的重要保障。笔者认为行政诉讼的调解应遵循以下几个方面的原则：

1. 自愿原则。自愿原则是调解的首要原则，是调解制度存在的基础。调解的本质特征是使当事人在自愿的前提下，在互相理解的基础上对双方争议的矛盾达成共识，从而解决纠纷。行政诉讼中，法官可以提出调解建议，但是否同意调解应充分尊重原告及行政机关的意愿，任何一方不同意用调解的方式解决纠纷或者不同意法院或当事人另一方提出的调解方案，法官都不得强迫其接受。

2. 合法原则。行政诉讼的根本目的，是通过监督行政机关依法行政来保护公民、法人和其他组织的合法权益。合法是行政诉讼的基础，是实现调解目的的重要保障。因此在行政诉讼的调解中要求调解协议的内容不能违反法律、法规的禁止性规定，不得损害国家利益、公共利益和他人的合法权益。在行政诉讼的调解中法院不能为了调解成功而放任行政机关超越或放弃其行政职权，以行政权作交易，也不能站在行政机关的立场上压制相对人。只有在不违背法律的禁止性规定下，在不损害国家利益、公共利益和他人的合法权益的前提下，才能更好地解决纠纷，监督和促进行政机关的依法行政，保护各方当事人的利益。

3. 事清责明原则。行政诉讼的特殊性在于其主要审查的是具体行政行为的合法性，这就要求对行政诉讼案件的调解必须建立在查明事实的基础上，只有首先对具体行政行为是否合法作出判断，在事清责明的基础上才能更好地有理有据地说服当事人，作出适当的调解。

4. 有限调解原则。这是2014年修改《行政诉讼法》后确立的行政调解的最重要的原则。行政诉讼的调解不同于民事诉讼，不能做到民事诉讼中那种完全调解，只能实行有限调解制度。也就是说对调解范围等作出严格的规定。如果不对行政诉讼调解的范围作出限制，可能会导致滥用调解权，影响行政诉讼立法宗旨的实现。因此，行政诉讼的调解必须在法律规定的范围内进行协商，法律没有限制性规定的，调解不得损害公共利益和他人的合法权益。

5. 调解结果特定原则。行政诉讼审查的对象是被诉具体行政行为的合法性，调解也只能紧紧围绕被诉具体行政行为的合法性进行。

6. 调审结合原则。行政诉讼的调解应把握好时机，做到“能调则调，当判则判”，对于调解达不成一致的，法院不能一味地追求调解率，强迫达成协议，应依法及时作出裁判。

7. 保护公共利益和第三人利益原则。《行政诉讼法》首先体现的是保护公民、法人和其他组织合法权益的立法目的，因此，法院在行政诉讼调解过程中要对双方的调解意见进行审查，必要的还可以通知第三人到场，以保障其合法权益不受侵害。

（二）行政诉讼调解的方法

1. 做好调解的准备工作。法官要事先找准行政诉讼案件中要解决的主要问题。例如，被告具体行政行为是否有违法或明显不当的问题，原告和第三人对自己权益要求的真实想法及可接受的限度及原告一方所存在的过错等问题。只有法官在自己内心对案件有了整体把握后，才能更好地说服原告不能提出过分的主张或无理缠诉，也有利于建议被告合理、适当地改变具体行政行为并使双方认同接受。了解了案件的相关情况后就要合理地确定调解期限，预测调解可能达成的最好结果，防止出现久调未果、案件久拖不结、超审限现象，以及原告对法院产生强制调解、偏袒行政机关或其他方面的误解。

2. 行政案件中，由于原告已经和行政机关“接触”了很久，本身带有敌对情绪，因此行政案件的调解最好先对双方采用背靠背分头劝解、说服的方式，单独地与当事人双方会面，解答当事人的疑问，就调解的注意事项进一步向当事人进行说明，向双方当事人耐心解释法律规定，帮助其正确理解有关法律规定，让当事人明白哪些权利是法律支持的，哪些权利是法律不支持的等。通过这样做使大多数案件的当事人能够明白自己的问题所在，从而将激化的情绪转变为平静理智的面对问题，进而配合、接受调解工作，为会面和调解做好准备工作。当调解意向大体一致，双方达成初步的调解意见后可以将双方当事人约在一起，通过面对面交换意见的协商方式确定最终的调解方案。如果双方不愿面对面地调解，笔者认为，最好不要强求，也可以通过非直接的方式，如打电话的方式、穿梭谈话等方式进行以避免矛盾的激化。

3. 针对当事人各自不同的心态，准确把握双方当事人之间的利益平衡点，做到有的放矢。首先是了解原告诉讼的目的，其从心理上是否愿意接受调解，调解方案的“底线”是什么，并向他们宣传法律相关规定，打消他们不合理要求的念头，主动配合调解工作，因人制宜，对症下药；其次是了解行政机关对这个案件的态度，了解其在调解上能裁量的范围有多大，帮助双方当事人寻找利益的共同点，尽力消释在行政过程中产生的原告对被告的怨气，积极引导当事人进行换位思考，按照法律规定在双方可接受的最大限度内提出调解方案，促进调解成立。

4. 在调解过程中，如果出现了原告与被告情绪激化，可能发生言词伤害或者肢体冲突的情况，应暂停调解，将双方隔离。法官可以单独对双方当事人进行说服工作，并判断是否可以继续调解。如果调解可以继续进行，在征得双方的同意后，继续调解；如果继续进行不利于双方关系的修复和问题的解决，则要暂时终止调解，待双方情绪稳定后另行安排。

5. 在调解过程中，也可以适用《民事诉讼法》第九十五条规定：“人民法院进行调解，可以邀请有关单位和个人协助……”通常情况下，被告的主管部门或上级单位、原告的亲朋好友等都可能对原告、被告作出的抉择产生影响。法院进行调解，可以先做好对他们的说服劝导工作，然后充分利用这些力量来配合做原告、被告的劝导工作。促使被告转变认识，接受建议，实现行政案件的调解处理。

6. 一并解决民事纠纷。在有些案件中，原告对行政机关提起行政诉讼只具有形式的意义，其主要目的还是要解决民事纠纷，行政诉讼仅是其解决民事争议的前提或维护其民事权益的途径。这类案件处理问题的重点则是解决当事人在民事问题上的争议，一旦这一主要矛盾解决了，行政纠纷也就随之消释了。因此对于这类行政案件，法院要考虑如何围绕公平地解决民事争议这个重点问题来调解，抑或在可能的情况下，可以考虑将民事争议一并解决。

“最差的和解也胜过完美的诉讼”，这一西方的法谚，在我国的行政诉讼中可以真正体现其特别的价值所在。《行政诉讼法》建立的有限调解制度是顺应时代和社会的产物，其也必将对社会和时代产生更深远的影响。

（撰写人：程娜）

8

规范性文件一并审查制度的运行与完善

2014年修改后的《行政诉讼法》确立了人民法院对部分规范性文件的一并审查制度①，这对充分保护行政相对人的合法权益、有效监督行政机关依法行政和实质性化解行政争议均具有十分重大的现实意义。为了解读2014年修改后的《行政诉讼法》实施后该项制度运行的实际状况，笔者以中国裁判文书网上刊载的行政裁判文书为主要样本进行了实证考察，结果表明：在2014年修改后的《行政诉讼法》实施后，尽管行政案件总量大幅增加，且其中一定比例的被诉行政行为适用了依法属于一并审查范围的规范性文件，但原告提出一并审查请求的案件占比不大，法院启动审查程序的案件不多；同时，在为数不多的启动审查程序的案件中，法院对规范性文件的审查有时既不全面也不深入，甚至流于形式；在一定意义上，曾被视为《行政诉讼法》修改一大亮点并被誉为法治政府建设重要“助推器”的规范性文件一并审查制度，仍未充分发挥出应有的功能和作用。对此，笔者认为应当从两个方面进行完善：一是立足当下，尽快通过司法解释明确、细化规范性文件一并审查的具体规则，促使现行制度的功能作用得到切实发挥。在此方面，2018年2月6日颁布并自2018年2月8日起施行的《最高人民法院关于适用〈中华人民共和国行政诉讼法〉的解释》对规范性文件一并审查的诸多问题作出了具体规定，对于司法实践起到很好的规范和指引作用。二是立足长远，对《行政诉讼法》修订过程中虽被反复提及但最终被割舍的规范性文件审查之诉进行再论证，尤其要针对相关的反对意见进行反思与回应，在此基础上设计出契合我国国情和司法实践的具体方案，推动规范性文件审查之诉适时建立，从而尽快形成有效且无漏洞的权利保障和权力监督体系。

---

① 《行政诉讼法》第五十三条规定：“公民、法人或者其他组织认为行政行为所依据的国务院部门和地方人民政府及其部门制定的规范性文件不合法，在对行政行为提起诉讼时，可以一并请求对该规范性文件进行审查。前款规定的规范性文件不含规章。”第六十四条规定：“人民法院在审理行政案件中，经审查认为本法第五十三条规定的规范性文件不合法的，不作为认定行政行为合法的依据，并向制定机关提出处理建议。”

一、规范性文件一并审查制度的运行状况与检讨

（一）对规范性文件一并审查制度运行状况的实证考察

1. 提出请求率与启动审查率“双低”格局

规范性文件一并审查制度被视为《行政诉讼法》修改的一大亮点并被誉为法治政府建设的重要“助推器”，然而司法运行状况却差强人意。经检索中国裁判文书网，在2014年修改后的《行政诉讼法》实施一年间各级法院作出的42412份行政判决中，筛选出原告依据《行政诉讼法》第五十三条规定提出规范性文件一并审查请求的样本案件有126件，其中法院未启动一并审查的案件多达117件，启动一并审查的仅有8件；在启动一并审查的8件中，法院认定规范性文件合法的有7件，认定规范性文件不合法的仅有1件①。

2. 谦抑有余而能动不足的审查进路

规范性文件一并审查的关键问题在于：要不要审查、审查哪些方面、审查到何种程度。实践表明，法院在这些问题上有时采取从纸面到纸面进行静态比对的审查进路，反映出谦抑有余而能动不足的司法立场。

（1）将“依据”限缩为“引用”。《行政诉讼法》规定，一并审查的对象只能是行政行为“依据”的规范性文件。实践中，法院通常只注重对以书面方式作出的行政行为内容的审查，看当事人请求审查的规范性文件是否被行政行为明确引用，如果未明确引用，则认定该规范性文件不属于一并审查范围。一些案件中尽管被告在答辩意见中明确引用并向法院提交规范性文件作为行政行为的依据，但法院仍以被诉行政决定书中“未注明适用”、行政决定书“未援引”、规范性文件并非“直接依据”等为由不予启动一并审查。

【例1】在原告某房地产开发有限公司诉被告某市人民政府、某市国土环境资源局案中，原告请求对《某市建设用地容积率管理规定》的合法性进行审查，法院以被诉决定书“并未注明适用”该规范性文件为由，对原告提出的审查请求不予采纳。

【例2】在原告某货运服务有限公司诉被告某市公路桥梁收费所案中，原告请求对《某市机动车辆路桥通行年票费年票制实施办法》的合法性进行审查，法院以被诉决定书“并未援引”该规范性文件为由，对原告提出的审查请求不予支持。

---

① 检索方式是以《行政诉讼法》第五十三条为关键词，对中国裁判文书网上刊载的作出于2015年5月1日至2016年4月30日的行政裁判文书进行全文检索。2016年6月22日最后登录。这种检索方式尽管无法检索出所有涉及规范性文件一并审查的行政案件，但足以反映出司法实践中该项制度运行的大体状况。

【例3】在原告戴某某诉被告某乡人民政府案中，尽管被告在答辩意见中明确引用《某市农村村民建房管理办法》第二十五条第三款的规定作为依据，并在法定期限内提交该规范性文件作为作出被诉行政行为的依据，但法院依然认定被告作出被诉行政行为未依据该规范性文件，故该规范性文件的合法性问题不属于案件审查范围。

【例4】在原告李某某诉被告某市人力资源和社会保障局案中，被告同样在答辩意见中明确援引一个规范性文件并向法院提交该规范性文件作为依据，法院仍以该规范性文件并非被诉行政行为的“直接依据”为由不予审查。

（2）将“起诉时提出”限缩为“在起诉状中提出”。一并审查请求不仅能针对行政行为依据的规范性文件，还必须在适当时机以适当方式提出。《行政诉讼法》规定，当事人可在起诉时提出一并审查请求。法院有时对此作狭义解释，要求原告在起诉状的诉讼请求部分列明一并审查请求，如果未予列明，即便在事实与理由部分对规范性文件提出异议，或在诉讼中以其他方式提出一并审查请求，也不予认可。尽管司法解释将提出一并审查请求的时机拓展到一审开庭之前，有正当理由的，还可以在法庭调查中提出，但实践中法院往往对“正当理由”进行严格限定，鲜有在庭审中提出的一并审查请求得到法院认可的情形。

【例5】在原告吕某诉被告某市房地产管理局、某省住房和城乡建设厅案中，原告提出对被诉行政行为依据的规范性文件进行一并审查的请求，一审判决未回应该请求，二审法院认定该案一审于2015年6月1日立案时，原告并未一并请求进行审查，其于2015年7月3日另行提出，不符合新《行政诉讼法》第五十三条第一款的规定，故一审法院未对该规范性文件进行审查并无不当。

【例6】在原告孟某某等人诉被告某镇人民政府案中，被诉政府信息公开申请答复书引用了一个规范性文件，被告在答辩中提出其作出被诉行政行为也依据了另一规范性文件并向法院提交了该规范性文件。原告以其在开庭审理前未及时阅读被告提交的法律依据为由，在庭审中提出对上述两个规范性文件进行附带审查的请求。法院认为原告提出的理由不属于正当理由，不予支持。

【例7】在原告某广告股份有限公司诉被告某区城市管理行政执法局案中，原告在新《行政诉讼法》实施后请求对被诉行政行为依据的规范性文件进行一并审查，法院以该案于2015年4月28日立案时新《行政诉讼法》尚未实施为由，对原告的请求不予考虑。

【例8】在原告崔某某诉被告某区人民政府案中，法院认定原告在案件发回重审后增加对规范性文件一并审查的请求，不符合法律规定，一审法院不予审查正确。

（3）将“合法”限缩为“不抵触”。规范性文件一并审查的启动要件全部成就的，法院需要对规范性文件的合法性进行审查。实践中，一些案件中法院只对被诉行政行为所援引的规范性文件的具体条文进行审查，看该条文内容是否与上位法相抵触，只要条文内容与上位法不抵触，通常就认定规范性文件具有合法性，并进而认定该规范性文件可以作为行政行为的合法依据。至于规范性文件是否是由有权机关在法定权限范围内制定的、制定程序是否合法、规范性文件的内容是否与基本法律原则相符、是否存在明显不当等情形，则往往不作审查和评判。可以说，法院对规范性文件合法性的审查力度总体上较弱，体现在裁判文书中的往往只是规范性文件合法的结论，具体理由却经常语焉不详。

【例9】在原告肖某某诉被告某市城市管理行政执法局、某市人民政府案中，法院对规范性文件的一并审查体现在判决书中只有“并不违法”四个字，难以看出法院从哪些方面对规范性文件进行了合法性审查和基于何种理由、依据认定规范性文件合法。

【例10】在原告吴某某等人诉被告某市人民政府案中，二审法院有关规范性文件合法性的审查没有从合法性的构成要件展开，而只是得出“合法性不容置疑”的结论。

（二）明确性与统一性尚显不足的司法尺度

《行政诉讼法》有关规范性文件一并审查的规定十分原则和笼统，在诸多问题上未作出明确具体的规定。例如，被告依据行政机关与党的部门联合发布的文件作出行政行为的，该文件是否属于一并审查的对象范围，司法实践中的认定标准不尽统一。又如，法院从哪些方面对规范性文件进行审查，行政裁判文书中体现出来的审查标准与强度大相径庭。

【例11】在原告张某某诉被告某区财政局案中，原告申请对《某区委区人民政府关于加强我区村级集体经济组织留用地管理的实施意见（试行）》进行附带审查。法院认定该文系某区委发布的文件，不属于一并审查范围。而在原告某广告有限公司诉某区人民政府案中，法院认定某区委办公室和区人民政府办公室联合发布的文件属于一并审查范围。

（三）对规范性文件一并审查制度运行状况的检讨

1. 效果评估

从个案层面看，规范性文件的合法性直接影响依据其作出的行政行为的合法性，不能启动对规范性文件的一并审查或不能进行充分有效的审查，就无法对行政行为的合法性作出准确司法认定，行政诉讼解决争议、保护权益、制约权力的功能亦将无从实现。

从制度层面看，规范性文件的内容往往是对法律、法规和规章的细化，内容更加具体明确，成为行政管理不可或缺乃至优先适用的重要依据。但我国规范性文件一直存在较多的问题，超越职权、违反上位法、侵犯相对人权益的现象突出，不少还暴露出地方保护、部门保护、争权夺利的明显倾向①。如果缺乏有效的监督机制，行政权就得以“合法”的名义侵蚀相对人的合法权益和权力机关的立法权力，从而使依法行政质变为依令行政。而在主要的监督机制之中，权力机关的监督受其工作方式的影响而缺乏经常性和连续性，行政机关的监督因其潜在的无法避免的自我保护意识而难以保障公正性，相比之下，对规范性文件的司法监督因具有独特优势而被寄予厚望。

然而，如前所述，一些案件中法院仅从静态的行政决定书、起诉状和规范性文件的具体条文中发现可供审查的对象和审查对象可能存在的违法之处，而未被行政行为直接引用的规范性文件很难进入法院的视野，未在第一时间提出的一并审查请求很难得到法院的认可，未表现为直接与上位法抵触的非显性的违法性很难被法院识别，其结果自然是大幅抬高了规范性文件一并审查的启动门槛，即便有幸得以启动，由于审查范围狭窄、审查力度孱弱，审查也极易流于形式，带来司法的“静默”乃至“休眠”，《行政诉讼法》建立规范性文件一并审查制度的目的难以真正实现。

2. 原因探究

毋庸置疑，导致规范性文件一并审查制度运行状况不佳的原因是多方面的。从制度运行的社会环境考察，规范性文件一并审查的启动须以当事人提出明确请求为前提。自 2014 年修改后的《行政诉讼法》实施以来，尽管公民、法人和其他组织通过行政诉讼渠道解决行政争议、维护自身权益的意识不断增强，但《行政诉讼法》有关规范性文件一并审查的规定并未深入人心，当事人提出一并审查请求的案件数量少、比例低，导致绝大部分案件中法院无法依照《行政诉讼法》的规定启动对规范性文件的一并审查。

然而，从当事人提出一并审查请求的案件数量少、比例低的现象中，不应简单得出当事人怠于行使该项诉讼权利的结论，而应同时从司法自身寻找症结。例如，在被诉行政行为以规范性文件为依据的案件中，法院是否尽到了必要的释明义务，告知当事人可依法请求对规范性文件进行一并审查？面对 2014 年修改后的《行政诉讼法》实施以来行政案件数量大幅攀升、行政审判压力骤然加大的“新常态”，如果缺乏刚性约束，希望司法能够“自找麻烦”告知当事人提出一并审查请求是不

---

① 江澎涛：《论行政规范备案审查制度》，中国政法大学 2011 年博士学位论文。

切实际的。同时，从体制机制的角度看，如果司法的权威性无法得到切实保障，很难想象司法能够对行政进行全面有效的监督制约，司法对行政的谦抑就可能被不适当地强调和放大，其结果往往是司法想方设法避免介入行政，或在介入不可避免时，避免介入过深。

除了司法能动性不足以外，制度本身不完善也是导致规范性文件一并审查制度实施效果不甚理想的重要原因。尽管《行政诉讼法》建立了规范性文件一并审查制度，但相关规定过于原则和笼统，尤其在“要不要审查、审查哪些方面、审查到何种程度”等实体性问题上缺乏明确的具体标准，既无法对司法运行形成刚性约束从而导致“不愿审”，又无法为司法运行提供可供操作的细密规则从而导致“不会审”，还可能使司法运行缺乏坚实的立法支撑从而导致“不敢审”。同时，正如下文将要指出的那样，规范性文件一并审查制度本就具有难以弥合的局限性，相较于规范性文件直接审查，其启动条件更严，审查程度更浅，错误成本更高，对法的安定性的冲击也更大，而这种局限性又会在司法运行过程中产生重要影响。例如，在确认规范性文件违法可能会导致行政管理秩序受到严重冲击的情况下，法院可能会转而寻找不予启动一并审查的理由，或在难以回避对规范性文件的合法性审查时降低审查强度，并进而在合法性评述过程中使用更加笼统的语言。

3. 改进方向

基于上述分析，要让规范性文件一并审查制度充分发挥功能，就应当从各相关方面作出改进。例如，应当明确法院在行政审判中的释明义务，避免当事人因为不了解法律规定而不能行使其享有的请求一并审查规范性文件的诉讼权利。又如，应当进一步深化行政审判体制，切实增强法院排除地方保护和行政干预的能力，确保司法公正。再如，面对2014年修改后的《行政诉讼法》实施以来行政审判压力陡增的“新常态”，应当尽快扭转目前行政审判队伍“量小质弱”的状况，进一步提升行政审判的专业化、职业化和正规化水平。

与此同时，笔者认为司法理念的转变也显得十分必要与迫切。如前所述，当前法院在规范性文件一并审查问题上多采取从纸面到纸面进行静态对比的审查进路，体现出来的是谦抑有余而能动不足的司法立场，进而导致审查范围狭窄、审查力度孱弱。其实，规范性文件一并审查集成了行政、立法与司法三种不同性质的法律适用过程，对规范性文件的一并审查应当立足于这些动态的过程。就启动要件而言，法院只审查作为行政行为依据的规范性文件，而行政机关将规范性文件作为依据，可以体现在行政行为的整个过程和各个环节，仅从作为行政行为结果的行政决定内容中寻找“依据”，无异于“只见树木不见森林”。作为一并审查对象，规范性文件虽非《立法法》所规定的“法”，但规范性文件的制定具有鲜明的立法属性。对规范性文件的一并审查应当涵盖其制定过程的各个方面，仅仅关注作为结果的条文内容无疑是片面的。此外，我国只建立了规范性文件一并审查制度，对规范性文件合法性的审查是借助对行政行为合法性的审查过程实现的，受到诉讼参与人、举证责任、裁判方式等诸多制约，这又必然对规范性文件一并审查的方式、标准与强度产生影响，因此相关实体性规则的构建也必须立足于司法运行的过程。总之，法院仅从纸面到纸面进行静态比对是不够的，更需发挥能动作用，立足于行政行为作出规范性文件制定和诉讼程序推进的动态过程，积极探知审查的对象、启动审查的时机和规范性文件可能存在的违法之处，以实现建立一并审查制度的立法目的。

此外，笔者认为也有必要结合司法运行状况对规范性文件一并审查制度本身进行反思，尤其要对《行政诉讼法》修订过程中虽被反复提及但最终被割舍的规范性文件审查之诉进行再论证，在此基础上设计出契合我国国情和司法实践的具体方案，推动规范性文件审查之诉适时建立，从而尽快形成有效且无漏洞的权利保障和权力监督体系。

二、规范性文件一并审查的主要问题及其解决

（一）“引用”到“适用”：基于行政过程确定审查对象

1. 规范性文件可成为行政过程各个环节的依据

尽管人们经常将诸如行政处罚决定书、房产证等静态的载体当作行政行为本身，且法院有时也直接以它们作为判决对象（如判决撤销房产证而非判决撤销房屋登记行为等），但对二者显然不能等同视之。不论从应然还是实然的角度分析，行政行为都是一个动态的过程和有机的整体，包含职权取得、程序选择、事实认定、法律解释、处理结果等诸多环节。在法治原则之下，行政过程的各个环节均须接受法的支配，而这里的“法”在很多时候是以规范性文件的面目出现的。行政过程的任何环节均可能以规范性文件为依据，而一旦依据了不合法的规范性文件，都会危及行政行为的合法性。因此，法院应将行政过程各个环节依据的规范性文件纳入一并审查的视野，而不仅仅是明确记载于静态载体中的规范性文件。

（1）依据规范性文件取得行政权限。行政机关的职权范围通常是由法律规范确定的，但也存在一些领域因缺乏法律规范而由规范性文件确定的情况。此时，行政机关的职权就直接来源于规范性文件。例如，实践中行政机关常以“三定方案”作为职权依据。同时，即使存在法律规范依据，行政机关也可能借助规范性文件扩张权力并据此实施行政行为。例如，上海市盐务管理局依据中盐政〔2000〕109号《复函》实施对工业盐销售的查处行为，被法院认定超越职权。此外，法律规范有关行政职权的规定往往比较原则，需要借助规范性文件对层级管辖和地域管辖进行

细分。例如，国家审计署发布《审计机关审计管辖范围划分的暂行规定》，对各级审计机关的各自职权范围作出具体划分。此时，法律规范只能提供行政权能的依据，具体权限范围则需要以规范性文件为依据。

（2）依据规范性文件认定案件事实。行政机关应当在查明事实的前提下作出行政行为，但行政机关不可能漫无边际地查明所有的事实，而只需按照法律规范预设的事实前提的指引去查明相关的事实，在法律规范缺位或不够明确时，规范性文件有时就成为行政机关确定查明哪些事实的重要依据。同时，就行政机关所查明的具体事实而言，也往往只是法律意义上的事实，可能与客观事实存在差异。例如，规范性文件规定，在房屋征收工作中，对被征收房屋面积的认定以房产证上记载的面积为准，没有房产证的，以房屋买卖合同或房屋租赁合同上记载的面积为准。据此，实践中行政机关为查明被征收房屋的面积，就可能只是要求相关当事人提交房产证、房屋买卖合同或租赁合同，而不是对房屋面积进行实际测量；行政机关查明的房屋面积，也可能与房屋的实际面积不一致。法院在审查行政机关认定事实是否清楚时，首先需要对行政机关认定事实所依据的规范性文件的合法性作出认定。

（3）通过规范性文件解释法律。法律规范中充满不确定法律概念，规范性文件常对不确定法律概念作出解释，这些解释常常是行政机关对行政相对人的行为或者其他事项进行定性的依据。例如，公安机关依据《公安部关于办理赌博违法案件适用法律若干问题的通知》中对“参与赌博”的解释，将“在境内以电话方式参与境外赌场赌博”定性为《治安管理处罚法》所规定的“参与赌博”行为，并对该行为作出治安处罚。又如，工伤认定机关依据规范性文件中有关时速超过 20 公里/小时的电动自行车认定为机动车的解释，将驾驶机动车发生交通事故导致的伤害定性为工伤。再如，房屋拆迁部门依据《A 市人民政府关于〈A 市城市房屋拆迁管理办法〉第九条的解释》中有关“属于土地一级开发的，建设单位按照……第（二）项规定提交的‘建设用地规划许可证或者建设工程规划许可证’应为提交规划部门批复的规划意见书”的解释，认定建设单位取得规划部门批复的规划意见书，即已符合行政法规和规章规定的拆迁许可条件。显然，法院要审查被诉行政行为的合法性，首先要审查规范性文件中行政解释的合法性。

（4）依据规范性文件选择行政程序。行政机关经常对法律规范所规定的行政程序作出细化或补充规定，如《A 市房屋登记工作规范》《A 市婚姻登记工作规范》等。有时行政机关也会对法律规范所规定的行政程序作出简化规定，如《A 市国土资源和房屋管理局关于进一步简化手续，加快办理房改售房登记发证工作的通知》等。不管属于哪种情形，行政机关都可能依据规范性文件所设定的行政程序作出行政行为，此时对行政行为合法性的认定同样离不开对规范性文件合法性的审查。

（5）依据规范性文件进行裁量。行政机关应当考虑某因素但未考虑的，或者不该考虑某因素而予以考虑的，都可能构成滥用职权。有时，规范性文件设定了作出行政行为前应当考虑的因素，法院在审查行政机关是否滥用职权时，离不开对规范性文件的审查。同时，行政机关经常通过裁量基准文件对法律规范所规定的处理幅度作出细化规定，这些规范性文件经常作为行政机关作出特定行政行为的依据，法院对行政行为是否明显不当的认定往往以对规范性文件合法性审查为前提。

不难看出，在行政机关作出行政行为的各个阶段或环节，规范性文件都可能被行政机关作为依据；同样，法院要从职权、事实认定、法律适用、行政程序、行为结果等方面对被诉行政行为合法性进行全面审查，而无论哪一方面，都可能要以审查规范性文件的合法性为前提。

2. 规范性文件作为行政行为依据的表现形态

除被行政行为直接引用外，规范性文件作为行政行为依据的情形还包括以下几种：

（1）作为行政不作为的依据。《行政诉讼法》规定的“行政行为”包括行政作为和行政不作为。根据同一术语在同一法律中具有相同含义的基本原理，《行政诉讼法》第五十三条有关原告可以请求对行政行为依据的规范性文件进行一并审查的规定同样适用于行政不作为案件。实践中，行政机关经常以规范性文件作为其不具有特定职责或履责条件尚未成就的依据。将行政不作为依据的规范性文件纳入一并审查范围，既是法律规定的应有之义，也是对行政不作为、缓作为和作为不到位进行源头治理的重要一环。

（2）作为行政行为的依据的依据。如果行政行为依据的规范性文件又以其他规范性文件为依据，法院对下位规范性文件的一并审查无法绕开对上位规范性文件的审查。该情形并不鲜见，上级行政机关经常通过规范性文件授权下级行政机关制定实施性规范性文件，行政机关也经常通过解释规范性文件形成新的规范性文件。这可能带来行政规范割据的现实风险，因为行政规范的形成权始终在行政系统内部层层传递，法律规范则可能逐渐被稀释、异化直至发生质变。如果一并审查不能回溯到上位规范性文件，不仅无法审查行政行为直接依据的规范性文件的合法性，进而无法审查行政行为的合法性，更无法阻断行政规范割据局面的生成。

（3）作为关联行政行为的依据。有时行政机关在一个完整的行政过程中先后作出多个相互关联的行政行为，前一行政行为构成后一行政行为的基础。原告在针对后一行政行为提起诉讼的情况下，也可能对前一行政行为依据的规范性文件请求一并审查。例如，某市住房和城乡建设局依据《某市建设用地容积率管理规定》确认某建设项目的初始容积率为 1.0，而实际容积率为 3.18，该市国土环境资源局据此要求建设单位补交容积率调整后的土地差价款800余万元。该案中，《某市建设用地容积率管理规定》是建设部门确定初始容积率的依据，而建设部门确定的初始容积率又与国土部门作出的补交地价款通知行为的合法性直接相关，尽管被诉行为并非建设部门确定初始容积率的行为，但法院显然不能对这一行为的合法性置之不理，而对该行为的审查又离不开对上述规范性文件的审查。因此，从过程论的视角看，该规范性文件实际上也是国土部门责令补交地价款行为的依据。

（4）关于行政机关与其他主体共同发布的规范性文件问题。从司法实践看，行政行为依据的规范性文件多由行政机关制定，但有时由行政机关与非行政机关共同制定并发布。此时，由于该规范性文件影响被诉行政行为的合法性，进而影响原告的权利义务，因此也应允许原告提出一并审查请求。例如，在前述原告张某某诉某区财政局一案中，原告申请对区委区政府共同发布的《关于加强我区村级集体经济组织留用地管理的实施意见（试行）》进行一并审查，尽管该文文号带有“区委”字样，但区政府是文件制定主体之一，且文件内容涉及土地出让金管理等属于行政管理而非单纯党务的事项，也被被告区财政局作为被诉行政行为的依据，其合法性直接影响被诉行政行为的合法性，故应将该文件纳入一并审查范围。

3. 合法性审查原则与诉辩平衡保护原则

基于正当程序原则、行政公开原则和说明理由制度，也许有人主张行政行为的依据应严格限定于行政行为内容中明确援引的依据，如果该依据不足以表明行政行为合法，则应认定行政行为违法，而不应允许行政机关在诉讼中提出其他依据，也无须对诉讼中提出的规范性文件依据启动一并审查。

从督促行政机关切实履行说理义务、防止行政机关在诉讼中补充理由和依据的角度看，上述主张具有积极意义。然而，一概排斥行政行为未明确援引的依据显然不符合行政管理实际。行政管理既以公平为价值，也以效率为目标，低效的行政行为在很多时候难以真正实现公平正义。从行政惯例看，行政行为内容中通常只载明与处理结果相关的依据，并不载明涉及行政职权、事实认定、法律解释、行政程序、考虑因素等方面的依据。有些行政行为，如颁发证书的行为，行政行为内容中可能连处理结果的依据也不作记载。如果要求行政机关将行政过程各个环节涉及的所有规范性文件全部载明于行政行为内容之中，不仅必要性值得怀疑，恐怕也不具有可行性。另外，一概排斥行政行为未明确援引的依据有时也会导致诉讼程序空转。在行政行为实际依据了规范性文件而只是行政行为内容中未载明的情形下，如果法院简单地以依据不足为由撤销行政行为，而对原告提出的一并审查请求不予考虑，行政机关可能在明确引用规范性文件的基础上重新作出事实、理由和结果均相同的行政行为，不仅行政争议未能得到实质性解决，反而延迟了对原告的司法救济和对可能存在违法情形的规范性文件的司法审查。因此，笔者认为，对于未被明确援引的规范性文件，如果有证据证明其对行政行为的作出确已起到支撑作用，如行政机关在书面决定作出前通过口头告知、笔录记载或在书面决定附件中记载等方式表明其依据了该规范性文件，则应将它作为行政行为的依据纳入一并审查范围。

既然规范性文件作为行政行为的依据可能随着诉讼程序的推进渐次呈现，法院显然不应要求原告只能在起诉时就提出一并审查请求，也不应一概驳回原告在庭审开始后才提出的一并审查请求。如果原告有正当理由，如行政机关在庭前阶段只提及所依据的规范性文件名称而未提交文本，或者虽提交文本但法院并未实际送达原告等，应当允许原告在庭审中提出一并审查请求。总之，不论规范性文件呈现于诉讼的哪一阶段，只要法院认可该规范性文件可以作为行政行为的依据，就应允许原告在合理期间内提出一并审查请求，以确保诉辩双方权利平等和"武器"对等。

（二）"局部"到"全面"：基于"立法"过程框定审查范围

1. 规范性文件制定过程始终受到法的支配

制定规范性文件的过程是一个典型的立法性过程，该过程的各个环节均须接受法的支配和约束。例如，行政机关制定规范性文件应在其法定职权范围内进行，并应符合有关制定权限的特别规定；应出于授权法允许的正当的目的，并应考虑授权法要求其考虑的因素；应根据授权法的指引收集相关资料、信息，并作出客观准确的分析判断；要对法律规范中的不确定概念作出准确解释；要遵循包括步骤、顺序、期限、形式等各个要素的法定程序；要确保规范性文件的内容与上位法的规定和原则不相抵触；等等。不难看出，规范性文件尽管表现为静态的文本，但反映出来的是动态的法律适用过程，该过程中的各个环节均须符合法律规范或上位行政规范的规定，任何一个环节违法都对规范性文件的合法性产生直接影响。

2. 对规范性文件合法性的全面审查原则

一并审查模式之下，法院可以从哪些方面审查规范性文件的合法性？对此，理论界既有共识又有分歧。共识在于，法院应审查规范性文件制定权限和案件所涉及的具体条款。分歧则主要表现为两个方面，一是法院要不要审查制定程序的合法性，二是法院要不要审查行政行为引用的具体条款以外的条款。当然，理论界似乎还有两点默契，一是法院只需进行"法律审"而不应进行"事实审"，二是法院只应进行形式合法性审查而不应进行实质合法性审查。笔者认为，规范性文件一并审查应当遵循全面审查原则，法院应当既审程序，又审实体；既审法律，又审事实；既审形式合法性，又审实质合法性。

其一，从法律规定考察。《行政诉讼法》第六十四条规定，法院经审查认定本法第五十三条规定的规范性文件不合法的，不作为认定行政行为合法的依据。根据同一法律术语在同一法律中具有相同含义的基本原理，同时鉴于《行政诉讼法》未作出差别性规定，因此法院对行政行为和规范性文件的审查均属于合法性审查，合法性审查的具体范围和标准亦应相同。既然对被诉行政行为合法性的审查是全面审查，对规范性文件合法性的审查也应当是全面审查。从反面求证，如果法院审查认定行政行为明显不当，而行政行为又完全符合规范性文件的规定，此时如果不能对规范性文件的规定是否明显不当作出审查认定，就难免会无所适从。

其二，从规范性文件的属性考察。规范性文件制定过程虽带有明显的立法性特征，但规范性文件并不属于法的范畴，对法院不具有法律规范意义的拘束力。尽管规范性文件对于相应范围内的行政机关具有拘束力，对民众和法院也能产生某种实际效力，但行政行为同样具有公定力、确定力、执行力等效力，二者并无本质上的不同。因此，就行政权与司法权的关系而言，法院对待规范性文件应当具有与对待行政行为一样的完整审查权。

其三，从制度演变历程考察。在《行政诉讼法》2014 年修改前，尽管缺乏正式的一并审查制度，但法院通过对法律规范的选择适用实际上享有对规范性文件的一并审查权，最高人民法院也明确规定，法院有权审查规范性文件的合法性、有效性、合理性、适当性，并可以在裁判说理中作出评述，通过拒绝适用不合法的规范性文件，能够阻却规范性文件在个案中的适用效力。应当说，《行政诉讼法》在 2014 年修改前，法院已经可以对规范性文件的合法性进行全面审查。如果在《行政诉讼法》正式建立规范性文件一并审查制度后，反而将司法审查范围局限于制定机关是否具有制定权限和具体条款是否与上位法抵触这两个方面，实有大幅倒退之虞。

3. 对规范性文件形式合法性的审查标准

所谓“合法性”首先是指“合法律性”或形式合法性，主要包括以下三个方面：

（1）审查规范性文件的制定主体及权限是否合法

第一，审查制定主体有无独立的行政主体资格，不具备行政主体资格的行政机关内部机构制定的行政规范不具有外部约束力。实践中，地方人民政府或国务院部门有时在其制定的规章或者行政规范中授权其内设机构（常见的是负责法制工作的机构）负责解释，如 1994 年国内贸易部发布的《商品流通企业法律顾问工作试行办法》（已失效）第二十六条就规定：“本办法由国内贸易部政策体制法规司负责解释。”有时内设机构还主动或者依下级行政机关的请示作出解释。对于内设机构作出的解释，其作用应限于内部指导，不具有外部约束力，当然也不能作为行政审判的有效依据。例外在于，根据国务院《国家行政机关公文处理办法》（已失效）

的规定，政府及其部门的办公厅（室）可以对外正式行文，其发布的部分规范性文件可以作为行政审判的依据。事实上，国务院及县级以上地方人民政府所属职能部门的机构设置、职能通常都是由国务院及县级以上地方人民政府办公厅（室）通过规范性文件设定的，行政诉讼中经常依据这些规范性文件认定行政机关的职责范围。

第二，审查制定权力来源是否合法。我国行政机关所享有的规范性文件制定权，一部分直接来源于《宪法》和《组织法》，系固有职权，制定主体包括国务院及其部门、县级以上地方各级人民政府和乡镇人民政府；另一部分来源于宪法、组织法以外的法律规范或者行政规范的授权，制定主体可以是任何行政主体。需要注意的是，授权不仅有明确的、具体的授权，如原《A市城市房屋拆迁管理办法》第四十二条有关“搬迁补助费、提前搬家奖励费和停产停业综合补助费的具体标准，由市国土房管局制定”的规定；还包括笼统的、概括的授权，如原《A市城市房屋拆迁管理办法》第五条有关“市国土资源和房屋管理局主管本市城市房屋拆迁管理工作，负责本办法的组织实施和监督检查”的规定。据此，尽管原《A市城市房屋拆迁管理办法》没有作出诸如“本办法由市国土资源和房屋管理局负责解释”或者“市国土资源和房屋管理局可根据本办法制定实施细则”的特别规定，但A市国土资源和房屋管理局制定的原《〈A市城市房屋拆迁管理办法〉实施意见》这一规范文件的行为仍然可被认为是经过规章授权的。

第三，审查有无越权情形。行政机关超越职权制定规范性文件可分为横向越权和纵向越权，前者包括事务越权和地域越权，后者包括向上越权和向下越权。其中在“向下越权”，即上级行政机关制定了本应由下级行政机关制定的规范性文件问题上，基于上下级行政机关之间的行政隶属关系，有人可能认为不构成超越职权的违法行为。笔者认为，对此不能一概而论。如果下级行政机关制定规范性文件的权力是上级行政机关授予的，上级行政机关制定了相应的规范性文件，而下级行政机关并未制定，此种情况下不宜认定上级行政机关越权，可视为上级行政机关事实上收回了对下级行政机关的授权。但如果下级行政机关已经根据上级行政机关的明确授权制定了规范性文件，或下级行政机关的制定权是由更高层级的行政机关或者立法机关授予的，则上级行政机关制定应由下级行政机关制定的规范性文件构成向下越权。

（2）审查规范性文件的制定程序和形式是否合法

第一，审查行政规范性文件是否经过公布。这在对行政立法进行附带审查时通常不会产生问题，因为向社会公布是行政立法的法定程序，实践中很少出现违反这一程序规定的事例。公布问题常出现在对规范性文件的司法审查中，并且在附带审查和直接审查中具有不同的意义。在附带审查模式下，法院对规范性文件的审查旨在确定规范性文件应否作为认定被诉行政行为合法性的依据。一般而言，未经公布的规范性文件不具有约束力，不能作为行政审判的依据。但规范性文件的情况比较复杂，不仅包括外部规范性文件，还包括内部规范性文件，如有关内部机构设置、执法资格、对不确定法律概念的解释、裁量基准的规范性文件。这些内部规范性文件往往在行政系统内部传达或下发，并不向社会公布。但它们仍对行政执法具有约束力，并随着行政执法而发生外部效果。如果这些内部规范性文件不存在其他违法情形，不能仅仅由于未经公布就否认它的合法性。在直接审查模式下，未经公布的规范性文件如果不会对公民、法人或者其他组织的权利义务产生直接影响，如行政机关内部掌握的裁量基准、解释基准等，不具有直接的可诉性；如果对权利义务产生直接影响，则不具有合法性。

第二，审查授权的附加要件是否成就。例如，原《A 市城市房屋拆迁管理办法》第四十二条授权市国土资源和房屋管理局制定搬迁补助费、提前搬家奖励费和停产停业综合补助费的具体标准，但同时要求报市人民政府批准后公布实施。据此，A 市国土资源和房屋管理局依授权制定的相关行政规范就必须履行报经市人民政府批准的程序，否则就会因违反法定程序而不具有合法性。

第三，审查制定程序是否符合专门法律规范的要求。相较而言，行政法规和规章的制定程序规范比较完善，违反法定程序的情形较少。对于规范性文件而言，尽管缺乏法律层面的专门立法，但并非没有相关的程序规范。目前，许多中央和地方行政机关以规章或规范性文件的形式对规范性文件的制定程序作出了较为具体的规定，如《财政部规范性文件制定管理办法》《吉林省规范性文件制定办法》等。

（3）审查行政规范性文件的内容和依据是否合法

第一，审查规范性文件是否违反法律保留原则。法律保留是指只有在法律明确授权的情况下才可以实施某种行政行为。对于法律保留的领域，则存在侵害保留说、全部保留说、重要事项保留说和机关职能说等不同学说。我国的相关立法兼采了侵害保留说和重要事项保留说。前者的体现如国务院《全面推进依法行政实施纲要》中有关“没有法律、法规、规章的规定，行政机关不得作出影响公民、法人和其他组织合法权益或增加公民、法人和其他组织义务的决定”的规定；后者的体现如《立法法》第八条、第九条的规定。据此，规范性文件如果规定了《立法法》所规定的本应由法律规定的事项，或者规范性文件规定了应由法律或授权国务院通过行政法规规定的事项，或者规范性文件在没有法律、法规、规章授权的情况下限制或剥夺了行政相对人的权利或为其设定了义务，均不具有合法性。

第二，审查行政规范性文件是否与上位法律规范或行政规范相抵触。对于法律、行政法规、地方性法规、部门规章、地方政府规章以及规范性文件之间效力等级的识别，首要应当依照《立法法》的规定。最高人民法院根据《立法法》的规定，制定《关于审理行政案件适用法律规范问题的座谈会纪要》，对相关问题进一步予以明确。司法实践中确定各类法律规范或行政规范的效力等级通常不会存在问题。在适用于同一事项而效力等级不同的法律规范或行政规范之间存在不一致时，法院需要审查它们之间是否构成抵触。实践中，构成抵触的情形主要有：一是行政规范与法律规范或上位行政规范相比，对行政相对人更不利，包括缩小了权利主体范围，限制或剥夺了行政相对人的权利，增加了行政相对人享有权利的条件，扩大了行政相对人的义务等。例如，某市人民政府 1998 年发布的《某市城市房屋拆迁管理办法》规定，对在拆迁范围内有本市常住户口，无正式住房，长期居住在自建房内，并且在拆迁范围外无正式住房的，经区、县房地局核准，拆迁人应当给予适当补偿。而该市房地产管理局于 2000 年制定了针对该规章的实施意见，所规定的享受自建房补偿的条件还包括：单独立户；配偶、父母、子女在拆迁范围内无正式住房；配偶在拆迁范围外无正式住房。由于该行政规范扩大了享受自建房补偿的条件，或者说缩小了权利主体的范围，故与规章规定不一致。二是行政规范与法律规范或上位行政规范相比，对行政机关的约束更松弛，包括扩大了行政主体或其职权的范围，延长了行政主体履行法定职责的期限，缩小了行政主体义务，简化了行政主体行使职权的法定程序并可能对保障行政相对人的合法权益产生不利影响等。例如，规章规定实施某类行政行为必须遵循听证程序，而规范性文件规定可以依照简易程序进行。当然，如果对行政机关的约束更严格，一般不认为违法。例如，《城市房屋拆迁行政裁决工作规程》规定，未达成拆迁补偿安置协议户数较多或比例较高的，房屋拆迁管理部门在受理裁决申请前应当进行听证。该规范性文件为房屋拆迁管理部门设定了听证义务，有利于保障处于弱势地位的被拆迁人的权益，因此不应认定为违法。三是行政规范与法律规范或上位行政规范相比，改变了适用条件、范围或处理方式。包括行政规范增设或限缩违反法律规范或上位规范的适用条件，改变了法律规范或上位行政规范已规定的违法行为性质，改变了法律规范或上位行政规范规定的给予行政处罚的行为、种类、幅度范围，超出法律规范或上位行政规范规定的强制措施的适用范围、种类和方式，及改变其适用条件，增设法律规范或上位行政规范所未规定的行政许可条件等。例如，某市地方性法规对某类违法行为设定了警告、并可处以 100 元至 1000 元罚款的处罚；同时规定，情节严重的，处以 1000 元至 2000 元的罚款。而该市政府的相关部门为使处罚幅度尽可能统一和便于操作，在其制定的实施性行政规范中将处罚一律确定为罚款 1000 元，即直接违反了地方性法规的规定。

第三，审查是否违反调整同一事项的上位法律规范或行政规范的基本原则。有时规范性文件的内容并不直接违反上位法律规范或行政规范的具体规定，但不符合上位法律规范或行政规范的基本原则，也可构成违法目的和精神。例如，行政法规和规章规定，在公告的搬迁期限内拆迁人与被拆迁人、房屋承租人达不成拆迁补偿安置协议的，自搬迁期限届满之日起至拆迁许可证规定的拆迁期限届满之日前，经当事人申请，由核发拆迁许可证的房地产行政主管部门裁决。而某房地产行政主管部门制定的其他规范性文件规定拆迁期限届满后才提出裁决申请的，不予受理。尽管该规范性文件并未直接违反行政法规和规章的具体规定，但不符合行政法规和规章的基本精神和目的。理由在于：在我国，对于未达成协议的房屋拆迁纠纷是通过行政裁决解决的，对行政裁决不服可以提起行政诉讼，而法院不能直接处理未达成协议的拆迁纠纷。而拆迁纠纷双方能否在拆迁期限届满前申请裁决，可能存在诸多制约条件。如果拆迁期限一旦届满就不能再申请裁决，则拆迁纠纷就无法通过法定途径解决，显然也无法保障被拆迁人及拆迁人的合法权益。

4. 对规范性文件实质合法性的审查标准

与被诉行政行为相比，制定规范性文件所蕴含的自由裁量权更大，如果仅仅进行形式合法性审查，司法审查可能流于形式。因此，对规范性文件的审查也要适当兼顾实质合法性审查。与对行政行为的审查标准一致，法院亦应借助“滥用职权”和“明显不当”两项审查标准，实现对规范性文件制定过程中行政裁量权的司法规制。

一是目的明显不当的规范性文件不具有合法性。例如，行政机关可出于资源保护等公共利益的需要提前收回采矿许可，但如果出于创收目的发布规范性文件，要求通过竞标方式重新确定被许可人，则为目的不适当。类似的例子还有仅仅为了展示城市的对外形象而限制某些轿车在特定街道上行驶，为了进行地产保护而禁止外地商品销往本地等。

二是明显违反基本法律原则的规范性文件不具有合法性。例如，假设行政机关规定残疾人不允许报名参加国家司法考试，即违反了平等对待原则。需要注意的是，如果规范性文件将某类人作特殊化处理具有法律、法规或政策依据，或者是由相关事项的特点、属性所决定的，则不违反平等对待原则。例如，国家司法考试对一些少数民族地区实行低于统一标准的合格线，因符合国家民族政策，不违反平等对待原则。又如，有关飞行员资格的规范性文件将视力不佳者排除在外，因系飞行员职业特点所必需，也不违反平等对待原则。

三是完全不具有事实根据的规范性文件不具有合法性。规范性文件依据的事实往往是立法性事实，具有价值判断的浓厚色彩，法院需要高度尊重。例如，行政机关为了治理大气污染而对机动车采取限购、限行措施，尽管机动车尾气排放对大气污染的影响程度还存在争议，法院也不应轻易否定。但如果某地机动车保有量很低，却对包括电动机动车在内的所有机动车采取严格的限购或限行措施，则可能会因缺乏基本事实依据而违法。此外，如果规范性文件的相关内容完全不具有事实上的可行性，也不应认可其合法性。

5. 规范性文件一并审查的基准时

通常而言，在行政机关作出行政行为、原告提起诉讼、法院作出判决之间均存在或长或短的期间，而在此期间内有关行政行为合法性的事实或法律状态可能会发生变化，根据不同的事实和法律状态也可能会得出不同的结论。那么，该以何时的事实和法律状态作为司法审查的基准呢？从《行政诉讼法》的规定看，对于行政行为，法院往往以行政行为作出之时作为基准时。例如，行政机关在作出具体行政行为之后收集的证据不能用于证明具体行政行为的合法性，行政机关作出具体行政行为后补充的理由不能作为有效理由。

相较于被诉行政行为，对规范性文件一并审查的基准时问题更加复杂。一方面，规范性文件能反复适用，在一并审查模式下，数年甚至数十年后仍可能受到司法审查，而时间跨度越大，事实或法律状态发生变化的概率就越大。另一方面，规范性文件调整的事项经常与其他规范性文件或上位法律规范调整的事项存在交叉，一旦其他规范性文件或上位法律规范发生变动，就可能对涉诉规范性文件的合法性产生影响。因此，确定适当的审查基准时，意义重大。

在美国，根据联邦最高人民法院通过判例确立的原则，行政机关不能在事后补充作出行政决定时未提供的理由和依据。这一原则得到联邦法院的普遍遵循。联邦法院在案件中重申，“行政机关必须表明其决定的理由，这是行政法的一项基本原则”①；“行政行为必须基于行政机关自身表明的根据而得到支持”②；“行政机关对其行为的事后解释不能代替其在决定中对行为基础的说明”③。可见，美国法院主要以行政行为作出之时作为司法审查的基准时，在针对行政规则的案件中同样如此。不过，针对行政规则制定日益僵化的状况，也有人建议法院允许行政机关在诉讼中补充理由，即如果行政机关在作出决定后提供了合法的理由，法院不应推翻行政规则。这一主张的理由在于，允许行政机关事后对行政规则进行正当化，能够显著降低行政成本，尤其是能够避免规则制定延迟与僵化，同时也不会导致错误成本

① Pac. Coast Fed'n of Fishermen's Ass'ns v. U. S. Bureau of Reclamation, 426 F. 3d 1082 [9th Cir. 2005].

② Motor Vehicle Manufacturers Ass'n v. State Farm Mutual Automible Insurance Co., 463 U. S. 29 [1983].

③ Arrington v. Daniels, 516 F. 3d 1106 [9th Cir. 2008].

大幅增加，还有助于纠正行政机关不愿制定规则的倾向①。不难看出，该观点实际上是主张依据判决时的事实和法律状态，审查行政规则的合法性，但未得到法院采纳。而在德国，法院可以判决之时作为基准时。胡芬指出：“据以评价规范之违法性的实质性时点，不单是规范公布的时间，因为规范不仅一般抽象地产生影响，而且也被认为是具有长期效力；故确切地说，也要看法院作出评判的时点，任何其他结论都将不合乎基本法第二十条第三款：高等行政法院不可以对此时才变得违法的规范视若无睹。”② 在笔者看来，美国、德国法院的上述做法并不必然冲突，而是具有内在的一致性。美国法院的立场在于，违法行政行为不因事后弥补而得以合法化；德国法院的立场在于，合法行政行为事后违法的，最终也不能认定为合法。显然，在审查基准时问题上两国法院均采取不利于行政机关的立场。

笔者认为，审查基准时的确定与审查模式直接相关。在一并审查模式下，法院对规范性文件进行审查的目的在于确定该规范性文件能否作为被诉行政行为的合法依据，因此原则上应以被诉行政行为作出之时作为审查规范性文件是否合法、有效的时点。例如，规范性文件作出时合法，但在被诉行政行为作出之前相关机关颁布了上位法律规范且已生效，涉诉规范性文件与上位法律规范相抵触，在此情况下，被诉行政行为显然不应再以该规范性文件为依据。实践中还可能出现以下情形：涉诉规范性文件在作出时合法，在被诉行政行为作出时亦合法，但被诉行政行为作出后由于上位法律规范的变化而丧失合法性。此种情况下，法院仍应认定涉诉规范性文件可以作为被诉行政行为的合法依据。但在评价涉诉规范性文件的合法性时，应当明确指出该规范性文件“当时”合法有效，避免让人得出该规范性文件在判决时仍合法有效的结论。而如果采取直接审查模式，法院应当同时对规范性文件作出时的合法性和法院作出判决时的合法性进行审查，规范性文件始终具有合法性的，法院才作合法性认定。反之，如果规范性文件作出时合法，但事后丧失合法性，法院不应再认定其合法。道理很简单，规范性文件具有持续效力，在其效力持续期间应当一直具有合法性③。不过，事实或法律状态的变化并不必然导致原来合法的规范性文件丧失合法性。例如，行政机关在制定规范性文件时符合法律规定的权限、程

---

① Note, Rationalizing Hard Look Review after the Fact, 122 Harv. L. Rev. 1909 [2009].

② [德] 弗里德赫尔穆·胡芬：《行政诉讼法》，莫光华译，刘飞校，法律出版社 2007 年版，第 472 页。

③ 在德国撤销之诉中，对行政处分合法性的判断一般依据行政处分作出时的事实和法律状态，但对于具有持续效力的行政处分，判断基准时则例外地延伸至行政诉讼阶段。理由在于：“具有持续效力的行政处分，就形同原处分机关不断地重新作成行政处分，因而必须以最新的事实与法令为依据来评判其合法性。”参见林三钦：《论行政诉讼之判断基准时》，载《行政争讼制度与信赖保护原则之课题》，新学林出版股份有限公司 2007 年版，第 135 ~ 171 页。

序，事后颁行的上位法律规范改变了权限分配和程序要求，原来的规范性文件并不当然违法。但如果由于上位法律规范的变化，导致规范性文件与上位法抵触，则法院显然不应再认定规范性文件合法。在此情况下，法院应阐明导致规范性文件违法的原因，从而表明规范性文件丧失合法性的具体时点。

（三）“刚性”到“弹性”：基于司法过程厘定审查强度

1. 规范性文件一并审查的必要性原则

当规范性文件的合法性构成行政行为合法性审查的前提时，法院应尽量启动对规范性文件的一并审查并应对规范性文件进行全面审查。即使《行政诉讼法》规定的一并审查启动要件无法成就，法院亦应从法律适用的角度对规范性文件进行主动审查。道理很简单，不对规范性文件的合法性进行审查，就无法判断依据规范性文件作出的行政行为的合法性。作为一枚硬币之两面，当规范性文件的合法性不构成行政行为合法性审查的前提时，对规范性文件进行一并审查就缺乏必要性，实际上演化为对规范性文件的变相直接审查。但由于仍采取一并审查程序，规范性文件的制定机关通常并不参加诉讼，规范性文件的依据和理由也无从得以展示和辩论，同时，法院无论在事实问题还是法律问题上的探知能力均受到较多限制，在此情况下仍启动对规范性文件的合法性审查，正当性也不足。因此，在对规范性文件进行全面合法性审查之前，法院需要就审查的必要性进行审查和判断。

（1）前置于合法性审查的可适用性审查。规范性文件一并审查是在法律适用层面进行的，目的在于确定行政行为是否适用了不该适用的规范性文件。如果规范性文件不具有可适用性，如尚未生效或者已经失效，虽有效但效力不及于案件所涉领域、地域以及人和事，即可认定被诉行政行为适用该规范性文件错误，该规范性文件是否合法已不影响案件审理，此时应当驳回原告提出的一并审查请求。同理，如果对行政行为的起诉不符合法定起诉条件，法院无须审查行政行为的合法性，也就无须启动规范性文件一并审查。

（2）被诉行政行为存在其他合法性缺陷时的司法应对。如果规范性文件具有可适用性，则法院需要对其合法性进行审查并作出评价，否则无法认定行政行为适用法律规范的合法性。实践中可能出现如下情形：行政行为存在诸如超越职权、认定事实错误、违反法定程序等违法情节，法院依据这些情节已足以认定行政行为违法。此时，法院是否还要审查并评价规范性文件的合法性？笔者认为，如果当事人已提出一并审查请求，法院应对规范性文件的合法性作出评价。因为当事人请求一并审查所针对的规范性文件不仅具有可适用性，且其合法性与被诉行政行为合法性直接相关，当事人要求法院对被诉行政行为合法性进行全面审查完全正当，法院不能回避当事人的诉求。反之，如果当事人并未提出一并审查请求，则法院有灵活处理余地，可以超越职权等理由认定行政行为违法，对行政行为依据的规范性文件的合法性不作明确评价。

（3）对规范性文件中与案件无关内容不予审查。规范性文件往往包含多个具体的行政规范，而行政行为依据的可能只是规范性文件的部分内容，因此法院需要审查的首先是这一部分内容，对与行政行为合法性无关的内容应不予审查。但需要注意以下几点：其一，制定权限和制定程序往往具有整体性，一并审查中不能只审查具体条款而忽略对制定权限和制定程序合法性的审查。其二，同一规范性文件的不同条款可能具有可分性，也可能存在紧密的联系而不可分。例如，对某一行为的定性条款和处理条款之间就往往不可分，即使行政行为只引用了其中一个条款，也应将另一条款纳入一并审查范围。其三，如果行政行为内容中只载明规范性文件名称而未明确具体条款，法院应先行确定规范性文件的哪些内容与行政行为合法性有关，将相关的部分纳入一并审查范围，对无关的部分不予审查。

2. 规范性文件一并审查的合理限度

尽管法院对规范性文件的审查应当深入到实质合法性层面，在一定程度上已干预行政裁量权的行使，但这绝不意味着对司法审查没有限度。恰恰相反，司法过程有其内在的局限性，法院在一并审查规范性文件时，应当给予行政机关适当的尊重，避免不当干预。

（1）司法活动以个案为基础，通过个案实现正义。而行政活动具有连续性和关联性，它虽要处理具体问题，但应当有整体的考虑，并基于行政一体的观点予以解决①。法院重视并尊重行政规范，有利于保持政策的连贯性和一致性。某些行政规范是行政机关长期经验的总结，法官往往是偶然遇到相应问题，可能难以对其适当性、合理性予以评判。

（2）现代行政涉及面广、专业分工细、技术性和时效性强，要求行政机关根据具体情况及时、准确地作出判断和决策，如科技性管制标准之拿捏即有赖于行政机关的专业知识。而法官很难全面掌握行政领域的专门知识、技能和经验，如果不对行政规范给予必要的尊重，无疑会牺牲行政机关的优势，也无法保证结果的妥当性。

（3）行政规范的存在具有必然性，能够克服立法的有限性、模糊性和滞后性。在很多情况下，立法之所以使用模糊语言，其用意即在于赋予执法机关以相应的裁量权，使执法机关能根据具体情况制定细则。例如，《城市房屋拆迁管理条例》（已失效）没有具体规定搬迁补助费和临时安置补助费的标准，而授权省、自治区、

---

① 翁岳生：《行政法》（上册），中国法制出版社2002年版，第14页。

直辖市人民政府规定，就是考虑了各地经济发展水平不一致的实际国情，由各地自行制定补助标准更妥当。当行政机关依据立法机关的授权而从事诸如制定实施性、解释性规范等活动时，司法对行政规范的尊重在一定程度上也是对立法权的间接尊重。

（4）行政规范尽管不属于法的范畴，但带有立法的部分特征，涉及权利义务的设定，涉及利益的分配和调整。不少时候行政规范蕴含很多政策性考量，不单纯是法律问题。而司法的职责在于解决法律问题，裁决具体纠纷，以审判的方式运作，司法不应积极主动参与国家政治和解决宏观的政策性问题。

需要指出的是，我国法院不具有宪法解释权，因此不应对规范性文件的合宪性进行审查和评判。此外，在规范性文件具备形式合法性和实质合法性的前提下，至于是否具有合理性、适当性、科学性，是否存在更好的替代方案等问题，均不属于法院审查和评判的范围。

3. 影响规范性文件一并审查强度的相关因素

从保证司法审查的有效性、保障行政相对人合法权益、防止行政权力滥用的价值要求出发，法院对规范性文件的审查应当尽可能全面深入；而从保证行政自主性、保障行政权的有效运作、发挥行政机关专业优势的价值要求出发，法院应当尽可能地尊重规范性文件，避免不当干预。应该说，法院对规范性文件的审查强度有助于同时完全满足以上两种价值要求时，方为理想的状态。然而这种理想状态的实现是有困难的，因为以上两种价值之间有时会存在难以调和的矛盾，不可能同时完全满足，在这种情形下，司法机关必须作出权衡取舍。当然司法的取舍不应当非此即彼，因为同时部分满足以上两种价值要求不仅是可能的，也是必要的。在此意义上，对于规范性文件，司法应持尊重但不盲从的态度，既不无条件遵从，又不一味排斥，在坚守司法最终原则的前提下予以充分考虑和重视，以达成司法审查有效性与行政自主性之间的兼顾平衡。当然，尊重但不盲从只是司法对待规范性文件的基本立场和总体态度，尚无法对千差万别的具体案件提供可供操作的较精确的指引，因此，有必要进一步分析可能对司法态度构成影响的因素。笔者认为，司法在对规范性文件进行一并审查时应当考虑以下因素：

（1）政策及专业色彩之浓淡。政策性强的事项往往缺乏判断对错的客观标准，应由立法机关或由立法机关委任给行政机关决策，司法审查不宜过深。与政策性事项不同，专业性事项本身可能存在对错或者优劣的评判标准，但司法通常会因缺乏专业技能而无法很好地作出评判，不如更多地考虑更具专业优势的行政机关的意见。

（2）对相对人权益影响之深浅。规范性文件对相对人权益的影响越重大，司法介入和干预应当越深入。从另外一个角度看，规范性文件本身应体现公共利益与个人利益的平衡，对个人权益所施加的不利影响只有在实现公共利益所必要的限度内才可以被容忍。

（3）稳定性之大小。稳定性较强的规范性文件，在事实上形成了一种行政惯例，并且行政相对人也会据此产生比较明确的预期，法院对其应给予更多的尊重。反之，如果规范性文件缺乏稳定性，甚至朝令夕改、反复无常，在一定意义上表明行政机关制定该规范性文件时缺乏细致审慎的考虑，法院应对其有更严格的要求。

（4）其他手段（如行政程序）控制作用之强弱。行政程序控权机制的实质在于，“从行政行为过程着眼，侧重于行政程序的合理设计，行政主体的适用技术是在正当程序下以行政决定为特征的，权力的理由是通过相对人的介入和行政主体共同证成的，通过合理的程序来实现控制行政权力的目的”①。因此，如果规范性文件的制定程序比较完备，对行政权的控制功能发挥到位，法院可以相应地调低审查的强度；反之，如果行政程序相对简单，对行政权的控制作用微弱，就需要加大审查力度。

此外，法院还应区分事实问题和法律问题，分别采取不同的审查强度（参见图3－14）。规范性文件涉及的事实多为立法性事实，具有宏观性、笼统性、预测性，如行政机关针对“房地产评估行业竞争无序的状况”并根据“经济发展的需要”而发布对房地产评估行业的规制措施。其中，房地产评估行业是否存在竞争无序的状况，规制措施是否为经济发展的需要，即属事实问题。法院对于类似这样的事实认定难以作出准确判断，应更多地尊重行政机关的认定。与事实问题不同，法律问题一向被认为是司法的优势领域，司法应当拥有最终的决定权，因此法院可介入得更深。

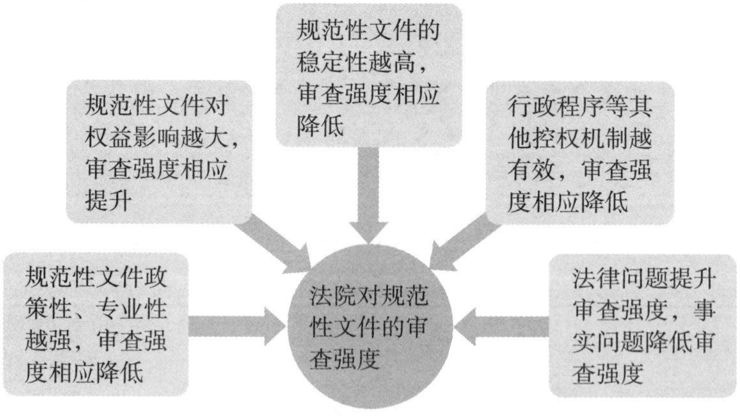

图3－14　影响司法审查强度的主要因素

---

① 孙笑侠：《新一代行政法治》，载《外国法译评》1996年第2期。

4. 规范性文件一并审查强度的基本框架

对照规范性文件一并审查的范围和标准，可以勾勒出审查强度的大致框架：

（1）对制定权限的审查。对制定权限的审查基本只涉及法律问题，专业性因素不明显，法院具有比较优势，且制定权限是否合法直接影响规范性文件其他方面的合法性，对行政相对人权益和行政秩序影响重大，故原则上应当进行深入审查。

（2）对所涉条款具体内容的审查。行政行为一般依据规范性文件中的创设性条款、解释性条款和裁量基准性条款。对于创设性条款，应主要根据涉及事项和对权益影响的不同而采取不同的审查强度。对于仅涉及内部程序、机构设置等事项的组织规则，应予以较高程度尊重。如果涉及外部相对人的合法权益，对于授益类规范应予以尊重，对于侵益类规范应予以严格审查。对于解释性条款，由于主要涉及法院所擅长的法律问题，因此应当进行较深程度的审查。尤其当解释的对象属于经验性概念时，更应如此。例如，对《行政强制法》有关行政机关不得在夜间实施强制执行规定中的"夜间"的解释，即属此类。如果解释对象带有很强专业技术性或浓厚价值判断色彩，则应给予更大程度的尊重。对于裁量基准，由于本身就属于行政机关裁量范围内的事项，因此法院的审查不宜过深。尤其对于行政机关长期、广泛执行的稳定性强的裁量基准，应给予更大程度的尊重。

（3）对事实基础的审查。规范性文件制定中涉及的事实主要是立法性事实，具有三个方面的鲜明特点：一是证实或证伪的难度更大、成本更高。例如，行政机关认定机动车尾气排放是导致空气污染的主要原因，遂通过规范性文件对机动车交易和使用加以限制。要查明机动车尾气是否以及多大程度上导致空气污染，可采取的方式包括：分析机动车总量、尾气排放总量以及尾气成分与空气污染物成分的对比，通过停驶等试验方式进行反向证明，通过排除其他污染源来确定汽车尾气排放在导致空气污染中所起到的作用等。显然，该类事实证实或证伪的成本十分高昂。二是预测性和不确定性更强。例如，转基因食品对人体是否具有危害，人类行为是否会导致地球气候变化，诸如此类的问题都存在更高的预测性和不确定性，验证难度进一步加大，甚至在特定的历史时期无法证实或证伪。三是价值判断因素更多。例如，法律授权行政机关基于公共利益对某一产业进行规制，行政机关首先要认定何为公共利益，然后才能认定规制是否有助于实现公共利益。但显然，对公共利益的认定不可避免地带有浓厚的价值判断色彩。对于立法性事实，行政机关通常被认为具有知识经验、资源、程序以及验证能力的诸多优势①，因此法院应当避免进行

---

① Todd S. Aagaard, Factual Premises of Statutory Interpretation in Agency Review Cases, 77Geo. Wash. L. Rev. 366 (2009).

过于深入的审查，应当给予行政机关尊重。

（4）对制定程序的审查。法院对行政程序的审查既涉及事实问题，又涉及法律问题。即一方面法院要认定法律对行政程序的步骤、顺序、时限、方式等有何要求，另一方面查明行政机关实际上遵循了哪些步骤、顺序、时限和方式；然后将二者进行对照，认定行政机关是否全部遵循了法定要求，如果没有完全遵循，接着再衡量程序违法的程度和后果。应当说，与行政程序相关的事实问题不涉及专业知识，并且是行政机关实际履行的具体情况，是一种裁决性事实，并非难以证实或证伪的立法性事实。同时，法律对程序的规定往往比较明确，即使需要进行法律解释，通常也不涉及专业技术性问题。因此，法院在程序问题上理应采取严格审查标准。不过，由于我国仅建立一并审查制度，规范性文件制定过程中的相关资料并不当然地需要提交给法院，法院审查存在缺乏案卷基础的困境。此种情况下，法院同样需要限缩审查的强度，也应立足于重大明显程序错误层面的审查。

三、对规范性文件一并审查制度的反思与完善

（一）反思：一并审查与直接审查孰优孰劣?

对规范性文件的司法审查模式分为一并或附带审查模式和直接或抽象审查模式。在2015实施的《行政诉讼法》修改过程中，主张建立规范性文件一并审查制度而非直接审查制度的观点占据了上风，其主要理由在于：其一，规范性文件需要借助行政行为才能影响权利义务，建立一并审查制度足以提供有效司法救济；其二，规范性文件是行政管理的重要手段，允许当事人直接起诉易使行政管理陷入混乱；其三，司法权的本质在于解决争议，允许法院直接审查规范性文件与我国政治体制不符①。在笔者看来，上述规定有待斟酌。

第一，尽管不少规范性文件需要借助行政行为才能对公民、法人和其他组织的权益产生确定性影响，但也有一些规范性文件可以直接产生影响。例如，某市政府为治理大气污染颁布规范性文件，规定不得在本市销售排量在3.0以上的机动车，亦停止办理3.0以上排量机动车的登记手续。对于在本市经销3.0以上排量机动车的商家而言，该规定直接导致其相关车辆滞销，从而遭受经济损失。此种情况下，当事人的损失是规范性文件直接导致的，无须借助具体的行政行为；同时，行政机关并未作出具体的行政行为，利益受损的当事人也无法通过一并审查获得司法救济。

第二，一并审查有时难以对受损的权益提供及时有效的司法救济。例如，某市

---

① 参见全国人大常委会法制工作委员会行政法室编：《〈行政诉讼法〉立法背景与观点全集》，法律出版社2015年版，涉及规范性文件司法审查的相关观点主要体现于该书第84、96、119、129、135、167、174、191、204、215、222、234、242、249页。

政府颁布规范性文件，要求取得机动车购买指标后方可办理机动车登记。对于已购买机动车但尚未登记者，其可以申请相关行政机关为其办理登记，如果行政机关以规范性文件为依据拒绝办理，其可以起诉要求行政机关履行法定职责，在此过程中其可以要求法院对行政机关拒绝办理机动车登记所依据的规范性文件进行一并审查。然而，计划购买机动车但未取得购买指标者就会由于规范性文件而直接陷入两难境地：如果其决定遵循规范性文件的要求，就只能参加机动车购买指标摇号，势必影响其及时拥有机动车；如果其决定不遵循而直接购买机动车，其可以去申请办理机动车登记，在登记机关拒绝办理时提起诉讼，并要求法院对规范性文件进行一并审查。在后一种情形下，如果法院最终认定规范性文件合法，则其办理登记的愿望将落空，机动车无法上路行驶，其将遭受财产损失；即便法院最终认定规范性文件违法，也势必影响其及时使用机动车。可见，无论结果如何，其权益都会受到不利影响。

第三，在一并审查模式之下，法院难以对规范性文件的合法性进行全面、深入的审查。例如，制定规范性文件应当符合现实需要，应当能够达到预期的行政目标，并且在各种可供选择的方案之中，理应选择对权益影响最小的方案。这些都要求规范性文件的制定要建立于大量信息、资料并作出客观、准确分析判断的基础之上。在此过程中，法律规定起到规范和指引作用。例如，授权法的立法目的、授权法所确立的原则以及要求行政机关考虑的因素都限定着行政机关事实认定的方向，行政机关在收集信息时应有所侧重，分析信息时要排除不相关的信息。因此，事实认定是否清楚，不仅影响规范性文件的科学性，也影响规范性文件的合法性。但在采取一并审查模式的情况下，由于规范性文件的制定机关往往并不参与诉讼，法院无从获得规范性文件制定的相关案卷材料，对事实问题的审查也就难以深入。

第四，规范性文件一并审查容易对法的安定性和统一性产生冲击。直接审查通常需要在规范性文件颁布后一定期限内启动，有利于及时发现和纠正可能存在的违法情形，错误成本较低；且通过司法审查，能够及时就规范性文件的合法性、有效性形成确定性结论，增强法的安定性。相反，一并审查可能在规范性文件颁布后数年甚至数十年后启动①，行政机关往往已经依据该规范性文件作出大量行政行为或颁布其他的规范性文件，公众也已对规范性文件产生信赖利益，一旦规范性文件被确认违法，成本巨大。另外，规范性文件可能被不同行政区域的行政机关适用，尤其是中央行政机关制定的规范性文件，其适用效力及于全国，可能要接受全国各

① 在笔者考察的126份案件样本中，共涉及48份规范性文件，其中规范性文件颁布已达5年以上的有27份，占比高达56%。

地、各级法院在行政诉讼中一并审查和评价，保持审查标准一致进而确保司法尺度一致的难度巨大。尽管一并审查的判决效力仅及于个案，但也不可避免地产生辐射影响。一旦裁判标准不一致，甚至相互矛盾，会让相关行政机关和利害关系人无所适从，进而造成行政政策的混乱。相较之下，在直接审查模式下，通过地域管辖制度的合理设计，可诉规范性文件与具有管辖权的法院可以做到一一对应；同时，通过层级管辖制度的合理设计，法院管辖区域可以宽于规范性文件效力所及的行政区域，因此出现裁判不统一的概率将大大降低。

（二）追问：规范性文件直接审查制度是否可行？

《行政诉讼法》修订时之所以未采纳建立规范性文件直接审查制度的立法建议，除认为直接审查不必要外，认为直接审查不可行的观点同样产生了重要影响①。在笔者看来，我国建立规范性文件直接审查制度不存在任何障碍。

1. 法治观念基础

由于担心观念上的不习惯和不适应，《行政诉讼法》立法之初采取了逐步拓宽受案范围的进路，将规范性文件等排除在外②。施行后，尽管行政诉讼还存在一定的“立案难、审理难、执行难”的问题，但在化解行政争议、维护行政相对人合法权益、促进行政机关依法行政等方面发挥了不可替代的重要作用，行政机关的依法行政意识和社会公众的司法最终观念显著增强，进一步拓宽行政诉讼受案范围，也得到理论界和实务界的普遍认同，将规范性文件纳入行政诉讼受案范围的条件日臻成熟。

一是具有基本的理论共识。自《行政诉讼法》实施以来，理论界和实务界对规范性文件司法审查制度的探讨一直热度不减，主流观点认为应当将规范性文件纳入行政诉讼受案范围③。同时，理论界与实务界还先后提出了多个版本的《行政诉讼法》修正案建议稿，主张建立规范性文件直接审查制度④。

二是符合民众的司法需求。自行政诉讼制度建立以来，行政案件的数量整体上

---

① 参见全国人大常委会法制工作委员会行政法室编：《〈行政诉讼法〉立法背景与观点全集》，法律出版社2015年版，涉及规范性文件司法审查的相关观点主要体现于该书第84、96、119、129、135、167、174、191、204、215、222、234、242、249页。

② 王汉斌：《关于〈中华人民共和国行政诉讼法（草案）〉的说明》。

③ 2014年2月25日在中国知网上进行检索，公开发表的相关文章已多达千余篇，硕士和博士学位论文达百余篇。

④ 例如，马怀德教授领衔起草的建议稿主张建立对规章和规范性文件的直接审查机制。参见马怀德：《司法改革与行政诉讼制度的完善——〈行政诉讼法〉修改建议稿及理由说明书》，中国政法大学出版社2004年版。又如，姜明安教授领衔起草的北京大学建议稿主张建立对规章和其他规范性文件的附带审查机制，同时建立对规范性文件的直接审查机制。参见姜明安：《〈行政诉讼法〉修改建议稿（北大版）》，载北大公法网，http：//www. publiclaw. cn/article/Details. asp？NewsId = 3688&Classid = &ClassName = 。

呈攀升之势，全国法院受理的一审行政案件由1991年的25667件增加到2015年的220398件，20年间增长了近8倍。这表明，公民、法人和其他组织通过行政诉讼解决争议、维护权益的意识日益强烈。而在法院受理的行政案件中，每年均有一定比例的案件由于原告直接针对规范性文件提起诉讼而被法院裁定不予受理（立案）或驳回起诉。这表明，拓展行政诉讼受案范围、疏通司法救济渠道才符合民众对法院的新期待。

三是不难得到行政认同。当前，行政机关依法行政和接受司法监督的意识已大大增强，《行政诉讼法》颁布之初出现的诸如不应诉、不答辩、不出庭等现象几近绝迹。从中央政府层面看，国务院先后于1999年、2004年、2008年发布《关于全面推进依法行政的决定》《全面推进依法行政实施纲要》《关于加强市县政府依法行政的决定》，要求各级行政机关切实接受司法机关依据《行政诉讼法》实施的监督。近年来，很多中央和地方行政机关还专门制定关于做好行政应诉工作的规章或其他规范性文件，各级行政机关与人民法院之间的良性互动工作也开展得有声有色。可以预见，我国建立抽象行政行为司法审查制度后，尽管不可避免地仍会遇到一些来自行政机关的阻力，但相较于行政诉讼制度的初建时期，将更易得到行政机关的认同和接受。

2. 司法能力基础

对法院司法能力和承受力信心不足，是1989年制定《行政诉讼法》时将规范性文件被排除在受案范围之外的一个重要原因①。《行政诉讼法》施行后，全国法院已审结一审行政案件200余万件，积累了丰富的审判经验，法官队伍的专业素养和司法技艺显著提高，能够适应进一步拓宽行政诉讼受案范围所带来的挑战。

一是案件压力总体上可以承受。自行政诉讼制度建立至2014年，全国法院每年受理的一审行政案件最多时也不足15万件。受立案登记制和《行政诉讼法》2014年修改等因素的影响，2015年一审行政案件总量大幅攀升至220398件，在一些地方给行政审判工作带来较大压力。不过，从全国总体情况看，即使这些案件全部由基层法院进行审理，平均每个法院受理的行政案件不足百件，行政审判的工作压力不仅无法与民事、刑事审判相提并论②，案件过少也直接影响到一些地方行政审判队伍的建设。不难推知，进一步扩大受案范围，增加行政案件数量，不会给法院带来不可承受之重。

---

① 王汉斌：《关于〈中华人民共和国行政诉讼法（草案）〉的说明》。

② 行政审判法官人均审理案件数量比民事、刑事法官整体要低90%左右。参见江必新：《完善行政诉讼制度的宏观思考》，载《行政执法与行政审判》2012年第3集，中国法制出版社2012年版。

二是诉讼泛滥的风险不大。有人提出，规范性文件针对不特定对象，如果允许直接审查，则人人都可提起诉讼，势必引发大量案件，法院难以承受。这一观点显然过分夸大了法院可能面临的案件数量增长的压力。一方面，尽管我国民众的诉讼意识明显增强，但厌讼的传统观念仍在发挥重要影响。以行政行为为例，据估计每年各级行政机关作出的可诉行政行为数以千万计，但起诉到法院的最多时不过20余万件，比例很低。另一方面，各级行政机关发布的规范性文件尽管数量十分庞大，但显然仍远少于可诉行政行为的数量，即便引发诉讼的比例较高，规范性文件引发的案件数量也不可能超过行政行为引发的案件数量。此外，对规范性文件提起诉讼同样受到法定起诉条件的制约，滥诉的风险可控。

三是职业素养普遍增强。有人提出，规范性文件涉及大量政策性因素，法官不具备审查能力，这一观点亦失之片面。首先，与行政行为相比，规范性文件具有立法属性，政策性因素往往更多，行政机关的裁量权往往也更大。但对规范性文件的司法审查同样涉及法律问题，并且现实中亟待解决的是行政机关超越职权或违背上位法的问题，行政法官具有解决这些法律问题的专长。其次，实证考察表明，我国行政法官的素质较高，绝大多数具有良好的教育背景，对《行政诉讼法》的立法目的和具体规定较为了解，对行政诉讼制度的功能定位有较为清醒的认识①。再次，尽管依照现行《行政诉讼法》的规定，规范性文件不具有可诉性，但法院在审查行政行为合法性时，常常需要对行政行为所依据的规范性文件的合法性进行鉴别，在此过程中已经积累了一定的经验。最后，法院可以且应当采取宽严适度的审查强度，并对行政专长予以适当尊重，以弥补自身在专业性、技术性、政策性问题上的欠缺。

3. 司法权威基础

毋庸讳言，我国行政诉讼制度长期以来陷入某种困境，突出表现为：案件人口比偏低，撤诉率、驳回起诉率高而实体判决率低，上诉率、申诉率高而息诉服判率低，行政诉讼定分止争、保护权益、监督权力的功能未能得到充分发挥。有人认为，由于司法权威严重不足，不具有建立规范性文件直接审查制度的现实基础。对此，有必要以辩证和发展的视角详加分析。

一是要理性分析行政诉讼制度功能的发挥。有人提出，行政案件撤诉率过高是行政诉讼制度功能严重受挫的重要表征，理由在于撤诉大多是由于行政机关施压原告造成的。而以笔者之观察，原告因行政机关施压而被迫撤诉的情形虽未绝迹，但在当下绝非主流。至少在经济相对发达的地区，原告不愿诉、不敢诉已成为“过去

---

① 林莉红、宋国涛：《中国行政审判法官的知与行——〈行政诉讼法〉实施状况调查报告·法官卷》，载《行政法学研究》2013年第2期。

式”，原告撤诉的主要动因在于：第一，通过法院协调或者当事人和解，原告的利益诉求得到满足；第二，由于被告改变被诉行政行为，原告的法律诉求得到满足。显然，原告自愿撤诉与法院强制裁判相比，更有利于实现行政诉讼的定分止争功能。原告之所以选择撤诉，也表明其权益得到了更充分的保护与实现。此外，行政机关即便是为了促使原告撤诉而改变被诉行政行为，也能够表明行政诉讼发挥了监督行政机关依法行政的功能。行政机关的败诉率低被视为行政诉讼制度功能严重受挫的又一重要表征。其实，这一观点也值得商榷。2002 年至 2011 年，全国法院判决行政机关败诉（责令行政机关履行法定职责、撤销、变更或者责令行政机关重新作出行政行为）的行政案件有 180174 件，占全部行政案件的 17.12%，败诉率并不是很低。相比之下，法院判决支持行政行为的案件有 162463 件，占全部行政案件的 15.44%[①]，尚不及行政机关败诉案件。“许多行政机关通过行政诉讼吸取经验教训，采取有效措施，弥补工作不足，完善规章制度，提升了执法水平，增强了依法行政意识。”[②] 可以说，行政诉讼制度在纠正违法行政行为，监督行政机关依法行政方面发挥的功能不容低估。

二是要准确查找行政诉讼制度功能受阻的原因。一方面，由于规范性文件等被排除于司法审查范围，司法权的作用空间有限，导致案件数量偏少和裁定驳回起诉的比例偏高。另一方面，对规范性文件审查不力，也直接影响到对行政行为的审查监督。例如，长期以来征地、拆迁等城建类案件在案件总量中所占比重较大，且上诉率、申诉率、信访率亦居高不下，问题的症结往往在于补偿安置不到位。然而，补偿安置标准通常是由行政机关通过规范性文件确定的，并且可能滞后于房地产市场价格。在此情况下，行政机关作出的补偿或者裁决即使再偏离实际，再不合理，也于“法”有据，所谓的“法”也就成了侵害公民权益的挡箭牌[③]。又如，很多民生、政策性问题引发的社会纠纷，其导火索也大都是规范性文件[④]。不难看出，要进一步发挥行政诉讼的制度功能，恰恰需要加强对规范性文件的司法审查，而不能以行政诉讼制度功能发挥不佳为由否定建立规范性文件直接审查制度的可行性。同时，2014 年修改后的《行政诉讼法》实施以来，随着行政诉讼立案难问题的初步

---

① 江必新：《中国行政审判：十年的创新、前进和发展》，载《行政执法与行政审判》2012 年第 4 集，中国法制出版社 2012 年版。

② 江必新：《中国行政审判：十年的创新、前进和发展》，载《行政执法与行政审判》2012 年第 4 集，中国法制出版社 2012 年版。

③ 阎巍：《完善行政诉讼功能　有效化解社会纠纷——对行政诉讼救济途径的反思与完善》，载《行政执法与行政审判》2012 年第 3 集，中国法制出版社 2012 年版。

④ 阎巍：《完善行政诉讼功能　有效化解社会纠纷——对行政诉讼救济途径的反思与完善》，载《行政执法与行政审判》2012 年第 3 集，中国法制出版社 2012 年版。

解决以及司法审查广度、深度与强度的不断提升，行政审判的权威性和公信力也在稳步增强。

三是要合理预期新一轮司法改革的成效。有人提出，法院在人、财、物上依附行政机关，导致“强行政、弱司法”的权力格局，进而导致司法权力运行备受行政干预和挤压，最终导致司法公信和权威低下，这是我国建立规范性文件直接审查制度的最大障碍。这一观点显得过于悲观。首先，司法审查本身就是司法权与行政权的对峙，两种权力相互制约属于常态，法院在某些方面受制于行政机关，并不意味着法院不能在其他方面有效制约行政机关。例如，在美国，司法权在三权之中同样最为弱小，法官的任命都要受到作为行政首长的总统的制约，但这并未影响法院对行政行为的有效审查和监督。我国由于司法体制等多方面的原因，行政审判的公信力和权威性尚有一定不足，因此，解决之策在于消除影响司法公信和权威的体制和机制因素。通过法律修订，拓展法院监督行政机关的广度和深度，有助于改变行政权与司法权力量对比过于悬殊的现状，亦有助于增强行政审判公信力和权威，还能够为进一步强化司法审查创造条件。可见，当务之急是尽快改变“弱司法”的现状，而不是借口司法机关的实际地位不高阻碍规范性文件直接审查制度的建立。更为重要的是，《行政诉讼法》2014 年的修改不仅作出了更加有利于保障法院依法独立审理行政案件和排除行政干预的刚性规定，新一轮司法改革也以司法去地方化和去行政化为核心目标。可以预见，随着法院在人、财、物上对行政机关的依附日益弱化，以及“让审理者裁判，由裁判者负责”的运行机制真正落实，“强行政、弱司法”的权力格局势必会发生重大变化，至少在案件审理过程中法院对行政干预的免疫力会大幅增强。

综上所述，规范性文件一并审查制度具有内在局限性，而建立直接审查制度不仅具有必要性，业已具有较为坚实的现实基础。

（三）探索：规范性文件审查之诉如何构建？

为充分发挥规范性文件司法审查制度对于化解行政争议、保护合法权益、监督行政权力、维护法制统一的功能，笔者认为，在保留现有一并审查制度的基础上，应当建立公民、法人或者其他组织针对部分规范性文件直接提起行政诉讼的制度。限于篇幅，下面仅就规范性文件审查之诉的几个关键问题作出分析。

1. 规范性文件的可诉性审查

规范性文件是否可诉，主要取决于它是否对公民、法人或者其他组织的权利义务直接产生确定性影响。如果规范性文件不具有直接的外部效果，没有给公民、法人或者其他组织设定权利义务，也不会对公民、法人或者其他组织的权益直接产生确定性影响，即使赋予当事人直接针对该规范性文件提起诉讼的权利，也不能真正起到权利救济的作用。因此，对于这些规范性文件，法院可不认可其可诉性。

如果对规范性文件进行类型化分析，可诉的规范性文件主要限于创设性的规范性文件，而指导性、解释性的规范性文件以及仅涉及行政机关内部机构设置、职权分配、行政程序、裁量基准的规范性文件往往不具有直接可诉性。指导性的规范性文件在内容上主要表现为倡导、号召、建议和设想，具有非强制性。与纯粹指导性的规范性文件不同，解释性的规范性文件可以通过适用于行政行为而对公民、法人或者其他组织的权利义务产生实际影响，因此应当纳入一并审查范围。但解释性的规范性文件在得到适用之前，往往并不直接设定权利义务，因此不具有可诉性。规范行政机关内部事项的规范性文件，包括裁量基准在内，一般需要借助于行政行为才能产生外部法律效果，可以作为一并审查的对象，亦不具有直接的可诉性。

当然，判断规范性文件属性的依据是其内容而非名称，且同一规范性文件可以同时包含指导性、创设性、解释性的内容，因此审查可诉性的关键在于审查其中是否包含直接影响权利义务的内容。此外，法律在规定规范性文件可诉性标准的同时，可以设置一些例外情形。例如，将直接涉及国防、外交等国家事务的规范性文件排除于受案范围之外。

2. 适格原告的认定标准问题

设置原告资格要件的意义在于建立一种筛选机制，使得社会上发生的种种行政争议经过此种筛选后有选择地被纳入司法救济范围①。规范性文件设定权利义务直接针对的对象具有原告资格，这一点通常不难判断。例如，前文所举的某市政府颁布文件禁止在该市销售大排量机动车的例子中，在该市销售相应车型的经销商无疑具有提起诉讼的原告资格。同时，司法保护的对象还应包括规范性文件的利害关系人。由于世间万物均存在普遍联系，司法实践中的难题在于如何确定利害关系人的范围。仍以禁止销售大排量机动车的规范性文件为例，除了已在该市销售相关车型的经销商以外，尚未销售相关车型的该市其他经销商、机动车的生产商、机动车相关零部件的供应商、机动车原材料的供应商以及机动车消费者、机动车销售商的债权人等均可能主张其利益受到规范性文件的影响。显然，上述不同主体遭受的影响有直接间接之分和远近之别，尽管很难划出泾渭分明的界限，但通过司法实践可以逐渐形成受司法保护和不受司法保护的各自区间，对于二者之间的模糊地带可通过个案中的具体衡量加以确定。

在原告资格问题上，笔者认为应采取由近及远、逐步放宽的进路，当前可以将适格原告限定于合法权益受到规范性文件直接影响的个人或组织。以机动车生产商

---

① 陈良刚：《论行政诉讼原告资格认定中的利益衡量》，载《法律适用》2006年第8期。

为例，可能存在以下三种情形：

情形1：机动车生产商已经与该市机动车销售商签订相关车型的购销合同，由于规范性文件的颁布实施导致其经济利益直接受损，其有权提起诉讼。

情形2：机动车生产商尚未生产相关大排量车型，尽管其可能认为如果该规范性文件不存在，其会考虑投产大排量车型并在该市销售，但其与该规范性文件的关系过于遥远，该规范性文件对其利益的影响尚不具有现实性，因此不应认可其原告资格。

情形3：机动车生产商已经在生产相关大排量车型，但尚未与该市经销商签订购销合同，此时法院可以根据具体情况进行衡量。比如，考虑其车辆的主要销售地区、为进入该市市场所作的前期工作和投入等，来判断司法保护是否必要。

再以机动车消费者为例，如果其已经签订相关大排量车型的购买合同，由于规范性文件规定不再办理大排量机动车登记手续，其利益显然受到该文件的直接不利影响，具有原告资格。反之，仅仅持有驾驶证并声称其计划购买大排量机动车的潜在消费者，可以不认可其原告资格。当然，抽象行政行为的具体情形千差万别，法院在遵循一般原则的前提下，须考量案件所涉各相关因素，进而判断原告资格之有无。

同时，笔者认为，考虑到规范性文件的影响往往十分广泛，有必要设立能够保护广泛、分散利益的原告资格认定规则。例如，可以借鉴美国的制度，赋予社会团体针对与其宗旨相关的规范性文件提起诉讼的资格。

3. 判决方式选择中的利益衡量问题

对合法的规范性文件通常不难选择判决方式，但对违法的规范性文件，判决方式的选择却往往需要以价值和利益衡量为前提。

首先，法院须权衡应否推翻规范性文件的效力。一方面，推翻违法规范性文件的效力能够维护法制统一，避免违法规范性文件继续侵害公民、法人或者其他组织的合法权益，也能在更大程度上对行政机关产生触动，从而增强其依法行政意识；另一方面，规范性文件往往已被广泛适用，推翻其效力有时会导致法律关系大范围动荡，也会损害人们的信赖利益。笔者认为，对违法的规范性文件同样存在情况判决的适用空间，如果推翻规范性文件的效力会带来国家利益或公共利益的重大损害，法院应判决确认违法而不判决撤销。当然，确认违法判决还可以适用于规范性文件违法，但不包括判决前已被有权机关撤销、改变、废止或因生效期届满而自动失效的情形。此外，理论上还可能存在规范性文件颁布时违法但判决时不违法的情形。例如，规范性文件在颁布时与当时有效的上位规范性文件不符，后来上位规范性文件被撤销或相关内容被改变，导致规范性文件违法的情形消失，且不存在其他合法性缺陷。对此，笔者认为依然应当认定该规范性文件违法。而如果允许当时违法的规范性文件借助事后变化而合法化，既不符合依法行政原则，也容易导致行政机关在被诉后规避败诉后果。当然，对于这种情形，法院可以基于利益衡量而不判决撤销。

其次，在法院确定不能维系规范性文件效力的情况下，接踵而至的问题是：是让规范性文件自颁布时起就不具有效力，还是从判决之日起丧失效力，抑或确定一个丧失效力的其他时点？在此问题上，法院需要考虑规范性文件的具体违法情形。例如，对于颁布时合法，后来因法律状态变化才丧失合法性的规范性文件，显然不应从颁布时就推翻其效力。同时，法院也需要考虑违法的严重性和违法的后果。例如，对于违法情节明显重大且推翻其效力不至于导致国家利益或公共利益受损的规范性文件，法院一般应自始推翻其效力，而不应仅仅让它在判决后才失去效力。

此外，由于规范性文件往往包含着多方面内容，部分内容违法的，法院常常需要在全部撤销还是部分撤销之间作出取舍。对此，法院需要考察构成违法的部分是否具有可分性。如果规范性文件的内容具有可分性，则具备部分撤销的前提。如果不具有可分性，则应当全部撤销。规范性文件是否可分不应仅考虑相关条文针对的具体事项是否可分，即使条文针对的具体事项可分，但也不排除存在其他整体性因素。例如，制定机关不具有法定职权或者违反法定程序等，亦应全部撤销。

（撰写人：陈良刚）

9

新条例实施后政府信息公开行政诉讼若干问题探讨

2019 年 4 月 3 日，国务院正式对外公布了新修订后的《中华人民共和国政府信息公开条例》（以下简称新条例），并明确自 2019 年 5 月 15 日起施行，这是原《中华人民共和国政府信息公开条例》（以下简称原条例）实施 11 年来的首次修订。此次修订紧紧围绕近年来政府信息公开工作中的新情况、新问题，及时吸收政府信息公开理论成果和实践经验，将行之有效的经验和做法上升为法律规定，使得条例框架更加完善明晰，制度设计更具有针对性、可操作性和实效性。新条例实施必将进一步促进政府信息公开工作健康持续发展，对政府信息公开行政诉讼也将产生积极深远的影响。

一、政府信息公开行政诉讼原告资格认定

原告资格也即提起诉讼的资格，是对公民、法人或者其他组织向法院提起诉讼从主体资格上所作出的一种必要限制，是行政诉讼合法性要件之一。[①]《行政诉讼法》第二十五条第一款规定："行政行为的相对人以及其他与行政行为有利害关系的公民、法人或者其他组织，有权提起诉讼。"与行政行为有利害关系，指的是行政机关的行政行为对公民、法人或者其他组织的权利义务已经或将会产生实际影响。[②] 作为政府信息公开诉讼的原告，是认为行政机关在政府信息公开工作中侵犯其合法权益的公民、法人或者其他组织，包括政府信息公开行为的相对人以及与政府信息公开行为有利害关系的公民、法人或者其他组织。

（一）政府信息公开申请人资格与原告资格的关系

实践中，原告资格是否应受到申请人资格的限制，具有原告资格应否必须首先享有申请人资格，对此争议较大。原条例第十三条确立了"三需要"的限制条件，对于"三需要"如何把握，有关方面存在不同理解，有的法院甚至一度把"三需要"作为认定申请人是否具备原告主体资格的重要标准。事实上，"三需要"是确定行政机关是否应当依申请公开政府信息的标准之一，是行政诉讼实体审查的内容，如果在受理环节的程序审查中即予以审查并与当事人的诉权挂钩，不仅会架空行政诉讼的实体审查程序，而且会剥夺部分当事人的救济权利。[③]《最高人民法院关于请求公开与本人生产生活科研等特殊需要无关政府信息的请求人是否具有原告诉讼主体资格问题的批复》（〔2010〕行他字第193号）规定："申请人申请公开的政府信息是否与本人生产、生活、科研等特殊需要有关，属于实体审理的内容，不宜作为原告主体资格的条件。"为进一步保障公民、法人或者其他组织依法获取政府信息的权利，新条例删去"三需要"的规定，消除对申请人资格的不当限制。由于政府信息公开诉讼重在保障公民、法人或者其他组织的知情权，并不要求政府信息公开行政诉讼的原告必须与申请公开的信息具有利害关系，因此对原告资格不宜作过多限制。申请人向行政机关提出政府信息公开申请，从而启动信息公开程序，就成了信息公开行为的相对人，因此无疑具有原告主体资格。[④] 政府信息公开行为的相对人以及与政府信息公开行为有利害关系的公民、法人或者其他组织，均可以

---

① 程琥：《行政法上请求权与行政诉讼原告资格判定》，载《法律适用》2018年第11期。

② 江必新主编：《新行政诉讼法专题讲座》，中国法制出版社2015年版，第111页。

③ 赵雪雁：《政府信息公开行政案件的受理条件》，载《人民司法·应用》2011年第21期。

④ 李广宇：《政府信息公开行政诉讼的当事人》，载《电子政务》2009年第4期。

原告身份向法院提起行政诉讼。

（二）政府信息公开合法权益与诉之利益

新条例第五十一条规定，公民、法人或者其他组织认为行政机关在政府信息公开工作中侵犯其合法权益的，可以提起行政诉讼。因此，公民、法人或者其他组织认为自己的合法权益受到行政行为的侵害，可以提起诉讼；如果并没有遭受权益的侵害，则不得提起行政诉讼。这就涉及所谓的诉之利益问题。① 在行政诉讼中，合法权益、利害关系以及权利义务共同构成行政诉讼原告资格判定标准的核心要件。无论是合法权益还是利害关系，抑或权利义务，在行政诉讼中可以归结为起诉人是否存在诉之利益。② 实践中，可以综合考虑按照以下因素理解和把握诉之利益：一是请求内容适合成为审判对象。起诉人向法院提起诉讼，必须就其提出的诉讼主张提供相应事实根据，并且这些事实根据能够显示其权利或者法律上利益“可能”因行政行为而遭受损害，此时其存在诉之利益，其诉讼才能视为合法诉讼。因此，法院要依法审查行政机关政府信息公开行政行为是否确与当事人权利义务的增减得失密切相关，当事人权利和法律上的利益是否有遭受行政行为侵害的可能性。如果起诉人提供的事实根据不能显示其权益可能系行政行为致其遭受损害，其起诉则不符合提起诉讼应当具备的条件。二是当事人对于请求存在正当利益。所谓正当利益，包括一切合法正当的利益在内。③ 新条例第三十五条对滥用申请权的规制作出规定，针对同一申请人反复、大量提出政府信息公开申请的问题，新条例规定了要求说明理由、不予重复处理、延迟答复并收取信息处理费等措施。因此，申请人反复、大量提出政府信息公开申请，由于其申请理由不合理的，属于滥用政府信息公开申请权，丧失司法保护基础。在认定滥用政府信息公开申请权时，申请人的主观目的、客观行为、损害后果以及因果关系四个方面可以作为滥用申请权的构成要件。④ 三是有权利保护必要。欠缺一般权利保护必要的类型，主要包括无效率的权利保护、无用的权利保护、权利滥用之禁止、不适时的权利保护、诉讼程序上权利失效、权利保护（诉讼权利）之抛弃六种类型。⑤ 实践中，申请人采取多人多次重复申请公开相同、同类政府信息，继而申请行政复议、提起行政诉讼的方式，为了达到扩大影响、反映信访诉求的目的，这些起诉不具有依法应予救济的诉讼利益。⑥

---

① 陈清秀：《行政诉讼法》，法律出版社 2016 年版，第 238 页。

② 程琥：《行政法上请求权与行政诉讼原告资格判定》，载《法律适用》2018 年第 11 期。

③ 陈清秀：《行政诉讼法》，法律出版社 2016 年版，第 255 页。

④ 于文豪、吕富生：《何为滥用政府信息公开申请权——以既有裁判文书为对象的分析》，载《行政法学研究》2018 年第 5 期。

⑤ 陈清秀：《行政诉讼法》，法律出版社 2016 年版，第 281～285 页。

⑥ 最高人民法院（2016）最高法行申 5034 号行政裁定书。

因此，政府信息公开行政诉讼原告应当具有诉的利益，其诉讼请求具有利用国家审判制度加以解决的实际价值和必要性。

（三）政府信息公开行政诉讼原告资格的界定

在政府信息公开行政诉讼中，能够取得原告资格的公民、法人或者其他组织主要包括以下几类：

1. 向行政机关申请获取政府信息的申请人。政府信息公开行政诉讼重在保障公民、法人或者其他组织的知情权，知情权是政府信息公开请求权的基础，建立在请求权之上的诉权相应存在。对于依申请公开的政府信息，公民、法人或者其他组织向行政机关申请获取政府信息，行政机关针对申请作出答复或者不予答复，申请人作为该政府信息公开行为的相对人，具有原告主体资格。对于主动公开的政府信息，新条例第十九条规定："对涉及公众利益调整、需要公众广泛知晓或者需要公众参与决策的政府信息，行政机关应当主动公开。"由于主动公开的政府信息大多涉及公共利益，针对行政机关主动公开的政府信息提起行政诉讼，具有公益诉讼属性，根据《行政诉讼法》第二十五条第四款的规定，只有人民检察院可依法提起行政公益诉讼。因此，如果允许相对人任意对主动公开行为提起行政诉讼，事实上突破了《行政诉讼法》对于公益诉讼案件原告主体资格的限制。此时可以将行政机关主动公开信息行为转化为依申请政府信息公开行为，并赋予相对人的原告主体资格。《最高人民法院关于审理政府信息公开行政案件若干问题的规定》第三条规定："公民、法人或者其他组织认为行政机关不依法履行主动公开政府信息义务，直接向人民法院提起诉讼的，应当告知其先向行政机关申请获取相关政府信息。对行政机关的答复或者逾期不予答复不服的，可以向人民法院提起诉讼。"对于行政机关不依法履行主动公开政府信息义务的，公民、法人或者其他组织不具有直接提起行政诉讼的原告资格；只有在其向行政机关申请获取相关政府信息，对行政机关的答复或者逾期不予答复不服提起诉讼的，才具有原告主体资格。

2. 向行政机关要求更正信息的申请人。新条例第四十一条规定，"公民、法人或者其他组织有证据证明行政机关提供的与其自身相关的政府信息记录不准确的，可以要求行政机关更正"。这是政府信息公开行为的必要延伸，申请人向行政机关申请获取政府信息后，认为行政机关提供的与其自身相关的政府信息记录不准确，可以要求行政机关予以更正。在这类案件中申请人之所以具有原告主体资格，是因为行政机关提供的政府信息与申请人自身相关。当该信息直接涉及申请人的自身利益，便具有相关性。申请人对行政机关拒绝更正、逾期不予答复或者不予转送有关机关处理的，可以作为原告提起行政诉讼。

3. 政府信息公开行为的利害关系人。新条例第十五条规定："涉及商业秘密、个人隐私等公开会对第三方合法权益造成损害的政府信息，行政机关不得公开。但是，第三方同意公开或者行政机关认为不公开会对公共利益造成重大影响的，予以公开。”在政府信息公开诉讼中存在预防之诉，即反信息公开之诉。第三方认为行政机关公开的政府信息侵犯其商业秘密、个人隐私等合法权益，在行政机关尚未作出公开与否决定之前，可以申请行政机关不予公开被申请公开的信息，并据此可以作为原告提起反信息公开诉讼。第三方提起反信息公开诉讼，不是作为信息公开行为的相对人，而是作为政府信息公开行为的利害关系人。

4. 认为行政机关在政府信息公开工作中侵犯其合法权益的行政赔偿和行政补偿请求人。行政机关在政府信息公开工作中作为或者不作为违法，侵害了公民、法人或者其他组织的合法权益，当事人并因此遭受损失的，可以作为原告单独或者一并提起行政赔偿诉讼。行政机关政府信息公开工作中的合法行为侵害公民、法人或者其他组织的合法权益，当事人并因此遭受损失的，可以作为原告单独或者一并提起行政补偿诉讼。

二、政府信息公开行政诉讼被告资格确定

《行政诉讼法》第二十六条第一款规定，公民、法人或者其他组织直接向人民法院提起诉讼的，作出行政行为的行政机关是被告。新条例实施后，作为政府信息公开主体一般具有成为政府信息公开行政诉讼的被告资格。

（一）新条例第十条规定的政府信息公开义务主体作为适格被告

在确定政府信息公开主体前，首先需要了解新条例对政府信息公开相关组织机构作出的规定。新条例第二条使用的是“行政机关”；第三条第一款明确“各级人民政府”对政府信息公开工作的组织领导地位，第二款、第三款明确国务院办公厅、县级以上地方人民政府办公厅（室）作为全国或本行政区域的政府信息公开主管部门地位，第四款明确实行垂直领导的部门的办公厅（室）作为本系统的政府信息公开主管部门地位；第四条明确“政府信息公开工作机构”负责日常工作和具体职能；第十条明确政府信息公开主体；第二十条、第二十一条将主动公开政府信息主体确定为行政机关、设区的市级、县级人民政府及其部门、乡（镇）人民政府；第二十七条将依申请公开政府信息主体确定为地方各级人民政府、对外以自己名义履行行政管理职能的县级以上人民政府部门（含本条例第十条第二款规定的派出机构、内设机构）。根据上述规定，可以作为适格被告的主要包括以下几类信息公开主体：

1. 政府信息制作机关、保存机关、最初获取政府信息的行政机关作为适格被告。原条例第十七条则对政府信息可以由制作机关也可以由保存机关公开作出规

定，由于该规定是否涵盖行政机关获取的其他行政机关制作的信息并不明确，该规定在实施中容易导致责任不清，出现同一政府信息由制作机关和保存机关重复公开的情况，也可能出现制作机关与保存机关相互推卸责任，拒绝履行政府信息公开义务的情形。① 新条例第十条对此政府信息公开主体作出明确规定，“行政机关制作的政府信息，由制作该政府信息的行政机关负责公开。行政机关从公民、法人和其他组织获取的政府信息，由保存该政府信息的行政机关负责公开；行政机关获取的其他行政机关的政府信息，由制作或者最初获取该政府信息的行政机关负责公开。法律、法规对政府信息公开的权限另有规定的，从其规定”。从上述规定看，一是政府信息公开首先坚持“谁制作、谁公开”的原则，由制作机关承担政府信息公开工作，有助于行政机关能够及时准确地把握政府信息属性，避免因属性不明导致泄密或者制作机关与保存机关之间出现相互推诿。申请人对制作机关的政府信息公开行为不服的，以该制作机关作为适格被告。二是新条例进一步明确保存机关作为政府信息公开义务主体的具体情形，即行政机关从公民、法人和其他组织获取的政府信息，由保存该政府信息的行政机关负责公开。此处的法人或者其他组织主要是企事业单位、自治组织，不包括行政机关或者法律、法规、规章授权的组织。申请人对保存机关的政府信息公开行为不服的，以该保存机关作为适格被告。三是行政机关获取的其他行政机关的政府信息，由制作或者最初获取该政府信息的行政机关负责公开，这里明确了申请人申请公开的政府信息是行政机关从其他行政机关获取的，此时由制作机关公开，实践中可能会出现一个政府信息连续经过多个行政机关，如串联式审批信息，那就需要追根溯源，由该政府信息的最初制作机关作为政府信息公开义务主体，申请人对制作机关的政府信息公开行为不服的，以该制作机关作为适格被告；如果申请人申请公开的政府信息是行政机关从其他行政机关获取的，经过多个行政机关，向上溯源最终是由行政机关从公民、法人或者其他组织获取的政府信息，此时由最初获取该政府信息的行政机关作为政府信息公开义务主体，申请人对最初获取该政府信息的行政机关的政府信息公开行为不服的，以该获取政府信息的行政机关作为适格被告。四是法律、法规对政府信息公开的权限另有规定的，从其规定。这就需要结合单行法的具体规定来确定政府信息公开义务主体，从而确定适格被告。

2. 依照法律、法规对外以自己名义履行行政管理职能的行政机关派出机构、内设机构作为适格被告。派出组织是行政机关为更好地实现行政管理职能而设立的一种行政组织形式，主要包括派出机关和派出机构。派出机关是指依法设立的，由

① 程琥：《〈政府信息公开条例〉的修改》，载《国家检察官学院学报》2016 年第 3 期。

某级人民政府派出并代表该人民政府，以自己的名义独立行使行政权的机关，如街道办事处；派出机构则是指政府职能部门依法设立或者根据工作需要经批准设立的派出组织，如公安派出所、工商所、税务所。相比较而言，派出机关属于能够直接以自己的名义行使职权、实施行政行为的行政机关，而派出机构一般是以设立机关的名义实施行政行为，并由其设立机关承担法律责任的，但法律、法规另有规定的除外。① 内设机构，是指根据“三定方案”和机构编制规定由行政机关在其内部设立的不能独立对外行使职权、承担法律责任的行政组织形式，如办公厅（室）。新条例第十条第二款规定：“行政机关设立的派出机构、内设机构依照法律、法规对外以自己名义履行行政管理职能的，可以由该派出机构、内设机构负责与所履行行政管理职能有关的政府信息公开工作。”由于派出机构、内设机构一般不具有独立对外履行行政管理职能的行政主体地位，一旦法律、法规授权该派出机构、内设机构有权以自己的名义对外履行行政管理职能，那么该派出机构、内设机构属于行政主体，可以作为政府信息公开义务主体。申请人对该派出机构、内设机构的政府信息公开行为不服的，以该派出机构、内设机构作为适格被告向法院提起行政诉讼。如果派出机构、内设机构在没有法律、法规、规章授权情况下对外以自己的名义行使职权的，那么该派出机构、内设机构不具有行政主体资格，不能作为政府信息公开义务主体，应当以所属行政机关作为政府信息公开义务主体。《最高人民法院关于适用〈中华人民共和国行政诉讼法〉的解释》第二十条第三款规定：“没有法律、法规或者规章规定，行政机关授权其内设机构、派出机构或者其他组织行使行政职权的，属于行政诉讼法第二十六条规定的委托。当事人不服提起诉讼的，应当以该行政机关为被告。”申请人不服的，应当以该行政机关作为适格被告向法院提起行政诉讼。

3. 牵头制作的行政机关作为适格被告。新条例第十条第三款规定：“两个以上行政机关共同制作的政府信息，由牵头制作的行政机关负责公开。”在我国行政管理实践中，党政联合发文、行政机关联合发文、行政机关与司法机关联合发文、行政机关与企事业单位联合发文等是较为常见的制定发布文件的形式。新条例第十条规定的两个以上行政机关共同制作的政府信息仅针对两个以上行政机关联合发文。由于两个以上行政机关都是政府信息的制作机关，按照“谁制作、谁公开”原则，这些行政机关事实上都可以作为政府信息公开义务主体，但是这样一来，这些行政机关都承担政府信息公开义务，势必造成资源浪费，也容易造成行政机关之间相互推诿。新条例从实际出发，明确规定由牵头制作的行政机关作为政府信息公开义务

① 袁明圣：《派出机构的若干问题》，载《行政法学研究》2001 年第 3 期。

主体，其他行政机关不承担信息公开义务。申请人对牵头制作的行政机关的政府信息公开行为不服的，可以该牵头制作的行政机关作为适格被告向法院提起行政诉讼。

（二）法律、法规授权的具有管理公共事务职能的组织作为适格被告

新条例第五十四条规定：“法律、法规授权的具有管理公共事务职能的组织公开政府信息的活动，适用本条例。”实践中，具有管理公共事务职能的组织除了行政机关外，就是一些依照有关法律、法规的授权具有管理公共事务职能的事业单位。比如，中国银行保险监督管理委员会、中国证券监督管理委员会、中国气象局等国务院直属事业单位，这些事业单位在履行管理公共事务职能的过程中往往掌握大量政府信息，又往往与公民、法人或者其他组织的切身利益密切相关；这些政府信息是否公开，直接关系到广大人民群众的知情权、参与权、监督权的实现。因此，这些法律、法规授权的具有管理公共事务职能的组织可以作为政府信息公开义务主体，申请人对政府信息公开行为不服的，应当以法律、法规授权的具有管理公共事务职能的组织作为适格被告向法院提起行政诉讼。

（三）行政复议机关作为适格被告

《行政诉讼法》第二十六条第二款规定，“经复议的案件，复议机关决定维持原行政行为的，作出原行政行为的行政机关和复议机关是共同被告；复议机关改变原行政行为的，复议机关是被告。”第三款规定：“复议机关在法定期限内未作出复议决定，公民、法人或者其他组织起诉原行政行为的，作出原行政行为的行政机关是被告；起诉复议机关不作为的，复议机关是被告。”在政府信息公开工作中，申请人对行政机关的政府信息公开行为不服的，可以依法申请行政复议。由于新条例对政府信息公开工作采取“块块”与“条条”相结合的方式，即国务院办公厅是全国政府信息公开工作的主管部门、地方各级人民政府办公厅（室）是本行政区域的政府信息公开工作主管部门（块块管理）、实行垂直领导的部门的办公厅（室）主管本系统的政府信息公开工作（条条管理）。新条例作出的该项规定对政府信息公开行政复议会产生影响。《行政复议法》第十二条规定：“对县级以上地方各级人民政府工作部门的具体行政行为不服的，由申请人选择，可以向该部门的本级人民政府申请行政复议，也可以向上一级主管部门申请行政复议。对海关、金融、国税、外汇管理等实行垂直领导的行政机关和国家安全机关的具体行政行为不服的，向上一级主管部门申请行政复议。”因此，对于地方各级人民政府工作部门的政府信息公开行为不服的，由申请人在该部门的本级人民政府或者向上一级主管部门选择复议；对于海关、金融、国税、外汇管理等实行垂直领导的行政机关和国家安全机关的政府信息公开行为不服的，向上一级主管部门申请行政复议。申请人对复议

机关的复议决定不服的，以复议机关作为单独被告或者共同被告。

（四）政府办公厅（室）的适格被告问题

新条例第三条第二款、第三款明确国务院办公厅、县级以上地方人民政府办公厅（室）作为全国或本行政区域的政府信息公开主管部门地位，第四款明确实行垂直领导的部门的办公厅（室）作为本系统的政府信息公开主管部门地位。实践中，对于政府办公厅（室）能否作为政府信息公开行政争议的行政复议被申请人和行政诉讼被告问题存有争议，有观点认为可以将政府办公厅（室）作为政府信息公开行政争议的行政复议被申请人和行政诉讼被告；也有观点认为政府办公厅（室）属于政府内设机构和办事机构，除依照法律、法规对外以自己的名义履行行政管理职能外，不能作为政府信息公开行政争议的行政复议被申请人和行政诉讼被告。为统一裁判标准，2016 年 3 月 18 日最高人民法院在《关于政府办公厅（室）能否作为政府信息公开行政争议的行政复议被申请人和行政诉讼被告问题的请示的答复》中明确规定，公民、法人或者其他组织向政府办公厅（室）提出的信息公开申请，应当视为向本级人民政府提出。人民政府对公民、法人或者其他组织提出的申请，可以政府办公厅（室）的名义进行答复，也可由负责政府信息公开工作的部门加盖"某某人民政府办公厅（室）信息公开专用章"的形式答复。公民、法人或者其他组织对以政府办公厅（室）或负责政府信息公开工作部门作出的政府信息公开行政行为不服提起诉讼的，应当以本级人民政府作为被告。从上述答复意见看，政府办公厅（室）不是政府信息公开行为的适格被告，当事人对以政府办公厅（室）或负责政府信息公开工作部门作出的政府信息公开行政行为不服提起诉讼的，应当以本级人民政府作为被告。

（五）行政机关设立的非常设机构的适格被告问题

申请人对政府及其部门设立的议事协调机构、临时性机构等非常设机构提出政府信息公开申请的，非常设机构在没有法律、法规、规章授权的情况下，一般不是政府信息公开答复的义务主体，也不是政府信息公开诉讼的适格被告。申请人对非常设机构作出的政府信息公开答复提起诉讼的，应当以设立非常设机构的行政机关为被告。

（六）机构改革后政府信息公开适格被告的确定

《行政诉讼法》第二十六条第六款规定："行政机关被撤销或者职权变更的，继续行使其职权的行政机关是被告。"《最高人民法院关于适用〈中华人民共和国行政诉讼法〉的解释》第二十三条规定："行政机关被撤销或者职权变更，没有继续行使其职权的行政机关的，以其所属的人民政府为被告；实行垂直领导的，以垂直领导的上一级行政机关为被告。"为更好地解决机构改革后政府信息公开申请办理问题，2019 年 2 月 2 日，国务院办公厅政府信息与政务公开办公室在对广东省人民政府办公厅请示作出函复时，专门下发《关于机构改革后政府信息公开申请办理问题的解释》（国办公开办函〔2019〕14 号）。该解释的主要内容是：行政机关职权发生变更的，由负责行使有关职权的行政机关承担相应的责任。根据《政府信息公开条例》有关规定，政府信息公开申请应当按照“谁收到、谁处理”的原则办理。对于行政机关职权划转后的政府信息公开责任划分问题，提出如下处理意见：第一，行政机关涉及职权划转的，应当尽快将相关政府信息一并划转。第二，申请人向职权划出行政机关申请相关政府信息公开的，职权划出行政机关可在征求职权划入行政机关的意见后作出相应处理，也可以告知申请人向职权划入行政机关另行提出申请。第三，申请人向职权划入行政机关申请相关政府信息公开的，职权划入行政机关应当严格依法办理，与职权划出行政机关做好衔接，不得以相关政府信息尚未划转为由拒绝。第四，相关政府信息已经依法移交国家档案馆、成为国家档案的，按照《档案法》及相关规定管理。对于相关政府信息公开申请，行政机关可以告知申请人按照档案法的规定办理。第五，行政机关职权划入党的机关的，如果党的机关对外加挂行政机关牌子，相关政府信息公开事项以行政机关名义参照上述规定办理；如果党的机关没有对外加挂行政机关牌子，相关信息公开事项按照《中国共产党党务公开条例（试行）》办理。

结合上述解释意见以及新条例规定，机构改革后政府信息公开工作应当按照新条例以及上述解释的规定办理。具体而言，主要包括对以下几个方面情形的处理：一是机构改革后，设立新机构，撤销原机构，原机构的职能已经全部移转新机构的，此时申请人应当向新设立机构申请政府信息公开。比如，根据《第十三届全国人民代表大会第一次会议关于国务院机构改革方案的决定》规定，组建国家市场监督管理总局，不再保留国家工商行政管理总局、国家质量监督检验检疫总局、国家食品药品监督管理总局。申请人申请新机构设立前，由其他机构制作或保存政府信息，应当向新设立机构提出。申请人对新机构政府信息公开行为不服的，应当以新机构作为适格被告提起行政诉讼。二是行政机关之间行政管理职能移转的，申请人一般应当向职能转入的行政机关提出政府信息公开申请，申请人对职能转入的行政机关政府信息公开行为不服的，应当以职能转入的行政机关为适格被告提起行政诉讼。三是行政机关职权划入党的机关的，如果党的机关对外加挂行政机关牌子，相关政府信息公开事项以行政机关名义参照上述规定办理，申请人应当向加挂牌子的行政机关提出政府信息公开申请，申请人对该行政机关政府信息公开行为不服的，应当以该行政机关为适格被告提起行政诉讼；如果党的机关没有对外加挂行政机关牌子，相关信息公开事项按照《中国共产党党务公开条例（试行）》办理。四是相关政府信息已经依法移交国家档案馆、成为国家档案的，按照《档案法》及相关规定管理。对于相关政府信息公开申请，行政机关可以告知申请人按照档案法的规定办理。申请人对于该行政机关告知行为不服的，可以该行政机关为被告向法院提起行政诉讼。

三、政府信息公开行政诉讼的审查重点

新条例对政府信息公开工作作出了一些新的规定，无论对于行政机关办理政府信息公开申请，还是对于法院审理政府信息公开行政诉讼案件，准确把握审查重点和审查思路尤为重要。结合新条例规定和政府信息公开工作实践，按照政府信息“是不是—有没有—给不给—怎么给”的“四步审查法”进行审查。

（一）对“是不是”政府信息的审查

“是不是”政府信息属于政府信息公开审查的第一步，也是判断政府信息能否公开的前提条件。法院在审理政府信息公开行政诉讼案件中应当首先对信息属性进行判断。

1. 政府信息的构成要件。新条例第二条规定：“本条例所称政府信息，是指行政机关在履行行政管理职能过程中制作或者获取的，以一定形式记录、保存的信息。”从上述规定看，作为政府信息需要满足以下四个条件：

（1）从信息产生主体看，政府信息的产生主体为行政机关，具体包括地方各级人民政府、对外以自己的名义履行行政管理职能的县级以上人民政府部门（含本条例第十条第二款规定的派出机构、内设机构），以及法律法规授权的具有管理公共事务职能的组织。实践中，申请人申请的信息制作主体显然不能满足上述要件要求，如党务信息、监察信息、刑事侦查信息、司法信息、立法信息等。

（2）从信息产生过程看，政府信息是行政机关在履行行政管理职能过程中产生的信息，该信息产生与行政机关对外履行行政管理职能密切相关。从原条例规定的“履行职责”到新条例的“履行行政管理职能”，这是对原条例规定的政府信息范围的进一步限缩和明确。由于“职责”界定过于宽泛，行政机关对内对外、行政行为民事行为都可以称之为履行“职责”，这也导致原条例实施中大量似是而非信息被作为政府信息处理。行政机关履行“行政管理职能”信息主要是指行政机关按照法律、法规、规章以及“三定”方案确定的职权对外实施行政管理过程中产生的信息，这样把行政机关内部信息、民事信息等排除在外。

（3）从信息产生方式看，政府信息不仅包括行政机关在履行行政管理职能过程中制作、加工的信息，如行政机关在其职权范围内发布的行政公文，还包括在履行行政管理职能过程中从公民、法人或者其他组织以及其他行政机关那里获取的信息，如行政机关为了实现行政管理职能而要求企业提供的本企业的基本信息或者向其他行政机关调取的有关文书、资料。比如，行政机关在参与法律修改工作中获取的相关提案建议，并非在履行行政管理职责中制作或获取的信息，不属于条例的调整范畴。

（4）从信息存在形式看，政府信息应当是以一定形式记录、保存的信息，既可以是纸质文件，也可以是胶卷、磁带、磁盘以及其他存储介质。公民、法人或者其他组织只能申请获取行政机关已经保存的现有文件或材料，行政机关没有义务根据申请人的要求收集整理材料、研究分析数据，也不需要进行汇总、加工或重新制作。因此，行政机关对政府信息的公开应当是对已经存在的政府信息的公开，即对以一定形式记录、保存的政府信息的公开，若行政机关尚没有制作或者保存的政府信息，则无从公开。①

2. 政府信息的排除。任何一个政府信息都应当满足政府信息的四个条件要求，缺少任何一个条件的信息都不属于政府信息，应当予以排除。

（1）党务信息。党务信息包括使用党委文号的各类文件以及由党委部门制定的未使用党委文号的其他信息。对是否属于党务信息可从两个方面进行判断：第一，对于有文号的文件，通过文号的属性判断是否属于党务文件，使用党委文号的，可认定为党务信息；第二，对于没有文号的其他信息，制定主体是党委部门的，可认定为党务信息。党委文件是由党的各级组织制定发布的文件，党的各级组织不是行政机关，党委文件不是政府信息。② 党委成立的联席会议是议事协调机构，并非新条例调整的行政机关，制定文件不属于政府信息。党政联合发文是党组织与行政机关共同制定发布的文件，党政联合发文不属于新条例规定的应当公开的政府信息。

（2）咨询信息。行政机关向申请人提供的政府信息，应当是现有的，一般不需要行政机关汇总、加工或者重新制作。公民、法人或者其他组织以咨询方式申请政府信息公开，如要求行政机关解释定义，申请公开行政行为的法律依据，性质上属于咨询，并非行政机关在履行行政管理职能过程中制作或者获取的，以一定形式记录、保存政府文件本身，并非条例规定的政府信息。③ 对于此类咨询申请，新条例并未要求行政机关必须书面答复的明确规定，况且针对咨询作出答复以及答复与否，并不对咨询人的权利义务产生实际影响。

（3）司法信息。司法信息是司法机关在履行职责过程中制作或者获取的信息。

---

① 参见最高人民法院（2016）最高法行申2770号行政裁定书。

② 参见最高人民法院（2016）最高法行申4433号行政裁定书。

③ 参见最高人民法院（2016）最高法行申3760号行政裁定书。

司法机关不属于行政机关，司法程序中的信息不属于政府信息。比如，按照人民法院生效行政判决和准予执行行政裁定组织实施的强制拆迁活动，是执行法院生效裁判的司法活动，并非行政行为。司法强拆中的证据保全公证文书，是行政机关履行生效裁判的司法活动中获取的信息，不是履行行政管理职能中获取的信息，不属于政府信息。① 法院工作人员的相关信息是司法信息，不是政府信息。② 人民法院司法建议书不属于政府信息，是司法信息。③ 行政机关负责人出庭应诉信息是行政机关负责人履行《行政诉讼法》规定的出庭义务形成的信息，属于司法信息，不是政府信息。人民法院为行政机关举行政府常务会议会前讲法信息，行政机关工作人员旁听庭审信息，属于司法信息，不是政府信息。

（4）信访信息。新条例第三十九条第一款规定："申请人以政府信息公开申请的形式进行信访、投诉、举报等活动，行政机关应当告知申请人不作为政府信息公开申请处理并可以告知通过相应渠道提出。"信访、投诉、举报等活动，是《信访条例》以及其他相关法律、法规赋予公民、法人或者其他组织的一项权利，这些活动与政府信息公开存在本质上的不同，不应纳入新条例的调整范围。《最高人民法院关于适用〈中华人民共和国行政诉讼法〉的解释》第一条第二款第九项规定，行政机关针对信访事项作出的登记、受理、交办、转送、复查、复核意见等行为不属于人民法院行政诉讼的受案范围。因此，信访工作机构依据《信访条例》作出的登记、受理、交办、转送、承办、协调处理、督促检查、指导信访事项等行为，对信访人不具有强制力，对信访人的实体权利义务不产生实质影响。针对行政机关的信访答复内容申请信息公开，继而提起诉讼，实质是申请人对行政机关处理信访事项的行为不服提起的行政诉讼，不属于人民法院行政诉讼的受案范围。④ 实践中，申请人在对相关问题进行信访的过程中需要查询、知晓相关信息的，按照《信访条例》的规定办理。⑤ 申请人要求公开的是信访处理程序中的相关信息，此类信息应根据《信访条例》的相关规定依法获取，行政机关不负有依照《政府信息公开条例》公开信访信息的法定职责。⑥

（5）刑事司法信息。公安机关具有行政机关和刑事司法机关的双重职能，其在履行刑事司法职能时制作或者获取的信息不属于新条例所规定的政府信息。《最高

① 参见最高人民法院（2016）最高法行申282号行政裁定书。
② 参见最高人民法院（2016）最高法行申208号行政裁定书。
③ 参见最高人民法院（2017）最高法行申552号行政裁定书。
④ 参见最高人民法院（2016）最高法行申1640号行政裁定书。
⑤ 参见最高人民法院（2016）最高法行申454号行政裁定书。
⑥ 参见最高人民法院（2016）最高法行申4770号行政裁定书。

人民法院关于适用〈中华人民共和国行政诉讼法〉的解释》第一条第二款第一项规定，公安、国家安全等机关依照刑事诉讼法的明确授权实施的行为不属于人民法院行政诉讼的受案范围。公安机关履行刑事侦查职能属于刑事司法职能，刑事侦查信息不属于政府信息。监狱履行刑罚执行职能，属于刑事诉讼法授权的职能，监狱履行刑罚执行职能所形成的信息也不属于新条例所规定的政府信息。

（6）内部事务信息。新条例第十六条第一款规定："行政机关的内部事务信息，包括人事管理、后勤管理、内部工作流程等方面的信息，可以不予公开。"行政机关内部事务信息一般只涉及内部管理事务，对外部不具有约束力，亦对相对人的权利义务不产生实际影响。实践中如行政机关内部事务信息对外部产生约束力，亦对相对人的权利义务产生实际影响，则属于新条例的调整范围，行政机关以属于内部事务信息为由不予公开的，人民法院不予支持。比如，申请公开房屋拆迁强制执行通知书的区政府批示责任人的批示文件，该信息属于行政机关内部管理信息，不属于条例所指的应当公开的政府信息。[①] 又如，领导干部的经济责任审计信息，不是审计机关在履行行政管理职能过程中制作或者保存的政府信息，而是受组织部门委托，由审计机关制作的对领导干部的内部管理监督信息。该信息作为干部考核、任免和奖惩的重要依据，一般不具备外部性，不属于条例规定的政府信息。[②]

（7）过程性信息。新条例第十六条第二款规定："行政机关在履行行政管理职能过程中形成的讨论记录、过程稿、磋商信函、请示报告等过程性信息以及行政执法案卷信息，可以不予公开。法律、法规、规章规定上述信息应当公开的，从其规定。"从世界范围看，内部信息、过程信息、决策信息通常被列为可以不公开的情形。这些信息普遍具有"内部性"和"非终极性"的特点，一旦过早公开，可能会引起误解和混乱，或者妨碍意见发表以及正常的意思形成。比如，会议纪要是适用于记载会议主要情况和议定事项的一种公文类型，因此会议纪要属于行政机关内部公文，具有过程性和决策性的特点，一般不属于条例所指应公开的政府信息。[③]

（8）民事事务信息。行政机关可以作为行政主体依法履行行政管理职能，还可以作为民事主体与公民、法人或者其他组织之间平等从事民事事务。行政机关在民事事务中形成的信息不属于政府信息。比如，申请公开"工程建设招投标中标《工程施工承包合同》及支付相关款项的明细"属于民事合同信息。[④]

---

① 最高人民法院（2016）最高法行申 1359 号行政裁定书。

② 庄春英：《政府信息公开法律适用问题研究——以司法案例为视角》，载《中国司法》2018 年第 9 期。

③ 最高人民法院（2017）最高法行申 1310 号行政裁定书。

④ 参见最高人民法院（2016）最高法行申 3127 号行政裁定书。

（二）对“有没有”政府信息的审查

“有没有”政府信息是政府信息公开审查的第二步，行政机关在确认申请人申请公开的信息属于政府信息之后，即应转入对有没有政府信息的审查，以确定申请人申请公开的政府信息是否存在。政府信息存在是行政机关公开政府信息的前提。这种“存在”是指一种“客观存在”，而不能是“推定存在”。[①]

1. 政府信息不存在的含义。新条例第三十六条第四项规定：“经检索没有所申请公开信息的，告知申请人该政府信息不存在。”据此，政府信息不存在是指“自始不存在”，即行政机关从未制作（获取）过申请的信息，行政机关曾经制作（获取）但未保存的信息不属于政府信息不存在的情形。“申请公开的政府信息不存在的，也就是这一政府信息自始至终不曾产生，根本谈不上是否应当公开的，对此，行政机关应当告知申请人该政府信息本身不存在。”[②] 政府信息不存在是对申请人申请政府信息时，信息存在与否的客观状态的一种描述，包括客观上存在或者不存在两种情形。实践中，被申请的行政机关客观上不具有提供该政府信息的可能性，就属于政府信息不存在，主要情形包括：申请人要求提供的政府信息法律上应当存在但客观上未制作或保存；已经被行政机关依法销毁或者因为保管不当而遗失；转交其他机关而未保存；申请时需要加工、汇总、分析、制作后才能获取的信息等。由于政府信息不存在的成因复杂，在判断政府信息不存在时只看客观结果，不问原因，这样才能准确理解和把握政府信息不存在的含义。

2. 对政府信息不存在答复的审查。新条例第三十六条第四项对行政机关答复政府信息不存在的程序作出了规定，只有行政机关经检索发现没有所申请公开信息的，才能告知申请人该政府信息不存在。法院审理行政机关答复政府信息不存在的案件，重点审查以下几个方面：

（1）原告是否对其申请的政府信息存在状态提供线索和初步证明。新条例第二十九条第二款第二项规定，政府信息公开申请应当包括下列内容：申请公开的政府信息的名称、文号或者便于行政机关查询的其他特征性描述。原条例规定申请人明确“申请公开的政府信息的内容描述”，这种“内容描述”的规定过于原则，可操作性差，实践中容易引起极大争议、混乱。为了便于行政机关准确及时搜索政府信息，新条例对申请人提交申请内容作出了明确规定，申请人提交的申请书应当载明明确的政府信息内容，包括能够据以指向特定政府信息的文件名称、文号或者其他特征描述。此处的“特定政府信息”是指经过检索可予以特定化的政府信息，可以

---

① 参见最高人民法院（2016）最高法行申2855号行政裁定书。

② 曹康泰主编：《中华人民共和国政府信息公开条例读本》，人民出版社2007年版，第110页。

是一项信息，也可以是明确的多项信息。由于行政机关制作或者保存的政府信息量大、面广，申请人在提出信息公开申请时应该尽可能对政府信息内容进行详细描述，以使行政机关能够在大量信息中查找、并准确提供给申请人。对于申请人申请描述不明确的，行政机关应告知申请人进行补正，而不能简单地作出信息不存在答复。

（2）所申请公开信息是否属于本行政机关负责公开。原条例把“依法不属于本机关公开”与“政府信息不存在”共同作为一项内容作出规定，新条例第三十六条就“政府信息不存在”与“所申请公开信息不属于本行政机关负责公开”分作两项分别作出规定，由此可见二者之间有着明显差别。实践中，一些行政机关经常把非本机关负责公开与政府信息不存在两种情形混同使用，导致适用混乱。针对申请人政府信息公开申请，行政机关在判断申请人所申请信息属于政府信息后，就应该及时判断该政府信息是否属于本机关负责公开。如果所申请政府信息非本机关负责公开，应当依据新条例第三十六条第五项规定“所申请公开信息不属于本行政机关负责公开的，告知申请人并说明理由；能够确定负责公开该政府信息的行政机关的，告知申请人该行政机关的名称、联系方式”；如果所申请公开信息属于本行政机关公开，就应当按照申请人提供的线索和初步证明进行检索。行政机关不应把非本行政机关公开的事项作为政府信息不存在的事项处理，否则两种不同情形的答复对于申请人的效果完全不同，如果是非本行政机关负责公开，说明申请人还完全可能从其他行政机关申请到政府信息；如果是政府信息不存在，那么行政机关就没有义务公开政府信息，申请人就不可能获得所申请政府信息。并且，如果所申请政府信息是非本行政机关负责公开，那么该行政机关就无须履行进一步检索职责，否则也是在做无用功。因此，从逻辑顺序上看，一旦确定申请人所申请公开的信息属于政府信息，行政机关应当及时判断该政府信息是否属于本行政机关负责公开，如果属于本行政机关公开，就应当根据要求及时检索；如果非本行政机关负责公开，就应当按照新条例规定及时告知申请人。实践中，如果行政机关把非行政机关负责公开的情形作为政府信息不存在处理，法院应当以事实不清、适用法律错误为由，判决撤销政府信息公开答复。

（3）被告是否尽到了合理检索义务。当行政机关主张政府信息不存在时，必须证明其已经尽到了勤勉的检索义务。但是对于被告需要提供哪些证据材料才能证明其已经尽到合理检索义务，司法实践中存在不同做法：第一种做法，被告没有提交证据材料，只是在庭审中予以说明，法院即认可其已经尽到合理检索义务；第二种做法，被告提供了工作记录、档案部门的查询记录、在内部网络应用平台的检索记录等证据材料，以此证明其尽到合理搜索义务。应当说，行政机关以政府信息不存在为由拒绝公开政府信息时，在司法实践中应当由被告举证证明其已经尽到了合理搜索义务。[①] 第一种做法行政机关不提交任何证据，仅在庭审中对尽到合理检索义务进行说明，这事实上降低了被告行政机关应当承担的举证义务，容易导致一些行政机关以“政府信息不存在”为由逃避政府信息公开职责。因此，第二种做法符合政府信息公开案件举证责任分配原则，值得倡导和坚持。被告主张政府信息不存在的，必须提供相应的证据材料以证明其尽到了合理搜索义务，没有提供相关检索或者工作记录的，法院对其“政府信息不存在”的主张，不予支持。对于合理搜索的判断应当综合以下指标予以考虑：第一，用以检索的数据库包含的信息资料是否全面，数据库收纳的数据越多，其检索结果越具有合理性；第二，检索方法是否妥当，选用不同的检索关键词、采用不同的检索方法会产生不同的检索结果，被告选取的检索方法更有利于找寻到相关政府信息的，其检索结果更具有合理性；第三，检索人员的工作态度是否认真，若有证据证明检索工作人员的工作态度是为了尽其所能帮助申请人获取信息的话，其检索结果更具有合理性。因此，政府信息应当是一种客观存在，而不是推定存在，更不是申请人的主观臆测。在无证据证明申请人所申请公开的政府信息实际存在的情况下，应当认定行政机关经合理检索后作出的信息不存在告知书已尽到了职责。[②]

（三）对“给不给”政府信息的审查

“给不给”政府信息是政府信息公开审查的第三步，行政机关拥有的政府信息原则上都应当公开，法律法规有例外规定的除外。新条例第五条规定：“行政机关公开政府信息，应当坚持以公开为常态、不公开为例外，遵循公正、公平、合法、便民的原则。”新条例从立法上已经确立“以公开为常态、以不公开为例外”的政府信息公开原则，对于政府信息公开的例外情形，新条例第十四条、第十五条、第十六条在原条例基础上，结合政府信息公开复议和行政诉讼实践总结出政府信息公开的例外规定。从新条例规定看，属于政府信息公开例外规定的情形主要包括：

1. 对因保护国家利益和公共利益需要不予公开政府信息的审查。新条例第十四条规定：“依法确定为国家秘密的政府信息，法律、行政法规禁止公开的政府信息，以及公开后可能危及国家安全、公共安全、经济安全、社会稳定的政府信息，不予公开。”这是为了保护国家利益和公共利益的需要绝对禁止公开的政府信息。

（1）对依法确定为国家秘密的政府信息审查。新条例对于国家秘密的规定在表述上与原条例不同。原条例规定“涉及国家秘密”，新条例规定“依法确定为国家秘密”，由于“涉及国家秘密”并不等同于“依法确定为国家秘密”，实践中有的

---

① 参见最高人民法院（2016）最高法行申1842号行政裁定书。

② 参见最高人民法院（2016）最高法行申3043号行政裁定书。

行政机关认为只要政府信息涉及国家秘密即可不公开，即便不履行定密程序也不要紧。因此，原条例表述并不明确，涉及范围广，不便操作，各方面在理解上存在较大差异。新条例则明确规定“依法确定为国家秘密”的政府信息不予公开，这与“以公开为常态、不公开为例外”原则完全一致，可以有效消除理解歧义。新条例第十七条第二款规定：“行政机关应当依照《中华人民共和国保守国家秘密法》以及其他法律、法规和国家有关规定对拟公开的政府信息进行审查。”法院对于国家秘密的审查是程序和形式审，即仅对定密职权、定密标识、定密程序和保密期限进行审查，定密的实体内容的正当与否不属于法院的审查范围。实践中，被告以申请公开的信息涉及国家秘密为由不予公开的案件，法院经审查根据不同情形作出以下裁判：①已经被有权机关定为国家秘密或经法院保密审查确实涉及国家秘密，行政机关以申请公开的信息依法确定为国家秘密为由不予公开，告知申请人并说明理由，判决驳回原告的诉讼请求；② 经法院保密审查不涉及国家秘密的，撤销政府信息公开答复，判决被告于一定期限内公开或重新答复；③被告不予公开的政府信息内容可以作区分处理的，判决被告于一定期限内公开可以公开的内容。

对于政府信息依法确定为国家秘密的时间，实践中有较大争议。有观点认为，政府信息依法确定为国家秘密的时间应当在申请人提出政府信息公开申请之前，在申请人提出政府信息公开申请之后，行政机关启动定密程序不合法。事实上，这是对依法确定为国家秘密的不准确理解。新条例规定“依法确定为国家秘密”并未对定密时间作出规定，新条例第十七条第一款规定：“行政机关应当建立健全政府信息公开审查机制，明确审查的程序和责任。”第三款规定：“行政机关不能确定政府信息是否可以公开的，应当按照法律、法规和国家有关规定报有关主管部门或者保密行政管理部门确定。”新条例第十七条已经为在政府信息公开过程中对政府信息依法确定为国家秘密提供法律依据。新条例明确规定行政机关应当对拟公开的政府信息进行保密审查，行政机关在申请人提出政府信息公开申请以后，启动定密程序是符合法律、法规规定的。由于国家秘密确定权和国家秘密争议的裁决权具有专属性，申请人对政府信息是否属于国家秘密持有异议，依法不属于行政审判职权范围①。因此，对于当事人之间有关政府信息是否应该定密的争议，法院在政府信息公开案件审理中不予处理。对于已经提交的依法确定为国家秘密的政府信息，在庭审质证时，仅就保密标识、定密目录、定密决定等相关内容的真实性进行质证，不得对涉密政府信息的实体内容组织质证，以防止泄密。

（2）对法律、法规禁止公开的政府信息审查。新条例第十四条增加了“法律、

① 参见最高人民法院（2016）最高法行申1350号行政裁定书。

法规禁止公开的政府信息”，属于绝对不予公开的类型。除依法确定为国家秘密的政府信息外，我国一些法律、法规对于禁止公开的政府信息作出了明确规定。比如，《公务员法》第十四条第五项规定，公务员应当履行保守国家秘密和工作秘密的义务。《网络安全法》第四十二条第一款规定：“网络运营者不得泄露、篡改、毁损其收集的个人信息；未经被收集者同意，不得向他人提供个人信息。但是，经过处理无法识别特定个人且不能复原的除外。”《电子商务法》第二十五条规定：“有关主管部门依照法律、行政法规的规定要求电子商务经营者提供有关电子商务数据信息的，电子商务经营者应当提供。有关主管部门应当采取必要措施保护电子商务经营者提供的数据信息的安全，并对其中的个人信息、隐私和商业秘密严格保密，不得泄露、出售或者非法向他人提供。”《电信条例》第六十五条第二款规定：“电信业务经营者及其工作人员不得擅自向他人提供电信用户使用电信网络所传输信息的内容。”其他还有一些法律、法规有类似规定，这些规定都应当作为判断政府信息是否应当公开的重要依据，但同时也要防止有的行政机关滥用这项规定，对原本属于应当公开的政府信息，却以法律、法规禁止公开的政府信息为由不予公开。实践中，行政机关以申请公开的信息属于法律、法规禁止公开的政府信息为由不予公开，告知申请人并说明理由，并提供明确依据的，应予支持。

（3）对可能危及“三安全一稳定”的政府信息审查。新条例第十四条规定，公开后可能危及国家安全、公共安全、经济安全和社会稳定的政府信息，不予公开。实践中，行政机关适用国办发〔2008〕36号文规定，即“对申请人申请的政府信息，如公开可能危及国家安全、公共安全、经济安全和社会稳定，按规定不予提供，可告知申请人不属于政府信息公开的范围”，以申请人申请的政府信息危及“三安全一稳定”为由不予提供或公开政府信息的，行政机关应对公开政府信息危及“三安全一稳定”的具体情形承担说理举证义务，并提供已报请有关部门审核的证据材料。申请人所申请的政府信息是否危及“三安全一稳定”，应当由行政机关结合政府信息的性质、范围、影响等因素进行综合判断，并提供证据和依据予以证明。经对行政机关认定申请信息危及“三安全一稳定”的理由及证据进行全面审查，认为行政机关未能充分举证和说明理由的，可不予支持。

2. 对因保护第三方合法权益需要不予公开政府信息的审查。新条例第十五条规定：“涉及商业秘密、个人隐私等公开会对第三方合法权益造成损害的政府信息，行政机关不得公开。但是，第三方同意公开或者行政机关认为不公开会对公共利益造成重大影响的，予以公开。”

关于商业秘密的定义，主要规定在《反不正当竞争法》中。2019年4月23日，第十三届全国人大常委会第十次会议通过了《反不正当竞争法》的修改决定，进一步强化了对商业秘密的保护。《反不正当竞争法》第九条第四款规定："本法所称的商业秘密，是指不为公众所知悉、具有商业价值并经权利人采取相应保密措施的技术信息、经营信息等商业信息。"该法修改后，将商业秘密定义中的"技术信息和经营信息"修改为"技术信息、经营信息等商业信息"，因此修法进一步扩大了商业秘密的保护范围，商业秘密不再限于"技术信息和经营信息"，而是扩大为"技术信息、经营信息等商业信息"。近年来，我国不断加大对个人隐私权的保护力度，目前对于个人隐私的范围相关法律规范没有明确规定，一般认为个人的生理、身体、健康、财产、家庭、个人经历等属于个人隐私。

行政机关以申请公开的信息涉及商业秘密、个人隐私等公开会对第三方合法权益造成损害为由不予公开的案件，法院主要从以下几个方面进行审查：(1）被告判断政府信息涉及第三方商业秘密或个人隐私是否准确；(2）对能否公开的问题被告是否书面征询了第三方意见；(3）第三方不同意公开时，被告是否审查不予公开存在可能对公共利益造成重大影响；(4）是否存在可以区分处理的情形。能够区分处理的，被告是否向申请人提供了可以公开部分的信息内容。经依法审查，法院可以作出以下裁判：①第三人不同意公开，法院审查后认为确实涉及第三人商业机密、个人隐私，不公开不会对公共利益产生重大影响的，判决驳回原告的诉讼请求。②第三人不同意公开，但法院审查后认为涉及第三人商业机密、个人隐私的理由不能成立，撤销政府信息公开答复，判决被告于一定期限内公开或重新答复。③第三人不同意公开，法院审查后认为确实涉及第三人商业机密、个人隐私，但经价值衡量，认为不公开会对公共利益产生重大影响的，撤销政府信息公开答复，判决被告于一定期限内公开。④被告不予公开的政府信息内容可以作区分处理的，判决被告于一定期限内公开可以公开的内容。

3. 对因不符合可公开的政府信息属性而不予公开的审查。新条例第十六条第一款规定："行政机关的内部事务信息，包括人事管理、后勤管理、内部工作流程等方面的信息，可以不予公开。"第十六条第二款规定："行政机关在履行行政管理职能过程中形成的讨论记录、过程稿、磋商信函、请示报告等过程性信息以及行政执法案卷信息，可以不予公开。法律、法规、规章规定上述信息应当公开的，从其规定。"这是新条例对内部事务信息、过程性信息、行政执法案卷信息明确作出的可以不予公开规定。《国务院办公厅关于做好政府信息依申请公开工作的意见》（国办发〔2010〕5号）第二条规定："……行政机关在日常工作中制作或者获取的内部管理信息以及处于讨论、研究或者审查中的过程性信息，一般不属于《条例》所指应公开的政府信息……"考虑到行政机关内部事务信息不具有外部性，对公众不产生直接影响，过程性信息处于讨论、研究或者审查过程中，不具有确定性，将内部事务信息和过程性信息作为政府信息公开的例外情形，符合国际通例，也有利于兼顾公开与效率的平衡。同时，也要防范有的行政机关滥用内部事务信息和过程性信息不予公开的例外规定，如在工程竣工验收、立项审批等工作已完成的情况下，对履行行政管理职能过程中形成的整改通知、整改验收记录、监督巡查记录、报送的立项审批材料等作为内部事务信息和过程性信息不予公开，则不当扩大了内部事务信息和过程性信息的范围。

行政执法案卷信息与当事人、利害关系人之外的其他主体没有直接利害关系，且通常涉及相关主体的商业秘密和个人隐私，因此新条例把行政执法案卷信息作为政府信息公开的例外情形有其必要性和合理性。由于行政执法的定义并不明确，范围极为广泛，从广义上可以把行政机关履行行政管理职能行为都称为行政执法。因此，行政执法案卷信息不能因为实践中对行政执法过于泛化理解和存在歧义，而把行政执法案卷信息的例外情形作为“口袋规定”，凡是行政机关不愿公开的政府信息，都以行政执法案卷信息为由不予公开。实践中，一些行政机关对此理解确有所偏差，对应当公开的政府信息却以属于行政执法案卷信息为由拒绝公开。因此，新条例实施后，应当对行政执法案卷信息作出明确限定，防止有的行政机关滥用政府信息公开的例外规定，不予公开原本属于应当公开的政府信息。《行政处罚法》第三十一条，《行政许可法》第四十条、第六十条，《行政复议法》第二十三条等均特别规定了当事人享有卷宗阅览权。卷宗阅览权属于个案中的权利，当相关法律已经赋予当事人获取信息的途径，在该程序进行中，应当排除以申请政府信息公开的方式获取信息。行政程序中的当事人、利害关系人以政府信息公开名义申请查阅某一行政决定作出前的案卷材料，行政机关告知其应当按照相关法律、法规的规定办理，申请人不服起诉该告知行为的，不予受理，已经受理的，裁定驳回起诉。

（四）对“怎么给”政府信息的审查

“怎么给”政府信息是政府信息公开审查的第四步，也是尤为关键的一步，否则行政机关前期作出的大量工作都将因答复不当而导致违法并败诉。新条例根据实践发展经验补充、完善了依申请公开程序，要求行政机关建立健全政府信息公开申请登记、审核、办理、答复、归档的工作制度，加强工作规范。新条例对答复方式、答复期限、提供形式等方面都作出了创新性规定。

1. 对政府信息公开办理期限的审查。答复程序中主要涉及答复期限、延期期限、扣除期限等规定。新条例从优化程序角度出发，对政府信息公开程序作出细化规定。将依申请公开办理期限从 15 个工作日调整为 20 个工作日，延长答复最长期限也调整为 20 个工作日；对第三方答复期限作出规定，第三方应当自收到征求意见书之日起 15 个工作日提出意见；明确行政机关联合发文征求意见程序，规定被征求意见机关应当自收到征求意见书之日起15个工作日内提出意见，逾期未提出意见的视为同意。这有助于保障行政机关能够在规定期限内完成办理申请答复工作，不会因超期答复导致程序违法。实践中，行政机关收文系统管理不规范，受理网络与办公网络不一致，上下级转办占用办理时限等，因系内部管理实务，均不能成为迟延答复的理由。《行政诉讼法》第七十四条第二项明确规定，行政行为程序轻微违法，但对原告权利不产生实际影响的，人民法院判决确认违法，但不撤销行政行为。对于行政机关无正当理由超期答复的，法院应当判决确认违法。

2. 对行政机关公开政府信息的形式的审查。原条例第二十六条规定，“行政机关依申请公开政府信息，应当按照申请人要求的形式予以提供……”实践中，一些行政机关由于无法按照申请人要求的形式提供政府信息，而引发大量行政争议；有的行政机关，如规划国土部门如果按照申请人要求的形式提供政府信息，就需要花费高额的行政成本和社会资源去提供复制件，而有的申请人却弃之不取，导致行政资源大量浪费。新条例第四十条在吸取行政机关依申请公开政府信息的经验教训基础上，明确规定“行政机关依申请公开政府信息，应当根据申请人的要求及行政机关保存政府信息的实际情况，确定提供政府信息的具体形式……”因此，行政机关公开政府信息的形式，不完全依照申请人要求形式提供政府信息，还要根据“行政机关保存政府信息的实际情况”来确定。并且，新条例将原条例泛泛且不具备可操作性的“无法按照申请人要求的形式提供”在新规定中具体化为“可能危及政府信息载体安全或者公开成本过高的”。新条例删去了意义不大的“提供复制件”，增加了“抄录”这一公开方式。新条例规定更加切合实际，有助于行政机关根据政府信息的实际情况选择适当公开形式，而无须考虑必须按照申请人要求的形式提供政府信息。对于原告认为行政机关未按照要求的形式提供政府信息的案件，法院经审查后作出以下裁判：(1) 被告已按照原告要求的形式提供的，判决驳回原告诉讼请求；(2) 被告未按照原告要求的形式提供，但通过电子数据以及其他适当形式提供，或者安排申请人查阅、抄录相关政府信息的，判决驳回原告的诉讼请求；(3) 被告未按原告要求的形式提供，也未通过电子数据以及其他适当形式提供，或者安排申请人查阅、抄录相关政府信息的，判决被告以原告要求的形式或者其他适当形式提供政府信息。

（撰写人：程琥）

10

作为判决撤销理由的滥用职权

——兼论修法后滥用职权表现的客观化趋势

如我们说由当局在其自由裁量之内做某事时，自由裁量权意味着，根据合理和公正的原则做事，而不是根据个人意见做事；根据法律做事，而不是根据个人好恶做事。自由裁量权不应是专断的、含糊不清的、捉摸不定的权力，而应当是法定的，有一定之规的权力（1598 年《科克判例汇编》第 5 卷第 99 页）。①

2014 年修改前的《行政诉讼法》第五十四条将滥用职权作为一种可以判决撤销的违法情形来加以列举。立法机关认为，滥用职权是行政机关作出的行政行为虽然在权限范围内，但行政机关不正当行使职权，不符合法律授予权力的目的。② 立法者将行政机关执法过程的“合目的性”作为合法性审查的重要内容。但在司法实践中，法院以滥用职权为由撤销行政行为的比例非常小③，判决主文中明确认定行政行为属于滥用职权的表述也不常见。滥用职权作为判决撤销的重要理由之一几乎被束之高阁，形同虚置。以至于在修改《行政诉讼法》的过程中，有意见认为应当删除滥用职权作为撤销判决的情形。立法者最终确认滥用职权在确认被诉行政行为违法，作为判决撤销理由方面具有独立价值。并通过增加明示“认为行政机关滥用行政权力排除或者限制竞争的”属于行政诉讼受案范围，增加“明显不当”作为判决撤销的理由，推动滥用职权作为规制行政裁量权的重要标准向客观化发展。本文意在分析研究滥用职权作为判决撤销理由被虚置的原因及其独立价值，探讨适用滥用职权标准进行司法审查的具体方式，并在新行政诉讼法基础上对滥用职权表现的客观化趋势作初步分析。

一、论题背景：滥用职权适用虚置原因及其独立价值分析

滥用职权作为判决撤销理由在适用上被虚置有以下几个方面的原因：一是因涉

① 转引自［美］伯纳德·施瓦茨：《行政法》，徐炳译，群众出版社 1986 年版，第 567 页。

② 胡康生主编：《行政诉讼法释义》，北京师范学院出版社 1989 年版，第 92 页。

③ 如 A 市法院在 2000 年 1 月 1 日至 2015 年 5 月 1 日共作出 3788 件适用修改前《行政诉讼法》第五十四条第二项判决撤销被诉具体行政行为的判决，但其中适用第五目即“滥用职权”判决撤销的仅有 3 件。

及行政机关主观意图的判断而导致举证困难。一般认为，认定滥用职权涉及对行政机关主观意图是否具有故意或者过失的判断，而判断行政机关及其工作人员的主观意图，必须由行政相对人提供证据以证明行政机关存在动机不良、不一致的解释、同等情况不同对待等情况，由于行政相对人举证能力偏弱，难以承担对这些事实的举证责任。二是因涉及行政裁量领域导致法院认为不便以司法权对行政权进行干预。滥用职权的案件多发于行政裁量领域，此时行政机关在其职权范围享有一定幅度的选择权，法院会倾向于认为不便以滥用职权的事由作出相应的判决从而对行政权形成干预。三是因存在交叉标准导致撤销诉讼可基于多种因素达成。司法实践中，滥用职权的违法判断标准易与超越职权、显失公正等产生交叉。而滥用职权在多数情况下属于违背法律规定的目的，缺乏明确的法律条文规制，法院在适用时比较谨慎，更倾向于运用客观、具体、明确的法律条文，如主要证据不足，适用法律、法规错误，违反法定程序等。

虽然存在上述问题，但滥用职权作为判决撤销理由，仍然有其独立存在的价值。滥用职权标准强调了对于行政机关主观方面违法的审查，即行政行为有违反法律规定的目的情况存在，其界定相对清晰，也是其他易产生交叉的撤销、变更判决理由不能予以取代的。

其一，滥用职权与超越职权不同。超越职权是行政机关超出法律的规定行使职权，不符合行政行为的构成要件，而滥用职权则是在法律规定的范围内行使职权，符合行政行为在主体、权限、程序、内容等方面的构成要件；超越职权可能由于行政机关故意或者过失引发，甚至没有过错也可能发生；滥用职权则在一般情况下与行政机关及其工作人员的故意有关，即明知法律规定的目的而积极实施该行为，借以谋取不正当利益。

其二，滥用职权与显失公正不同。滥用职权是从行政行为的动机和目的的角度来界定的，即滥用职权是违背法律宗旨的行为；而显失公正是从行为的结果上指明行为的危害性，反映的是行政行为的结果明显不公正的状态。[①] 在实践中，滥用职权的范围远远大于“显失公正”的情况。显失公正一般针对的是行政处罚畸轻畸重，特别是处罚幅度较大的情形。滥用职权并不一定表现在处罚幅度的大小上，而在于行政机关是否考虑具体情况。如果行政机关无视具体情况或者无视案件情节，尽管悬殊较小也可能构成滥用职权。

其三，滥用职权与滥用自由裁量权不尽相同。滥用职权中的“职权”是指行政

---

① 应松年主编：《行政诉讼法学》，中国政法大学出版社 1994 年版，第 274 页；姚锐敏：《论显失公正之行政行为的性质——兼论显失公正与滥用职权的关系》，载《云南行政学院学报》2001 年第 5 期。

职权或者行政裁量权，而行政裁量权包括行政羁束裁量权和行政自由裁量权。在行政自由裁量权领域存在滥用职权自不待言，在行政羁束裁量领域，由于行政职权的单方性、强制性和执行性特点，亦存在滥用职权的情形。例如，行政许可机关出于挟私报复的动机对明显符合法定条件的相对人的许可拒绝许可。

二、实证分析：适用滥用职权作为撤销理由进行司法审查的具体方式

对滥用职权进行司法审查的关键在于对滥用职权的判断。判断某一行政行为是否属于滥用职权，必须深究行政机关行使权力的意图。① 司法实践中，滥用职权主要体现为以下情形：

（一）不符合法律规定的目的

行政机关在作出决定时，如果带有不符合法律规定的不正当目的或者动机，就构成了滥用职权。行使行政职权的目的有些是由具体的法律条文所明示的，有些则体现在具体法律条文背后的立法精神。因为目的是法律的创造者，即法律是追求一定目的的工具，无一定目的绝不会制定出任何法律。② 法律规定的目的一般情况下是单一的，有的时候是双重甚至多重目的，同样行政机关的行为一般情况下也是单一的，特殊情况下是双重甚至多重目的。

1. 对于单一目的的审查

一般情况下，对于是否符合法律规定的目的进行审查，就是对法律、法规规定的目的和行政行为目的进行查明、辨识和比对。如果法律授权行政行为的目的已经确定，而行政行为目的与其不一致或者存在背道而驰的情形，则可认定为滥用职权。考察域外经验，法国及英国法院对于滥用职权的司法审查，均采取确定法律目的与确定行政决定目的两个步骤。如果法律已经明确了授权目的，法院只要根据该目的与行政行为的目的进行对照就可以了。但是，由于法律授权往往采取模糊的方式，对于法律目的与行政行为目的之间的比照并不容易。此时法官对法律目的的识别主要通过法律解释的方法。当法律没有明确规定授权目的时，行政机关在行使权力时仍然要与法院所确立的该法律的隐含目的相一致③。

对于法律授权的目的，可以通过以下几个途径确定：第一，法律总则部分关于授权的规定。对于行政行为的授权目的，一般是在单行法律中予以规定。例如，《道路交通安全法》总则中规定，该法的立法目的是维护道路交通秩序，预防和减

---

① 于安、江必新、郑淑娜编著：《行政诉讼法学》，法律出版社1997年版，第236页。

② 郜风涛：《行政裁量权及其规制研究》，载氏著《文津法札》，中国法制出版社2011年版。

③ 参见李洪雷：《英国法上对行政裁量权的司法审查》，载朱新力主编：《法治社会与行政裁量的基本准则研究》，法律出版社2007年版，第12页。

少交通事故，保护人身安全，保护公民、法人和其他组织的财产安全及其他合法权益，提高通行效率。也就是说，依该法规定实施的行政行为必须符合上述目的。值得注意的是，《行政强制法》第二条规定的制止违法行为、防止证据损毁、避免危害发生、控制危险扩大等情形主要是为了揭示行政强制措施的特点，也为设定行政强制措施提供指引，而不是普遍授权，不能作为实施的直接依据，并不能直接依据该条规定实施行政强制措施。行政机关实施行政强制措施必须依据《行政强制法》有关设定权的规定有单行法依据①。第二，法律具体条文中关于授权的规定。例如，《人民警察法》第十四条规定，公安机关的人民警察对严重危害公共安全或者他人人身安全的精神病人，可以采取保护性约束措施。《道路交通安全法》第四十条规定，遇有自然灾害、恶劣气象条件或者重大交通事故等严重影响交通安全的情形，采取其他措施难以保证交通安全时，公安机关交通管理部门可以实行交通管制。第三，立法信息、资料。虽然这些材料不能作为审判依据，但是可以作为确定法律授权目的的参考资料。对于行政行为实际目的的确定，一般要求行政机关提供作出行政行为的所有材料。这些材料可以是行政决定法律文书、行政案卷以及所依据的规范性文件。法院在认为行政机关可能存在滥用职权的情况下，也可以依职权调取相关证据和材料。

2. 对于多重目的的审查

实际案件中行政机关会出于多重目的行使权力，从而涉及法律授权的目的、行政行为的公益目的、行政行为的实际目的等多重目的的审查和识别。此时往往需要在若干个目的之间进行识别和确定。我们认为，可以采取以下几个步骤：首先，确定主要目的。在若干个目的之间如果有主要目的，则该主要目的为行政行为目的。其次，确定合法目的。在不能确定主要目的的情况下，区分合法目的和非法目的，如果既存在合法目的又存在非法目的，则应当认定其目的是合法的。最后，根据假设结果确定目的。在上述方法都不能确定行政行为目的的情况下，可以采取比较衡量的办法。即如果合法目的和非法目的最终导致的行政行为的结果完全相同，则可以认为行政行为目的合法。

司法实践中，对于符合法定目的的审查在解决行政强制行为是否合法的案件中较为突出。以滥用刑事强制措施权为例，在“陈春某诉鹿寨县公安局强制措施案”② 中，法院从公安机关采取措施的最终结果来判断其采取刑事强制措施的目的。

---

① 乔晓阳主编：《中华人民共和国行政强制法解读》，中国法制出版社2011年版，第11页。

② 国家法官学院、中国人民大学法学院编：《中国审判案例要览》（2001年商事审判暨行政审判案例卷），中国人民大学出版社2002年版，第841～844页。

法院认为，公安机关明知道双方纠纷属于民事纠纷，仍然以传唤、限制人身自由的方式强迫原告还款。原告还款后，公安机关将其释放。法院从公安机关采取措施后的实际后果（还款—释放）判断，该强制措施不是为了收集证据追究刑事责任，而是为了插手经济纠纷从中牟利。[①] 法院也可以通过审查行政机关采取强制措施之后是否进行下一步的行政程序来判断行政机关采取强制措施的真正目的，并进而判断其是否符合法律规定的目的。例如，《人民警察法》第九条赋予了公安机关对具有法定情形的违法犯罪嫌疑人可以采取将其留置于公安机关进行继续盘问的权力。根据该条规定，公安机关采取的继续盘问措施目的是通过继续盘问进一步查清嫌疑人是否存在违法犯罪的事实。在“毛珠某诉龙岩市公安局行政强制措施案”中，法院经审查后认为，公安机关仅仅采取强制措施限制毛珠某的人身自由，并无任何盘问行为，且未对嫌疑人的行为展开进一步的调查，违反了《人民警察法》设定公安机关行使该权力的目的，属于滥用职权，判决确认上述行为违法[②]。

（二）不考虑相关因素或者考虑不相关因素

行政机关在作出行政行为时，不考虑相关因素或者考虑不相关因素，使得行政行为与行政行为目的之间发生了偏离。行政机关实际上用合法的形式掩盖了其真正的行为目的，构成滥用职权。在英国，违反相关性（relevancy）主要是指行政机关在行使裁量权时考虑了不相关因素而未考虑相关因素。但是，如果仅考虑了不相关因素但是并未影响最后决定，则该行政行为的效力不受影响。我们认为，相关因素是指法律规定应当考虑或者不应当考虑的因素。行政机关应当考虑相关因素而不考虑或者不应当考虑相关因素而考虑，均构成滥用职权。法院一般从以下两个方面来审查：

1. 确定法律是否规定行政机关应考虑相关因素。如果法律对行政机关在作出行政行为时要求必须考虑相关因素，行政机关应当遵守相关规定。例如，《治安管理处罚条例》（已失效）规定了强制传唤。由于强制传唤的手段可能使用械具容易

---

① 在司法实践中，最为常见的滥用职权的案件是公安机关利用行政强制权力插手经济纠纷案件。这类案件还可参见：“张晓华不服磐安县公安局限制人身自由、扣押财产案”［浙江省金华市中级人民法院（1993）行终字第25号］、“西安美丽得彩色影音有限公司不服太原市公安局、西安市公安局碑林分局强制划扣款物案”［陕西省高级人民法院（1993）行终字第6号］、“王文平不服枝城市红花套派出所行政强制措施案”［湖北省宜昌市中级人民法院（1993）行终字第6号］、“程宏云不服农安县公安局收容审查决定案”［四川省泸州市中级人民法院（1992）泸中法行终字第7号］、“胡定国等不服宁波市公安局北仑区分局强制传唤并扣押存款案”［浙江省宁波市北仑区人民法院（1997）甬仑行初字第3号］、“肖钢都等不服浏阳市公安局限制人身自由、扣押财产案”［江西省萍乡市中级人民法院（1999）行终字第3号］、“贾奕诉广东省江门市公安局蓬江分局限制人身自由、扣押财产行政强制措施并附带行政赔偿案”［江苏省南京市玄武区人民法院（2002）玄行初字第76号］等。

② 国家法官学院、中国人民大学法学院编：《中国审判案例要览》（2002年商事审判暨行政审判案例卷），中国人民大学出版社2003年版，第829～833页。

对人造成伤害，《公安部关于执行〈治安管理处罚条例〉若干问题的解释》（已失效）规定：“公安机关可以强制传唤，强制的方法应以能将被传唤人传唤到公安机关为限度，必要时经派出所所长以上负责人批准，可以使用械具。”如果被传唤人是怀孕妇女、少年、老人，使用械具传唤显然属于“未考虑相关因素”，也不符合前述规章规定的“能将被传唤人传唤到公安机关为限度”，构成未考虑相关因素的滥用职权。但“相关因素”与行政行为的条件不同。相关因素是指行政机关在作出行为时需要考虑的因素；行政行为的条件则是作出行政行为的前提。例如，根据《道路交通安全法》第七十二条的规定，交通警察因收集证据的需要，可以扣留事故车辆。“因收集证据的需要”即是作出行政强制行为的条件，而非考虑因素。

2. 行政机关是否考虑不相关因素。在法律没有规定相关因素的情况下，行政机关不能自行设定和考虑“相关因素”。如果考虑这些不相关因素，实际上背离了行政行为作出的基础，构成滥用职权。例如，在“张建某诉丹阳市工商行政管理局扣押财产行政强制措施案”① 中，张建某之妻要求改善摊位环境未果，将装有垃圾的方便袋放在市场办公室桌子上，被告认为张建某之妻侮辱工商管理人员人格，遂以原告之妻扰乱市场管理秩序为由，将张建某所经营的蔬菜予以扣押。法院认为，工商行政管理机关凭借管理市场的职权，扣押与原告妻子行为无关的财物，迫使原告就范，实质是挟公权力报复原告的放垃圾袋的行为，构成滥用职权。

（三）相同情况不同处理或者不同情况相同处理

对于相同情况，行政机关应当作出相同处理，这既是行政一致性的基本要求，也是平等对待原则的基本要求，以保障公民对行政行为的信赖利益。行政职权的行使不应当与相对人身份、民族、性别、宗教等与案件情况无关的因素挂钩，而应当同等情况同等对待、不同情况区别对待。② 如果相同情况不同处理，其实质是取消了行政行为作出的标准，如行政机关既可以给予行政相对人行政强制，也可以不给予行政强制，既可以给予甲种行政强制，也可以给予乙种行政强制，这实际上属于行政专横和擅断。不同情况相同处理实际上也属于这种情形，甲和乙的情况不同，行政机关应当采取种类不同或轻重不同的行政强制而非采取相同的行政强制。

（四）滥用程序

行政机关在没有规定行政程序或者对行政程序规定不明确的情况下，采取不合理的程序作出行政行为属于滥用程序。主要包括以下两种情形：一是应当适用甲行

---

① 国家法官学院、中国人民大学法学院编：《中国审判案例要览》（2000 年商事审判暨行政审判案例卷），中国人民大学出版社 2002 年版，第 516 ~ 519 页。

② 郜风涛：《行政裁量权及其规制研究》，载氏著《文津法札》，中国法制出版社 2011 年版。

政程序而适用乙行政程序。例如，在“任宇某诉东阳市公安局交通警察大队强制扣证案”中，法院以被告滥用程序构成滥用职权为由，判决撤销了其强制扣证的行为①。二是对于不应当适用特定行政程序而适用。例如，在“赵汉某诉云南省国家安全厅划拨存款案”② 中，法院认为，本案纯属经济纠纷，国宏公司自恃属于国家安全厅所属公司，遂由国家安全厅以涉及国家安全工作业务经费为由，强行划拨了赵汉某款项。国家安全厅的行为违背了《国家安全法》的立法目的和原则，其采用行政强制程序插手经济纠纷，属于滥用程序的行为。

（五）压迫性的强制或者制裁

所谓压迫性行政决定是指对私人的权利或者利益施加了不必要的过分干预的决定，其所关注的是行政决定的最终结果以及对私人的影响，而不是作出该决定的过程。③ 如在英国，压迫性的行政决定是行政决定过程存在实质性瑕疵的表现之一，构成滥用职权。在我国，法院对于没有法律依据的强行摊派行为仅判定为违法行为，尚不足以给予其准确的否定性评价的，可以将其界定为滥用职权。例如，在“陈海某诉富民县者北乡人民政府扣押财物行政强制措施案”中，法院认为者北乡人民政府以集资为名强行扣押陈海某个人财产的行为属于非法行为。但对于该行为仅仅评价为违法行为，尚不够准确到位。乡政府的行为实际上属于明知违法仍然悍然不顾的行为，应当界定为滥用职权为妥。又如，在“简阳市金平石化机械配件有限责任公司诉简阳市安乐乡人民政府变卖财产行政强制措施案”中，原告公司的法定代表人向安乐乡农村合作基金会贷款。后安乐乡政府成立“农村合作基金会借款催收工作队”，催收队将原告公司设备用汽车运走。法院认为，乡政府的行为是通过行政强制措施达到清偿债务的目的，属于压迫性的强制，违反了法律的基本原则，判决确认违法。

（六）不合情理的不作为或者过分迟延

在法律没有规定时限或者时限规定不明确的情况下，行政机关无故拖延、刁难，以致影响到相对人权益时，构成滥用职权。不合情理的不作为或者过分迟延的行为与违法的行政决定具有同样的危害性，甚至比行政决定更具有欺骗性。法院在审查行政行为是否存在不合理的迟延、拖延时，首先应当确定行政行为应当作出的

---

① 国家法官学院、中国人民大学法学院编：《中国审判案例要览》（2000 年商事审判暨行政审判案例卷），中国人民大学出版社 2002 年版，第 441 ~ 442 页。

② 国家法官学院、中国人民大学法学院编：《中国审判案例要览》（1997 年经济审判暨行政审判案例卷），中国人民大学出版社 1998 年版，第 598 ~ 601 页。

③ 参见李洪雷：《英国法上对行政裁量权的司法审查》，载朱新力主编：《法治社会与行政裁量的基本准则研究》，法律出版社 2007 年版，第 22 页。

时限，如果超过时限后，行政机关仍然不作出行为，且从一般常识考虑，其有足够时间考虑而不考虑，则此种行为不同于作为行为的滥用职权，但也可以称为拟制的“滥用职权”。

（七）严重不合理的或者违反比例原则的决定

并非所有的不合理的或者违反比例原则的决定，都可以归入滥用职权的范畴。对于滥用职权的审查，主要审查行政机关行使职权行为的目的和动机。除前述方法外，还可以采用推定的方式。即如果行政机关的行为出现严重的不合理、严重地不符合比例原则、严重地违反常理，达到了匪夷所思的地步，法院可以推断行政机关有滥用职权的故意。在司法实践中，对于严重不合理或者违反比例原则的决定，法院可以采取一般理性人的审查标准。对于一般正常人、社会公众都认为难以接受的行政决定，可以判断为属于严重不合理情形的滥用职权。

（八）悖离了既定的惯例或者行政习惯

行政机关也必须遵守先例，这是行政自我拘束原理的要求，即行政机关必须保持与之前实施的行政行为的均衡性和连续性。在更广泛的意义上，行政机关还有义务遵从上级行政机关行使同一职权形成的先例，并适当参考周边同系统行政机关行使职权作出的处理。[①] 即行政机关的行为应当保持统一性、一贯性，尽可能做到同等情形下同等对待。行政机关的每一个行为都构成了对之后案件的惯例，行政机关打破惯例、不遵守之前的行政习惯，且无正当理由的，应当认定为滥用职权。例如，对于行政相对人的某一行为，行政机关没有设定和未行使过行政强制，而对其行使行政强制；行政机关对甲行使的行政强制权，在同等情况下，乙受到的行政强制显然更重或者更轻等。

三、发展趋势：滥用职权判断标准的客观化

如前所述，滥用职权在司法实践中一直未得到很好的运用，与其侧重于规范行政机关的主观过错，缺乏确定客观的标准密切相关。多年来，法院通过适用法律，在案件审理中发展出了据以判断滥用职权的若干客观性标准。立法也在不断寻求呼应司法实务的需求，在单行法、基本法等立法方面不断推动滥用职权标准向客观化发展。

（一）单行法对于“滥用职权”的禁止性规定、列举式规定

最早可见于1993年《反不正当竞争法》[②] 第三十条的规定，政府及其所属部门限定他人购买其指定的经营者的商品、限制其他经营者正当的经营活动，或者限制商品在地区之间正常流通的，由上级机关责令其改正；情节严重的，由同级或者

---

① 郜风涛：《行政裁量权及其规制研究》，载氏著《文津法札》，中国法制出版社2011年版。

② 后于2017年、2019年修改。

上级机关对直接责任人员给予行政处分。但该法对于滥用职权的救济仍然停留在行政机关内部程序上。2007 年 8 月，《反垄断法》颁布，该法第八条规定：“行政机关和法律、法规授权的具有管理公共事务职能的组织不得滥用行政权力，排除、限制竞争。”第五章就“滥用行政权力排除、限制竞争”作了专章规定，并就滥用行政权力排除、限制竞争的具体情形作了列举。该法实际上就行政机关“滥用权力”的情形进行了列举，使得“滥用职权”的标准呈现出清晰的客观化倾向。参与立法的有关人员认为，如何界定滥用行政权力，首先要明确该项权力的内容、范围、边界及其运行目的、运行程序、运行方式的规范和要求。滥用行政权力，既包括越权行为，也包括不符合行政权力的运行目的、运行程序和运行规范来行使行政权力。[①]因此可以说，该法列举的具体情形也是在通过具体的表现形式来解释“滥用权力”。

（二）《行政诉讼法》将行政机关滥用行政权力排除或者限制竞争的行为纳入受案范围

《反不正当竞争法》和《反垄断法》对于行政垄断行为是否属于行政诉讼受案范围没有明确规定，导致在司法实践中争议较大。2014 年《行政诉讼法》修订后对于“滥用行政权力排除、限制竞争”的行为明确可以属于行政诉讼受案范围，其具体表现形式可主要参照《反垄断法》的规定，即指定交易行为、限制商品流通、排除或者限制招标投标、排斥或者限制投资或者设立分支机构、强制经营者从事垄断行为等。实践中仍然存有争议的是滥用行政权力制定含有排除、限制竞争内容，如地区封锁的规定是否可诉。我们认为，如果相关规定针对的是特定对象和特定事项，并影响公民、法人或者其他组织的合法权益的，应当属于可诉的行政行为。如果行政机关制定含有排除、限制竞争内容的规定，针对的是不特定对象和不特定事项，公民、法人或者其他组织可以针对行政机关的具体实施行为提起诉讼，如果认为该行政行为所依据的规范性文件不合法，在对行政行为提起诉讼时，可以一并请求对该规范性文件进行审查。

（三）《行政诉讼法》增加“明显不当”情形共同规制行政机关行使自由裁量权极端不合理的情形

在立法者看来，对于行政机关行使自由裁量权过程中极端不合理的情形应纳入合法性范围进行审查，在滥用职权之外增加规定明显不当的情形，可以适用撤销判决。其中滥用职权是从主观角度提出的，明显不当是从客观角度提出的。[②] 前已述

---

① 曹康泰主编：《中华人民共和国反垄断法解读——理念、制度、机制、措施》，中国法制出版社 2007 年版，第 155 页。

② 全国人大常委会法制工作委员会行政法室编著：《中华人民共和国行政诉讼法解读》，中国法制出版社 2014 年版，第 197 页。

及，《行政诉讼法》的规定已将行政机关行使自由裁量权极端不合理的情形标准客观化。滥用职权和明显不当均是可以进行客观化衡量的标准，只是在词义表述和习惯用法上，滥用职权更侧重于主观动机，明显不当则侧重于客观结果。二者的区别主要体现在程度不同。滥用职权是达到非常不合理的程度，以致行政机关的决定没有任何合理的基础，超过了一个合理的人对事实看法的不同。是以外在的合法掩盖实质上的不合法律目的、法律精神的一种本源性的违法形态①。而明显不当在程度上则相对较轻，是以合法为前提的，是合法范围内的不当②。在具体的区别方法上，可以通过比较行政相对人得到的权利和承担的义务是否相衬、比较被告对同类情况的处理结果是否一致、比较与同案人的处理结果对应进行判断，如果存在明显不相称或处理结果相去甚远的应认定为滥用职权，如果仅是有明显差距或明显不成比例的，则应认定为明显不当。

结语

作为撤销判决理由的“滥用职权”，应当按照其具体表现形态进行判断，强化其司法适用性。根据新行政诉讼法的规定，对“滥用职权”的司法适用，已经由主观判断向客观审查方向发展，并具有了更加丰富的含义。对于滥用职权的深入研究，必将为人民法院今后司法判断的客观化、标准化、法定化，为规范行政机关执法的规范化、合目的化、合比例化奠定良好的基础。

（撰写人：武楠）

11

实质化解决行政争议视角下行政变更判决适用研究

——以环渤海行政区域内的行政案件为样本

《人民法院第五个五年改革纲要（2019—2023）》第四十二项明确指出要推进行政诉讼制度改革。围绕推进法治政府建设，改革完善行政审判工作机制，依法保护行政相对人合法权益，推动行政争议实质性化解，监督和支持行政机关依法行

① 马怀德主编：《新编中华人民共和国行政诉讼法释义》，中国法制出版社2014年版，第329页。
② 张越：《行政复议法学》，中国法制出版社2014年版，第459页。

政。促进行政执法规范化、法治化，服务和保障“放管服”改革。规范行政案件管辖机制，完善案件管辖标准及类型，优化行政审判资源配置。行政审判作为全面依法治国的重要组成部分，是“官民”矛盾的“减压阀”，是经济社会发展的“守护者”，是法治政府建设的“助推器”，是国家治理现代化的“风向标”。同时，行政诉讼在保障当事人合法权益、监督行政机关依法行政、解决行政争议、维护社会和谐稳定中都发挥了重要作用。

环渤海区域处于东北亚经济区的中心地带，是中国北部的黄金海岸；包括辽东半岛、山东半岛、京津冀三省两市，同时可辐射到山西省及内蒙古自治区中部和东部盟市。环渤海区域被经济学家誉为继珠三角、长三角之后中国经济的第三个增长极，在中国对外开放的沿海发展战略中占有极其重要的地位。随着“京津冀协同发展”上升为重大国家战略和《关于为京津冀协同发展提供司法服务和保障的意见》等司法政策性文件的制定，环渤海区域紧紧围绕京津冀协同发展战略，按照“疏解北京市非首都功能”的要求，结合各地实际，积极转变经济发展方式、优化产业结构、转换增长动能、深化供给侧结构性改革。与此同时，大量涉及重大公共利益、群众权益、社会影响较大、人民群众关注度高及新类型案件明显增多，如环境资源保护、棚户区改造、集体经营性建设用地入市、大棚房清理、历史文化景区保护建设等。基于此，实质化解决行政争议，保证人民群众合法权益和项目建设顺利进行成为新时期行政诉讼的重要目标。

一、实践观察：环渤海区域行政变更判决的适用情况

行政变更判决最早是在1989年《行政诉讼法》第五十四条①予以规定，2014年修订后的《行政诉讼法》第七十七条②将变更判决条款修改为两款，该条款对变更判决的适用范围有所扩大，将“显失公正”修改为“明显不当”，并将“行政行为涉及对款额的确定、认定确有错误的”的情形纳入变更判决的适用范围，同时增加对于禁止不利变更原则的规定。

笔者在中国裁判文书网，以“行政案件”“2018年”“北京市、天津市、河北省、山西省、内蒙古自治区、辽宁省、山东省”“第七十七条”为关键词逐层检索的结果为样本进行分析，可以分析出实践中，变更判决的适用情况及适用领域③（见图3－15、图3－16、图3－17、图3－18）。

---

① 1989年《行政诉讼法》第五十四条第四项规定：行政处罚显失公正的，可以判决变更。

② 《行政诉讼法》第七十七条规定：行政处罚明显不当，或者其他行政行为涉及对款额的确定、认定确有错误的，人民法院可以判决变更。人民法院判决变更，不得加重原告的义务或者减损原告的权益。但利害关系人同为原告，且诉讼请求相反的除外。

③ 最后一次查询日期为2019年7月13日。

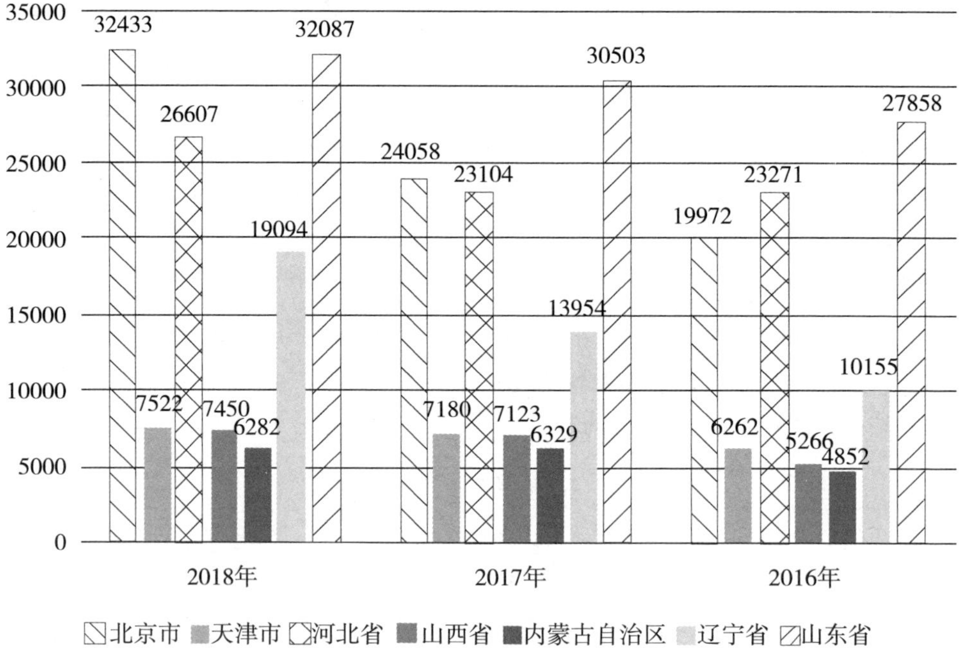

图 3－15 2016～2018 年度环渤海区域行政案件的总量

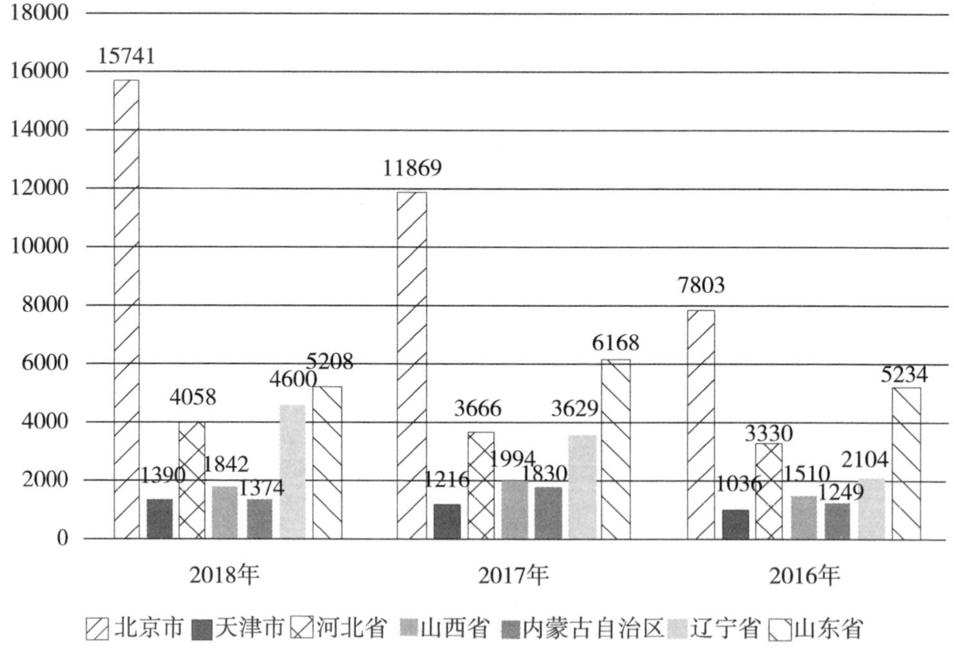

图 3－16 2016～2018 年度环渤海区域行政判决案件的数量

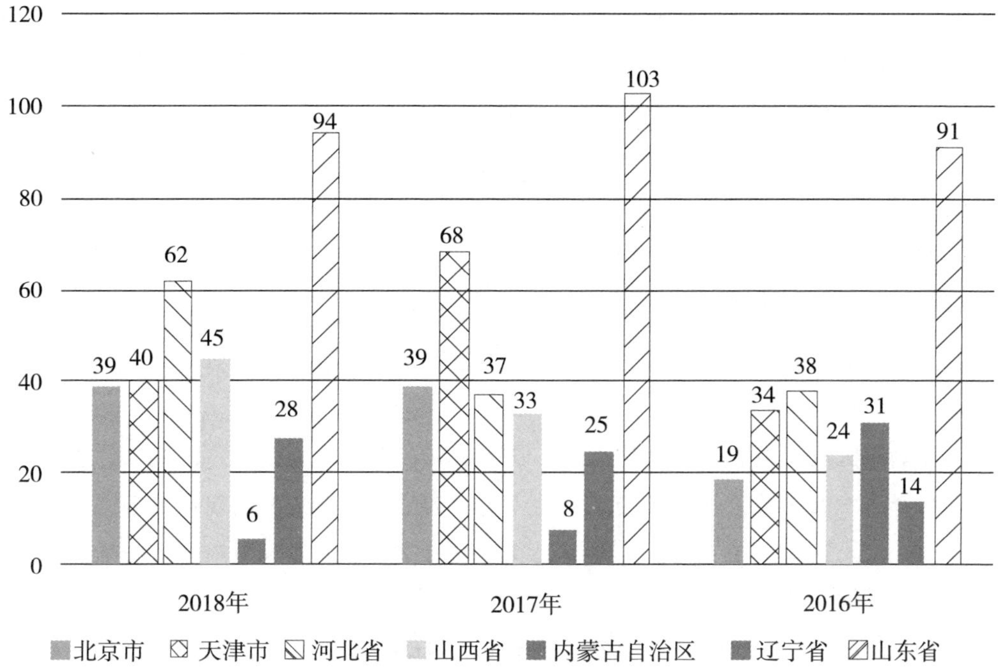

图 3－17　2016～2018 年度环渤海区域行政变更判决案件数量

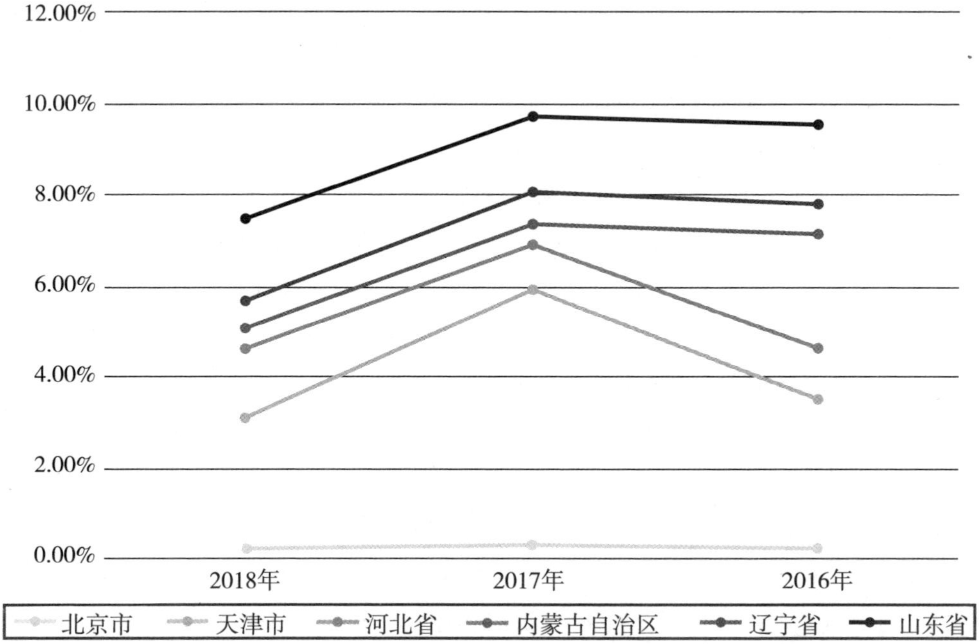

图 3－18　2016～2018 年度环渤海区域行政变更判决的适用率

尽管以上检索方式可能无法找到行政变更判决的全部案件，但结合笔者所在法院的行政审判实践，可以得出的基本判断是：2014 年《行政诉讼法》修改实施以来，行政变更判决适用数量相对较低，整体适用率不足千分之五，适用领域相对较窄，多集中于公安、城建、工伤、劳动和社会保障等行政领域。可以说，《行政诉讼法》虽然扩大了行政变更判决的适用范围，但该判决方式的运用似乎仍在“沉睡”而未被真正激活，不仅其作为实质化解决行政争议的重要手段远未发挥应有的作用，相较于行政诉讼法修改前亦无多大的改观。

二、实证检视：以环渤海区域的特殊位置为视角

（一）环渤海区域的特殊性

环渤海区域是以五省两市为主体，以北京市、天津市为核心，围绕京津地区的环渤海经济发展区域。从政治层面上看，基于北京市首都的政治定位，使得其在政治地位上处于绝对的领导地位，独特的政治地位使得环渤海区域内的人民法院需要切实提高政治站位，强化风险意识，充分认识到防范化解重大风险的重要性和紧迫性，切实负起责任，认真做好防范化解重大风险的各项工作，尤其是在处理行政案件上，需要着重考虑政治的敏感性和舆情风险的管控，尽量实现行政争议的实质性化解。与此同时，按照“京津冀协同发展要以疏解北京非首都功能为重点”的要求及北京市开展的“疏解整治促提升”的专项活动，环渤海区域内涉及行政协议、棚户区改造、集体土地承包确权、大棚房清理、环境处罚等新类型逐渐增多，这使得人民法院需要注重源头预防，主动预警防范法律风险，实质化解决行政争议，及时保障人民群众合法权益和项目建设顺利进行。

（二）行政权与司法权之间界限的特殊性

因为行政变更判决是人民法院通过判决的形式直接改变行政行为的处理结果，是人民法院运用司法变更权对作为的行政行为给予否定性的评价。从而在行政机关和行政相对人之间直接创设新的法律关系，因此难免就会给人一种司法干预行政的印象。另外，从体制机制的角度上看，《行政诉讼法》依然坚持了“司法尊重行政首次判断权”的原则（参见图 3－19），从而使得司法并不能全面有效地监督制约行政，司法对行政必须保持一定程度的谦抑。其实，实践中司法对行政的谦抑会不可避免地被放大或者强调，以至于司法想方设法地避免介入行政，或者在介入不可避免时，避免介入太深。从变更判决实施的角度分析，尽管新行政诉讼法扩大了变更判决的适用范围，但相关规定过于原则和笼统。例如，将“显失公正”修改为“明显不当”，因在撤销判决的适用条件中已经包含“明显不当”的情形，这就难免在司法实践中，对于“明显不当”本身含义的确定及参照的标准无法区分，使得

适法者往往会援引撤销判决的规定，巧妙地将本可以适用变更判决的情形转化为撤销判决。另外，对于变更判决的裁判基准亦缺乏明确的规则，使得既无法对变更判决适用形成刚性约束从而导致“不愿适用”，又无法为变更判决的适用提供可供操作的细密规则从而导致“不会适用”，还可能在有些案件中因缺乏相应坚实的立法支持从而导致“不敢适用”。

行政之特点	司法之局限	尊重之必要
• 行政活动具有连续性和关联性，须整体考虑并一体解决 • 领域广泛、分工细密、专业技术性强，需要与之相适应的知识、技能和经验	• 司法活动以个案为基础，通过个案实现正义 • 法官作为法律问题专家，难以全面掌握行政领域专门知识、技能和经验	• 有利于保持政策的一致性与连续性 • 有利于发挥行政专长并增强结果的妥当性

图 3－19　司法权应当尊重行政权的首次判断

（三）行政变更判决的“立法缺陷”

在行政法学界，有关人民法院是否应当享有司法变更权一直存在一定的争议，主要涉及三种观点，即否定说、肯定说、有限变更说。当年参与行政诉讼法起草的顾昂然回忆：“法院在审理行政案件时，对行政机关的具体行政行为是否可以直接判决变更，这是在起草行政诉讼法时着重研究的一个问题。有的主张，法院应当有权变更，理由是审判权应当是完整的，包括变更权。有的主张法院不得直接判决变更，理由是法院如果直接判决变更，就侵犯了行政权。还有的主张，法院应当有限度地行使变更权。行政诉讼法对于这个问题的规定，比较准确的说法是，采取了不直接判决变更的原则，但也开了个口子。”① 这个口子就是 1989 年《行政诉讼法》第五十四条第四项规定：“行政处罚显失公正的，可以判决变更。”但为什么要拿行政处罚显失公正作为“不直接判决变更原则”的例外，立法者似乎没有讲出太多诉讼原理上的理由，只是因为行政处罚“自由裁量权过大，应当有所制约”。② 因此，行政诉讼法在最早起草时，因各方对是否确定变更判决制度意见并不统一，对变更

① 顾昂然：《立法札记》，法律出版社 2006 年版，第 467 页。

② 胡康生：《〈行政诉讼法〉立法过程中的若干问题》，载最高人民法院《行政诉讼法》培训班编：《行政诉讼法专题讲座》，人民法院出版社 1989 年版，第 52 页。

判决的适用范围和审查强度也缺乏明确的认识和司法实践的支撑，故变更判决在立法时就存在“先天性的缺陷”。

（四）适法者司法能动有余适用标准不足

在与部分行政法官进行交谈，了解其对变更判决的认识及适用状况时，法官们表示在作出判决时充分考虑过是否可以直接选择适用变更判决。但因缺乏相应的法律规定予以支持，只能在作出具有指引性的撤销判决，并在该判决中明确行政机关下一步应当考量的情形，以避免行政机关再次作出同样的行政行为，结果却是差强人意。另外，从适法者的主观方面看，随着适法者实质化解行政争议、司法能动观念的不断加深，对于变更判决的选择适用上也持一种积极态度。从案件审理的客观方面看，变更判决的作出往往需要考虑案件是否尊重了行政机关的首次判断权、案件事实是否达到清楚无争议的程度以及变更判决作出后的当事人的接受程度、是否会存在舆情风险等情形，相对于撤销重作判决来讲，在变更判决的裁判文书撰写上，对于事实认定、说理分析等方面也有较高的要求。

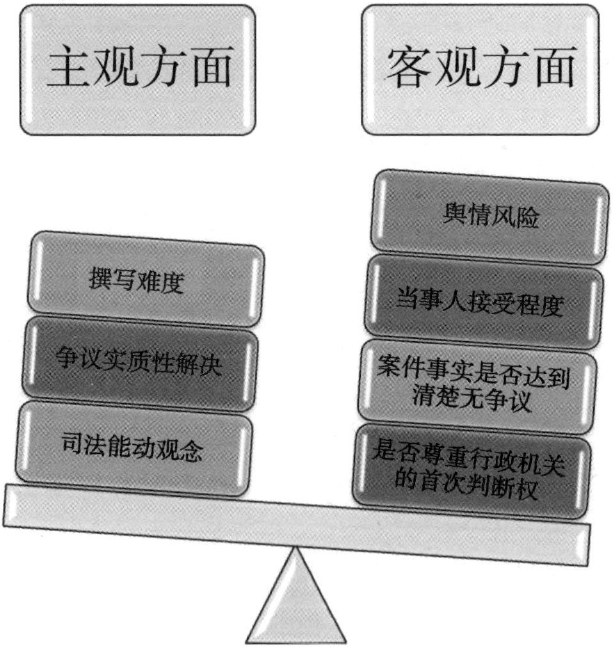

图 3－20　适用行政变更判决考量因素

三、价值解析：行政变更判决的价值体现

（一）行政权与司法权良性互动背景下行政变更判决存在的必要性

行政审判与法治政府在国家治理体系中虽然分工不同，但目标同一，相辅相

成。行政权与司法权的良性互动是多年行政审判探索的结果，两者应当在法律的基本框架层面上尽可能地形成共识，共同推动法治政府如期建成。2014 年修改后的《行政诉讼法》中，创造了两个着力的抓手：一是行政机关负责人出庭应诉制度，使得“关键少数”成为提升行政机关依法行政水平、实质化解决行政争议的重要参与者；二是行政复议机关共同被告制度，促使行政复议功能得以充分发挥。最高人民法院副院长江必新指出：“行政机关和人民法院虽然职责分工不同，但在执行国家法律和维护社会稳定等方面的目标是一致的，加强行政执法与行政审判的良性互动，不仅可以从源头上减少和化解行政争议，还可以统一执法和司法尺度，共同推进法治社会的建立。”① 行政变更判决适用不仅在一定程度上可以使行政执法标准与司法审查标准统一，而且可以避免行政诉讼程序空转，为当事人提供有效的司法救济。

（二）行政诉讼多重目的下行政变更判决有限扩张的合理性

“解决行政争议”作为新增的立法目的被写入《行政诉讼法》之中，与“保障公民权益”和“监督行政机关”构成行政诉讼多元化的立法目的。其中，“解决行政争议”是“监督行政机关”和“保护公民权益”的前提和必要条件，因为诉讼作为化解纠纷的活动，化解争议应当是其最重要的功能，行政诉讼作为诉讼的一种类型，其直接目的和法院的根本任务在于解决行政争议。行政诉讼多重立法目的要求法院在作出判决时除考虑国家权力结构及行政权与司法权各自特性外，还应当将为公民提供有效司法救济和诉讼能够产生定分止争的社会效果等因素纳入考虑范围。尤其在目前行政执法状况相对复杂的情况下，如果司法权过于谦抑而不能为公民提供有效的司法救济，那么很难在行政机关败诉后再通过行政机关来满足原告的利益诉求。故适用变更判决并非对司法尊重行政首次判断权原则的放弃，而是基于为公民提供更有力司法救济和更有效解决行政争议而对这一原则适用范围的限缩。

（三）行政变更判决的适用契合实质化解决行政争议的诉讼目的

人民法院通过对行政行为的合法性审查来行使司法审判权，一般来说，司法权具有中立、被动等特征，即人民法院对于案件的审理需要根据当事人的诉讼请求和行政行为。《行政诉讼法》采取判决类型化的标准，分别规定了驳回诉讼请求、撤销判决、确认判决、履行判决、变更判决等。变更判决相比驳回诉讼请求判决而言，不但体现了对原告诉讼请求的回应，而且体现了对行政机关行使行政职权的态

---

① 江必新：《推进审判体系和审判能力现代化》，载人民政协网，http：//www.rmzxb.com.cn/c/2017-05-10/1528822_1.shtml，最后访问时间：2019 年 12 月 30 日。

度；相比撤销判决、确认判决、履行判决而言，变更判决既纠正了不当的行政行为，又重新设立了新的法律关系和当事人之间的权利义务。总的来说，变更判决相比其他判决类型而言，既能为当事人提供最大限度的救济途径，又能使行政纠纷得以实质性化解。另外，从判决属性而言，变更判决属于形成判决，当事人之间的权利义务经由法院的判决直接产生，当事人之间的纠纷也得以径直解决，不像撤销判决、履行判决那样，尚需等待行政机关的重做，也不像确认无效判决那样，尚需等待赔偿。[①] 故变更判决是最契合实质化解决行政争议的诉讼目的判决形式。

四、理论探寻：行政变更判决的属性即理论依据

（一）变更判决的属性

一般认为，变更判决是撤销判决的例外。[②] 对于该观点，笔者认为并不准确。在判决的效果上，撤销行政行为的判决一经生效，原告和被告之间的法律关系已回归到被撤销行政行为作出之前的状态。行政机关在原基础法律关系中的义务此时仍需履行；行政相对人享有的权利，在法律允许的范围内继续享有。因此，人民法院作出撤销判决后已经没有一个有效的行政行为存在。而变更判决作出后，依然存在一个有效的行政行为，只不过在行政行为的内容上与行政机关作出的被诉行政行为存在一定的不容。也有学者认为，变更判决是撤销重作判决的例外。[③] 笔者认为，两者也存在一定的不同。在法律关系的确定上，适用撤销重作判决的当事人之间法律关系并没有予以确定，原告只是基于该判决享有的要求行政机关作出行政行为予以答复的权利，其与行政机关之间的法律关系仍需等待行政行为的作出予以确定。而变更判决则是人民法院直接经过审理后对当事人之间的法律关系直接予以确定。在裁判效果上，变更判决在行政争议的实质化解、诉讼效率等方面都要明显优于撤销重作判决。因为，首先，撤销重作判决的作出期限并没有确定，司法实践中一般是参照行政诉讼中有关履行判决的规定予以执行。其次，虽然《行政诉讼法》第七十一条明确规定被告不得以同一事实和理由作出与原行政行为基本相同的行政行为，但这毕竟是一种应然语境下的要求，行政机关完全可以基于不同理由作出基本一致的行政行为。而撤销判决的作出不用担心行政机关不履行或者不完全履行法院的判决，直接通过法院的裁量替代了行政机关的裁量。基于此，笔者认为，可以将变更判决定义为“给付判决”，因为广义的公法上的给付诉讼，就是指基于公法上

---

① 张静：《论行政诉讼变更判决》，载《行政法学研究》2015 年第 2 期。

② 姜明安：《行政法与行政诉讼法》（第六版），北京市大学出版社、高等教育出版社 2015 年版，第 519 页。

③ 王锴：《行政诉讼中变更判决的适用条件——基于理论和案例的考察》，载《政治与法律》2018 年第 9 期。

请求权，向行政法院起诉请求给付判决，判令行政机关为一定行为、容忍或不作为一定行为。正如《行政诉讼法》第七十七条第一款中针对款额的规定，行政相对人认为行政行为涉及款额的确定、认定确有错误的，人民法院可以判决变更。

（二）变更判决的理论依据

1. 变更判决已保障行政机关的首次裁量权

一般而言，对于行政行为合法性的判断，人民法院优于行政机关，对于行政行为合理性的判断，行政机关则优于人民法院。因此对于合法性问题司法审查采用较为严格的审查标准，人民法院往往以自己的判断代替行政机关的判断。就如立法所规定的，法院尊重行政机关的自由裁量权，也为行政机关设定了一个自由裁量权的范围，但如果行政机关超出自由裁量权的范围，达到“明显不当”的程度，人民法院则可以行使司法审查权。当行政机关已经基于首次裁量权作出第一个行政行为后，从人民法院角度来讲，已经充分尊重行政机关的首次裁量权，法院经过审查，再运用撤销判决已经难以实现诉请目的的情况下，可以作出变更判决，以达到保障相对人合法权益、实质化解决行政争议的目的。

2. 行政机关无行政裁量或行政裁量已经收缩至零

行政变更判决的适用关键就是要在诉讼效率和权力分工两种法益之间寻找一个平衡，使得变更判决的作出既可以发挥其诉讼经济、诉讼效率、实质化解决行政争议的优势，又不会危及行政权与司法权的权力分工。对此，德国学者指出：“基于权力分工，法院原则上只能撤销行政处理或者责令行政机关作出行政处理，法院不能独立作出或者改变，或者赋予其不同的内容。但是变更判决属于例外。首先，变更要有利于原告。其次，行政机关对相关的确认并没有进一步的裁量空间或者判断余地，变更判决并不要求法院用自己的裁量去取代行政机关的裁量。再次，如果原告没有申请变更行政处理，法院不能主动进行变更。”① 因此，“无行政裁量和判断余地的情形或其裁量权因特殊情事而收缩为零的情形”就成为适用变更判决的最关键条件，② 因为在此情况下，由法院作出还是由行政机关作出的效果才是一样的，此时人民法院即使替代行政机关作出也不会限制行政机关的裁量空间。

行政裁量收缩理论是指一般情况下行政机关在行政执法过程中会享有一定的裁量权，作出一个行政行为也会享有一定的裁量空间。但基于案件不同情况和需要考量的因素，行政裁量权会受到相应的限制，行政裁量空闲也会相应地缩小。当行政

---

① 王锴：《行政诉讼中变更判决的适用条件——基于理论和案例的考察》，载《政治与法律》2018年第9期。

② 陈清秀：《行政诉讼法》（修订七版），元照出版公司（台北）2015年版，第651页。

机关只能作出一个特定的行政行为，选择一个法律效果时，行政机关此时的裁量权就会收缩至零。笔者认为，裁量收缩理论可以分为三个层次，一是确定行政机关的裁量空间；二是裁量空间缩小的条件，包括所涉及法益的种类、各种法益的权衡、选择、司法权与诉讼经济等因素；三是裁量收缩的排除因素，包括作出行政行为的可期待性及现实性等。如果行政机关无裁量权或者裁量收缩至零，那么法院就可以适用变更判决。

（三）域外关于变更判决的立法参考

域外国家都有变更判决的立法规定，有关国家及地区对于行政诉讼中的司法变更权的规定也不尽相同，在变更判决的设置上多针对自由裁量行为，兼顾行政效率和诉讼经济。例如，德国《行政诉讼法》第一百一十三条第二项规定，变更判决适用具体行政行为内容为某一钱款的确定或钱款的认定，并且原告诉讼请求也为上述事项的情形；《韩国行政诉讼法》对于变更判决持相对开放态度，并无特别限制，法院认为变更比取消更适当的，可以判决变更。我国台湾地区“行政诉讼法”第一百九十七条规定，涉及金钱之给付的事项可以适用变更判决。

五、续造规则：行政变更判决的裁判基准

（一）行政变更判决的裁判时机

司法实践中，对于行政判决的裁判基准时主要存在两种观点，即行政行为作出时和裁判时。对于行政变更判决来说，笔者认为，可以以裁判时为作出基准时。因为行政诉讼的首要目的在于为原告提供有效的权利保护，如果依照裁判作出的事实或者法律状态，行政行为不应继续维持的话，人民法院可以考虑予以纠正。

德国《行政法院法》第一百一十三条提出“裁判时机”的概念，即指案件作出裁判的时间。笔者认为，可以结合“裁判时机”的概念，在案件的事实状态已经明晰和法律依据亦确定的情况下，那么案件的裁判时机就已达到“成熟性”的标准。当裁判时机成熟时，人民法院可以在行政变更判决中对行政行为的内容及行政机关和行政相对人之间的法律关系作出变更和确定，从而发挥司法权对行政权的合理干预，从而规范行政机关自由裁量权的行使，实现权力之间的平衡。同时，人民法院应当在恪守司法权与行政权边界、保证行政机关首次裁量权、保护相对人合法权益和避免诉累等法益中寻求平衡支点。依据行政裁量收缩理论，结合具体案件是否达到行政裁量“收缩至零”的程度，从而判断是否达到作出行政变更判决的裁判时机。

（二）行政变更判决的裁判时机成熟的判断标准

关于案件是否达到可以适用行政变更判决的判断一般应当依据以下几个原则：

1. 相对人权益保护原则。实质化解决行政争议的目的就是给行政相对人提供及时、有效的权利救济途径，人民法院在审理行政案件时，应当在法律许可的范围内作出有利于行政相对人的解释，行政相对人的合法权益应当受到最大限度的保护。人民法院应当结合行政行为对当事人之间法律关系、法律地位及行政相对人合法权益的影响，作出相应的行政变更判决，而且并不受原告诉讼请求的限制。例如，“邱某某诉山东省青岛市市北区人民政府房屋征收补偿决定案”中，原告请求撤销被诉征收补偿决定，山东省高级人民法院经审理认为未写明给予原告房屋安置补偿奖励费不当，同时为减少当事人诉累，人民法院作出对被诉征收补偿决定的该项内容直接变更的行政判决，而未撤销被诉征收补偿决定。

2. 行政机关首次判断权原则。即如果行政机关在其自由裁量权范围内未予以作出处理的事项，应当交由行政机关先行作出处理，人民法院待行政机关判断处理后再对行政机关的处理结果是否合法予以审查，从而避免司法权过早地干预行政权。但当与案件有关的事实已经明确至可裁判的程度，人民法院可以直接作出行政变更判决，因为在此情况下，再行交与行政机关作出处理有浪费国家资源的嫌疑。

3. 法益权衡原则。人民法院在对行政行为进行审查时，应当综合考虑案件所涉及的行政法律关系，权衡相关法益的重要性和可保护性。如果依据行政裁量收缩理论，行政机关的裁量权已经收缩至零，那么人民法院可以结合已经查明的事实，在综合考量行政行为的合法性、相对人权益的危害性、信赖保护原则等因素后，作出相应的行政变更判决。

4. 禁止不利变更原则。禁止不利变更原则需要把握以下几个方面：一是禁止不利变更的含义既包括不得使原告的义务有所加重，也包括不得使原告的权益有所减损。二是禁止不利变更原则同样可以适用于撤销重作判决，即除非存在有新的事实、理由、证据或利害关系人同为原告等情形，行政机关在重新作出行政行为时不得比原行政行为对原告权益的影响更为不利。三是因为禁止不利变更原则源于上诉不加刑，所以二审判决也应当遵循禁止不利变更原则。四是利害关系人同为原告，且诉讼请求相反时，不适用禁止不利变更原则。

结语

党的十九大描绘了2035年基本建成法治国家、法治政府、法治社会的宏伟蓝图。2019年5月，中共中央办公厅、国务院办公厅印发了《法治政府建设与责任落实督察工作规定》，这对法治政府建设和行政审判工作提出了新的更高要求。行政审判与国家法治建设尤其是法治政府建设联系最为紧密，直接反映依法行政的水平，直接衡量公民权利的保障程度。环渤海区域基于其自身所处的重要位置，更应积极践行。适法者应当不断加深司法能动的观念，提高实质化解决行政争议的要求，在立法框架范围内，使行政变更判决真正有所作为，从而推定行政争议的实质性化解和法治政府建设。

（撰写人：李振凡）

图书在版编目（CIP）数据

行政审判前沿问题探讨／程琥主编．—北京：中国法制出版社，2020.4

（行政案件跨区划管辖改革的探索与实践丛书）

ISBN 978－7－5216－0982－0

Ⅰ.①行… Ⅱ.①程… Ⅲ.①行政诉讼－审判－研究－中国 Ⅳ.①D925.318.24

中国版本图书馆CIP数据核字（2020）第050861号

策划编辑：李小草（lixiaocao2008@sina.cn） 王熹（wx2015hi@sina.com）

责任编辑：王熹 封面设计：李宁

行政审判前沿问题探讨

XINGZHENG SHENPAN QIANYAN WENTI TANTAO

主编／程琥

经销／新华书店

印刷／三河市国英印务有限公司

开本／730毫米×1030毫米 16开 印张／22.25 字数／351千

版次／2020年4月第1版 2020年4月第1次印刷

中国法制出版社出版

书号 ISBN 978－7－5216－0982－0 定价：79.00元

北京西单横二条2号

邮政编码100031 传真：010－66031119

网址：http：//www.zgfzs.com **编辑部电话：010－66010493**

市场营销部电话：010－66033393 **邮购部电话：010－66033288**

（如有印装质量问题，请与本社编务印务管理部联系调换。电话：010－66032926）